Schulreform — Kontinuitäten und Brüche
Das Versuchsfeld Berlin-Neukölln

Band II
1945 bis 1972

Schulreform — Kontinuitäten und Brüche
Das Versuchsfeld Berlin-Neukölln

Herausgegeben von
Gerd Radde
Werner Korthaase
Rudolf Rogler
Udo Gößwald
im Auftrag des
Bezirksamts Neukölln
Abt. Volksbildung / Kunstamt
Heimatmuseum Neukölln

Leske + Budrich
Opladen

Dieses Buch erscheint zur Ausstellung
Die ideale Schule
im Heimatmuseum Neukölln
Ganghoferstraße 3
12043 Berlin
7.5.1993 bis 3.4.1994

Buchgestaltung und Umschlag:
Jürgen Freter
Bildredaktion:
Angelika Schmidt
Redaktion Biographien:
Stefan Paul
Lektorat und Redaktion:
Gudrun Wedel
Satz:
Leske + Budrich
Druck und Verarbeitung:
Druck Partner Rübelmann, Hemsbach

© 1993
Heimatmuseum Neukölln
für die Gesamtausgabe,
für die Texte bei den Autoren,
für die Abbildungen bei den
Urheberrechtsinhabern oder Leihgebern

ISBN 3-8100-1181-9

Inhalt

                  7 Vorwort von Bezirksstadtrat Wolfgang Schimmang

                  9 Einführung von Rudolf Rogler

Dokument 1   11 Fritz Hoffmann
Die Schule als gesellschaftsbildende Kraft (1947)

               21 Ekkehard Meier
In einer neuen Zeit – Abiturarbeiten 1946 bis 1948

               29 Dietmar Schiller
Schulalltag in der Nachkriegszeit

               41 Rudolf Rogler
Aus Erinnerungen und Akten: Felix Kirchner und Wilhelm Wittbrodt

               48 Angelika Schmidt
Lehrer gesucht – Zur Ausbildung der Schulhelfer und Hilfslehrer

               54 Wolfgang Reischock
Ein Neuköllner geht „nach drüben"

               61 Horst Havenstein
Feiern bis zum frühen Morgen – ein Stimmungsbild

               68 Gerd Radde
Die Fritz-Karsen-Schule im Spektrum der Berliner Schulreform

Dokument 2   85 Adolf Jensen
Pädagogische These (1957)

               86 Gudrun Wedel
Bildung für alle – Die erste 10. Klasse für Hauptschüler

               95 Rudolf Rogler
Ein neues Schulfach – Die Einführung der Arbeitslehre

Dokument 3 107 Zur Frage der sogenannten „Arbeitslehre" (1968)

Dokument 4 109 Erich Frister
Demokratische Leistungsschule.
Beiträge Neuköllner Schulen zur Reform des Schulwesens (1968)

Inhalt

| | 116 | Joachim Lehmann
Wider den Zwangscharakter der Schule.
Schülerselbstbefreiung an der Fritz-Karsen-Schule |

Dokument 5 123 Ilan Reisin
„Liebe schülerinnen, liebe schüler ..."
Eine Rede zum 1. Mai 1968

Dokument 6 127 Ditmar Staffelt
„Mit Duckmäusertum wird man nichts erreichen" –
Abiturrede aus dem Jahr 1968

130 Peter Gaude · Günter Reuel
Die erste integrierte Gesamtschule Deutschlands –
Erfahrungen als Planer der Walter-Gropius-Schule

Dokument 7 141 Grundsätze für den Lehrer der Gesamtschule (1968)

143 Brigitte Kath
Ohne sie läuft nichts.
Pädagogische Mitarbeiter in der Walter-Gropius-Schule

153 Dieter Henning
Nur noch eine Gartenarbeitsschule in Neukölln?

159 Bernd Reichard · Wilfried Seiring
Gesamtschulen in Neukölln – Traditionslinien und Neubeginn

169 Porträts Neuköllner Schulreformer
Konrad R. F. Agahd – Hans Alfken – Robert Alt – Ernst Heinrich
Bethge – Adolf M.A. Bohlen – Werner Büngel – Herbert Busse –
Günther Casparius – Alfred Ehrentreich – Paul Heimann –
Fritz Hoffmann – Elly Janisch – Adolf Jensen – Fritz Lange –
Bruno Lindtner – Erwin Marquardt – Jens Peter Nydahl –
Gertrud Rosenow – Marion Ruperti – Willi Schubring –
Karl Albert Sturm – Marie Torhorst – Mathilde Vaerting –
Friedrich Weigelt – Wilhelm Wittbrodt – Rudolf Zwetz

256 Personen- und Sachregister

283 Verzeichnis der Autorinnen und Autoren aus Band 1 und 2

Auf der Suche nach der idealen Schule

Stets wird gefragt „Was ist neu?" „Was ist wegweisend für die nächste Zeit?" Dieses Buch kann nur auswählen, denn die ganze Breite der pädagogischen Arbeit ist nicht darstellbar; es würde ermüden, es wäre nur Chronologie, nicht „Geschichte". Das bedeutet, daß vielen der in Berlin-Neukölln wirkenden Pädagogen, die dieses Buch lesen, manches ungerecht erscheinen wird: „Warum wird die Gesamtschule dergestalt in den Vordergrund gerückt?" „Wird nicht wenigstens ebenso gut, vielleicht sogar besser – wer würde nicht so empfinden – an meiner Schule gearbeitet?" So zu fragen, ist berechtigt. Aber zu bedenken ist, daß die Ausstellung, für die die Begleitbände erscheinen, unter dem Thema „Die ideale Schule" steht. Es war also eine Entwicklung herauszuarbeiten, deren erste kräftige Anfänge zu Beginn der 20er Jahre unseres Jahrhunderts in Berlin-Neukölln festzustellen sind.

Heute ist, nach der Vereinigung Deutschlands, wegen des kaum vorstellbaren Nachholbedarfs der Schulen in den neuen Bundesländern, entstanden aus jahrzehntelanger administrativer und weltanschaulicher Knebelung der dortigen Schulen, ein reges Interesse an dem zu registrieren, was allgemein als „Reformpädagogik" bezeichnet wird. Auch deshalb hat dieser zweite Band der Darstellung, die „Kontinuitäten und Brüche" herausarbeitet, seine Berechtigung.

Er ist „aktueller", unserer Zeit näher als der erste, und könnte kontroverse Diskussionen hervorrufen, weil er bis zu den 70er Jahren reicht. Er beginnt mit der Zeit nach dem Zusammenbruch des Hitler-Reiches und der schicksalsschweren des „Kalten Krieges", über den sich heute kaum noch jemand Vorstellungen machen kann, es sei denn, er hat ihn selber miterlebt, und zwar hier in Berlin, wo auf engstem Raum Welten aufeinanderstießen und nicht wenige in Verstrickungen gerieten, denen das Entweder-Oder den wirklichen Fordernissen der Zeit nicht angemessen erschien. Ein Reformpädagoge wie Wilhelm Wittbrodt, der schon während der Weimarer Republik für seine Ideale auch politisch als Bezirksverordneter und Stadtverordneter tätig wurde und nach 1945 das Neuköllner Schulamt leitete, also Verantwortung in schwerster Zeit übernahm, war kein Anhänger des sowjetrussischen Gesellschaftsmodells. Er geriet dennoch in die Mühle der rivalisierenden Weltmachtsinteressen, wobei das Wissen, nie zu denen gehört zu haben, die Deutschland und Europa in den Abgrund hineinführten, ebenfalls Bedeutung hatte, wenn es schmerzte, Ideale nicht verwirklichen zu können.

Die „Einheitsschule" war schon während des Kaiserreichs ein Ziel der Schulreformer. Auch bürgerliche Pädagogen forderten sie leidenschaftlich, weil sie der Meinung waren, allen Kindern müßten Chancen für eine gute Ausbildung und den künftigen beruflichen Weg eingeräumt werden, denn es gäbe ein Menschenrecht auf Bildung. Das zu verwirklichen schien nur möglich in einer allen gemeinsamen Schule, in der alle, ob arm oder reich, ihren Weg zu beginnen und fortzusetzen hatten – der „Einheitsschule". Es sollte verhindert werden, daß die Kinder Wohlhabender in besonderen Schulen Privilegien genossen, daß nur ihnen die „höheren Schulen" zur Verfügung standen. Innerhalb der Einheitsschule würde sich zeigen, wer wirklich befähigt war, das Abitur zu erwerben. Das Berliner „Einheitsschul-Gesetz" von 1948 – von der Berliner Stadtverordneten-Versammlung mit großer Mehrheit beschlossen – sollte dies garantieren. Doch die in der DDR unter der Bezeichnung „Einheitsschule" praktizierte Indoktrinierung diskreditierte den Begriff.

Die überwiegend traditionellen Vorstellungen der politisch relevanten Kräfte der Bundesrepublik Deutschland verhinderten beim Neuaufbau des Schulwesens eine durchgreifende Reformierung.

Auch in West-Berlin übernahm man das gegliederte Schulsystem der anderen Länder der Bundesrepublik Deutschland, schuf jedoch die 6jährige Grundschule. In Berlin-Neukölln gab es darüber hinaus eine besondere schulische Tradition. Nur *hier* wurde in einer Schule, der man den Charakter einer Versuchsschule zubilligte, versucht, das reformpädagogische Ideal zu verwirklichen – in der „Fritz-Karsen-Schule". Auch die zweite bedeutende Schulreform, die Ende der 60er Jahre in der Bundesrepublik ihre Anhänger fand, nahm hier ihren Ausgang – die der „Gesamtschule", erstmals in Neukölln in der „Walter-Gropius-Schule" verwirklicht. Wurden die Pläne für das Schulgebäude des ersten großen Schulkomplexes mit gesamtschulähnlichem Charakter der Weimarer Republik von einem bedeutenden Architekten, Bruno Taut, entworfen, so auch die der ersten deutschen Gesamtschule der Bundesrepublik Deutschland von dem in den USA lebenden Walter Gropius. Kontinuität auch an dieser Stelle – trotz der „Brüche", die sich zwischen den 30er und 60er Jahren ereigneten.

Für die Zeit nach 1970 gilt nicht das Wort „Geschichte". Spätere mögen über sie berichten. Mit diesem Band schließt sich der Kreis, und der Anteil, den ein großer Berliner „Stadtbezirk" an der deutschen Schul- und Bildungsgeschichte hat, wird – wie ich hoffe – nun deutlicher hervortreten.

Wolfgang Schimmang
Bezirksstadtrat
für Volksbildung

Einführung

„Vieles von dem, was damals durchgesetzt wurde, ist heute Teil des pädagogischen Alltags", schreibt Wolfgang Schimmang im ersten Band über die Reformen der 20er Jahre. So interessant es wäre, Linien bis in die Gegenwart zu ziehen, der zweite Band dieser Neuköllner Schulgeschichte verzichtet darauf. Historiker kennen die Schwierigkeiten, die sich beim Umgang mit der Zeitgeschichte ergeben. Autoren und Herausgeber zogen deshalb einen sachlich begründeten Schlußstrich bei der Eröffnung der ersten Gesamtschulen in der schulpolitischen Reformzeit der 60er Jahre. Zeitlich fällt dies zusammen mit dem Ende der Amtszeit des Stadtrates für Volksbildung, Erich Frister, im Jahr 1971 und dem vorzeitigen Ende der Amtszeit des seit 1963 amtierenden Schulsenators Carl-Heinz Evers im Jahr 1970. Nur die Aufsätze über die letzte Gartenarbeitsschule und über die Gesamtschulentwicklung weisen über diese Zeit hinaus. Dieter Henning setzt sich unter ökologischen Gesichtspunkten für die letzte große, traditionsreiche Gartenarbeitsschule des Bezirks ein, und Bernd Reichard und Wilfried Seiring würdigen mit aktuellen Zahlen die Gesamtschulentwicklung in Neukölln, ohne allerdings auf die Probleme der Gesamtschulen in den Bildungszentren der 70er Jahre einzugehen.

Der zweite Band hat seinen Wert, weil gezeigt werden kann, daß auch nach 1945 wieder neue Entwicklungen im Bezirk Neukölln ihren Anfang nehmen. Gerd Radde zeichnet die großen schulpolitischen Linien nach. Sein Beitrag über die Fritz-Karsen-Schule im Spektrum der Berliner Schulreform erschließt mehr als zwei Jahrzehnte Schulgeschichte. Er schreibt über eine Zeit, die er als Lehrer in Neukölln-Britz miterlebte und über die er als Schulgeschichtler engagiert arbeitet. Wir könnten uns vorstellen, daß der Leser mit diesem Beitrag beginnt und sich erst danach anderen Themen zuwendet. (Siehe auch G. RADDE in Band 1) Eingeleitet wird der zweite Band mit einem Dokument von Fritz Hoffmann, dem Leiter der späteren Fritz-Karsen-Schule. Er war der einzige Schulleiter aus der Weimarer Zeit, der nach 1945 wieder als Schulleiter reformpädagogisch in Neukölln tätig wurde. Das Dokument wird ergänzt durch ein zweites des Reformers Adolf Jensen von 1957.

In den Darstellungen über die Nachkriegszeit findet man zahlreiche weitere Verknüpfungen, aber auch Brüche. Die Welt war aufgeteilt in Machtbereiche: West und Ost, mitten in Berlin, und es ist bezeichnend, daß die Spaltung gerade auch Sozialdemokraten polarisierte. Die in meinem Beitrag beschriebenen recht unterschiedlichen Personen Wilhelm Wittbrodt und Felix Kirchner stehen dafür. Während der jüngere, Felix Kirchner, als „Fels in der kommunistischen Brandung" gesehen wird, genoß der ältere, Wilhelm Wittbrodt, bis zu seiner Entlassung durch die Amerikaner gerade wegen seiner Fähigkeit, zwischen den politischen Fronten vermitteln zu können, hohes Ansehen (siehe dazu V. HOFFMANN in Band 1). Die Beiträge von Ekkehard

Meier, Dietmar Schiller und Angelika Schmidt erhellen diesen Zeitabschnitt mit Schilderungen über Abituraufsätze, Notzeiten und Lehrermangel. Um das Nachholen einer verlorenen Jugend geht es im Beitrag Horst Havensteins, und Wolfgang Reischock zeigt die Schwierigkeiten, denen sich ein Britzer Stipendiat der im Ostteil gelegenen Humboldt-Universität gegenübersah, der Lehrer werden wollte.

Im Bezirk Neukölln kämpfte Fritz Hoffmann in den 50er Jahren um die Erhaltung der letzten Einheitsschule als Versuchsschule. Herbert Werner und andere Lehrer der späteren Neuköllner Kurt-Löwenstein-Schule initiierten 1955 die erste freiwillige 10. Klasse einer Oberschule Praktischen Zweiges, wie Gudrun Wedel in ihrem Beitrag darlegt.

Gegenstand der Schilderungen des zweiten Abschnitts sind die 60er Jahre. Als Themen stehen die Walter-Gropius-Schule und das Jahr 1968 im Mittelpunkt. Über den Planungsprozeß für die Walter-Gropius-Schule informieren der Psychologe Peter Gaude und der Berufsschullehrer Günter Reuel. Mein Beitrag über die Einführung der Arbeitslehre sucht ihre Wurzeln in der Kurt-Löwenstein-Schule und schildert die Situation in der Lehrerausbildung. Brigitte Kath ergänzt die Darstellung der ersten Gesamtschule in der Gropiusstadt um den Aspekt der Pädagogischen Mitarbeiter.

Das Jahr der Schüler- und Studentenproteste 1968 ist mit mehreren Dokumenten vertreten. Ein Leistungsbericht der bezirklichen Schulverwaltung steht neben zwei Reden von Schülern. Ilan Reisin sprach in der Fritz-Karsen-Schule vor Schülern zum 1. Mai. Der SPD-Politiker Ditmar Staffelt hielt an der Albrecht-Dürer-Schule die Abiturrede und löste damit heftige Reaktionen aus, die heute Geschichte sind. Diese Dokumente ergänzt Joachim Lehmanns Aufsatz über seine APO-Zeit als Schüler, in dem er pointiert auf die aktuelle Debatte um die 68er und das Thema Gewalt in der Schule eingeht.

Mit diesem Band erreicht das Unternehmen „Schulgeschichte" des Heimatmuseums Neukölln sein vorläufiges Ende. Die Porträts bedeutender Schulreformer runden die 60 Jahre darstellende Schulgeschichte ab. Ein Register für beide Bände erlaubt den direkten Zugriff auf Sachbegriffe und Personen.

Außerdem erscheint in der Schriftenreihe der Arbeitsgruppe Pädagogisches Museum e.V. eine *Dokumentation der schulgeschichtlichen Sammlung des Heimatmuseums Neukölln einschließlich der Aktenbestände des Bezirksarchivs,* die im Rahmen einer ABM-Maßnahme des Landesarbeitsamtes Berlin erstellt wurde. Die Richtlinien für die Erfassung der Bestände wurden in Kooperation mit dem Schulmuseum Berlin und der Arbeitsgruppe Pädagogisches Museum erarbeitet.

Wir wissen, es wird die „ideale Schule" – so der Titel der Ausstellung im Heimatmuseum von Berlin-Neukölln – nie geben. Aber über sie nachdenken sollte man doch in jeder Generation und gerade heute wieder. Nicht ideologische, weltferne Theorien sind gefragt, sondern ein Nachdenken über Sinn und Sinnlosigkeiten des Schulalltags. Es reicht nicht, daß heute viel Allgemeines über alternative Schulen und große Projekte geredet und veröffentlicht wird, auch wenn es dem Bedürfnis vieler Lehrerinnen und Lehrer entgegen kommt, die wissen, daß unsere Schule erneut gravierende Mängel aufweist.

Uns scheint, daß es eine gemeinsame Aufgabe von Eltern, Lehrern und Schülern ist, über den Alltag hinaus zu denken und die Gegenwart aktiv zu gestalten. Dabei können beide Bände zur Schulreform in Neukölln Bausteine liefern. Denn nur in der Gestaltung der Gegenwart liegt die Vorbereitung auf die Zukunft.

Rudolf Rogler

Dokument 1   Fritz Hoffmann

Die Schule als gesellschaftsbildende Kraft

Jedes Zeitalter stellt sich sein Erziehungsziel. Es ergibt sich aus den Anforderungen, die die Gesellschaft für ihren Fortbestand oder ihre Weiterentwicklung an seine Menschen stellen muß. In Jahrhunderten der Bewegungslosigkeit, feststehender gesellschaftlicher Formen, scheint es, als wenn das Erziehungsziel an sich ewigen, absolut gültigen, menschheitlich-ethischen Werten entstamme. In Entwicklungszeiten, in Wende- und Notzeiten zumal, ist es realer bestimmt. Es will die Kommenden fähig machen, die Not zu enden, der gegenwärtigen Gesellschaft zu helfen und selbst einmal glücklich zu werden. – In jedem Falle kann das geschichtlich notwendige, also das allein sinnvolle Erziehungsziel nur erkannt werden, wenn sich die Menschen ihres gesellschaftlichen Zustandes und ihrer gesellschaftlichen Zukunftsaufgaben bewußt sind. Die Herausarbeitung des Erziehungsziels beginnt also mit einer großen Bestandsaufnahme, einer Darstellung dessen, was ist; sie durchleuchtet die Erscheinungen, deckt ihre Ursachen auf und erkennt das Notwendige: die Erziehungsaufgabe im Ganzen und im Einzelnen.

I. Die pädagogische Lage

Die großstädtische Schule der Nachkriegszeit bietet das Bild eines Trümmerfeldes. Die äußeren Voraussetzungen und die inneren Bedingungen eines gesunden Schullebens wurden vernichtet, sie müssen neu aufgebaut werden. Die Schulhäuser sind zerstört oder schwer beschädigt. Es fehlen Klassenräume, Laboratorien, Werkstätten, Musik- und Zeichensäle, es fehlen die Turnhallen und selbst die Toiletten. Die vorhandenen Räume sind ungepflegt, schmutzig, schmuck- und freudlos, die Ausstattung mit Mobiliar und Gerät ist dürftig. Dem Lehrer fehlen Lehrbücher, Karten und Anschauungsmaterial, dem Schüler Hefte, Zeichen- und Werkmaterial und die Turnkleidung. Die Doppelbelegung der Gebäude, der Betrieb der ineinander verzahnten Schichten, der Lärm der heute so dringend notwendigen Speisungen, die ernsthafte Vorbereitung und Durchführung der Untersuchungen und die statistischen Erhebungen beengen das Schulleben. Der Mangel an Lehrern und ihre Beanspruchung – als Dozenten oder Kursteilnehmer – durch die Ausbildungsarbeit erzeugen eine allseitige Überlastung. Die älteren Kinder zeigen einen Rückstand an Kenntnissen und Fertigkeiten, der nicht einfach durch Pauken und vermehrte Hausarbeit „aufgeholt" werden kann. Sie treten den Erwachsenen provozierend frech gegenüber. Es fehlt ihnen an Achtung und natürlicher Scheu, die man ohne Selbsttäuschung nicht „durchsetzen" kann. Sie begegnen sich untereinander brutal. „Eiserne Zucht", Strafen, Aufsicht und Bewahren ändern sie innerlich nicht. Die Mittel hätten, von ihrer pädagogischen Fragwürdigkeit abgesehen, die Mithilfe der Eltern zur Voraussetzung. Die Erwachsenenwelt aber ist weithin ohne Interesse, Gewissen und Verantwortungsbewußtsein gegenüber der Zukunft unserer Jugend.

> **Dringende Bitte an die Eltern unserer Schulkinder**
>
> Der Schulverwaltung werden aus Bevölkerungskreisen dauernd Beschwerden über schlechtes Betragen unserer Schuljugend vorgebracht.
>
> Eine lästige Ungezogenheit ist das Werfen mit Steinen. Eine große Anzahl von zum Teil sehr ernsten Verletzungen werden gemeldet. Außerdem wird Materialschaden angerichtet, denn kaum verglaste Fenster fallen dieser Unsitte zum Opfer.
>
> Sehr unangenehm ist auch das Beschmieren der Hausfronten, Türen und Zäune mit Kreide und Farbstiften.
>
> Eine große Gefahr für unsere Kinder entsteht durch das unbedachte und leichtsinnige Betreten und Durchsuchen der Ruinen und Trümmerstätten.
>
> Die Schule versucht alles Mögliche, um unsere Kinder wieder auf geordnete Bahnen zu führen.
>
> Es liegt im eigenen Interesse des Elternhauses, wenn es diese Bestrebungen der Schule unterstützt.
>
> E l t e r n , helft der Schule und macht eure Kinder auf die Gefahren unbedachter Spielereien aufmerksam! Erzieht sie zum gesitteten Betragen!
>
> (Schulamt)
>
> Pressestelle Neukölln, 23. 5. 1946
> S t e h r

Ausschnitt aus „Amtliche Bekanntmachungen" der Pressestelle Neukölln vom 1.6.1946 — *Heimatmuseum Neukölln*

Keins der alten, autoritativen Mittel trifft die Ursache dieser Erscheinungen. Es ist nicht so, daß die Jugend nur „aus der Ordnung gekommen" wäre und „über die Stränge schlüge", so daß „die Zügel nur fester gefaßt" zu werden bräuchten, sondern es ist so, daß das Jugendleben durch den Ungeist der Nazizeit, durch Kriegs- und Nachkriegszeit bis in seine Triebkräfte und geheimsten Regungen zerstört oder – eingebettet in eine barbarische Erwachsenenwelt – in unseren jüngeren Kindern noch nie zur Entfaltung gekommen ist.

Die sogenannte „Verwahrlosung" ist kein moralisch abzuhandelndes Jugendproblem; es ist ein Problem des gesellschaftlichen Lebens, eins der ernstesten Probleme seiner Deformierung. Die Erwachsenenwelt stellt keine sinnvolle Lebensform dar, erscheint nicht verehrungswürdig und nachahmenswert, kann nicht Vorbild und Richtschnur jugendlichen Handelns sein. Damit aber ist die natürliche Aufgabenstellung der Jugend, sich – wenn auch in besonderer Dynamik und mit neuen Impulsen – in sie einzufügen, innerlich unmöglich geworden.

Es ist notwendig, die allgemeinen Lebensformen und Erscheinungen unserer Erwachsenenwelt und deren Ursachen zu erkennen. Die pädagogische Besinnung hat bis ins einzelne klarzulegen, warum sich der ernsthafte junge Mensch nicht einordnen kann. Sie wird zu dem Ergebnis gelangen, daß sich die Jugend im Interesse einer positiven Gesellschaftsentwicklung gar nicht einordnen darf. Das ist zwar eine gesellschaftsgeschichtlich außerordentliche Situation, aber sie ist unbestreitbar gegeben.

Die heutige Elterngeneration hat im und nach dem ersten Weltkrieg nacheinander die Barbarei der Materialschlachten, Mangel und Hunger, Zusammenbruch, Inflation, Arbeitslosigkeit und Massenelend erlebt. Sie nahm in der „Arbeitsbeschaffung" nach 1933 Hitlers Handgeld und fand sich damit ab, Arbeit und Brot von heute gegen Hölle und Chaos von morgen zu tauschen. Gänzlich mürbe geworden, ließ sie es geschehen, daß die Inszenierer des unvergleichlichen Blut- und Vernichtungsrausches ihre Kinder verführten, schwieg sie, als die feineren Instinkte der noch Kritiklosen durch ein übles Propagandagemisch aus Lüge und Pathos in die Irre geleitet wurden. Zumindest ein Teil dieser Elterngeneration wußte, daß nach dem unaufhaltsam herannahenden Zusammenbruch alle Schleier fallen würden. Zweierlei würden die jungen Menschen dann wohl erkennen: erstens natürlich, daß die Nazigötter sie getäuscht, ihre emotionalen Empfindungen irregeleitet hatten; zweitens aber auch, daß ihre Elterngeneration ihre Verführung mindestens zehn Jahre lang zugelassen und sie damit um die eigentliche Jugend betrogen hatte.

Die politische Sozialisation in den Jahren zwischen 1933 und 1945 hatte also zur Folge, daß zwei Generationen zerschlagen wurden: die Alten von heute und die Zwischengeneration der heute Siebzehn- bis Dreißigjährigen. Die Alten sahen sich zuerst zermürbt, dann korrumpiert, schließlich bloßgestellt und hoffnungslos und stumpf gemacht. Die Jüngeren, die sich zunächst nur durch den Nationalsozialismus verraten und in den Krieg geführt sahen, sind glaubenslos schlechthin geworden, zumal sie erkannten, wie widerstandslos sich die Alten von ihren Werten getrennt hatten. Sie sind zynisch geworden, weil sie es bis heute erleben, daß sich die Alten auch nach ihrer Befreiung nicht wieder um ihre Werte sammeln. Was aber — so fragen sie sich — kann an solchen Werten sein? Sind sie mehr als papierenes Gerede?

Die Auflösung der Propaganda-Illusion trat während der fünfeinhalb Kriegsjahre ein. Nach dem Rausch der Siege, nach der Zeit, in der Grauen und Elend des Krieges nur den überfallenen Völkern spürbar wurden, durchliefen die meisten Menschen in Deutschland eine Reihe von Stadien, deren jedes an ein bestimmtes Erlebnis geknüpft sein konnte: an die Erlebnisse des Mangels, der Todesbriefe, der militärischen Rückschläge, der Bombennächte und Feuerstürme, der Flucht in den Trecks mit dem Entkräftungstod der hungernden Säuglinge und Greise am Straßenrand, an das Erlebnis der Vernichtung in den Kesseln und eingeschlossenen Städten, der Erbärmlichkeit der Führer, der Erkenntnis: „alles umsonst", an das ständige Erlebnis des Schiebertums, der Günstlingswirtschaft, der Ausplünderung fremder Völker und an das plötzlich volle Wissen um die Barbarei der millionenfachen Massenvernichtung, der Vertiertheit, der alkoholisierten Blutexzesse und der schamlosesten Leichenfledderei. In diesem Hexenkessel des Grauens, der Gemeinheit und der Ungerechtigkeit sind auch sehr viele der heutigen Berliner Schulkinder und der größte Teil der hiesigen Halbwüchsigen aufgewachsen. Ihre letzte Formung haben sie endlich durch die Daumenschraube der Not in den Nachkriegswintern und -frühjahren erfahren, durch die Phase der ständigen Unterernährung, des Hunger- und Erfrierungstodes. Diese Zeitläufe drohten, aus der Herzensnot angstirrer Mütter zu Jahren der Anarchie zu werden. Die Mütter stahlen, zuerst zaghaft auf den Feldern, dann in den Wohnungen Evakuierter und manchmal, in verzweifelter Dreistigkeit, in den Läden. Sie forderten ihre großen Jungen auf, irgend etwas Eßbares heranzuschaffen, zu tauschen und zu verkaufen. Damit führten sie sie selbst auf den Schwarzen Markt, trugen mittelbar dazu bei, daß aus den treuen Helfern gerissene Geschäftemacher wurden, denen der mühelose Gewinn Selbstzweck war. Wenn ein junger, ungefestigter Mensch täglich aus nächster Nähe sieht, wie die Schieber leben und die arbeitenden Menschen hungern, so wird er arbeitsscheu, raffiniert und jeder ordentlichen Lebenshaltung gegenüber zynisch werden. Er wird verkaufen, ohne zu fragen, was

Plakat — *Schulmuseum Berlin*

> **Aufruf!**
> **An die Neuköllner Bevölkerung!**
>
> Der Ausschuß für die Aktion „RETTET DIE KINDER" ruft Euch zur Mitarbeit auf. Ihr habt bei vielen Gelegenheiten Eure antifaschistische Gesinnung bewiesen; setzt sie jetzt in die Tat um!
>
> **Unsere Aufgabe ist es, die bittere Not unserer Kinder zu lindern!** Rettet die Kinder vor dem körperlichen Verfall. Die Ernährungslage der gesamten Berliner Bevölkerung ist keine gute, aber für die Kinder ist sie weit schlechter. Das Kind braucht Aufbaustoffe in weit größerem Maße als der erwachsene Mensch. Wir wollen diese Aufbaustoffe ergänzen durch Schulspeisungen usw. — Alle Berliner Kinder sollen zu Weihnachten möglichst ein warmes Kleidungsstück, Schuhe und Spielzeug erhalten. — **Wir müssen die Kinder nicht nur über den Winter, sondern bis zur nächsten Ernte durchbringen.**
>
> Allen Berliner Kindern soll geholfen werden! Darum rufen wir auf:
>
> **Helft alle mit „RETTET DIE KINDER"**
>
> Ausschuß „Opfer des Faschismus"
> ERNST BREHMER   MAX GLOGER
>
> **Bezirksamt** Pagel Dornow stellvertr. Bürgermeister — **Sozialamt** Erich Raddatz — **Volksbildungsamt** Busse — **Schulamt** Dr. Neumann
> **Jugendamt** W. Müller — **Jugendausschuß** Ziegler Zimmermann — **Sportamt** Schneider — **Gewerkschaft** Karl Ebeling Fritz Köcher
> **Frauenausschuß** M. Wolter D. Lösche — **Ev. Gemeinde** E. Seehase — **Kath. Gemeinde** Trawnik Erzpriester — **Jüd. Gemeinde** Jul. Bernstein
> **Kommunistische Partei** Franz Lange — **Sozialdem. Partei** Richard Günther — **Lib. Dem. Partei** Wilke — **Chr. Dem. Union** Wenske

danach kommt; er wird betrügen, wird sich zerstreuen und roh genießen wollen um jeden Preis. Der materielle Genuß hat aus der Not der Zeit heraus einen Nimbus erreicht wie nie zuvor. Der Kotau vor der amerikanischen Zigarette charakterisiert die Ambitionen eines großen Teils unserer halbwüchsigen Jungen, die Bereitschaft zu lukrativen Kontakten einen erschreckend großen Teil unserer halbwüchsigen Mädchen.

Diese Welt aber bricht tief in das Schulalter ein. Die zwölf- bis vierzehnjährigen Jungen und Mädchen sind die Gesprächskameraden der Fünfzehn- und Sechzehnjährigen und zugleich die Spielkameraden der jüngeren Schulkinder. Sie bilden mancherlei Brücken zwischen dem Laster und der Kinderunschuld. So kommen auch unsere Kleinen, die schon von ihren Eltern nicht sorgsam genug abgeschirmt werden, in unmittelbare Berührung mit den gefährlichen Trübungen unseres Lebens.

Alle diese Generationsschichten, die Alten, die Zwischenjahrgänge, die Halbwüchsigen und die größeren Schulkinder wissen um die Fragwürdigkeit unseres Daseins, aber die Kleinen leben in der ständigen Gefahr, allzu früh wachgerissen zu werden.

Ob es sich dabei um eine augenzwinkernde Mitwisserschaft oder um ein taktvolles Schweigen handelt, ist unerheblich: In jedem Falle weiß die jeweils jüngere von der älteren Schicht, daß sie von ihr, der selbst hilflosen, keine Hilfe zu erwarten hat; die ältere aber steht der jüngeren bestenfalls achselzuckend gegenüber.

Es muß beachtet werden, daß es sich in diesen Darlegungen immer um generationsmäßige Gesamterscheinungen handelt, die vereinzelten Bemühungen ernsthafter Eltern um eine sinnvolle Erziehung bleiben dabei außer Betracht. Diese Blickrichtung erscheint aus zwei innerlich zusammenhängenden Gründen unabdingbar: Erstens bewegt sich die Erziehung im Medium des gesellschaftlichen Lebens, dessen Einfluß entscheidend ist, und zweitens sind alle verantwortlichen Erziehungsversuche hoffnungslos gefährdet, solange sie vereinzelt bleiben.

Es muß weiterhin beachtet werden, daß diese Darlegungen trotz der vielfältigen Verwobenheit mit belastenden moralischen Kategorien kein fades Lamento über Kultur anstimmen wollen. Der ernsthaft weiterdenkende Erzieher kann sich der Gesellschaft und erst recht der Jugend gegenüber nicht in die Rolle des Sittenrichters begeben. Es handelt sich vielmehr darum, pädagogische Fragen in ihrer Tiefe und gesellschaftliche Erscheinungen in ihrer breiten pädagogischen Auswirkung zu erfassen.

Die pädagogische Besinnung führt zu folgendem Ergebnis: Den Kern der heutigen Erziehungsproblematik bildet die sogenannte Verwahrlosung. Die Jugend treibt zwischen den Wirbeln eines trüben Stromes, der auch die Schule immer wieder überspült, mehr oder weniger ungeschützt dahin. Darum darf sie sich in das heutige Leben nicht einfach einordnen. Wir Älteren kehrten freilich aus dem heutigen gern in ein normales Leben zurück; die Jugend hingegen könnte nicht zurückkehren, denn sie ist nicht von ihm ausgegangen und fände keinen Zugang zu ihm. Mithin wäre die Entwicklung zu einer gesellschaftlichen Gesittung abgeschnitten: Die Jungen wären generationsmäßig fast kriminell stigmatisiert.

II. Die Gegenwartsaufgabe der Gesellschaft

Es ist unmöglich, die Erziehungsaufgabe zu umreißen, ohne zugleich die gesellschaftliche Aufgabe zu beschreiben, vor die sich eine Zeit gestellt sieht. Aus ihr allein können die Erziehungsforderungen abgeleitet werden. Die erste und ganz offensichtliche Ursache unseres gesellschaftlichen Verfalls ist die materielle Not. Ein Verharren in diesem Zustande müßte zu einer weiteren Auflösung des gesellschaftlichen Gefüges führen. Sie muß also so schnell wie möglich überwunden werden. Das aber kann im Zeitalter hochentwickelter Wirtschaftsformen nur durch ein planvolles Zusammenwirken aller Teile des komplizierten Produktions- und Verteilungsapparates geschehen. Die weltwirtschaftlichen Verflechtungen zwingen sogar dazu, jede Planung nicht allein im Volks-, sondern auch im Weltmaßstabe zu denken. Die Ablehnung dieses Denkens führte zum Kriege, der die Ursache unserer materiellen Not ist. Es zeigte sich, daß niemand aus diesem Zusammenhange heraustreten kann.

Die Aufgabe, unsere Produktivkräfte wieder bis zur vollen Bedarfsdeckung zu entfalten und jedem Menschen seinen gerechten Anteil zu sichern, ist ebenso gewaltig wie die Vernichtung unserer wirtschaftlichen Kraft und ihrer Organisationsformen durch den Krieg. Sie setzt ein Volk voraus, das in seiner großen Mehrheit ungebrochen und kraftvoll ans Werk geht, das technische Improvisationsfähigkeit und ein hohes Fachkönnen einzusetzen hat, ein Volk, das denkbereit und urteilsfähig genug ist, um Wirtschaftsplanungen auf ihren umfassenden Wert und auf ihre sozialen Auswirkungen zu prüfen, das an solchen Planungen seine real begründeten Hoffnungen entzündet und seine Initiative entfacht, das ihnen entscheidungsfroh und mutig die öffentliche Anerkennung verschafft, das gerecht in der Verteilung jeglicher Lasten und aller Güter ist, um niemand von dem allgemeinen Aufbruch aus der Not auszuschließen, das Freude hat an einem solchen Zusammenwirken aller und seine Bereitschaft zur Achtung der Mitmenschen auch auf die anderen Völker ausdehnt, das den Frieden liebt und aufgrund der so schmerzlich gewonnenen Einsicht seiner Unteilbarkeit entschlossen ist, sich mit allen Kräften für ihn einzusetzen. Ein solches Volk würde langsam, aber stetig die Achtung anderer Völker erringen, könnte auch mit ihrer Unterstützung rechnen, die dann zu konstruktiven Plänen wirtschaftlicher Zusammenarbeit führen würde.

Unser Volk ist in weiten Teilen ermüdet und ohne Hoffnung. Es gibt sich dem lähmenden Eindruck hin, die menschliche Gesellschaft treibe im Netz ihrer verwirrten Beziehungen auf ihre Selbstvernichtung zu. Zwar besitzt es noch ein großes Reservoir technisch gut geschulter Kräfte, doch leben sie im Banne einer lebensbedrohenden wirtschaftlichen, politischen und kulturellen Lethargie. Es ist nach zwölf Jahren einer brutalen und geistvernichtenden Diktatur im selbständigen Denken ungewohnt und urteilslos geworden. Es fehlt ihm der Blick für Zusammenhänge, aber auch der Wille zu verantwortlichem Denken und Handeln. Die materielle Not traf es geistig unvorbereitet, so sahen sich viele Menschen, in Panikstimmung versetzt, zum Einzelgängertum und zum brutalen Gebrauch der Ellenbogen veranlaßt. Da und dort mochte sich auch wieder die gefährliche Illusion genährt haben, irgend ein Ausbruch könne Hilfe und das Ende aller Not mit sich bringen.

Alles in allem, soviel wird deutlich, bieten wir den Nachbarvölkern einen Anblick, der jedes moralische, politische und wirtschaftliche Vertrauen ausschließt. Der chaotische Zustand unserer gesamtdeutschen Wirtschaft, insbesondere aber die beherrschende Vulgärerscheinung des Schwarzen Marktes, lassen uns nicht einmal im Geschäftssinne vertrauenswürdig werden.

III. Die Forderungen an den Erzieher

Es gibt für uns keine andere Aufgabe als die, das Leben unseres Volkes neu und sinnvoll aufzubauen. Die Arbeit des einzelnen hat ihren Wert nur im Hinblick auf dieses Ziel. Scheitern wir im ganzen, so scheitert jeder einzelne. Es genügt also für einen jungen Lehrer nicht, wenn er sich aus Anlage und Neigung in irgendeinem Fach zum virtuosen Methodiker ausbildet. Selbst wenn alle Lehrer das täten, wäre das Notwendige noch nicht getan. Das Notwendige manifestiert sich in dem alles umfassenden Entschluß Pestalozzis: „Armes Volk, ich will dir aufhelfen." „Blutauffrischung" ist die Forderung der Stunde. Wir haben der Gesellschaft die neuen, besseren Kräfte zuzuführen: den hoffnungslosen Alten wertgläubige Junge, den lethargisch Hindämmernden ungebrochen Vorwärtsstrebende, den rücksichtslosen Einzelgängern verständnisvolle, hilfsbereite Gemeinschaftsmenschen. Und kennen wir gleich Pestalozzi „keine Kunst, keine Wissenschaft", und sind wir „in dieser Welt nichts, gar nichts", so kennen wir doch unsere Aufgabe und geben uns ihr, „uns und das Wenige, was wir durch die Erfahrungen unseres Lebens zu ergründen imstande" waren. Die Pädagogik befindet sich wieder im Ernstfall, wie zur Zeit Pestalozzis, als er die Armen und Gehetzten in Neuhof sammelte, als er die Geschlagenen,

F. Hoffmann: Schule als gesellschaftsbildende Kraft

Erste Kinderspeisung in Neukölln der Aktion „Rettet die Kinder" am 11.11.1945 — *Bezirksarchiv Neukölln*

Jugendnoteinsatz: Wasserholen, 1950 —
Bezirksarchiv Neukölln

Entkräfteten, Verlassenen, Verwahrlosten, Verkommenen und Verrohten in Stans zu sich nahm, als er in Burgdorf arbeitete. Er war, wie viele von uns, aus einem Fremdberuf gekommen, war ein „Neulehrer", unvorbereitet wie wir und proklamierte dennoch aus geschichtlichem Zwang höchste Ziele, als er Erziehung, Unterricht und Methodik neu denken mußte. Was bedeutet das Einzelsteinchen einer geschickten methodischen Begriffseinführung schon in solchem Mosaik? Wie asozial läßt sich doch ein hoch entwickeltes Fachkönnen ausnutzen! Das Ganze der Erziehung und des Unterrichts muß überprüft, Unbrauchbares muß ausgesondert, Neues muß aufgenommen, Schwergewichte und Betonungen müssen verlagert werden. Diese Aufgabe darf auch den Neulehrer nicht schrecken. Zwischen unserer und der Lage Pestalozzis besteht der fundamentale Unterschied nicht nur im Hinblick auf sein Genie. Pestalozzi faßte seinen Entschluß in der eisigen Luft des Alleinstehenden, gänzlich Einsamen. Wir sind Hunderte mit verhundertfachter Beobachtung, Erfahrung, Initiative, Aktivität und Kleinarbeit. Es kommt nur auf rückhaltlosen Erfahrungsaustausch an, auf völlig uneigennützige gegenseitige Hilfe, auf den Abbau egoistischen Ehrgeizes und persönlicher Eitelkeit, auf die Erweiterung vom Ich zum Wir. Wir brauchen Kollegien und Schulleiter, die zur Zusammenarbeit in diesem Sinne entschlossen sind, jeder bereit, von jedem zu lernen, alles zu prüfen, das Gute und persönlich für ihn Geeignete auf- und anzunehmen und weiterzugeben.

Zweierlei Entscheidungsfragen hat sich der junge Lehrer vorzulegen. Die erste Gruppe dieser Fragen betrifft seine Stellung als erwachsener Mensch und Staatsbürger schlechthin: Ist er bereit, nicht der Jugend zu überlassen, was er schon heute tun kann? Ist er sich dessen bewußt, daß sie Anspruch auf Schutz und Pflege durch die gesamte Erwachsenenwelt hat? Ist er bereit, auch über seinen Beruf hinaus die gesunden Bedingungen ihrer und unserer materiellen Existenz mitzuschaffen? – Die zweite Fragengruppe betrifft seine Einstellung als Erzieher: Liebt er Jugend und Reinheit, klare, forschende, vertrauensvoll blickende Augen, keimhaftes Zukunftsversprechen, natürliches Selbstbewußtsein und natürliche Selbstbehauptung, hohe Leistung in unbewußter und unschuldiger Einfalt? Ist sein Glaube an das Gute im Kinde so groß, daß er dessen trächtigen Rest noch im verwahrlosten Kinde erkennt? Treibt es ihn, diesen Rest geduldig zu entwickeln, bis es den ganzen kleinen Menschen ergriffen und geformt hat, oder ist er immer noch versucht, anstelle dieses Guten sich einfach selbst durchzusetzen, mit Prügeln, Strafen und massiver Autorität? Schrecken ihn unsere modernen Bettelhorden und Diebesbanden oder erregen sie sein Mitgefühl? – Er wird dann wissen, ob er gegenüber der oft stumpfen Erwachsenenwelt Anwalt der Jugend sein kann und gegebenenfalls fragen, was er noch erwerben muß, um ein solcher Anwalt zu werden. Er wird darauf bedacht sein, Jungen und Mädchen zu erziehen, die bei selbständigem Denken und Handeln in gemeinschaftsbezogener Arbeit ihre Identität gewinnen und erwartungsfroh ihrem Berufseintritt entgegenblicken können.

Freilich, die Folge der natürlichen Entwicklungsphasen muß dabei auf den Kopf gestellt werden, denn wir müssen das unmöglich Scheinende versuchen: zuerst die seelisch geistige und durch sie dann die materielle Gesundung herbeizuführen. Die neue Lehrerschaft wird die neue, die geschichtlich notwendige Schule selbst gestalten, denn da ist zur Stunde niemand, der sie ihr entwerfen kann, oder sie wird überhaupt nicht geschaffen. Dann würde eine fossile Schule hinter dem gewalttätigen und grausamen Leben unserer Tage hilflos hinterherstolpern.

IV. Die Gegenwartsaufgabe der Erziehung

Die gegenwärtige schulpädagogische Aufgabe liegt darin, der Jugend in einer Art positiver Isolierung von den Verzerrungen unseres Erwachsenendaseins einen Halt zu schaffen. Dabei geht es um ungetrübte, reine Kindlichkeit in Lust und Leid, Abneigung und Neigung, ums Heimathaben im selbstvergessenen Spiel, ums Feuer- und Flammesein für irgend ein Fach oder eine gültige Leistung im Lieblingsfach, ums Arbeitenwollen im schönsten Sinne, um die seltsam tiefen Fesselungen und Spannungen in den ersten Begegnungen mit der Kunst. Es geht um das erquickende Erlebnis für Eltern und Erzieher: die ihrer selbst eher unbewußte, kindlich reife Leistung. Es geht um Bescheidenheit und kräftiges Können, ums Reifen in ungebrochener Kindlichkeit, ums Heimathaben in sich selbst, dem ersten und entscheidenden Halt in einer Welt, die auf Jahrzehnte hinaus im stürmischen Entwicklungsfluß bleiben wird, ums Heimathaben in ihrer Jugendgemeinschaft, dem wunderbaren Medium ihrer geistigen Entwicklung, kurz: um ein Jugendleben als den Kraftquell für das ganze spätere Dasein. So überraschend naiv das auch klingen mag, so sind wir doch nicht etwa von der Sache abgekommen, vielmehr befinden wir uns im Kern des heutigen Erziehungsproblems. Wir müssen in der Tat von vorn anfangen – wie ganz Europa auf so vielen Lebensgebieten. Zur Frage steht: wie kann der sinnvolle Neubau einer demokratisch eingestellten menschlichen Gesellschaft gestaltet werden?

Es liegt auf der Hand, daß dazu ein hohes Maß an Leistungen im beruflichen, sozialen, politischen und kulturellen Mitschaffen gefordert ist. Diese könnten indessen kaum erbracht werden, wenn nicht der voll entfaltete Mensch hinter ihnen stünde. Die Voraussetzungen dafür müßten sich schaffen lassen, wenn es gelänge, ein jugendeigenes Leben zu entfalten, dieses freilich nicht abseitig, etwa als trügerisches Märchendasein, das im Anprall der Wirklichkeit zerstört würde und für die jungen Menschen gefährliche psychische Schäden zeitigte. Nein, wir wollen eine Schule bauen, die von den Kindern als „ihre" Schule bejaht wird, in der sie sich selbst hingegeben sind, sich selbst genügen, sich selbst erfüllen. Sie soll ihnen, wie Pestalozzi es verlangt, die „Befriedigung ihres Wesens in ihrem Innern" und den Verlassenen wieder innere Heimat und Raum für ihr Leben geben.

Diese Zielstellung fordert die Abkehr von der bloßen Lernschule. Diese stellt ihrem Wesen nach eine Gängelei dar, sozusagen eine Folge von Vorübungen für das künftige Leben, von Erwachsenen bestimmt und dosiert und abgestellt auf nachträgliche Sinnerfüllung. Ein krasses Beispiel dafür ist jene „Ochsentour" in der Form einer examensüberschatteten, lebensfremden Paukerei – ohne eigentlichen Tiefgang, ohne individuelle Nuancen. Jugendliche Lebensphasen bleiben dabei unerfüllt, Wirklichkeits- und Gemeinschaftssinn werden nicht geübt, natürliches Selbstbewußtsein unzulänglich entfaltet.

Nach dem unveröffentlichten Manuskript einer Denkschrift aus dem Jahr 1947. Aus dem Nachlaß Fritz Hoffmanns, jetzt Archiv Radde. Fritz Hoffmann leitete seit 1948 die 37. / 38. Schule in Britz.

Ekkehard Meier

In einer neuen Zeit —
Abiturarbeiten 1946 bis 1948

Ein merkwürdiges Gefühl: Vor mir liegen die Lebensläufe und Abiturarbeiten[1] der Abiturjahrgänge 1946 bis 1948, also der ersten Jahrgänge, die nach dem Zusammenbruch 1945 wieder zur Schule gingen und ihr Abitur machten. Papier und Arbeitsmittel waren kaum vorhanden, und daher wurden die papierenen Restbestände, die die Nazizeit überdauert hatten, für die Abiturarbeiten verwendet: statistische Bögen, einschließlich der Statistik, die den ‚Ariernachweis' überprüfte, Vordrucke zur Kinderlandverschickung, Pack- und Schmierpapier; aber auch die Rückseiten von Spendenaufrufen gleich nach Kriegsende an die Berliner Bevölkerung wurden als Schreibpapier verwendet.

Von 52 Jungen und fünf Mädchen oder genauer: Männern und Frauen sind die Abiturunterlagen aus den Jahren 1946 bis 1948 erhalten geblieben. Bevor sie sich zur Prüfung meldeten, mußten sie einen biographischen Abriß, eine Art Lebens- und Bildungsbericht anfertigen. Ganz unterschiedlich entledigen sie sich dieser Aufgabe. Nur wenige schreiben kurz angebunden, fast widerwillig diesen Aufsatz. Die meisten dagegen geben einen sehr ausführlichen, sehr detaillierten Bericht über ihr bisheriges Leben, auch wenn der eine oder andere einräumt, die schlimmsten Erfahrungen ausgespart zu haben. Insgesamt gesehen geben diese Berichte sowie die Abiturarbeiten im Fach Deutsch ein plastisches Bild der Jahre 1939 bis 1948 aus der Sicht der Jugendlichen, das punktuell, aber sehr lebendig diese Zeit beleuchtet.

I.

Die Themen für die Abiturarbeiten der Jahre 1946 bis 1948 im Fach Deutsch stellte Dr. Karl Basler, für die Klasse 8a im Jahre 1948 der Lehrer Willi Neumann. Die aktuellen Themen gaben den Schülern die Möglichkeit, sich mit ihrer eigenen Situation auseinanderzusetzen. Da gleichzeitig literarische Themen zur Auswahl gestellt wurden, bestand die Möglichkeit, sich dem üblichen Besinnungs- oder Gesinnungsaufsatz zu entziehen. Der Stoff für die literarischen Aufgaben war vorher in der Klasse besprochen worden, während die anderen Aufgaben einen eher subjektiven Zugang ermöglichen. Das schlägt sich auch in der Bewertung nieder, denn aus den Randbemerkungen und dem knappen Schlußkommentar des Lehrers ist nicht immer zu ersehen, nach welchen Kriterien eine Arbeit als gut oder als genügend eingestuft wurde. Beurteilt werden in erster Linie formale Fähigkeiten: die sprachliche Richtigkeit, der Stil, die Fähigkeit zu disponieren. Die kurzen schematischen Gliederungen zeigen, daß ein längerer Gedankengang kaum entwickelt wird. Die meist sehr schlichte Gliederung ist aufgeteilt in Einleitung, Hauptteil und Schluß, wobei der Hauptteil oft nicht mehr als drei oder vier Unterpunkte enthält, während Einleitung und Schluß kaum weiter ausgestaltet sind. Der Umfang der gesamten Arbeit von etwa fünf bis sechs Spalten im Durchschnitt ließ eine eingehende und differenzierte Argumentation kaum zu. Die Arbeiten wurden vorgeschrieben und anschließend in Reinschrift übertragen.

Obwohl die jungen Männer und Frauen schon so viel erlebt hatten, wirken viele der Arbeiten inhaltlich noch wenig erwachsen, manchmal geradezu kindlich naiv. Trotz der Erfahrungen – einer hat das Kapitänspatent erworben –, trotz der schweren Belastungen der letzten zehn Jahre hatten die Jugendlichen früher vielleicht die Möglichkeit, langsamer heranzuwachsen, zu reifen, da – so grotesk das angesichts der schrecklichen Kriegserlebnisse klingen mag – nicht so viele äußere Reize auf sie einströmten wie heute. Verglichen mit Abiturienten heute wirken die Texte nach 1945 weniger reflektiert, wenig begrifflich, weniger fachwissenschaftlich. Oder positiver formuliert: Sie sind in vielem inhaltlich einfacher und bescheidener abgefaßt.

Sprachlich dagegen fällt ein leicht gehobener, zum Teil überhöhter Ton auf, der sich durch viele Arbeiten zieht und der über gelegentliche inhaltliche Dürftigkeit hinwegtäuscht. Manche Passagen sind überlagert von sehr viel allgemeinem, oft phrasenhaftem Gerede, das den Ausführungen wohl eine besondere Note geben sollte, wie bei jenem

Übersicht über die Abiturthemen im Fach Deutsch

1946 Fachlehrer Dr. Karl Basler
Thema 1: Wie kann die deutsche Jugend selbst am Aufbau ihrer Zukunft arbeiten? (10)
Thema 2: „Auf denn, nicht träge denn, strebend und hoffend hinan!" (2)
Thema 3: Wie hat Goethe Fausts Erlösung begründet? (1)

1947 Fachlehrer Dr. Karl Basler
Thema 1: Welche sozialen und politischen Probleme harren in diesem Jahre ihrer Lösung? (11)
Thema 2: Wie glaube ich, in meinem künftigen Berufe am Wiederaufbau Deutschlands helfen zu können? (1)
Thema 3: Nur der verdient sich Freiheit wie das Leben, der täglich sie erobern muß. (Goethe) (2)
Thema 4: Inwiefern zeigt uns schon der erste Teil des „Faust", daß Mephisto die Wette nicht gewinnen kann? (2)

1948 (Klasse 8a) Fachlehrer Willi Neumann
Thema 1: Wie beurteilen Sie des Prinzen Hamlet Charakter, Sendung und Ausgang? (8)
Thema 2: Gedanken des Urenkels eines Berliner Freiheitskämpfers von 1848. (2)
Thema 3: „Doch in den Tiefen wird alles Gesetz!" R. M. Rilke (3)
Thema 4: Bedarf das Theater unserer Zeit der Erneuerung, und in welchem Sinne? (0)

1948 (Klasse 8b) Fachlehrer Dr. Karl Basler
Thema 1: Das Jahr 1948 (Erinnerungen, Hoffnungen, Erwartungen) (8)
Thema 2: „Unglück selber taugt nicht viel; doch es hat drei gute Kinder: Kraft, Erfahrung, Mitgefühl." (2)
Thema 3: Ich liebe Berlin – trotz allem. (7)
Thema 4: Tendenz in Lyrik und Drama. (0)

Schüler, der sich in seinem späteren Leben „in einem Kreis edler und geistig hochstehender Menschen" bewegen möchte.

Die Randbemerkungen des Lehrers enthalten fast nur formale Anmerkungen und Korrekturen – bis hin zu stilistischen „Verschlimmbesserungen". Wo der Jugendliche etwas flotter formuliert, bessert der Korrektor in einer gestelzten gravitätischen Sprache nach.

II.

Das Leben in der Trümmerlandschaft Berlin war nach Kriegsende mühsam, zumal es an allem mangelte und die Winter ungewöhnlich kalt waren. So fiel im Dezember 1945 der Unterricht fast vollständig aus wegen Kohlenmangels, und im langen und harten Winter 1946/47 starben viele Berliner an Entkräftung und Krankheiten.

Ein Jahr später, im Winter 1948, ist im Klassenbuch vermerkt: „Holzbeschaffungsausflug nach Oranienburg". In den Bescheinigungen und Entschuldigungszetteln, die sich noch erhalten haben, spiegelt sich die Not der Zeit wider. Fräulein Dr. Gerda W. erhält eine Bescheinigung der Schule, weil sie zur Ausübung ihres Unterrichts dringend ein Paar Straßenschuhe für den Winter benötigt. Und ein Vater entschuldigt seinen Sohn mit den Worten „Mein Sohn Günter konnte am 23.9.46 nicht die Schule besuchen, da er keine Schuhe hatte."

Der Unterricht fand in den Räumen der ehemaligen Karl-Marx-Schule statt, denn das Gebäude der Albrecht-Dürer-Oberschule in der Emser Straße, das während des Krieges vor allem tschechische Fremdarbeiter beherbergt hatte, wurde auch nach Kriegsende noch anderweitig genutzt: Im Seitenflügel hatte sich die Polizei niedergelassen, im Haupttrakt arbeitete eine Kartenstelle, die Lebensmittelkarten und Bezugsscheine verteilte, und in der Turnhalle der ADO wurden von einer Geldschrankfirma alte, verrostete Geldschränke, die aus den Trümmern geborgen worden waren, aufgearbeitet und weiterverkauft.

Die Selbstverständlichkeit, mit der der Schulbetrieb wieder aufgenommen und weitergeführt wurde, mag im ersten Augenblick verblüffen. Alles ging rasch wieder seinen gewohnten Gang und verlief in den traditionellen Bahnen, fast so, als ob nichts gewesen wäre. „Wie symbolisch kam mir damals die S-Bahn vor. Das Äußere war Schrecken erregend. Keine Scheiben, sondern Pappe. Die Türen gingen nicht zu. Und waren sie erst zu, dann bekam man sie nicht mehr auf. Aber sie fuhren und taten das, was man von ihnen erwartete." Lediglich ein Zugeständnis wurde an die „modernen Ideen" gemacht; aber mehr aus der Notlage heraus, denn aus Überzeugung. Da Unterrichtsräume knapp waren, ergab sich die Koedukation fast von selbst. Hinzu kam die Erfahrung, daß Frauen und Mädchen während des Krieges Männerarbeiten übernommen hatten und als Trümmerfrauen nach dem Kriege schufteten. Ob sie allerdings sehr begeistert gewesen wären, wenn sie die Vorstellungen eines der Abiturienten, der sich in seinem Aufsatz zu Ehe und Koedukation äußerte, gelesen hätten, muß man dann aber doch bezweifeln. Nach seiner Meinung sollte der Mann nicht in (Selbst-)Mitleid zerfließen, sondern durch Selbsterziehung und Selbstbeherrschung an sich arbeiten. Die Frau sollte „seine Leistungen und Taten bewundern, anerkennen. ... Er muß ihr wieder als Führer, Berater und Miterzieher beiseitestehen."

III.

Niederdrückend war die Zerstörung der Ideale und der Moral. „Not und Schwarzhandel, Bestechung und Mord, Symptome der Zeit,

fehlen auch bei uns nicht." Das Aufbauwerk nach 1945 konnte aber nur gelingen, wenn der Lebensmut, die Lebensfreude und das Selbstbewußtsein wiederkehren. „Zwölf Jahre hindurch nahm die deutsche Jugend falsche Götzen für wahr, und da sie jetzt den Betrug erkennt, bricht ihre Welt zusammen. Sie ist haltlos und mutlos geworden und steht allem Neuen sehr mißtrauisch gegenüber." 1946 erwägen noch ein Schüler und eine Schülerin den Gedanken, eventuell nach Südamerika auszuwandern, wenn sich die Lage in Deutschland nicht rasch verändere. Doch schon ein Jahr später spricht ein Schüler vom langsam zurückkehrenden Selbstbewußtsein.

Alle waren mit den Sorgen des Alltags beschäftigt, aber es blieb Zeit, sich politisch zu informieren, Zeitungen zu lesen, die Stadtverordnetenversammlung zu besuchen, neue englische, amerikanische, französische Filme zu sehen. „Seit 1945 sah ich die Welt mit anderen Augen".

Die Arbeiten der Jahre 1946 / 47 beschäftigen sich vor allem mit aktuellen Problemen. Die Arbeitslosigkeit erscheint als dringlichstes Problem, da sie den Schwarzmarkt, die Verwahrlosung vieler Jugendlicher und die Kriminalität fördert. Schwer lasten die sozialen Mißstände auf der Gesellschaft: Wohnungsnot, Kleidermangel, die unzureichende Versorgung von Alten und Waisen. Das Flüchtlingsproblem verschärft die sozialen Probleme. Die Frage der Staatsform ist noch ungewiß. Deutschland muß einen Status erhalten, „der ihm auf Grund seiner Lage in Europa und in kultureller Hinsicht zusteht." Die Grenzfragen sollten geklärt und ein Friedensvertrag muß abgeschlossen werden, „damit wir nicht zu dem Niveau einer Kolonie herabsinken müssen".

Die Zukunftserwartungen sind eher bescheiden. Deutschland soll möglichst bald einen mittleren europäischen Lebensstandard erhalten. Ein Schüler träumt bereits vom „Überfluß" an Lebensmitteln, Bekleidung und der Befriedigung notwendiger Bedürfnisse des Lebens. Milde korrigiert der Lehrer „Überfluß" in „genügende Menge".

Erstaunlich schnell – noch vor der Verkündung des Grundgesetzes – schlagen sich die neuen demokratischen Ideen in den Arbeiten nieder. Die Grund- und Menschenrechte werden unter Verweis auf die amerikanische Verfassung gefordert, z.B. die Achtung der Menschenwürde, das Recht auf Leben, die Gleichheit vor dem Gesetz, das Recht auf freie Meinungsäußerung, das Recht auf Eigentum. Aber auch soziale Grundrechte werden angemahnt: das gleiche Recht auf Bildung, das Recht auf Arbeit, die Enteignung von Großgrundbesitz zugunsten der Flüchtlinge, eine Aufteilung des Bodens, „wie es in der Ostzone zum Teil schon geschehen ist." Die Enteignung der Rüstungsbetriebe, die Zerschlagung der Trusts und der Konzerne, um die Kriegsgewinnler und Kriegstreiber zu bestrafen, sowie die Verstaatlichung sollen die Aufteilung in kleinere Betriebe erleichtern. Diejenigen Schüler, die ihre politischen Vorstellungen und Ziele konkreter formulieren, sind auf der Suche nach einer linken Alternative. Deutschland wird als Mittler zwischen Ost und West gesehen. Manches, was nach Kriegsende in der sowjetisch besetzten Zone an Maßnahmen ergriffen wurde, wird durchaus positiv bewertet. „Der Feudalherr ist wenigstens in Ostdeutschland verschwunden." Der gleiche Schüler fordert die Zusammenarbeit von KPD und SPD. Im abschließenden Urteil lobt der Gutachter „die ehrliche Gesinnung, die aus allen Sätzen herausstrahlt." Ein anderer Schüler zieht eine Parallele zur Situation nach dem Ersten Weltkrieg. „Wieder ließ man die Herren ‚von und zu', aus denen sich einerseits die großen kapitalistischen Kriegstreiber, andererseits die Militaristen rekrutieren, ungeschoren. Sie verhalfen später Hitler zur Macht. Das Endergebnis ist uns allen bekannt." Er hofft auf ein einiges Deutschland, denn die Zonen „würden nur den Alliierten zur Last fallen und eine abhängige Kolonie der jeweiligen Besatzungsmacht werden."

IV.

Zwischen 1946 und 1948 scheint sich ein deutlicher Wandel in der politischen Einschätzung und im Selbstbewußtsein vollzogen zu haben. „Die Augen Deutschlands und der ganzen Welt blicken auf uns und auf die Entwicklung Berlins. Die Berliner sind sich dessen bewußt, und sie wissen, daß es an ihnen liegt, die Welt nicht zu enttäuschen." In den Arbeiten der Jahre 1946/47 wird die Rolle der Alliierten noch durchaus positiv gesehen, weil Deutschland ohne fremde Hilfe nicht bestehen kann. „Ein Volk, das so schwer betroffen (Korrektur des Lehrers: vom Schicksal getroffen ...!) ist wie das unsrige, braucht Hilfe." Ein Schüler warnt ausdrücklich vor Übergriffen auf die Alliierten, um nicht die Zweifel und Vorbehalte bei ihnen zu verstärken. Ein anderer erinnert mahnend an das eigene Verhalten während der NS-Zeit. „Die deutsche Jugend hat auf den Feldzügen die Länder ihrer Nachbarn kennengelernt; doch als Sieger (Anmerkung des Lehrers: damals! – als Besatzungsmacht –) schien es nicht ihre Sache zu sein, Verständnis für die Volkseigenarten (besser: ‚Eigenarten eines fremden Volkes') aufzubringen." In den wenigen Arbeiten, die sich 1948 zu den aktuellen Problemen äußern, hat sich der Ton verändert, wird die Kritik an den Alliierten schärfer, an den Siegermächten, die sich nicht einigen können, so daß „wirtschaftlicher Ruin, bitterste Verarmung der Bevölkerung und drückende Macht der uns regierenden Besatzungsmächte" auf Deutschland lasten. Berlin sei eine „unglückliche Stadt", die Bewohner hätten „viel durchmachen müssen". „Auch wir kämpfen heute für die Demokratie." Die Alliierten aber versagten, weil sie in den letzten drei Jahren keinen Friedensvertrag zustandegebracht hätten. Die Welt drohe in zwei Teile zu zerfallen, und man wolle nicht Schauplatz eines dritten Weltkrieges werden. Infolge der Wohnungsnot und der armseligen Lebensbedingungen vegetierten die Berliner „in unwürdigen Zuständen", so daß die Gefahr bestehe, „daß ein verarmtes Deutschland ewig ein Unruheherd bleiben wird, die schlechten Lebensbedingungen die Kulturstufe unseres Volkes herabdrücken werden und die deutsche Jugend, die freudlos aufgewachsen ist, zum Haß gegen die Welt erzogen wird." Hinzu kommen Probleme mit der Verwaltung. „Die gut entwickelte Bürokratie macht den Bewohnern in allen Angelegenheiten Schwierigkeiten über Schwierigkeiten."

Ein Schüler läßt sich schließlich zu vehementen Angriffen gegen die Alliierten hinreißen, aber vermutlich geben seine Unterstellungen und Beschimpfungen lediglich dem Ausdruck, was bei so manchem Deutschen im Verborgenen schwelt. Der junge Mann setzt den „Freiheitskampf" gegen die Alliierten mit dem Kampf auf den Barrikaden von 1848 gleich, spricht von der „Vier-Mächte-Diktatur" sowie von deren „Unterdrückungs- und Ausbeutungsmethoden". „Die Ausbeutung der kostbaren Arbeitskraft" durch die Siegermächte führe dazu, daß wir „unser klägliches und kärgliches Dasein wiederum unter einer Diktatur" führen müßten. Die Deutschen sollten „selbständig die Einheit Deutschlands verwirklichen. Dann müßten uns aber die Alliierten von sich selbst befreien." Dem korrigierenden Lehrer entringt sich angesichts von soviel Unverstand und Uneinsichtigkeit der Stoßseufzer: „Welch ein unbedarfter und plumper Ausdruck des politischen Ressentiments! Es geht mir über meinen Horizont und meine Toleranz."

V.

Nach 1945 war die Ansicht weit verbreitet, daß die Hitlerjugend-Generation, also die Jahrgänge 1918 bis 1935, nicht entnazifiziert, sondern umerzogen werden müßten. Die von Karl Basler gestellten Themen forderten geradezu dazu auf, sich damit auseinanderzusetzen. Seine wenigen inhaltlichen Anmerkungen kehren immer wieder zu diesem Aspekt zurück: „Die Umerziehung der Jugendlichen ist doch eine sehr wichtige Frage!"

Ein Schüler übernimmt ganz selbstverständlich die Forderung, daß die Lehrer die Aufgabe haben, die ideologischen Reste der Nazizeit aus den Köpfen der Jugendlichen zu entfernen. „Sie zu vertreiben und deren Unwahrheit zu beweisen, ist die Aufgabe der Lehrer und Erzieher; doch muß jeder Jugendliche den Willen haben, sich belehren zu lassen und die Richtigkeit der demokratischen Prinzipien anzuerkennen." Angesichts so eilfertiger Anpassung wirkt der Einwand eines Klassenkameraden bedenkenswerter: „Warum soll die deutsche Jugend nicht sagen dürfen, daß sie an den Nationalsozialismus geglaubt hat? Heute sieht sie ja ein, daß sie falsch gelenkt worden ist; sie ist auch grundsätzlich bereit umzulernen."

Zwei Jahre später lassen sich ein Schüler und eine Schülerin konkreter auf die Problematik ein und formulieren schon etwas selbstbewußter und direkter ihre Einwände, begleitet von leicht indignierten Anmerkungen des Korrektors:

„Es sind meist ältere Herren, die schon 40 Jahre oder mehr im Dienst stehen und, was man ihnen nicht übelnehmen kann, ihre alten Ansichten stets vertreten und leider auch nach den alten Methoden unterrichten. Die heutige Jugend aber kann diese alten Ansichten aus ganz verständlichen Gründen nicht teilen, und so kommt es häufig, besonders in den Oberklassen, zu erheblichen Meinungsverschiedenheiten zwischen den alten Lehrern und der Schülerschaft, denn keiner will seine Ansichten preisgeben."

Als der gleiche Schüler sich mit seiner Kritik noch ein wenig weiter hervorwagt, wird er zur Ordnung gerufen. „Es liegt überhaupt zum größten Teil am Lehrer, ob ein Schüler etwas lernt oder nicht, und nicht, wie von weiten Kreisen behauptet wird, am Schüler." (Kommentar des Lehrers: „Überfl. ‚Geschwätz'! Thema!"). Im Schlußurteil werden Vorwürfe des Schülers mit einem Satz beiseite gewischt: „Dazu fügt er noch alte, längst erledigte Vorwürfe gegen die Erzieher und Lehrer an."

Das Grundproblem, nämlich die Frage, wer als „Umerzieher" fungieren sollte, war damit nicht geklärt. Waren denn die Lehrer, die während der NS-Zeit unterrichteten, in der Lage, die Jugend im neuen Geiste zu erziehen? Ein Mädchen greift diese Frage auf, ohne Verständnis beim Prüfer zu finden:

„Außerdem ist das Vertrauen der Jugend zu denjenigen, die sie jetzt führen wollen, nicht groß. Dieses mangelnde Vertrauen ist nicht verwunderlich. In den meisten Fällen handelt es sich um die Menschen, die vor zwei Jahren die Jugend noch erzogen (Sachlich nicht richtig! *Diese* Erzieher sind es nicht, die sie „jetzt führen wollen"!), den Feind zu hassen, ihn als einen minderwertigen Menschen zu betrachten und alles, was mit Demokratie zu tun hatte, zu verachten. Plötzlich sind diese Leute (Ausdruck!) nun die besten Demokraten geworden und wollen der Jugend beweisen, daß die Unrecht (R. „unrecht tun") getan haben und nun ‚endlich' umkehren müssen. So ist es verständlich, daß die Jugend ihre Zukunft selbst aufbauen will. Sie muß aber unterscheiden zwischen diesen Überläufern und denen, die sich wirklich um ein neues Deutschland und um die Jugend bemühen."

VI.

Den meisten Arbeiten merkt der Leser an, daß ihre Verfasser bereit waren, sich kritisch mit sich selbst und der NS-Zeit auseinanderzusetzen, auch wenn dies für manchen ein langsamer und mühsamer Prozeß war.

„Ich habe manches gelernt, was ich nicht gelernt hätte, wenn ich zu Hause geblieben wäre. Ich weiß heute noch nicht, ob ich für diese Zeit dankbar oder undankbar sein soll. Diese Zeit, die an keinem Menschen spurlos vorübergegangen ist, hat auch an meinem Charakter manches geändert. In all diesen Jahren ist man herumkommandiert und angebrüllt worden und mußte zu allem schweigen. Dadurch ist man etwas argwöhnisch geworden und nicht mehr so schnell zu begeistern. Oft wird diese Ruhe als Gefühlsverrohung, Gleichgültigkeit oder Starrsinn angesehen. Dabei sieht es in unsrem Innern ganz anders aus, nur hat man es gelernt, seine Gefühle zu verbergen. ... Bis zu dieser Zeit habe ich mich so gut wie gar nicht mit Politik beschäftigt und so gedacht und gehandelt, wie es von uns verlangt wurde. Wie jeder andere Junge in diesem Alter, war ich von Soldaten begeistert und betrachtete Hitler als einen idealen Staatsmann, der nur das Beste für sein Volk wollte. Und als der Krieg begann, war ich davon überzeugt, daß es sein mußte, und wir ihn schnell gewinnen würden. Dann kam es anders als ich gedacht hatte, und jetzt erst begriff ich, was für einen großen Fehler ich gemacht hatte. Zum erstenmal hörte ich etwas über die Konzentrationslager und die anderen Greueltaten der Hitlerregierung. ... Mir ist es nur rätselhaft, daß wir diesen paar Menschen so lange glaubten und daß sie uns so lange täuschen konnten."

Der Antifaschismus ist in den Anfangsjahren Allgemeingut. Fast allen Arbeiten gemeinsam ist das Gefühl von Verantwortung und z.T. auch Schuld angesichts dessen, was in den vergangenen zwölf Jahren geschah. Die Hauptschuldigen der NS-Zeit sollen „ausgemerzt", die Kriegsverbrecher bestraft werden, „die unbemerkt in den Zonen untergetaucht sind und schon wieder zum Kriege hetzen." „Man muß nur dafür Vorsorge tragen, daß nicht wieder Mächte der Finsternis, deren Verlockungen man nachgibt, den Aufbauwillen von neuem stören."

Abiturienten in Neukölln, 1948
— *Privatbesitz Meier*

Die Bereitschaft ist groß, zu lernen und durch harte Arbeit das wiedergutzumachen, was Deutschland während der NS-Zeit angerichtet hat. „Ja, wir haben eine Zukunft. ... Wir müssen lernen, lernen und nochmals lernen. ... Es gibt auch außerhalb der Grenzen noch Menschen, und diese Menschen sind nicht schlechter als wir. Wir sind ja gar nichts Besonderes."

„Arbeit ist Macht – und arbeiten können wir wie kein zweites Volk!" Viele wollen ins Baugewerbe gehen, technische Berufe ergreifen oder Lehrer werden, um am Aufbau mitzuarbeiten und um anderen ein Beispiel zu geben. „Noch stehen Jugendliche abseits und haben den Sinn der Arbeit nicht verstanden. Diese Jugend verabscheut die Arbeit und zieht das Schiebertum und Rauben vor." Alle signalisieren sie ihre Bereitschaft, „die begangene Schuld durch einen erhöhten Arbeitseinsatz zu sühnen." Durch intensive Arbeit sollen die Deutschen wieder Ansehen in der Welt erlangen, soll Deutschland wieder ein gleichwertiges und anerkanntes Mitglied der Völkergemeinschaft werden. Voraussetzung dafür ist aber erst einmal, daß „deutsche Waren wieder in der Welt geachtet werden." Einer versteigt sich gar zu einer Prophezeiung im Stile der alten Zeit. „Wir werden unser Bestes daran setzen, uns eine Zukunft und einen

Staat zu errichten, der in der Geschichte ihresgleichen (sic!) sucht."

VII.

Einige Jugendliche treten zum Katholizismus über, weil sie dort Halt und Geborgenheit erhoffen, einige engagieren sich politisch, treten in die „Antifaschistische Jugend Deutschlands" ein, wie Eberhard Grashoff, der 1. Vorsitzende des Schülerrats der ADO. Einige gehen in die FDJ, einer wird Mitglied der SPD, „um meinen Teil dazu beizutragen, Deutschland wieder neu aufzubauen und mit anderen Völkern in Frieden zu leben."

Selbst die, die sich nicht sofort engagieren, unternehmen einige Anstrengungen, um Neues kennenzulernen. Viele erwähnen, daß sie zum Amerikahaus fahren, den Lesesaal nutzen, regelmäßig amerikanische „discussion groups" besuchen oder einen Briefkontakt mit amerikanischen Studenten aufgenommen haben. Die Bereitschaft, sich mit der angelsächsischen Kultur und Geschichte zu beschäftigen, ist groß, denn manchem erscheinen die englischen Soldaten „edeldenkender und weniger kriecherisch und duckerhaft zu sein als die deutschen Soldaten." Zahlreiche Ideen und Institutionen der Alliierten werden daher bereitwillig aufgenommen. Die Vorstellungen, die einige Schüler in ihren Arbeiten entwickeln, sind ganz am angelsächsischen Vorbild orientiert. Die Schule soll eine Art kleinen Staat bilden, in dem der Schülerrat als eine Art Parlament fungieren soll, in dem die Schüler Demokratie im kleinen lernen. Arbeitsgemeinschaften sollen gebildet und Vorträge gehalten werden, damit die Schüler in den anschließenden Diskussionen lernen, ihre Meinung frei zu bilden und Toleranz gegenüber der Meinung anderer zu lernen.

Alles in allem standen die Chancen nicht schlecht für einen Neu- (nicht: Wieder-)Aufbau Deutschlands, wenn man die Arbeiten Revue passieren läßt. Manche dieser Jugendlichen stehen 1946 bis 1948 noch zögernd, abwartend da, sie wollen warten, bis das Schicksal Deutschlands geklärt ist, damit sie wissen, wofür sie arbeiten. Aber die Mehrheit will sich engagieren. „Ich will erfolgreich an der Aufklärung des Volkes mithelfen und verhindern, daß Deutschland ein zweites Mal einem Hitler in die Hände fällt."

Anmerkung

[1] Die Unterlagen sind im Schularchiv der Albrecht-Dürer-Oberschule zugänglich. Ausgewertet wurden die Lebensläufe und Abiturarbeiten von 57 Schülern, davon 5 Mädchen. Sie gehören den Jahrgängen 1919(!) bis 1930 an: 1919 (1), 1924 (2), 1926 (12), 1927 (7), 1928 (14), 1929 (11), 1930 (7).

Dietmar Schiller

Schulalltag in der Nachkriegszeit

„Durch die Hitler-Schulen sind die Schüler verseucht, die Gebäude in Trümmer gelegt; die Natur ist nicht nur Kampf, der Mensch hat ein höheres Ziel: Edel sei der Mensch. Zu dieser antifaschistischen Weltanschauung muß die Schule und der Lehrer erzogen werden, was nicht durch ein Sofortprogramm, sondern durch langsamen Aufbau ohne Überstürzung geschehen muß ...". Dieses erschütternde wie nüchterne Zitat, knapp sechs Wochen nach Kriegsende auf der ersten Lehrerkonferenz der 32. Volksschule (ehemals Rütli-Schule) zu Protokoll[1] gegeben, umschreibt eindrucksvoll die damalige allgemeine gesellschaftliche und vor allem schulische Ausgangslage. Zum einen wurde bereits versucht, eine vorläufige Bilanz der nationalsozialistischen Herrschaft zu ziehen, zum anderen galt es, über die ethischen Grundlagen des Neuaufbaus des Schulwesens nachzudenken.

In den ersten Wochen nach Kriegsende war Berlin von der sowjetischen Armee besetzt. Erst am 11. Juli 1945 übernahm die ame-

Zerstörte Schule in der Boddinstraße, 1946 — *Heimatmuseum Neukölln*

rikanische Besatzungsmacht die Kontrolle über Neukölln. Das Leben änderte sich dadurch nicht. Hunger, Krankheiten und Wohnungsnot bestimmten den Alltag. Die Überlebenden bewegten sich am Rande des Existenzminimums, zuweilen auch darunter. Der militärische und gesellschaftliche Zusammenbruch des „Dritten Reiches" umfaßte alle Lebensbereiche und hinterließ in der Bevölkerung einen Bewußtseinszustand zwischen Benommenheit und Ohnmacht, den die einen als Befreiung von Gewaltherrschaft und Krieg und die anderen als Niederlage empfunden haben werden.

Die Schadensbilanz der zwölf Jahre Nationalsozialismus war auch in Bezug auf das Schul- und Bildungswesen schlimm:

„Von den 608 Schulgebäuden, die es im Jahre 1938 in Groß-Berlin gab, waren nur noch 292 Gebäude behelfsmäßig für den Schulbetrieb zu nutzen: 124 Gebäude waren total zerstört, 111 schwer beschädigt. Weitere 81 Schulgebäude dienten zunächst als Krankenhäuser oder andere Einrichtungen. So entfielen am Ende des Schuljahres 1945/46 auf 4 700 Klassenräume durchschnittlich je 80 Schüler, wobei die Schulraumnot in den dichtbesiedelten Innenstadtbezirken besonders katastrophale Ausmaße hatte. Bei fast gleicher Schülerzahl wie 1938 stand noch ein Drittel der damaligen Räume zur Verfügung."[2]

Verhängnisvoller als die materiellen Schäden waren die ideellen und geistigen, die der Institution Schule zugefügt worden waren.

Wegen dieser desolaten Ausgangslage gestaltete sich der einzuleitende Neubeginn im Schulwesen äußerst schwierig. Die Protokollbücher der 32. Volksschule in der Rütlistraße und der 18. Volksschule in der Sonnenallee, die die Lehrerkonferenzen der ersten Nach-

Schulbaracken und Gelände in Buckow-Ost beim Neuköllner Krankenhaus, 1950 — *Bezirksarchiv Neukölln*

kriegsjahre dokumentieren, vermitteln einen Eindruck von den Alltagsproblemen an ihren Schulen. Der Unterricht verlief auch in den ersten Nachkriegsjahren wie in der NS-Zeit getrennt nach Geschlechtern. So waren die 18. und 32. Volksschule reine Mädchenschulen. Was die Durchsicht dieser Protokollbücher geradezu spannend macht, ist das Wahrnehmen des Umbruchs zwischen 1945 und 1951 aus der Sicht eines Teils des Lehrerkollegiums, das sich nach dem Zusammenbruch nun wieder an seinem alten und zugleich neuen Arbeitsplatz eingefunden hatte.

Obwohl das erste Schuljahr nach dem Krieg in den Volksschulen der amerikanischen Zone offiziell am 1. Oktober 1945[3] begann, hatten einzelne Schulen bereits seit Ende Mai mit einem behelfsmäßigen Unterricht begonnen und auch schon Lehrerkonferenzen abgehalten. In der 32. Volksschule fand die erste Lehrerkonferenz am 18. Juni und in der 18. Volksschule am 29. August statt. Sie standen unter dem noch frischen Eindruck des Endes des Krieges.

Alte Orientierungen – neue Aufgaben

In der 32. Volksschule wurde bereits seit Ende Juni Unterricht erteilt, wobei Improvisation zu diesem Zeitpunkt die vorherrschende Methode war: „Die Kinder der 6. und 7. Klassen sollen einen unvorbereiteten Aufsatz schreiben über das Thema: ‚Was uns der Krieg genommen hat'. Die Arbeiten sind am Montag, dem 2. VII. der Schulverwaltung abzuliefern." (32. Volksschule, Protokoll vom 28.6.1945)

Allgemeine tagespolitische Themen bestimmten den Ablauf der Lehrerkonferenzen. Ausführlich wurden vor allem die Ergebnisse der Potsdamer Konferenz (17. Juli bis 2. August) kommentiert, auf der von den „großen Drei" – den USA, Großbritannien und der

Barackenschule am Neuköllner Krankenhaus an der Rudower Straße, 1950 — *Landesbildstelle Berlin*

UdSSR — eine vorläufige Nachkriegsordnung, in der sich alles zu bewegen hatte, festgelegt wurde. So ist zu lesen:

„Die Potsdamer Beschlüsse sind hart. Die Sicherung des Friedens wird erreicht durch das Zerschlagen der deutschen Schwerindustrie, durch Dezentralisierung der Wirtschaft, dazu durch Wiedergutmachung. ... Wer das sagt, daß die Potsdamer Beschlüsse unmöglich sind, der nimmt Kurs auf den dritten Weltkrieg. — Wer nur jammert, der trägt Werwolfsgedanken in sich ... Die Reichseinheit bleibt gewahrt; das große Plus!" (32. Volksschule, Protokoll vom 23. 8. 1945)

Für die Zukunft wurde der Typus eines Lehrers gefordert, der bereit ist, sich am Aufbau der deutschen Kultur aktiv zu beteiligen: „Der Lehrer darf sich zu Hause nicht als Privatmensch fühlen. Die Schule muß ein Erziehungsinstitut vom ganzen Volke — von der Wiege bis zum Grabe — werden. Es ist daher falsch, ohne Politik zu leben. Es darf keine Schule ohne Politik geben." (32. Volksschule, Protokoll vom 23.8.1945) Mit „Politik" war ein demokratisches politisches Verhalten gemeint, das Gegenteil eines politischen Mißbrauchs wie im Hitlerreich.

Anfang Oktober, mit Beginn des regulären Schuljahrs, wurde der Schulbetrieb wieder aufgenommen. Vorrangiges Anliegen war zunächst, die Schulgebäude notdürftig instand zu setzen und wenigstens halbwegs winterfest zu machen. Es waren Einfallsreichtum und die Mithilfe der Schüler, Lehrer und auch der Eltern erforderlich. Zitieren wir erneut aus einem Protokoll:

„Das Bezirksamt Neukölln hat weder Fachkräfte noch Material. Die Amerikaner brauchen alles für ihre Winterquartiere in Zehlen-

Wiederaufbau der Berufsschule am Boddinplatz, 1950 — *Bezirksarchiv Neukölln*

dorf. Die Schulen dürfen wegen Reparaturen für Tage geschlossen werden. Im übrigen müssen sie sich das Material, wie Pappe, Holz, Glas, Kitt, Kohlen, kleine Öfen, in Zusammenarbeit mit den Eltern selbst beschaffen. ... Die Schule hat ferner die Ermächtigung, Kinos, Restaurants, Kinderheime usw. für Schulzwecke zu benutzen. Der Unterricht kann auch in geeigneten Privatwohnungen durchgeführt werden. Von der Selbsthilfe der Schule wird alles erwartet und niemand darf untätig dabeistehen. Bei all diesen Dingen dürfen wir den wahrhaft Schuldigen niemals vergessen! Vom Gesundheitsamt wird eine Grippe-Epidemie erwartet, darum Schutz gegen Kälte. Der Unterricht muß weitergehen, wie, das ist Aufgabe der Schule." (32. Volksschule, Protokoll vom 12.10.1945)

Das waren katastrophale Unterrichtsbedingungen. Es mußte überdies das Lehrper-

Umzug der neugegründeten 5. OPZ (später Heinrich-Goebel-Schule) von der ehemaligen 28. Volksschule aus der Silbersteinstraße zum vorläufigen Standort in der Richardstraße, um 1951.
Lehrmittel werden im Privatauto eines Lehrers transportiert. — *Heimatmuseum Neukölln*

Schüler und Lehrer beim Umzug der 5. OPZ ins neue Gebäude im Mariendorfer Weg, 1953 — *Heimatmuseum Neukölln*

sonal ausfindig gemacht werden, das nach Möglichkeit „politisch einwandfrei" sein sollte. Darunter verstand man pensionierte Lehrkräfte und Lehrer, die während der NS-Zeit nicht „PGs", Parteigenossen der NSDAP, gewesen waren. Über die Hälfte aller Lehrkräfte der Volksschulen waren Schulhelfer, Hilfs- oder Neulehrer (siehe dazu A. SCHMIDT in diesem Band). Insgesamt wurden in Berlin weit über 2000 Hilfslehrer eingestellt. Trotzdem blieb die Klassenstärke in der ersten Zeit überaus hoch. Eine Lehrkraft mußte im Durchschnitt etwa 60 Schüler betreuen.[4] Noch 1947 hatte sich die Situation nicht wesentlich gebessert, wie eine ungeschminkte Bestandsaufnahme von Fritz Hoffmann zeigt (siehe F. HOFFMANN in diesem Band).

„Schulspeisung" – die Schule als Speisesaal

Von besonderer Bedeutung war die am 19. November 1945 eingeführte „Schulspeisung". Die Schüler erhielten dadurch im Schulgebäude täglich eine warme Mahlzeit. Allerdings ergaben sich in den ersten Monaten erhebliche Schwierigkeiten bei der Durchführung dieses Programms, denn die gesamte Organisation „mußte ja buchstäblich aus dem Nichts oder, besser gesagt, aus den Trümmern geschaffen werden. Es fehlte an allem, an Lagerräumen, geeigneten Küchen, Gefäßen und Kesseln, Transportmöglichkeiten und Thermophoren und nicht zuletzt an Räumen für die Ausgabe des Essens in den Schulen". (*Berlin im Neuaufbau*, S. 146) Trotzdem gelang die Essensausgabe. Wie das tägliche Ritual aussah, verdeutlicht ein Bericht der Schulchronik der 18. Volksschule:

„Viel Zeit im Schulalltag nimmt die Ausgabe der täglichen Schülerspeisung ein, für die Lebensmittelmarken für Nährmittel oder Brot, Zucker, Fett und Fleisch abgegeben werden müssen. Die Speisungsabschnitte werden in Dekaden eingeteilt, und danach wird auch der Unkostenbeitrag berechnet. Die gesamte Maßnahme, so notwendig sie auch ist, trägt viel Aufregung in die Schule. Das Essen muß von den Lehrern zu Beginn der großen Pause ausgegeben und der Verzehr im Klassenraum überwacht werden. Die Lehrer müssen Geld und Marken einsammeln und mit allem beim Ernährungsamt abrechnen."[5]

Schulspeisung, um 1948 — *Bezirksarchiv Neukölln*

Karte für die Schulspeisung — *Heimatmuseum Neukölln*

Die Schulspeisung verbesserte die Ernährungslage der Schulkinder entscheidend. Zwar knurrten die Mägen während des Unterrichts häufig genug, aber es wurde Erkrankungen vorgebeugt. Trotzdem war der Gesundheitszustand der Schüler besorgniserregend. Einem Zustandsbericht des Neuköllner Amtsarztes zufolge waren Juni 1946 770 Kinder im Bezirk an Tuberkulose erkrankt. Die inaktiven Fälle waren noch zahlreicher: „Die Kinder sind sehr überlastet und brauchen Schonung. Die Lehrenden müssen sich hüten, bei Kindern den Maßstab anzulegen, der bei Erwachsenen üblich ist. Keine Spiele, in denen Kinder gehetzt werden, da Kinder dazu neigen, mehr in ihrer Spielbegeisterung zu tun, als sie vertragen können." (18. Volksschule, Protokoll vom Juni 1946)

Auch die Ausbreitung von Geschlechtskrankheiten unter den Schülern und Schülerinnen stellte im Sommer 1946 ein nicht zu unterschätzendes Problem dar, und das Gesundheitsamt war gezwungen, Bekanntmachungen unter der Überschrift „Hütet euch vor Geschlechtskrankheiten" auszuhängen. Man versuchte in den Schulen, Schüler und Eltern über diese Krankheiten aufzuklären, denn nur eine möglichst umfassende Prävention konnte eine Zunahme der Krankheitsfälle verhindern. Die Gesundheits- und Hygieneprobleme waren allerdings in hohem Maße eine Folge der nach wie vor bedrückenden Lebens- und Wohnverhältnisse. Bei den Lehrern entstand mitunter der Eindruck einer regelrechten „Verwahrlosung der Jugendlichen" (18. Volksschule, Protokoll vom 24.9.1946).

Ein Problem besonders heikler Art war der Schwarzhandel. Im Frühjahr 1947, also knapp zwei Jahre nach dem Ende des Krieges, wurde über dieses „Zeitphänomen" folgendes angemerkt: „Es ist ein besonderes Au-

Schulspeisung, um 1948 — *Bezirksarchiv Neukölln*

genmerk auf die Kinder zu richten, da in einigen Fällen Kinder bei Geschäften dieser Art überrascht wurden. Der Lehrer muß auch hier auf die Eltern einwirken; in ernsten Fällen kann eine Meldung bei der Kriminalpolizei jedoch nicht unterbleiben." (18. Volksschule, Protokoll vom 31.3.1947) Vor allem aber wurden pädagogische Überlegungen angestellt, mit denen man die Schüler auf den Pfad der Tugend zurückbringen wollte:

„Sittliche Belehrungen können wir an Vorfälle des täglichen Lebens knüpfen und Lob von der Klasse selbst sprechen lassen. ... Vorkommnisse auf sexuellem Gebiet gehören nicht vor die Klasse, da in anderen Kindern leicht Sensationslust und Lüsternheit geweckt werden. ... Ein wertvolles Erziehungsmittel bieten oft auch Lesestücke, aus denen sittliche Werte wie: Menschlichkeit, Ehrlichkeit, Achtung vor dem Alter herauszuschälen sind. Ideen wie: ‚Der einzelne ist nichts, die Gemeinschaft alles' töten leicht das Verantwortungsgefühl und müssen aus der Jugend heraus. Wichtig ist die Erziehung zur Wahrhaftigkeit und Ehrlichkeit. Der Eigentumsbegriff ist zu entwickeln. ... Zur wahren Demokratie kommen wir nur durch Erziehung der Jugend zur Gemeinschaft, zur Menschlichkeit und zum selbständigen Denken." (18. Volksschule, Protokoll vom 13.5.1947)

„Reeducation" – Umerziehung zur Demokratie

Die amerikanische Besatzungsmacht wünschte im Bereich des Schul- und Erziehungswesens eine grundlegende gesellschaftliche Umorientierung zur Demokratie. Ihr „Reeducation"-Programm konnte allerdings nur dann erfolgreich sein, wenn es Zustimmung von den deutschen Lehrern erhielt. Voraussetzung dafür war eine intensive Zusammenarbeit. Doch obwohl in den Westsektoren Berlins ein relativ freundliches Reformklima überwog[6], bedeutete der Prozeß des demokratischen Umlernens ein langwieriges Unterfangen, der beiden Seiten Anstrengungen abverlangte. So wurden beispielsweise Vortragsveranstaltungen in Schulen organisiert, auf denen Vertreter der Besatzungsmächte über ihre Vorstellungen von Erziehung und Schule referierten. Beeindruckt zeigte sich ein Neuköllner Lehrerkollegium über den folgenden Vortrag, der nur wiederholte, was während der zwanziger und frühen dreißiger Jahre in den Neuköllner Reformschulen allgemeines Wissen war, nur verschüttet durch die Nazizeit:

„Die Darstellung wurde interessant, als ein Professor der New Yorker Universität ans Podium trat. Es wurde mitgeteilt, wie der Schulbetrieb längst in kameradschaftlicher Weise geleitet wurde, wie der Lehrer mit keiner Autorität operieren durfte. Für den Begriff ‚Arbeitsschule' wurde ein Beispiel in der Staatsbürgerkunde angeführt. Um einer Klasse von sechzehnjährigen Schülern die Arbeit eines Bürgermeisters klar zu machen, wird ein Schüler für eine Stunde als Bürgermeister gewählt. Der Bürgermeister sitzt dabei. Der Schüler fragt sich: ‚Was unterschreibe ich?' ‚Was mache ich jetzt?' und lernt die Arbeit des Bürgermeisters kennen. Der Amerikaner steht mit der Schule im praktischen Leben. ... Das Erziehungswesen hat viele Anregungen bekommen." (32. Volksschule, Protokoll vom 20.2.1947)

Der Deutsch- und Geschichtsunterricht mußte vollständig umgestaltet werden, denn gerade er war vom Nationalsozialismus für ideologische Zwecke am stärksten mißbraucht worden. Wie die Mitschrift einer gegen Ende November 1947 abgehaltenen Lehrprobe in Deutsch belegt, erwies sich das Vorhaben, neue und interessante Unterrichtsformen zu erproben, als nicht ganz einfach:

„In dem von der Klasse und dem Lehrer, Herr Clemens, geführten Unterrichtsgespräch wurde die Frage nach der Entstehung des Pfluges aufgeworfen. Die Kinder fanden als Lösung die Antwort, daß sowohl die körperliche Arbeit, die Arbeit der Hand, wie auch die geistige Arbeit, der Verstand des Menschen nötig sind, um mit Hilfe der Natur ein Werk, hier ein Ackergerät, zu schaffen. So sind Feuer und Wasser Geschenke der Natur, Kräfte des Himmels. Beim Kochen von Kartoffeln durch die Hausfrau wurde der Begriff der Arbeitsteilung erörtert. In all den kleinen praktischen Beispielen des täglichen Lebens, in allen Betrachtungen, hatte sich das Feuer als Helfer der Hausfrau, als Arbeitskamerad, erwiesen. Im Sommer, jedoch besonders im Winter, ist das Feuer ein Freund des Menschen geworden. Ein anderer Schülerinneneinwurf brachte zum Unterschied das Feuer als Feind der Menschheit nahe. Die Menschen müssen sich vor dem Feuer schützen, damit das Feuer ein Freund und ein Helfer ist und bleibt. Diese Gedanken hat der Dichter Friedrich von Schiller in seinem Gedicht *Das Lied von der Glocke* in Worte gefaßt:

> Wohltätig ist des Feuers Macht,
> wenn sie der Mensch bezähmt, bewacht,
> und was er bildet, was er schafft,
> das dankt er dieser Himmelskraft;
> doch furchtbar wird die Himmelskraft,
> wenn sie der Fessel sich entrafft,
> einhertritt auf der eigenen Spur,
> – die freie Tochter der Natur!

Diese Zeilen standen an der Wandtafel und wurden abwechselnd gemeinsam durch die Klasse, je zwei Reihen einzeln durch eine Schülerin gesprochen, zur Darbietung gebracht. – Nun wurde den Schülerinnen die Aufgabe gestellt, ihre Erlebnisse mit dem Feuer als guter Freund des Menschen, sei es, wo das Feuer als Feind des Menschen erlebt wurde, darzustellen. In der nächsten Woche sollten die Kinder eine Stätte besuchen, wo sich das Feuer als Freund des Menschen erweisen würde." (32. Volksschule, Protokoll vom 28. 11. 1947)

Der Geschichtsunterricht wurde von der amerikanischen Besatzungsmacht zunächst rigoros verboten. Zwar gab es hin und wieder zaghafte Versuche, Geschichtliches im Unterricht zu behandeln, aber die Lehrer sahen sich vor allem wegen fehlenden Lehr- und Lernmaterials kaum in der Lage, konzeptionelle Vorarbeit zu leisten. So wurde Dezember 1945 in der 18. Volksschule der Vorschlag unterbreitet, für den ausfallenden Geschichtsunterricht einen „Kulturunterricht" einzuführen:

„Dieser Kulturunterricht läßt sich gut in den Deutschunterricht einfügen. Der Geschichtsunterricht wird künftig nicht mehr eine Geschichte der Kriege sein, sondern in der Hauptsache die wirtschaftliche Struktur der einzelnen Zeitalter schildern. Aus diesem Grunde ist der Kulturunterricht eine wertvolle Vorarbeit für den Geschichtsunterricht der Zukunft. Bereits nach dem Umbruch 1918 war im Geschichtsplan der 8. Klasse Ähnliches vorgesehen." (18. Volksschule, Protokoll vom 21. 12. 1945)

Erst ab September 1948 sollte es wieder einen Geschichtsunterricht geben. Die meiste Zeit verschlang bis dahin eine grundlegende inhaltliche und didaktische Erarbeitung der Lehrbücher, denn es war ja nicht damit getan, Bücher aus der Zeit der Weimarer Republik oder sogar des Kaiserreiches zu überarbeiten und wieder aufzulegen. Die Erwartung der Lehrer an den neuen Geschichtsunterricht war hoch:

„Die Tendenz des Unterrichts zielt nicht auf eine Verengung des Horizonts ab (Einpauken von Geburtstagen von Fürsten und Daten von Schlachten), sondern umfaßt die Weltgeschichte. Die deutsche Geschichte ist in diese eingebettet. Ein weiter Ausblick auf die umliegenden Staaten soll gegeben werden. Kriege können nicht verschwiegen werden; der Unterricht soll die Frage stellen, warum es zum Kriege gekommen ist und die Folgen der Kriege aufzeigen." (32. Volksschule, Protokoll vom 12. 12. 1947)

Schule bei Kerzenlicht – Blockade und Kalter Krieg

Das Jahr 1948 brachte einschneidende Veränderungen im nach wie vor in Zonen aufgeteilten Deutschland. Am 21. Juni wurde die Währungsreform in den drei Westzonen durchgeführt, zwei Tage später auch in West-Berlin und in der Sowjetischen Besatzungszone. Um eine politische Anbindung West-Berlins an das westliche Deutschland zu verhindern, sperrte die sowjetische Militärregierung ab dem 24. Juni sämtliche Wege von und nach West-Berlin. Die westlichen Alliierten antworteten mit einer Luftbrücke, die fast ein Jahr lang aufrechterhalten wurde. Der seit längerem schwelende Kalte Krieg zwischen den westlichen Alliierten und der Sowjetunion war offen zutage getreten und die Teilung Deutschlands und Berlins nun nicht mehr zu verhindern. Die gesamte Stadt war betroffen: die Wirtschaft, das alltägliche Leben und nicht zuletzt das sich im Aufbau befindende Schulwesen. In der Schulchronik der 18. Volksschule wird die Blockade wie folgt kommentiert:

„Selbstverständlich muß auch in der Schule mit Gas und Strom sehr sparsam umgegangen werden, und die Schule unterliegt ebenso den Stromsperren wie die Bevölkerung. Es kann während der dunklen Jahreszeit wie schon Wochen vorher für kürzere Zeit morgens erst um 8.30 Uhr mit dem Unterricht begonnen werden. Die Unterrichtsstunden werden auf 40 Minuten verkürzt, so daß der Unterricht erst um 16 Uhr beendet ist. Die Stromsperre stört natürlich oft auch Nachmittags- und Abendveranstaltungen wie die Ausbildungsgänge der Neulehrer und auch die Veranstaltungen der Volkshochschule (VHS). Oft finden solche Veranstaltungen bei Kerzenlicht statt und, wenn auch Kerzen knapp werden, im Dunkeln." (18. Volksschule, Schulchronik 1948)

Die Berliner Einheitsschule als anspruchsvolle Schulreform

Im November 1947 beschloß die Berliner Stadtverordnetenversammlung durch das „Schulgesetz für Groß-Berlin" die Berliner Einheitsschule. Das Gesetz trat mit Wirkung vom 1. Juni 1948 in Kraft (siehe dazu G. RADDE in diesem Band). Es schuf günstige Ausgangsbedingungen für eine gerechte Verteilung der gesellschaftlichen Bildungschancen. Berlin war damit Vorreiter einer äußerst fortschrittlichen Schulentwicklung, die auch von der amerikanischen „Reeducation"-Politik begrüßt wurde.[7]

In der Schulpraxis gestaltete sich die Umsetzung der Schulreform weitgehend reibungslos, obwohl einzelne Schulen durchaus einige Schwierigkeiten bei der organisatorischen Umstellung hatten:

„Sämtliche Schulen Neuköllns werden mit Wirkung vom 1. 9. 1948 zu 6 Einheitsschulen zusammengefaßt. Zu jeder Schule gehören Berufsschulen, Oberschulen und Volksschulen. Unsere Schule gehört zur zweiten Einheitsschule. ... Die 1. Klassen haben jetzt Koedukation. Größter Wert wird auf die 5. Klassen gelegt; sie sollen die besten Lehrer haben.

Der englische Unterricht hat in dieser Klasse 6 Stunden und muß unbedingt von Fachkräften gegeben werden. Die 7. Klassen haben 22 Kernstunden und 10 Kursstunden. Die Kinder dürfen sich 2-4 Kurse wählen. Über die Einheitsschule entspinnt sich eine lebhafte Aussprache. Es wird vor allen Dingen auf die Schwierigkeiten bezüglich der fehlenden Fachkräfte und der fehlenden Räume hingewiesen. Es wird auch bezweifelt, ob sich die geplante Lehr- und Lernmittelfreiheit wegen der Höhe der benötigten Geldmittel wird durchführen lassen." (32. Volksschule, Protokoll von 1948)

Drei Jahre später, im Mai 1951, wurde das Einheitsschulgesetz durch eine Novelle konservativen Zuschnitts zu Fall gebracht. Die 32. Volksschule, die nach der Schulreform von 1948 in die 2. Einheitsschule eingegliedert worden war, nahm diese neuerliche Wendung nur mit entschiedenem Protest hin. In einer Resolution eines Teils des Lehrerkollegiums heißt es:

„Das Kollegium der 2. Schule hat von dem Entwurf über die Umgestaltung des Berliner Schulwesens Kenntnis genommen. Es lehnt derart einschneidende Veränderungen, wie sie die Herausnahme der 7. bis 9. Klassen aus der bisherigen Normalschule zur Folge haben würde, aus pädagogischen Gründen ab. Die Herausnahme dieser Klassen aus der Normalschule und die Bildung neuer, gemischter Klassen im Zeitraum der zweiten Reifestufe würden zu einer Entwicklungsunterbrechung führen, die nicht zu verantworten wäre. Das Kollegium billigt daher einstimmig die Entschließung der Neuköllner Schulleiter vom 13.4.51." (32. Volksschule, Protokoll vom 16.4.1951)

Mit der weitgehenden Rücknahme der Schulreform, die vor allem mit dem Eskalieren des Ost-West-Konfliktes zusammenhing, war eine große Chance vertan, denn drei Jahre Berliner Einheitsschule waren zu kurz, um pädagogische und gesellschaftliche Rückschlüsse aus dieser Schulreform zu ziehen, zumal die unzureichenden materiellen wie pädagogischen Voraussetzungen der ersten Nachkriegsjahre zusätzlich erhebliche Schwierigkeiten bereiteten. (KLEWITZ, S. 264)

Nach dem dreijährigen Zwischenspiel der Einheitsschule erfolgte die Umstrukturierung der beiden ehemaligen Volksschulen: Die 18. wurde in die Theodor-Storm-Grundschule und die 32. in die Heinrich-Heine-Realschule umgewandelt.

Versuch einer Bilanz

Nicht alle Seiten des Schulalltags der Jahre 1945 bis 1951 konnten in dieser knappen Skizze behandelt werden. Für das Chaos der „Zusammenbruchsgesellschaft" waren materielle Not und geistige Desorientierung kennzeichnend. Dies galt in besonderer Weise für das Schul- und Bildungswesen.

Das Scheitern des Berliner Modells der Einheitsschule beendete im Schulwesen die Reformphase der Nachkriegszeit. Obwohl die Folgen des Nationalsozialismus nach wie vor im Bewußtsein der Bevölkerung präsent waren, kehrte allmählich eine Normalisierung des Schulalltags ein. In der „Wiederaufbaugesellschaft" nahm ein Verdrängungsprozeß seinen Fortgang, der voll und ganz vom Kalten Krieg überdeckt wurde. Man sah in die Zukunft und nach Westen. So lassen sich im nachhinein im Schul- und Bildungswesen erheblich mehr Kontinuitätslinien ausmachen, als der totale Zusammenbruch von 1945 vermuten läßt. Das Urteil ist ernüchternd: „‚Reeducation' ... als Programm einer inhaltlichen und verhaltensmäßigen Reform des Schulwesens gedacht, wuchs unter diesen

Gegebenheiten über Versuche bzw. Äußerlichkeiten kaum hinaus. So konnten auch nach 1945 die Reformansätze der Weimarer Zeit, die der Nationalsozialismus 1933 sofort erstickt hatte, wieder nicht verwirklicht werden."[8] Erst viel später, gegen Ende der 60er Jahre, begann eine neue Phase der Schulreform.

Anmerkungen

1 Protokollbuch der 32. Volksschule; Lehrerkonferenz vom 18.6.1945. Im Archivbestand des Heimatmuseums Neukölln.

2 M. Scholz: Schulen nach 1945. — Architekten- und Ingenieur-Verein zu Berlin (Hrsg.): *Berlin und seine Bauten*. Berlin 1991, S. 197

3 W. Benz: Lernziel Demokratie. Reformversuche im Bildungswesen. — Ders.: *Zwischen Hitler und Adenauer. Studien zur deutschen Nachkriegsgesellschaft*. Frankfurt am Main 1991, S. 185f.

4 Vgl. Ein Jahr geistige Enttrümmerung. Aus dem Jahresbericht der Abteilung für Volksbildung. — *Berlin im Neuaufbau*. Berlin 1946 / 47, S. 148

5 Schulchronik der 18. Volksschule, Jahresbericht von 1946. Archivbestand des Heimatmuseums Neukölln.

6 Vgl. M. Klewitz: *Berliner Einheitsschule 1945-1951. Entstehung, Durchführung und Revision des Reformgesetzes von 1947 / 48*. Berlin 1971, S. 97

7 Vgl. K.-E. Bungenstab: *Umerziehung zur Demokratie? Re-education-Politik im Bildungswesen der US-Zone 1945-49*. Düsseldorf 1970, S. 97

8 *Die Entstehung der Bundesrepublik*. Bonn 1989 (Informationen zur politischen Bildung. 224), S. 21f.

Rudolf Rogler

Aus Erinnerungen und Akten: Felix Kirchner und Wilhelm Wittbrodt

Auch im Nachkriegsdeutschland blieb Berlin „Frontstadt" und Berlin-Neukölln Schauplatz wichtiger schulpolitischer Auseinandersetzungen. Als in den beschädigten oder teilzerstörten Schulen die Initiative der Schulleiter, Lehrer, Eltern und Schüler gefragt war, begann auf bezirklicher Ebene bereits der Kampf „um die Macht".

Felix Kirchner, damals Mitte Dreißig, „Junglehrer" mit kaufmännischer Ausbildung, berichtet uns über die ersten Versammlungen:

„Der Einfluß der Kommunisten, besonders in Neukölln, war sehr groß. Da war ein gewisser Lehmann, der versuchte, uns alle in eine sogenannte Organisation, den ‚Verband der Lehrer und Erzieher von Großberlin im FDGB' zu bringen. Wir hatten eine große Versammlung in den Neuköllner Festsälen, und dort sprach Herr Lehmann von der sogenannten Einheit. Dem widersprach ich. Wir wollten uns langsam entwickeln und uns nicht schon wieder einordnen lassen. ‚Herr Lehmann, Sie sind nicht gewählt', rief ich und stellte den Antrag, daß man überhaupt erst einmal zu einer Wahl kommen müsse, um eine Gewerkschaft bilden zu können. Das wurde mit Beifall aufgenommen. Herr Lehmann zog sich daraufhin ins Hauptschulamt des Magistrats, zu Herrn Wildangel zurück."[1]

Einen Monat später gab es in Neukölln die erste unabhängige Lehrerorganisation, und Felix Kirchner war im Vorstand. Er prägte das Gesicht der Neuköllner Gewerkschaft, des

Karikatur Dr. Karl Schröder, um 1949 — *Nachlaß Wittbrodt*

Personalrats und der regierenden SPD in den folgenden 25 Jahren maßgeblich und gehörte neben Wittbrodt und Köpnick zu der „handelnden Mannschaft der ersten Stunde".

Die erste Lehrerversammlung in Berlin fand schon am 1. Juni 1945 statt. Es war als Referent nur Richard Schröter erschienen, der aber sofort alle notwendigen Maßnahmen ergriff, um auf der Berliner Ebene eine Lehrergewerkschaft zu gründen. Der Verband der Lehrer und Erzieher Groß-Berlins im FDGB hatte dann auch Ende 1945 bereits 5 126 Mitglieder (1947: 8 872) und war laut Richard Schröter gleichzeitig der erste Verband, der sich eine wahrhaft demokratische Satzung und Wahlordnung schuf und diese auf einer demokratisch gewählten Vertreterversammlung im Dezember 1945 beschloß.[2]

Doch erst am 28. Mai 1947, also fast zwei Jahre nach der Gründung, fand die erste große, allgemeine Kundgebung der neuen Gewerkschaft im Weddinger Mercedespalast statt, die schulpolitische Ziele auch nach außen trug. Richard Schröter referierte über die Einheitsschule und andere schulpolitische Kernfragen der Zeit. Dabei ging es um Schulgeldfreiheit, einheitliche Lehrerbildung, Widerstand gegen die Gründung von Privatschulen, für einen vom allgemeinen Lehrplan abgekoppelten Religionsunterricht, Differenzierung nach dem 6. Schuljahr, Ausbau des 9. Schuljahrs, Ausgestaltung eines gleichwertigen praktischen Zweiges nach dem 6. Schuljahr, Koedukation, Elternarbeit und Schülerselbstverwaltung.

Doch ich will nicht vorauseilen. Im Sommer 1945 versuchten die Verwaltungen zunächst einmal Fuß zu fassen. Die wenigen Dokumente, die in der 47./48. Schule aus diesen Jahren erhalten geblieben sind, enthalten meist Anfragen oder geben amerikanische Anordnungen zweisprachig weiter. Das letzte Aktenblatt von 1944 enthält die Anfrage der Lehrerin Johanna Teschner, die darum bittet, Bücher und Fibeln aus ihrer Stammschule ausleihen zu dürfen. Sie unterrichtete damals nach Fürstenwalde umquartierte Berliner Kinder. Schulrat Herrmann (Neukölln II) entsprach dieser noch mit „Heil Hitler" unterzeichneten Bitte. Die Entlassungszeugnisse des Abschlußjahrgangs enthalten den Vermerk, daß die Schule infolge feindlicher Luftangriffe nach Liebmühl in Ostpreußen verlegt worden war. Konrektor Weigelt fertigte darüber einen genauen Vermerk zwecks Eintragung ins Zensurenbuch der 47./48. Volksschule in Neukölln-Britz.

In den Akten beginnt die Nachkriegszeit mit einem Konferenzprotokoll vom 6. Juni 1945. Sieben Kollegiumsmitglieder fehlten. Wie selbstverständlich wurde gar nicht erwähnt, daß die meisten noch offiziell nach Ostpreußen abgeordnet waren. Der Protokollführer gibt die Ausführungen seines Schulleiters, Herrn Berndt, wieder, der auf die von Herrn Streicher am 11. Mai herausgegebenen Richtlinien für den Neuaufbau des Schulwesens verwies: alle Lehrbücher aus der Zeit nach 1933 seien restlos einzuziehen und der Unterricht dürfe keinerlei politische Tendenz haben, auch keine kommunistische. Für die Schule selbst wurde angeordnet, daß jeder Lehrer für seine Klasse verantwortlich sei, auch in den Pausen, und für die notwendige Ruhe zu sorgen habe, daß die Kinder anzuhalten seien, spätabends nicht mehr auf die Straße zu gehen, daß sie von Munition fernzuhalten seien und daß wöchentlich kurze Berichte über den durchgearbeiteten Lehrstoff zu erstellen seien.[3]

In den Schulen war Selbsthilfe angesagt. Die Lehrer setzten ihre Klassen instand. Die Schulleiter halfen dabei unerfahrenen Kollegen, und die bezirklichen Schulämter zogen Erkundigungen über den Ist-Zustand ein. Montags trafen sich die Lehrkräfte mit geringer Berufsausbildung oder nur kurzer Lehrtätigkeit von 17.30 bis 19.00 Uhr in der Schule in der Karlstraße (heute Backbergstraße), um aktuelle Fragen aus der Praxis mit dem Schulleiter Berndt zu besprechen.[4]

An die ersten Monate erinnert sich auch Felix Kirchner. Er sei Anfang 1945 nach einem Unfall aus Rußland nach Brandenburg gekommen. Dort habe sich der Sohn eines SS-Dichters ihm gegenüber als Nichtnazi offenbart und Kirchner einen Diensturlaubsschein beschafft. Er sollte nun in Berlin eine Schreibmaschine zur Erstellung eines Bücherverzeichnisses für die Verwundeten besorgen. Dort angekommen, setzte er sich wie viele an-

Anna-Siemsen-Oberschule (Hauptschule), Britzer Damm 164-170, ehemalige 47./48. Volksschule, 1974 — *Landesbildstelle Berlin*

dere in diesen Kriegswochen ab und suchte seine Frau und Kinder. Er verbrannte seine verlauste Kleidung und wartete in einem Neuköllner Keller versteckt auf das Kriegsende; er haßte den Krieg, hatte er doch schon als 11jähriger 1918 seinen Vater verloren und eine kaufmännische Lehre ohne Abitur beginnen müssen, um seinen Bruder und die Mutter zu unterstützen. Er bewarb sich sofort nach Kriegsende im Neuköllner Rathaus bei Schulrat Wittbrodt, der Lehrer suchte, und wurde, weil „unbelastet", zum 15. Juni 1945 als Schulhelfer eingestellt. 1945 war für ihn ein Jahr des Lernens und der Selbsthilfe. Es war ein ganz besonderes Erlebnis, berichtet er, als er mit den Eltern und seinen Schülern im Klassenzimmer einen Ofen baute. Die 56 Steine mußten erst beschafft werden. Der Bauplan stammte von einem Professor der Neuköllner Baugewerkschule in der Leinestraße. Draht, Ofenrohr und Brennrost mußten in Berlin-Tempelhof „organisiert" werden. Das Ofenrohr wurde durchs Fenster geführt. Dann mußte Brennmaterial her. Kohlen gab es nicht, und so mußte er mit seinen Schülern bei den Amerikanern Äste holen, die für die Schule kostenlos abgegeben wurden. Erst mit Hilfe von Kommunisten gelang es, die Brennstoffversorgung der Schule zu verbessern. Sie beschafften für den nächsten Transport einen LKW. Der Hausmeister und einige Väter zerkleinerten dann das Holz für den Ofen im Klassenzimmer.[5]

Die erzieherische Arbeit stand trotzdem im Vordergrund. „Junglehrer" Kirchner nahm teil an den Veranstaltungen im Saalbau, in denen Filme zur Umerziehung gezeigt wurden. Dort lernte er Herrn und Frau Heimann kennen, die das Filmforum organisierten, das samstagnachmittags Filme zeigte, die „wirklich einen großen Inhalt und große Erziehungskraft hatten, daß wir als Menschen immer den Weg der Verständigung suchen sollten ... Heimann hatte da einen ganz großen Einfluß. Ihm ging es nicht nur um die Umerziehung, sondern in den Veranstaltungen, die großen Zulauf hatten, auch um Filmkritik und Ästhetik." In den anschließenden Aussprachen ging es auch um die Frage, ob der Film die Wirklichkeit abbilden solle oder ob der „Kintopp-Wirklichkeit" der Vorzug zu geben sei. Die Debatte, in der sich Paul Heimann für die Darstellung der Wirklichkeit einsetzte, entstand nach einer Gegenüberstellung eines Films mit Humphrey Bogart und der Feuerzangenbowle mit Heinz Rühmann.[6]

In den Jahren des Neuanfangs kämpfte die Verwaltung mit ungewöhnlichen Mitteln um ihre Stellung. Die Akten vermitteln den Eindruck, daß sie vor allem versuchte zu zentralisieren, Informationen bezirklich zu erfassen und Verordnungen der amerikanischen Militärbehörden umzusetzen. Wüßte man aus Berichten nicht, daß die Schulräte auch Lehrerbildung betrieben und ihre Personalhoheit für die Neugestaltung nutzten, könnte man glauben, bereits 1945 eine Papierbürokratie vorzufinden.

„Alle Schulen haben bis heute Abend durch Sonderboten zu melden" so lautet die Überschrift in einem Schreiben vom 8. August 1945 an alle Schulleiter des Bezirks. Es sollten die Schülerzahlen und der Zustand der Gebäude ermittelt werden. Am Ende der mehr als zehn Anfragen umfassenden Liste steht: „Etwaige Wünsche". Sogar „Wünsche" wurden abgefragt. Der wieder aktivierte, inzwischen fast 70jährige Reformpädagoge und Schulleiter Wilhelm Wittbrodt, der bei allen bis zuletzt als herzlicher und korrekter Beamter und fairer Prüfer beliebt war, vergaß nicht, diese Frage zu stellen. Es wäre sehr interessant, die Antworten einmal aufzulisten. Die 47./48. Schule wünschte sich: Kies für den Hof, Abräumen des Bunkers auf dem Schulhof, Fortschaffen der Munition und ein Schloß für das Schulhaus.[7]

Schulrat Wittbrodt gehörte in diesen Jahren als Leiter des Volksschulwesens im Neuköllner Schulamt und Sozialdemokrat zu den Verantwortlichen der ersten Stunde auf der Bezirksebene. Er unterbreitete Vorschläge für kleinere Ausstellungen in den Schulen über den Widerstand gegen die nationalsozialistische Gewaltherrschaft oder lud zu einer Lehrerversammlung ein, auf der der aus Moskau mit der Gruppe Ulbricht zurückgekehrte ehemalige Schüler der Neuköllner Karl-Marx-Schule Wolfgang Leonhard über das Schulwesen in Rußland referierte.[8]

Aus den Akten ergibt sich Wittbrodts loyale Zusammenarbeit mit dem Hauptschulamt beim Magistrat der Stadt Berlin. Er setzte die Anordnungen der Besatzungsmächte und des Hauptschulamtes unter Wildangel auf Bezirksebene gewissenhaft um. Er konnte noch nicht ahnen, daß er bald ein Opfer der verschärften Auseinandersetzungen um die Macht werden sollte. Abweichend von den Erinnerungen Felix Kirchners und anderen Veröffentlichungen ist Wilhelm Wittbrodt nämlich nicht „in den Osten" gegangen. Er stritt in Neukölln gegen die ihm während des Kalten Krieges angetanen Ungerechtigkeiten, nachdem er Opfer der zeittypischen Verstrickungen geworden war. Lassen wir ihn selbst zu Wort kommen. Er wird aus seinen Aufzeichnungen, die er in den 50er Jahren für seine Enkelin anfertigte, zitiert, die ihn bis 1961 aus Ost-Berlin regelmäßig in der Neuköllner Anzengruberstraße besuchte:

„Lehrer mußten ausgebildet und angestellt werden. Ausbildungsstunden wurden von uns umsonst gegeben. Die Amerikaner, mit denen wir im Schulamt reichlich zu tun hatten, waren in den Jahren 1945 bis 1948 ganz um-

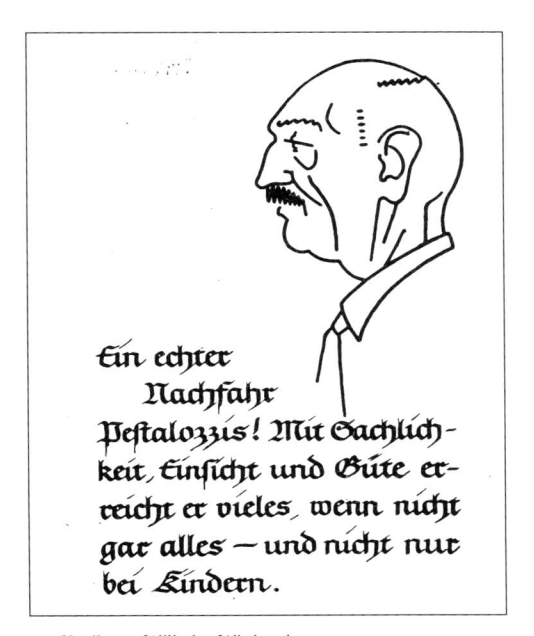

Ein echter Nachfahr Pestalozzis! Mit Sachlichkeit, Einsicht und Güte erreicht er vieles, wenn nicht gar alles — und nicht nur bei Kindern.

Karikatur Wilhelm Wittbrodt, um 1949 — *Nachlaß Wittbrodt*

gängliche Menschen. Zu Major Schäfer, Mr. Zucker und Weymann konnte man Vertrauen haben. 1948 wurde das ganz anders, es kam Ablösung ... Am besten schweigt man darüber ... Der Konflikt konnte daher gar nicht ausbleiben, wurde eben von höchster Stelle gesucht, und ihn zu finden war nicht schwer.

Am 1. Juni 1948 trat das neue Schulgesetz in Kraft. Sofort organisierten die katholische und die evangelische Kirche Privatschulen. Ohne Abmeldung blieben Kinder von den öffentlichen Schulen fern. Nun verlangten ihre Schulleiter für die Kinder die Schulspeisung. Da ich illegale Schüler nicht unterstützen konnte, Ablehnung meinerseits. Beschwerde der Geistlichen bei der hohen Besatzungsbehörde. Vorladung. ‚Warum wollen Sie keine Schulspeisung geben?‘ ‚Diese Schulen sind illegal. Geben Sie als Besatzungsbehörde doch den Befehl.‘ ‚Nein, wir wollen nicht befehlen, Befehlsgewalt hat die Zivilbehörde.‘ Das Wort klingt mir heute noch wie Hohn in den Ohren. Falls ich meiner vorgesetzten Behörde (dem Hauptschulamt) gegenüber die Lieferung der Speise nicht vertreten könne, solle ich doch, so meinte der hohe Herr, ‚hinter die Heide gehen‘, d.h. hintenherum die Sache machen. Ich mußte ablehnen und war ins ‚Fettnäpfchen‘ getreten, d.h. war in Ungnade gefallen ...

Nach dem neuen Schulgesetz für Groß-Berlin betrug die Schulzeit jetzt neun Jahre, statt bisher acht Jahre, d.h., es wurde ein voller Jahrgang aufgenommen, aber kein Kind entlassen. Folge: großer Lehrermangel. Es fehlten Kräfte für die 9. Klassen. Vom Hauptschulamt bekam ich auf meine dringende Bitte die Erlaubnis, ehemalige Parteigenossen ‚provisorisch‘ einzustellen. Eingehende Prüfung der Unterlagen sollte später erfolgen. An einem Sonnabend im Oktober erschien der Kollege Oberschulrat Crohn mit dem Auftrag von Wildangel, daß elf dieser etwa zwanzig eingestellten Lehrer sofort mit ihrem Unterricht aufhören müßten, da ihre Papiere nicht in Ordnung seien. Sie waren nicht von der zuständigen Lehrerkommission in der Klosterstraße, sondern von einer Neuköllner Kommission ‚entnazifiziert‘ worden. Ich gab der Anordnung natürlich statt. Wildangel war ja mein direkter Vorgesetzter. Die elf Lehrer beschweren sich über mich bei der Besatzungsbehörde. Diese stand auf dem Standpunkt, ich hätte Lehrer entlassen ohne ihre Genehmigung. Ich war in dem Glauben und bin es noch heute, daß es sich ja gar nicht um ordnungsgemäß eingestellte Lehrer handelte. Anstellungen und Entlassungen von Lehrern gingen nämlich damals folgendermaßen vor sich:

1. Vorschlag des Schulamtes Neukölln beim Hauptschulamt, 2. Entscheidung, Bestätigung oder Ablehnung des Hauptschulamtes, 3. Entscheidung, Bestätigung oder Ablehnung der Besatzungsbehörde und 4. endgültige Meldung an das Bezirksschulamt. Der Weg war

also bei den elf Lehrern noch nicht abgeschlossen, sondern im Hauptschulamt unterbrochen. Na, man drehte mir einen Strick, weil man ihn drehen wollte. Ich wurde mit dem 1.4.1949 pensioniert. Gern hätte ich noch ein Jahr Dienst getan. Ich hätte dann mein 50jähriges Dienstjubiläum feiern können. Es sollte nicht sein. Wildangel hatte später wohl auch das Gefühl, daß ich durch ihn in die Zwickmühle geraten war und daß es durch seine Schuld zu dem Konflikt mit der Besatzungsbehörde gekommen war. In meiner Brust schlummerte ein tiefer Haß gegen die Ungerechtigkeit der amerikanischen Besatzungsbehörde. Wildangel schlug mich im August 1949 zum ‚Verdienten Lehrer des Volkes' vor. Eine Ehrenbezeigung, die die DDR verdienten Lehrern erweist, verbunden mit einer Ehrenpension von 300 Mark Ost monatlich. Er wollte mir eine Freude machen und mich für erlittenes Unrecht entschädigen. Ich habe mehr Ärger und Verdruß als Freude damit erlebt. Als kleiner Mann mußte ich den Haß und Streit und Zank und die Gemeinheit zwischen Ost und West ausbaden. Die SPD, der ich noch immer angehörte, warf mich aus der Partei. Darüber lachte ich ... Aber es sollte schlimmer kommen.

Vor der Annahme der Bezeichnung ‚verdienter Lehrer des Volkes' hatte ich mündlich bei der Pensionskasse angefragt, ob ich überhaupt einen Ehrensold und den genannten Ehrentitel annehmen darf. Die Antwort war positiv. Bald setzte aber ein Kesseltreiben gegen mich ein. Es ging aus von der SPD, der Partei, für die ich so viel gearbeitet hatte. An der Spitze der Hetze stand der Bezirksstadtrat Lipschitz. Ein Mann, den ich persönlich überhaupt nicht kannte. Ich hatte nie mit ihm etwas zu tun. Er kam aus dem Osten und haßte den Kommunismus, und alles, was nach seiner Meinung nicht mit aller Kraft gegen den Kommunismus kämpft, ist selbst Kommunist. Vermutungen liefen bei der Pensionsstelle

Karikatur Ernst Wildangel, Leiter des Hauptschulamtes, um 1949 — *Nachlaß Wittbrodt*

ein. Man sperrte mir die Pension. Vom 1.7.1953 bis November 1954 erhielt ich keinen Pfennig. Da hieß es, sich einrichten und jeden Pfennig festhalten. Das war nun das geruhsame Alter! Das war die wohlverdiente Ruhe! Die Ansprüche an das Entschädigungsamt wegen der zwölf verlorenen Hitlerjahre wurden zurückgehalten. Auf Anfragen und Eingaben kam einfach keine Antwort. Was blieb weiter übrig? Ich lief zum Rechtsanwalt und verklagte den Senat der Stadt Berlin. Das Verwaltungsgericht setzte den Termin auf den 25. November 1954 fest. Anfang November zahlte man plötzlich, aber nur die Pension eines Rektors. Man rechnete, ich wäre am 8.8.1943 65 Jahre alt geworden und wäre unter normalen Verhältnissen dann pensioniert worden. So bekam ich als ehemaliger Hauptschulrat viel weniger Pension als ein Rektor, der 1949 in den Ruhestand getreten wäre. Das ist der Dank des Vaterlandes für fast 50jährige Arbeit! Meine Klage beim Verwaltungsgericht geht aber weiter. Wie sie ausläuft, wissen die Götter. Es kommt darauf an, ob der Richter die Annahme des „Verdienten Lehrers" für eine Bekämpfung der demokratischen Staatsform ansieht oder nicht. In diesem kalten Krieg zwischen Ost und West findet sich niemand mehr zurecht. Es ist direkt zum Verzweifeln. Tritt man für den Frieden ein, unterschreibt man einen Aufruf gegen die Atombombe, ist man Kommunist. Wie soll Berlin, wie soll Deutschland je wieder eine Stadt, ein Land werden? ..."[9]

Der Reformpädagoge Wilhelm Wittbrodt kam 1920 an die weltliche Schule in der Neuköllner Rütlistraße. Er schreibt darüber in seinem Tagebuch:

„Ging ich aus Ablehnung jeder Religion oder gar aus Feindschaft gegen die Religion an diese Schule? Nein. Ich gehöre nicht zu den Gegnern jeder Religion. Ich bin nicht Atheist. Es gibt Kräfte zwischen Himmel und Erde, von denen der Mensch sich nichts träumen läßt. Daß es keinen Gott gibt, ist genauso schwer zu beweisen wie, daß es einen Gott gibt. Wo es mit der Wissenschaft zu Ende ist, fängt der Glaube an. ... Warum trete ich dann aber für Schulen ohne Religionsunterricht ein? 1. Religion kann man überhaupt nicht unterrichten. Religion muß man fühlen, muß man erleben. Das moralische Gesetz liegt in mir, kann nicht von Lehrern hineingepflanzt werden. Jede Stunde, nicht nur die Deutschstunde, die Musikstunde, die Biologiestunde, sondern selbst die Rechenstunde muß zur Religionsstunde, zur Erziehungsstunde zur Moral werden ... 2. In unseren sogenannten Religionsstunden wird nicht Religionsunterricht sondern Konfessionsunterricht erteilt, ja konfessionelle Verhetzung getrieben ... Konfessionelle Religionsstunden einen nicht, sie trennen nur." (Tagebuch, S. 88f.)

Noch im Alter setzte sich Wilhelm Wittbrodt für die Völkerverständigung ein. Sein Hobby war auch sein Programm geblieben: Er hatte Esperanto gelehrt und schrieb hunderte von Briefen in dieser Weltsprache. Noch in den 1950er Jahren erreichten ihn die Antworten der Esperantisten aus aller Welt in Berlin-Neukölln in der Anzengruberstraße, den wiederholt zum „Kommunisten" gestempelten Neuköllner, den viele gern „im Osten" angesiedelt hätten.

Anmerkungen

1 Felix Kirchner in dem Interview, das der Autor am 29. November 1991 mit ihm und Karlheinz Lehmkuhl geführt hat.

2 So Richard Schröter im Mitteilungsblatt des Verbandes der Lehrer und Erzieher *Die Lehrergewerkschaft* (1945), S. 31f., zitiert nach Karlheinz Lehmkuhl: Die Geschichte der Berliner Lehrergewerkschaft vom 1. Juni 1945 bis 18. Juni 1948, unveröffentlichtes Manuskript für das Heimatmuseum Neukölln, 1991

3 Blatt 7 und 8 der Akten der 47. / 48. Schule

4 Blatt 8 der Akten der 47. / 48. Schule

5 Blatt 8 der Transkription des Interviews vom 29. November 1991 im Heimatmuseum

6 Blatt 9 und 10 der Transkription des Interviews vom 29. November 1991 im Heimatmuseum

7 Blatt 12 der Akten der 47. / 48. Schule, Kopien im Heimatmuseum Neukölln

8 Blatt 18 und 20 der Akten der 47. / 48. Schule, Kopien im Heimatmuseum Neukölln

9 W. Wittbrodt in dem für seine Enkelin handgeschriebenen Tagebuch: Leiden und Freuden eines Schulmeisters von Wilhelm Wittbrodt, 1950er Jahre; Nachlaß Wittbrodt. Die Originaltagebücher hatten zwar den Krieg im Banktresor überstanden, waren dann aber mit anderen Wertsachen von den Russen geplündert worden.

Angelika Schmidt

Lehrer gesucht –
Zur Ausbildung der Schulhelfer und Hilfslehrer

Schulraumnot und Lehrermangel

Als im Juni 1945 der Unterricht an den Berliner Schulen wieder aufgenommen wird, sind in Neukölln neun von 34 Schulen durch den Krieg vollständig zerstört, viele weitere sind mehr oder weniger stark beschädigt. Dies wird noch jahrelang Unterricht in mehrfachem Schichtbetrieb, hohe Klassenfrequenzen und oft weite Schulwege für Schüler wie für Lehrer bedeuten. Noch 1952 ist der Schulraumbedarf in Neukölln nur zu 70,5 Prozent gedeckt, steht der Bezirk zahlenmäßig wie prozentual an unrühmlicher erster Stelle in Westberlin.[1] Bei den notwendigen ersten Aufräumarbeiten an den Schulen helfen auch viele Lehrer. Stellvertretend für andere sei die Chronik der Richardschule zitiert: „Bereits im Mai 1945 (gingen) die letzten Mitglieder des früheren Kollegiums der 25. Schule daran, die Trümmer des zerstörten Schulhauses mit ihren Händen beiseite zu schaffen."[2]

Zu der katastrophalen materiellen Grundlage des Schulbetriebs (siehe D. SCHILLER in diesem Band) kam ein extremer Mangel an Lehrern. Der Krieg und seine Folgen hatten die Lehrerschaft Berlins ohnehin stark dezimiert: Von 13 000 Lehrkräften im Jahre 1938 waren 1945 nur noch 5 100 verblieben, von denen aber viele aufgrund ihrer politischen Vergangenheit nicht geeignet waren, beim Aufbau eines neuen Schulwesens mitzuwirken. In einer Anordnung des Magistrats zur Wiederaufnahme des Schulunterrichts vom Juni 1945 wurde daher die sofortige Entfernung aller Mitglieder der NSDAP und einiger anderer nationalsozialistischer Organisationen aus den Schulen verfügt.[3] Dies führte zur Entlassung von noch einmal fast der Hälfte der 5 100 Lehrkräfte – und dies angesichts einer in etwa gleichgebliebenen Zahl von 411 000 Schülern.[4] Das konnte dazu führen, daß an mancher Schule „nichts mehr ging": „Nach der Entlassung der ehemaligen Mitglieder der NSDAP verblieben nur noch Rektor Noth und der Lehrer Gennrich an der Schule." (Chronik, S. 2)

Für die Verantwortlichen des Schulwesens stellte sich im Juni 1945 kein geringeres Problem, als möglichst schnell möglichst viele künftige Lehrkräfte zu rekrutieren, diese auf ihre politische Einstellung hin zu überprüfen und für ein Mindestmaß an pädagogischer Ausbildung Sorge zu tragen.

Hilfslehrer gesucht

Verschiedentlich wurden pensionierte Lehrer und Lehrerinnen wieder im Schuldienst eingesetzt; auch deshalb litt das Neuköllner Schulwesen unter starker Überalterung der Lehrerschaft. Mit Reaktivierten allein war der enorme Bedarf aber nicht zu decken; deshalb wurden im großen Maßstab Schulhelfer bzw. Hilfslehrer gesucht.

Der Berliner Magistrat verfügte die „Heranziehung geeigneter Antifaschisten ohne pädagogische Vorbildung als Hilfslehrer, die teils gemeinsam mit erfahrenen alten Lehrern tätig werden, teils durch besondere Kurse für ihre neuen Aufgaben geschult werden." (Richtlinien, S. 507)

Dr. Karl Schröder, verantwortlich für die Lehrerbildung in Neukölln, präzisierte für die Schulverwaltung des Bezirks: „Die Zulassung als Hilfskraft wird von keinen formellen Bedingungen abhängig gemacht. Es werden unter den Bewerbern solche mit Abitur sein, einige mit praktischer pädagogischer Erfahrung und wieder andere mit nur geringen Kenntnissen und Erfahrungen oder auch Arbeiter, die sich durch Selbststudium weitergebildet haben."[5] Wie und woher kamen nun Schulamtsbewerber in die Schulen und Kurse? Es gab Anschläge an Litfaßsäulen und in Jugendheimen, die Presse veröffentlichte Aufrufe und die Arbeitsämter hatten Vermittlerfunktion.

„Schreiben Sie einen Lebenslauf!"

Eine damals knapp Achtzehnjährige, Ingeborg Szczygiel (heute I. Michael), war unter den ersten Bewerbern in Neukölln. Sie erzählt, wie es zu ihrer „Aufnahmeprüfung" bei Dr. Schröder kam:

„Da habe ich gehört, daß ein Arbeitsamt schon aufgemacht hatte. Es war das Arbeitsamt in der Sonnenallee. Ich bin jeden Morgen hingegangen. Eines Tages sieht mich die Vermittlerin an und sagt: ‚Ich hab was für Sie!' Sie strahlte, war ganz glücklich: ‚Es werden Lehrer gesucht!' ‚Ich würde das gerne machen', sagte ich, ‚das wollte ich schon immer werden, aber das kann ich nicht. Ich habe ja nur viel zu kurz eine Schule besucht.' Sie sagte nur: ‚Schreiben Sie einen Lebenslauf, gehen Sie zum Schulamt!' Ich schrieb also einen Lebenslauf mit meiner Kinderkrikelschrift, doch die Sekretärin, die meinen Lebenslauf annahm, meinte: ‚Tja, mein liebes Kind, Sie sind ja noch nicht mal 18 Jahre, das ist zu jung. 18 müssen Sie wenigstens sein!' Ich war sehr hartnäckig und sagte: ‚Nehmen Sie doch den Lebenslauf und gehen Sie rein und fragen Sie'. Da kam schon Dr. Schröder, ein Mann, der bis kurz zuvor im KZ gesessen hatte, ein Kommunist. Er sagte, ich könne reinkommen. Es war ein unheimliches Durcheinander, viele Bücher lagen herum, und ich saß da, und Dr. Schröder erzählte.

Karl Schröder, Zeichnung, 1946 —
Archiv Volkshochschule Neukölln

Der Mann gefiel mir so gut, er sah aus wie Albert Schweitzer, ganz schmal mit einem Schnurrbart, mit einer hohen Stirn und Flatterhaaren. Ich sah ihn an und war schon glücklich. Er unterhielt sich mit mir eine sehr lange Zeit und sagte dann zu mir: ‚Tja, hiermit wäre also die Prüfung gemacht!' Er gab mir sowas wie einen Stundenplan und eine Notiz, wo ich mich melden sollte."[6]

So begann im Juni 1945 Ingeborg Szczygiels Lehrerlaufbahn an der 37./38. Volksschule in der Britzer Chausseestraße. 1948 war sie dann unter den Lehrerinnen und Lehrern, die Fritz Hoffmann für den Aufbau der Einheitsschule in der Onkel-Bräsig-Straße zusammenrief, der späteren Fritz-Karsen-Schule. Bis zu ihrer Pensionierung im Jahre 1983 war sie noch an der Silbersteinschule und an der Sonnengrundschule am Dammweg als Lehrerin tätig.

Schulhelfer- und Hilfslehrerkurse in Neukölln

Bereits im Juli 1945 begann in Neukölln die begleitende Ausbildung der Hilfslehrkräfte. Aus etwa 300 Bewerbungen waren zunächst 80 Anwärter ausgewählt worden nach unterschiedlichsten Kriterien: „Maßgebend war in erster Linie der persönliche Eindruck aus den Besprechungen, die mit allen Bewerbern durchgeführt wurden, ferner der Lebenslauf; auch das Alter spielte eine Rolle, da wir weder zu junge noch zu alte Kräfte aufnehmen konnten."[7]

Die zwischen 18 und 45 Jahre alten Bewerber wurden auf zwei Kurse verteilt; bald darauf wurde noch ein dritter Kurs eingerichtet. Pflichtfächer waren Pädagogik, Methodik, Psychologie, Deutsch, Geschichte, Geographie und Mathematik. Zusätzlich konnte gewählt werden unter den Fächern Biologie, Zeichnen und Musik. Als Kurslehrer zog man erfahrene Lehrer, Schulleiter, Studienräte und auch Schulräte heran, die sich wöchentlich einmal in einer Arbeitsgemeinschaft über ihre Erfahrungen in den Kursen austauschten. Je nach Teilnahme an den wahlfreien Veranstaltungen kamen die Kursteilnehmer auf etwa 15 (obligatorisch) bis 20 Wochenstunden. Wenn man bedenkt, daß viele vom ersten Tage ihrer Ausbildung an in der Schule eingesetzt wurden, in Einzelfällen sogar mit vollem Stundensatz, ferner bis zu vier Hospitationsstunden zu absolvieren hatten, kann man sich ein ungefähres Bild ihres Arbeitspensums machen. Wenn man weiter berücksichtigt, daß der öffentliche Nahverkehr noch nahezu lahmgelegt war und zum Teil weite Wege zwischen Wohnung, Seminar und Schule zu Fuß zurückgelegt werden mußten, dann erscheint es von heute aus fast unvorstellbar, daß all dies funktionieren konnte. Im September 1945 zog Dr. Schröder ein erstes Resümee:

„Im ganzen kann schon heute gesagt werden, daß ... das in Neukölln durchgeführte Experiment als durchaus geglückt anzusehen ist. Kurslehrer wie Schulleiter sprechen sich durchweg anerkennend über die Seminaristen aus. Vielfach ... werden die erzielten Erfolge als geradezu überraschend angesehen, wenn man bedenkt, daß alle diese Menschen noch nie vor einer Klasse gestanden haben und daß ihre praktische und theoretische Ausbildung erst ein Vierteljahr läuft." (Material, S. 6)

Dennoch war man sich schon frühzeitig darüber klar, daß es sich bei dieser Art Ausbildung nur um eine Übergangslösung handeln konnte. Dr. Schröder in einer Besprechung am 4.6.1945:

„Das Provisorium von 3-4 Monaten soll dazu dienen, Kräfte heranzuziehen, umzuschulen, zu stützen und letzten Endes zu sieben. Die Auswahl soll sich richten nach der Befähigung und Neigung zum Lehrerberuf, nicht nach den materiellen und ausbildungsmäßigen Voraussetzungen. Das Ziel kann natürlich nicht sein, das Niveau des Lehrerstandes zu senken, sondern im Gegenteil, es zu heben. Es muß aber eine Öffnung des Lehrerberufes für alle die Kräfte erfolgen, die Befähigung zum wirklichen Lehrer mitbringen."[8]

Bereits in der zweiten Hälfte des Jahres 1945 dachte man an ein zentrales Berliner Ausbildungsinstitut, in dem die Lehrerausbildung auf wissenschaftlicher Grundlage erfolgen

Lehrerin Ingeborg Szczygiel (verh. Michael) beim Unterrichten in der 37./38. Volksschule, um 1949 — *Heimatmuseum Neukölln*

konnte. Ende 1946 nahm die neugegründete Pädagogische Hochschule ihre Arbeit auf. Der ungeheure Bedarf an Lehrkräften und die drohende Verwahrlosung der Nachkriegsjugend machten es aber noch lange nötig, Schulhelfer einzustellen.

Die 1945 von den Bezirksschulämtern eingestellten Schulhelfer wurden nach kurzer Ausbildung der 1. Lehrerprüfung zugeführt; Ingeborg Szczygiel zum Beispiel legte ihre Prüfung schon am 10.4.1946 ab. Sie mußte dafür unter anderem einen „Tätigkeitsbericht" anfertigen.

Anfang 1946 erschien ein Aufruf des Hauptschulamtes in allen Bezirken Berlins, nach dessen Veröffentlichung sich viele weitere Bewerber für das Schulamt meldeten. Die Leitung des Amtes unterstand Dr. Marie Torhorst, vormals Studienrätin an der Karl-Marx-Schule in Berlin-Neukölln, später Dr.

Ernst Wildangel, der bis 1933 ebenfalls Studienrat an dieser Schule gewesen war.

In Neukölln kam es daraufhin zur Bildung von acht Klassen mit je etwa 35 Teilnehmern, deren Zusammensetzung hinsichtlich Vorbildung und Alter der Seminaristen extrem unterschiedlich war.[9] Die achtmonatigen Kurse begannen in Neukölln im Februar und März 1946 und endeten im Oktober beziehungsweise November. Frau Adamek, Dozentin für Deutsch, Geschichte und Tagesfragen, übernahm auf Veranlassung des Leiters des Volksschulwesens des Bezirks Neukölln, Wilhelm Wittbrodt, die Leitung der weiteren Ausbildung der Absolventen der Achtmonatskurse, der Schulhelfer und Hilfslehrer, die 1945 in den Dienst eingetreten waren sowie der Schulhelfer ohne jede Vorbildung, die aufgrund des Lehrermangels laufend weiter eingestellt wurden.

Am 5. November 1946 begann die Lehrerfortbildung in Neukölln mit insgesamt 320 Teilnehmern, unter ihnen 115 Hilfslehrer mit bestandener 1. Lehrerprüfung, 85 Schulhelfer, unmittelbar vor Abschluß der 1. Prüfung stehend, und 120 Neulehrer, die den Achtmonatskurs erfolgreich besucht hatten. Helene Jung, bislang Schulleiterin und während der Weimarer Republik Lehrerin in der Neuköllner Rütli-Schule, wurde zweite Ausbildungsleiterin. Im Sommersemester 1947 standen 430 Teilnehmer 15 Dozenten und den beiden Leiterinnen gegenüber.

Am 1.9.1948 wurden erneut Schulhelfer eingestellt. Trotz vieler bereits bestandener Examen fanden sich jetzt 450 Teilnehmer in zwei Lehrgängen: 3 Hilfs- und 4 Schulhelferkurse bei Frau Adamek sowie je 4 Kurse bei Helene Jung.(Bericht der Lehrerfortbildung)

Das offizielle Stundenpensum, das im Schulalltag oft überschritten wurde, verlangte von Schulhelfern 15 Unterrichtsstunden, drei Hospitationsstunden und mindestens zwölf Kursstunden in der Woche. Hilfslehrer erteilten bereits 25 Unterrichtsstunden, hatten eine Hospitationsstunde wahrzunehmen und besuchten vier Stunden wöchentlich die Weiterbildung. Daneben gab es für alle Seminaristen Einzelvorträge in vier- bis sechswöchiger Folge in der Aula der Zwillinge-Schule. Namhafte Persönlichkeiten des pädagogischen Lebens Berlins nahmen zu aktuellen Fragen der Erziehung und des Unterrichts Stellung. (Bericht der Lehrerfortbildung, S. III)

Regelmäßige Besprechungen mit den Schulräten, Schulleiterkonferenzen des Bezirks und Veranstaltungen des Hauptschulamtes von Groß-Berlin sicherten die ständige Verbindung zwischen der Ausbildungsleitung, dem Bezirksschulamt und den Schulleitern.

Dennoch äußerte sich Hauptschulrat Wilhelm Wittbrodt im September 1947 wie folgt: „Bei dem heutigen Lehrermangel wäre es entschieden vorzuziehen, diese Lehrkräfte („nominelle Nazis", minderbelastete Lehrer, d.V.) zu beschäftigen, damit nicht wieder auf unausgebildete Lehrkräfte zurückgegriffen werden muß."[10]

Mit der „Entnazifizierung" wurden vermehrt wieder Lehrer und Lehrerinnen eingestellt, die noch in den Lehrerbildungsanstalten des Nationalsozialismus ihre Ausbildung absolviert hatten. Trotzdem wurden wegen des nach wie vor großen Bedarfs weiterhin Schulhelfer eingestellt. Erst 1949 wurde die Schulhelferausbildung endgültig eingestellt.

Hilfslehrerausbildung und Schulalltag

Ingeborg Michael erinnert sich: „Zu den Kollegen hatte ich zum Teil einen guten Draht, aber zum Teil zu den älteren nicht, weil sie meinten, was wir in der Ausbildung machten, das sei total überflüssig. Als ich einmal zu einer Kollegin sagte, ich ginge zu einem Vortrag über Tiefenpsychologie, fing sie schallend zu lachen an und sagte: ‚Mein liebes Kind, mit Tiefenpsychologie wirst du nicht weit kommen. Damit ist keine Stunde zu machen!' Wir sind aber auch immer wieder zu denen hospitieren gegangen, die über viel Erfahrung verfügten und die es trotzdem sehr seltsam fanden, daß man Kinder auch alleine arbeiten läßt. Wir lernten ja in unseren Vorlesungen die Pädagogik der 20er Jahre kennen. Und diese Pädagogik war eine sehr fortschrittliche, von der man sich auch heute, würde ich sagen, immer noch eine Scheibe abschneiden sollte. Man ist leider ein bißchen von ihr weggekommen, aber wir haben sie damals kennengelernt; die „Arbeitsschule" war der Hauptbegriff. Das bedeutete auch, daß alles, was man machte, für die Schüler erst einmal sinnlich erfahrbar sein sollte – bis zum vollkommenen Unsinn haben wir das manchmal im Unterricht getrieben. In unserer Ausbildung gab es wirklich auch sehr gute Pädagogen."[11]

Anmerkungen

1 Schulraumnot im Verwaltungsbezirk Neukölln, Bezirksamt Neukölln, Abt. Volksbildung, Schulamt vom 6. 3. 1952 — Bezirksarchiv Neukölln

2 Chronik der Richardschule 1913-1969, S. 2 — Heimatmuseum Neukölln

3 Vorläufige Richtlinien für die Wiedereröffnung des Schulwesens vom 11. 6. 1946, Magistrat von Berlin, Abt. Volksbildung, Schulamt. — *Berlin. Quellen und Dokumente 1945-1951*, hrsg. im Auftrag des Senats von Berlin, Berlin 1964, S. 507

4 O. Winzer, E. Wildangel: Ein Jahr Neuaufbau. — *Die Stadtverwaltung*, Heft 13 vom 15. Sept. 1946, S. 18, 20f.; nach Gerd Radde: Aufbau und Umbau der Schule nach 1945, unveröffentlichtes Manuskript, 1992, S. 4

5 Zur Frage der Hilfslehrkräfte und zum Aufbau der Lehrerbildungsanstalt im Bezirk Neukölln, o.J., Schulakten — Bezirksarchiv Neukölln

6 Bearbeitete Zitate nach: „Wer weiß, was ich morgen kann", O-Ton-Hörspiel von Karl-Heinz Schmidt-Lauzemis, 1986

7 Material für Einrichtung eines Seminars zur Ausbildung von Lehrkräften, Bezirksamt Neukölln, Volksbildung, Schulamt, Dr. Schröder, Sept. 1945, S. 1 — Bezirksarchiv Neukölln

8 Protokoll über die Besprechung am 4. 6. 1945 über die Gestaltung der Lehrerausbildung, Schulakten — Bezirksarchiv Neukölln

9 Bericht der Lehrerfortbildung des Bezirks Neukölln über die Ausbildung der Schulhelfer und Hilfslehrer vom 30. 12. 1948, Akten der amerikanischen Militärregierung, S. IIf. — Landesarchiv Berlin

10 Brief Wilhelm Wittbrodts an John R. Sala, Vorsitzender des ECR (Educational and Cultural Relations Branch) vom 10. 9. 1947, Akten der amerikanischen Militärregierung — Landesarchiv Berlin

11 „Wer weiß, was ich morgen kann", a.a.O.

Wolfgang Reischock

Ein Neuköllner geht „nach drüben"

Wenn mein Vater seinen Geburtsort in irgendwelche Formulare eintragen mußte, pflegte er nicht ohne lokalpatriotischen Stolz „Rixdorf" hinzuschreiben. Es kam mitunter vor, daß irgendein zugereister oder jüngerer Beamter fragte, wo dieses Dorf denn liege, und wenn ihm dabei der Uralt-Schlager „In Rixdorf ist Musike" ins innere Ohr geriet, mag er sich gewundert haben über die reale Existenz eines Ortes mit diesem Namen.

Als ich geboren wurde – in der „Ideal-Passage", zwischen Weichsel- und Fuldastraße – hieß Rixdorf schon Neukölln und gehörte seit einem Jahr zu Groß-Berlin. Als ich fünf war, zog die Familie in den Neuköllner Ortsteil Britz, in die gerade fertiggestellte „Hufeisen-Siedlung" des genialen Architekten Bruno Taut. Es war ein Paradies für Kinder. Wir stromerten durch die Wildnis, fingen Frösche in den noch nicht zugeschütteten Tümpeln und wateten durch die noch nicht kultivierten Teiche, bauten uns Höhlen im Lehmboden und genossen eine unbekannte, unbändige Freiheit. Ostern 1926 wurde ich eingeschult. Ich kam in die 47./48. Volksschule, die heutige Anna-Siemsen-Schule am Britzer Damm, der damals Chausseestraße hieß. Nachdem ich mich drei- oder viermal während der Pause aus dem Staube gemacht hatte, wurde mir ein Aufpasser beigegeben mit dem strengen Auftrag, mich am Fortlaufen zu hindern. Es war meine erste, frühe Erfahrung mit der Macht. Doch allmählich gewöhnte ich mich an die Schule, fand bisweilen sogar Gefallen daran, faßte Vertrauen zu meiner Lehrerin, Fräulein Witzell. Manchmal, im Sommer, zog sie zum Unterricht mit uns nach draußen, wo im Schatten einiger Bäume Schulbänke aufgestellt waren. Rektor war Herr Gärtner, ein Reformer, wie ich rückschauend vermute, der auch ein kleines pädagogisches Blatt für Eltern herausgab – ich glaube, es hieß *Der Kreis um das Kind*. Meinen Vater hörte ich mit Sympathie und Hochachtung von ihm reden. Aber es gab auch Konflikte. Autoritäre Lehrer riefen wiederholt meinen Vater auf den Plan – einen gestandenen Sozialdemokraten und entschiedenen Pazifisten.

Nach dem vierten Schuljahr wechselten einige Schüler zur „höheren" Schule, unter ihnen war auch ich. Meine Eltern meldeten mich bei einer der damals bekanntesten und zugleich berüchtigtsten Schulen an: der Karl-Marx-Schule in der Neuköllner Kaiser-Friedrich-Straße, heute Sonnenallee. Ich weiß noch, wie meine Lehrerin Fräulein Witzell mir mitleidig den Kopf streichelte und zu meinem Vater sagte: „Wollen Sie das wirklich? – Er ist doch so ein nettes Kind."

Die wenigen Jahre, die der Karl-Marx-Schule noch gegeben waren, hatten ohne Zweifel einen prägenden Einfluß auf mein weiteres Leben. Ein halbes Jahrhundert später – 1987 – beschrieb ich in der *Weltbühne* diese „Meine alte Schule". Zum Mißvergnügen einer Dame übrigens, die zu jener Zeit als Ministerin für das Volksbildungswesen der DDR zuständig war und prompt Protest anmelden ließ, denn ihre Vorstellungen von Pädagogik und Schule waren nicht nur an-

Spielende Kinder in der Hufeisensiedlung in Berlin-Britz, 1950 — *Bezirksarchiv Neukölln*

dere, sondern auch die einzig maßgeblichen. Aber das ist eine andere Geschichte.

Wie gesagt: Ich war ein gestandener Neuköllner. Und doch ging ich eines Tages weg – viel weiter als nur in irgendeinen anderen Stadtbezirk. In den Umständen dieses Weggehens spiegelt meine Neuköllner Geschichte ein Stück deutsche Geschichte, wenn nicht gar Weltgeschichte. Doch um dies zu verstehen, muß ein Blick zurück getan werden.

Als der Zweite Weltkrieg zu Ende war, arbeitete ich eine Zeitlang als Dolmetscher und „clerk", was immer man darunter verstehen mochte, für das 214. British Military Government Detachment, das seinen Sitz in Goslar hatte. Zu meinen Aufgaben gehörte unter anderem, mich mit ehemaligen Hitlerjugend-Führern und jugendlichen „Werwolf"-Angehörigen zu beschäftigen. Im Auftrag der Militärregierung war ich auch dabei, als auf Kreis-

ebene eine Jugendorganisation ins Leben gerufen werden sollte, für die der Name „Freie Deutsche Jugend" vorgeschlagen wurde. Eines Tages hatte ich ein längeres Gespräch mit einem Sergeant des Field Security Service (FSS) namens Ken. Der FSS war unter anderem zuständig für die Entnazifizierung. Ken legte mir nahe, Lehrer zu werden. Solche wie ich würden gebraucht in den Schulen von post-Nazi-Germany. Der Gedanke gefiel mir, und ich richtete ein Bewerbungsschreiben an eine wieder eröffnete oder neu gegründete Lehrerbildungseinrichtung in Hannover. Als Antwort kam ein Fragebogen, darin unter anderem die Frage: „Spielen Sie ein Musikinstrument?" Ich stellte mir einen fiedelnden Dorfschulmeister vor und nahm von weiteren Bemühungen vorerst Abstand.

Bis ich eines Tages – im Juni 1946 – in einer Zeitung von der Gründung einer pädagogischen Fakultät an der Berliner Universität las, die soeben eröffnet worden war. Eine wissenschaftliche Ausbildung an der Universität – das gefiel mir besser. Möglicherweise hätte ich die Nachricht nur interessiert zur Kenntnis genommen, wäre sie nicht mit einer weiteren zusammengetroffen: daß nämlich in der sowjetischen Besatzungszone und in Berlin eine umfassende Schulreform in Gang gesetzt war, deren Idee und Zielsetzung mich sofort an die Karl-Marx-Schule erinnerten. Was dann später aus dieser Reform wurde, war nicht voraussehbar.

Jedenfalls packte ich meine wenigen Habseligkeiten in einen großen Seesack und begab mich auf eine abenteuerliche, mehrtägige Reise, nach Berlin-Britz, Lowise-Reuter-Ring Nr. 3, wo meine Mutter noch in unserer alten, durch Bombenwirkung lädierten Wohnung lebte. Mit mir kam ein hübsches Mädchen, das eigentlich ganz woanders hin wollte und bald darauf meine Frau wurde – und es noch immer ist.

Ich erkundigte mich sogleich nach der Möglichkeit eines Lehrerstudiums und wurde an die Deutsche Zentralverwaltung für Volksbildung verwiesen, wo ich an eine Frau Dr. Rosenow geriet, die mich wiederum zu einem Professor Heinrich Deiters schickte. Den traf ich in einer provisorischen Bibliothek, wo er mit dem Sortieren und Säubern von Büchern beschäftigt war. An die Einzelheiten unseres Gesprächs kann ich mich nicht mehr erinnern, natürlich fragte er mich, warum ich Lehrer werden wollte, und wohl in diesem Zusammenhang erwähnte ich die Karl-Marx-Schule. Ich bemerkte, wie Deiters aufhorchte und sich mir freundlich zuwandte. Natürlich wußte ich damals nicht, in welcher Beziehung er – seit dem 1920 gemeinsam getragenen Experiment an der Lichterfelder Kadettenanstalt – zu Fritz Karsen stand, dem Leiter der Neuköllner Karl-Marx-Schule. Ich begann ein Pädagogikstudium an der Humboldt-Universität. Da wirkten Leute aus der alten Garde der „Entschiedenen Schulreformer", wie Robert Alt, der, bevor man ihn ins KZ gesteckt hatte, einmal Lehrer an der Neuköllner Rütli-Schule gewesen war, Otto Tacke, Fritz Haefke, die schon erwähnte Gertrud Rosenow und Heinrich Deiters, der spätere Dekan der Pädagogischen Fakultät und mein „Doktorvater", den ich 1953 mit meiner Dissertation ungewollt in Schwierigkeiten brachte, und der mich kraft seiner geistigen Autorität aus einer fatalen Lage herauspaukte, als es hart auf hart ging. Dann waren da so herausragende Persönlichkeiten wie Ernst Niekisch und Kurt Gottschaldt, der Psychologe, aber auch der junge, skandalumwitterte Philosoph Wolfgang Harich, der – kaum älter als wir kriegsgeschädigten Studenten – schon Vorlesungen hielt und für die *Tägliche Rundschau* Theaterkritiken schrieb.

Wir Studenten waren wißbegierig, hochmotiviert, vor allem aber: voller Erwartung und Hoffnung auf die „neue Zeit", die Zukunft, die wir mitgestalten wollten und die sich für die meisten von uns mit der Idee des Sozialismus verband. Wir engagierten uns. Im Fakultätsrat und im Studentenrat schlugen die Wogen der Auseinandersetzung hoch. Wo es öffentliche Diskussion gab, waren wir dabei. Natürlich beteiligten sich viele von uns an der Unterschriftensammlung für den Stockholmer Appell zur Ächtung der Atombombe, etliche wurden dabei vorübergehend festgenommen, als die Polizei massiv einschritt. Wir erlebten, wie die von uns geschätzte Professorin Gertrud Rosenow in Wilmersdorf unsanft auf ein Polizeiauto gestoßen wurde und wie auf dem Neuköllner Hermannplatz Robert Havemann, von harten Polizeifäuste gepackt, protestierend rief: „Ich werde verhaftet, weil ich für den Frieden bin!" Dies alles band mich an meine Universität, die für uns mehr war, als nur eine Stätte des Lernens: eine menschliche Gemeinschaft,

Studenten und Hochschullehrer in sich vereinigend, die mehr anstrebten als nur irgendein Berufsziel. Daß wir uns täuschten, daß unsere frühen Hoffnungen später enttäuscht wurden, sei hier angemerkt.

1948 war ein ereignisreiches Jahr. Am 19. Dezember 1947 erklärte der amerikanische Außenminister Marshall in einer Rundfunkrede: „Zur Zeit ist an ein einheitliches Deutschland nicht zu denken." Am nächsten Tag kommentierte die *New York Herald Tribune* – ich erhielt sie von Mrs. Litchfield, der Frau eines hohen Beamten der amerikanischen Zivilverwaltung, in deren Dahlemer Haus ich mit mehreren Kommilitonen regelmäßig zu Gast war: „Das Zeitalter von Jalta ist vorbei. Die Aufteilung Deutschlands wird uns freie Hand geben, Westdeutschland in ein System der Weststaaten einzubauen." Im März 1948 wurden die westlichen Besatzungszonen Deutschlands in den Marshallplan einbezogen. Und während die Verhandlungen über eine gesamtdeutsche Währungsreform noch im Gange waren, wurde plötzlich am 18. Juni 1948 die Ausgabe neuen Geldes – der „Deutschen Mark" – in den Westzonen für den 20. Juni angekündigt. Die sowjetische Besatzungsmacht sperrte nun den Verkehr zwischen den Westzonen und der Ostzone. Der Westen antwortete mit Gegenmaßnahmen, der Osten mit Gegenmaßnahmen zu den Gegenmaßnahmen, die „Berliner Blockade" ging in die Geschichte ein.

Die Geschehnisse waren von heftigen Auseinandersetzungen in der Öffentlichkeit begleitet, die natürlich auch an der Universität nicht vorbeigingen und vor allem auch im Studentenrat ausgetragen wurden. Schließlich kam es zum Eklat, als drei Studentenratsmitglieder relegiert wurden. Der Plan einer Gegenuniversität in Westberlin war schon seit einiger Zeit im Gespräch und hatte die Unterstützung des amerikanischen Oberkommandierenden General Lucius D. Clay gefunden.

Am 11. Mai 1948 wurde dann von der Mehrheit der Berliner Stadtverordnetenversammlung – gegen die Stimmen der SED-Fraktion und fünf weiterer Abgeordneter – der Beschluß gefaßt, in dem im amerikanischen Sektor gelegenen Stadtteil Dahlem, wo sich eine Reihe Institute der Humboldt-Universität befanden, die „Freie Universität" zu gründen.

In der Stadt gab es fortan nicht nur zwei Währungen, sondern auch eine selbständige Ostberliner und Westberliner Verwaltung. Was nun? Wir wohnten in Westberlin, in Britz. Meine „Arbeitsstelle", die Universität, befand sich im Ostteil der Stadt. Von dort bezog ich auch mein Stipendium, das der Familie, zu der inzwischen auch ein Kind gehörte, zusammen mit gelegentlichen kleinen Nebeneinkünften eine zwar dürftige, aber nach damaligen Ansprüchen hinreichende materielle Lebensgrundlage bot. In „Ostmark", versteht sich. Während jedoch Leuten, die in Ostberlin arbeiteten und in Westberlin wohnten, normalerweise 60 Prozent ihres Ostmark-Einkommens in „West" umgetauscht wurden, verweigerte man Studenten der Humboldt-Universität diese Regelung mit der Begründung, sie könnten ja „zur Freien Universität rübergehen". Das empfand ich als Erpressung und es provozierte meinen Widerstand. Meine politische und geistige Option für den Weg, der – wie ich annahm und hoffte – im Osten beschritten wurde, bezog daraus zusätzliche Rechtfertigung.

Zunächst schien es, als könnten wir uns in Britz halten. Unsere Lebensmittel und Kohlen holten wir aus dem Ostsektor, es war ja nicht allzuweit, gleich hinter dem Teltowkanal. Auf der Westseite der Brücke empfingen uns, wenn wir beladen zurückkamen, dann und wann dort postierte Leute und beschimpften uns: „Kommunistenknechte! ... Verräter! ..." und versprachen auch, uns beim nächsten Mal das Jackstück vollzuhauen.

Miete, Gas, Strom, Fahrgeld und anderes waren freilich in „West" zu bezahlen. Doch woher nehmen? Unsere Lage wurde prekär, zumal wir auch an das Kind zu denken hatten, das inzwischen zwei Jahre alt war. Ich rannte von Behörde zu Behörde, vergeblich. Tagebuch-Eintragung vom 17.6.1949:

„Rufe beim Sozialamt an wegen des Geldumtauschs. Auskunft: Stipendien werden nicht umgetauscht, eventuell könne nach Prüfung (rückzahlungspflichtige) Sozialunterstützung gewährt werden. Dazu müsse man aber bei der Studenten-Umtauschstelle in der TU eine Unbedenklichkeitsbescheinigung holen. Gehe daraufhin mit Jagenow zur TU. Hier werden wir an Herrn Günther verwiesen. Dieser weigert sich, eine solche Bescheinigung auszustellen. Er ruft in unserem Beisein beim Sozialamt an und sagt am Telefon, daß Umtausch nicht in Frage käme, da die Stipendienzahlungen an der Ost-Uni von politischen Gesichtspunkten abhängig gemacht, also nur ‚linientreuen Kommunisten' gewährt würden. Die Studenten, die sich inzwischen in Günthers Büro angesammelt haben, protestieren, weil keiner von ihnen Mitglied der SED ist. Dennoch bleibt Günther bei seiner Behauptung. Er sagt sogar weiter, daß sie besonders auf die pädagogische Fakultät zuträfe. Als ich dies bestritt und mich selber als Beispiel anführte, sagte er, ich könne wohl nicht bestreiten, daß das System Interesse an der Ausbildung von Pädagogen habe."

Wir Westberliner Studenten an der Humboldt-Universität waren allerdings nicht die einzigen, die durch die separaten Währungsreformen geschädigt waren. Tagebuch-Eintragung vom 20.6.1949: „Heute morgen Gründung des Schutzverbandes der Währungsgeschädigten, die vor dem Schöneberger Rathaus demonstrieren. 18 wurden verhaftet. Für Postsendungen aus der Ostzone muß

Wolfgang Reischock gratuliert Paul Oestreich zum 80. Geburtstag, 30. März 1958 — *Privatbesitz Reischock*

man jetzt jedesmal Strafporto zahlen, auch wenn richtig frankiert ist. Die in der Ostzone verkauften Briefmarken wurden für ungültig erklärt." 30.6.1949: „Für die Protestversammlung der Währungsgeschädigten in der Hasenheide hat der RIAS heute morgen falsche Anfangszeiten durchgegeben (sagte, sie sei verschoben worden). Es sind dann trotzdem viele Leute da. Ich spreche für die Studenten." Wir entsandten Delegationen, denen ich meistens angehörte, zum „Westmagistrat", sprachen beim Stadtkämmerer Dr. Haas vor, im Büro des Oberbürgermeisters Reuter, der sich verleugnen ließ, schließlich bei der Bürgermeisterin Luise Schröder. Achselzucken: „Warum melden Sie sich nicht bei der Freien Universität? – Dann sind doch Ihre Probleme gelöst!" Einmal treffen wir im Treppenhaus des Schöneberger Rathauses zufällig eine Reporterin des NWDR. Sie interessiert sich für unser Problem, macht gleich ein Interview mit uns. Gesendet wird es dann aber doch nicht.

Schließlich wurde meinem Antrag auf Sozialunterstützung stattgegeben, mit der ausdrücklichen Auflage, sie zurückzuzahlen, sobald ich über ein ordentliches Einkommen verfügen würde. 140 Mark im Monat, wovon 63 Mark für Miete abgingen. Für eine dreiköpfige Familie. Es war nicht eben üppig.

Im Juli 1949 absolvierte ich mein Staatsexamen. Das Tagebuch vermerkt Klausurarbeiten zu den Themen „Weltwirtschaft und Weltpolitik" und – mein Nebenfach war Englisch – „Charles Dickens as a social critic in some of his works". Als Thema für meine Staatsexamensarbeit schlug ich Professor Deiters ein Thema vor, mit dem zu jenem Zeitpunkt kaum jemand etwas anzufangen wußte: Polytechnische Erziehung. Auch Deiters mißverstand es zunächst: „Hmm – politische Erziehung. Ein wichtiges Thema, aber man sollte es vielleicht präzisieren." Als ich ihm erläuterte, worum es ging, bekannte er offen, daß er davon nichts verstünde und sagte: „Interessant – machen Sie mal!"

Die Staatsexamensarbeit muß ihn beeindruckt haben. Denn eines Tages bestellte er mich zu sich und teilte mir mit, daß er, wenn ich einverstanden sei, meine Aufnahme in den „wissenschaftlichen Nachwuchs für Forschung und Lehre" beantragen würde – ein kürzlich ins Leben gerufenes staatliches Förderungsprogramm für junge Nachwuchswissenschaftler, das dann später als „wissenschaftliche Aspirantur" bezeichnet wurde. Das sollte sich über vier weitere Jahre erstrecken und mit der Promotion abschließen.

Ich war nicht wenig erschrocken. Mich reizte die praktische Erziehungstätigkeit, an der ich auch während der Schulpraktika Gefallen gefunden hatte, außerdem mußten wir zu Geld kommen. Ich hatte mich auch schon nach Arbeitsmöglichkeiten in Westberliner Schulen – in Britz und Rudow – umgetan.

Wir saßen in der Küche unserer schönen Wohnung im Britzer Hufeisen, wo die Bombenschäden inzwischen behoben waren, und beratschlagten. Es sollte 400 Mark Stipendium geben, dazu einen Zuschlag für das Kind, und eine spätere Leistungszulage war außerdem in Aussicht gestellt. Doch was nutzte das, wenn wir aus unserem fürstlichen Einkommen die Miete nicht in Westmark bezahlen konnten, nicht die Gebühren für Gas, Wasser, Licht, und jedesmal bis hinter den Teltowkanal laufen mußten, um unsere Lebensmittelrationen zu kaufen?

Ich sagte Deiters zu und begann an einer Dissertation zu arbeiten, die sich mit „theoretischen Grundlagen der polytechnischen Erziehung und den Möglichkeiten ihrer Verwirklichung in der Grundschule" befaßte. Es war die erste größere wissenschaftliche Arbeit zu diesem Thema in der DDR. Ich konnte nicht ahnen, welche Schwierigkeiten ich mir damit auflud und welchen Eklat ich dreieinhalb Jahre später mit der fertigen Arbeit heraufbeschwören würde. Einmal wurde ich wegen der empirischen Untersuchungen, die ich durchgeführt hatte, von zwei dubiosen Herren vernommen. Professor Deiters wurde wegen des „Vorfalls" aus dem Urlaub zurückgeholt, und den Lehrern in Kirchmöser, wo ich meine Erhebungen angestellt hatte, wurden von ihrem Schulrat auf einer eilends einberufenen Versammlung die Leviten gelesen, weil sie nicht gemerkt hätten, daß ein „angloamerikanischer Agent" am Werke gewesen war. Später sollte das Promotionsverfahren, wenn auch aus anderen Gründen („Reformismus", „Trotzkismus", andere Ismen) auf Antrag der SED-Parteileitung abgebrochen werden, und es gab sogar öffentliche Angriffe in der Presse. Einer der beiden Gutachter, Professor Süsterhenn – er ging später in den Westen –, rückte nachträglich von seiner sehr positiven Beurteilung der Arbeit ab. Es war Deiters zu verdanken, daß sie dennoch am

Ende akzeptiert wurde und ich mit einem blauen Auge davonkam.

In Britz indessen wurde unsere Lage unhaltbar. Und außerdem glaubte ich, daß meine Ideen sich nur im Osten realisieren lassen würden – die negativen Erfahrungen wertete ich als Kinderkrankheiten des Sozialismus und fand mich durch Lenins Ausführungen über den „linken Radikalismus als Kinderkrankheit des Kommunismus" bestätigt. Die Ideen des Sozialismus fand ich verkörpert in meinen Lehrern wie Heinrich Deiters und Robert Alt, den Humanisten, und der Gemeinschaft gleichgesinnter Kommilitonen und Freunde. Daraus und aus der Beschäftigung mit theoretischen Problemen des Marxismus keimten immer wieder neue Hoffnungen.

Sie halfen indessen nicht in der akuten Situation. Wir setzten eine Anzeige in die *Berliner Zeitung*, die im Ostsektor erschien, der sich nun in propagandistischer Überhöhung als „Demokratischer Sektor" bezeichnete – im Gegensatz zum amerikanischen, britischen, französischen!: „Tausche Zweieinhalb-Zimmerwohnung in Hufeisen-Siedlung Britz gegen gleichwertige im Ostsektor". Der Postbote war in den Tagen nach der Veröffentlichung nicht zu beneiden. Täglich fielen Dutzende von Angeboten durch unseren Briefschlitz. Wir wählten die erste Wohnung, die wir besichtigt hatten – in Adlershof. Zögerten den Umzug hinaus, bis die nächste Sozialunterstützung fällig war – und hatten noch dazu Glück: es war einer jener Freitage, an denen der Wechselkurs auf die schwindelnde Höhe von neun Ostmark zu einer Westmark getrieben wurde. Vor den Wechselstuben standen lange Schlangen. Unsere 140 Mark verwandelten sich in 1 260 Mark. So konnten wir spielend unseren Umzug bezahlen und sogar noch die Renovierung der neuen Wohnung. Am 22. März 1950 kam der Möbelwagen. Ich schied voller Wehmut.

Diskussion mit Jugendlichen an der noch offenen Sektorengrenze in Berlin, um 1956, rechts Wolfgang Reischock — *Privatbesitz Reischock*

Horst Havenstein

**Feiern bis zum frühen Morgen –
ein Stimmungsbild**

Sie waren noch einmal davon gekommen, wie Fische durch das engmaschige Netz der Vernichtung „entschlüpft". Einige hatten Blessuren davongetragen. Da saßen noch Splitter im Bein, dort sah man die Narben am Körper. Eine Narbe hatten sie alle davongetragen, eine Narbe, die noch lange Zeit brauchte, um zu verheilen, bei manchem das neue Leben bestimmte –, sie hatten ihre Jugend verloren. Sie begannen, neu zu leben, denn fast alles, was ihr bisheriges Leben prägte, wofür sie erzogen waren, war falsch. Sie begannen also ihr neues Leben. In ihnen war der Wunsch, nun aber alles richtig zu machen. Es wurde Bestandsaufnahme gehalten. Was konnte man von dem bisherigen Wissen und den gemachten Erfahrungen in das neue Leben übernehmen, welche Fähigkeiten wurden gebraucht? Zur Härte gegen sich selbst, zur Entbehrung, Genügsamkeit, zur Improvisation war man erzogen. Den Begriff „Streß" kannte man nicht, er kam erst später auf. Jeder Tag war damals ein Erlebnis! Man war jung, gerade neu geboren, voller Tatendrang. Es ging aufwärts – wenn auch in kleinen Schritten. Man hatte so viel nachzuholen. Die so selbstverständlichen Bedürfnisse wie das Essen, das Trinken, Geselligkeit, das unkontrollierte Gespräch, die Spielarten des Sich-Nährens melden sich. Man war genügsam, stellte keine Ansprüche. Jede Gelegenheit zur Aktivität wurde genutzt, gerade auch im Blick auf die Berufsfindung. Als von den Schulämtern zur Beseitigung des Lehrermangels Schulhelfer gesucht wurden, fanden viele junge Menschen in die Schulen, auf deren beruflicher Wunschliste – wenn es die gegeben hätte – wohl nie der Pädagoge gestanden hätte. Sie haben später mit Pflichtbewußtsein, wachsender Überzeugung von dem Gedanken an eine gesellschaftliche Erneuerung und mit Liebe jahrzehntelang diesen Beruf ausgefüllt. Sie haben versucht, die Werte an die jungen Generationen weiterzugeben, Werte, die sie damals bei der großen Bestandsaufnahme nach 1945 gerettet hatten.

So fand ich mich am 8.4.1948, gleich nach den Osterferien, als frisch eingestellter Schulhelfer in der 47./48. Volksschule, Britz, Chausseestr. 136 – später Britzer Damm 164-170 – ein. Außer einem Fischbrot, Überbleibsel aus meinem vorangegangenen beruflichen Debüt in einer Fischfabrik in Cuxhaven, befanden sich in meiner nach Räucherwaren und Rollmops duftenden Aktentasche nur ein Bleistift und einige Bogen Papier. So stand ich unbeachtet von einer dichtgedrängt stehenden, rauchenden, lärmenden, in emsige Geschäftigkeit verstrickten Menge im viel zu kleinen Lehrerzimmer vor dem Schreibtisch des Schulleiters, dem ich meine Einstellungsurkunde überreichte. Eine schrille Glocke, Erinnerung an die eigene Schulzeit hervorrufend und damit einziges Rüstzeug für diesen ersten Lehrertag, gemahnte ihn zur Eile mit der Anweisung, daß ich an diesem Tag vier Stunden in der 8. Klasse im Raum 25 übernehmen sollte. Während ich, umtost vom Geschrei scheinbar nicht zählbarer Kinderkehlen, mit weich werdenden Knien die Treppe in Richtung Raum 25 empor wankte, ereilte mich hinterrücks ein Kreuzschlag, der mich fast umwarf. „Bist' neu bei uns?" tönte eine röhrende Stimme hinter mir, die einige Jahre früher auf jedem Kasernenhof Ehre eingelegt hätte. Im Telegrammstil gab Günter mir Anweisungen für die ersten 45 Minuten: Vorstellung, straffe Haltung, Name an die Tafel, setzen, Lesebücher, Seite 145, wenn schon gelesen, noch einmal zur Übung in kleinen Abschnitten lesen lassen, danach erzählen lassen ... Es lief wie geschmiert! Ich wußte ja nicht, daß seemännischer Stil, Relikt aus früherer Marinezeit, auch im Beruf anwendbar ist. In jeder der folgenden Pausen gab Günter mir die Tips für die folgende Stunde. – Kein Engel hätte mir an diesem Tage hilfreicher begegnen können!

Nachmittags, Günter wohnte zufällig ganz in meiner Nähe, bereiteten wir den nächsten Tag vor. Das Seminar begann erst eine Woche später.

Warum ich das alles erzähle? Weil es die damalige Situation beleuchtet. Günter war kein Einzelfall, wie sich mir sehr schnell zeigte. Unser Kollegium bestand außer einigen älteren Kollegen fast ausschließlich aus jungen Leuten, die ohne vorherige Ausbildung oder, von der LBA (Lehrerbildungsanstalten) kommend, wenigstens mit einem gewissen Maß an Grundausbildung versehen waren. Wir hatten alle die gleichen Nöte, mußten alle mit den gleichen Unzulänglichkeiten kämpfen. Da teilten wir nicht nur unsere Frühstücksbrote, sondern auch unsere Erfahrungen. Die vergangenen Jahre hatten uns ja zu dieser Hilfsbereitschaft erzogen. Man traf sich auch privat, arbeitete Projekte aus, legte gemeinsame erzieherische Strategien fest. Dabei kam man sich auch persönlich näher, breitete sich voreinander aus. Man lernte die Stärken und Schwächen der Kollegen kennen, und alle ergänzten sich gegenseitig. Wir machten gemeinsame Ausflüge und Dampferfahrten mit unseren Klassen. Musik hatten wir immer dabei. Günter S. spielte bei jeder Gelegenheit auf seinem Akkordeon, später kam noch Hans-Georg als Musikus dazu. Der „Kilometerstein", ein bekanntes Liederbuch aus vergangener Zeit, war unser Fundus. Natürlich wurde auch jeder neue Schlager aufgegriffen. Die „Schlager der Woche" waren deshalb schon eine Muß-Sendung im RIAS. Die Texte wurden in ausgelassener Stimmung teilweise umgedichtet. Dafür war Gisela meist zuständig. Ein kurzer Toilettenbesuch genügte ihr, um mit einem mehrstrophigen Gedicht aufzuwarten oder einem Schlager einen uns angemessenen Text anzupassen. Ach ja, was hatten wir alles nachzuholen!

Da fällt mir „Krummensee" ein, Richtung Werneuchen, Nordosten Berlins, Wochenende, 2. bis 3. Oktober 1948: Kollegiumsausflug mit Übernachtung in der Jugendherberge. Papa Budich, unser Chef, Biologe, erklärte uns auf der Wanderung vom Bahnhof zur Herberge jede Pflanze, jeden Baum. Gemeinsames Abendessen, alles wird geteilt – Tomaten, Rettich, Zwiebeln, Brot. Ich bringe wieder meinen Fisch ein, Dorschrogen in Öl – damals eine unsagbare Delikatesse! Nachts, Stille hat sich im Haus ausgebreitet, schleicht eine Gruppe auf den Boden. Kerzenschein – ein Koffergrammophon quakt „Laß mich heut' abend nicht allein ...". Lange Schatten werfend wiegen sich einige Paare zur Musik – es knistert! Beim Frühstück hängen die Lider tief – und morgen müssen wir wieder in die Schule ...

Wir waren viel unterwegs in dieser Zeit – natürlich alles noch per Bahn.

Da war auch das Wochenende in Rangsdorf. Ruth, Schwester von Gisela, wohnte dort in einem Einzelhaus. Ein heißer Sommertag. Bei „Strampe" gibt's gutes Eis: diesmal bin ich Sieger – 16 Kugeln! Abends kommen wir immer mehr in Fahrt – Günter holt

Lehrer in Krummensee bei Königswusterhausen, 1948 — *Privatbesitz Rohde*

alles aus seinem Akkordeon, wir immer mehr aus unseren Kehlen heraus.

„Rumba negra" – Horst grölt gerade – das war sein Part, da war er bühnenreif: Oh liquidalquio ..., da saust der Kronleuchter herab – zappenduster – Günter spielt weiter – jetzt wird es ja erst schön! Rückweg – Bahnhof Papestraße – Hildchen wird plötzlich sehr feucht ... Fruchtblase geplatzt – ach ja, die Zeit war 'ran – bald hätte sie es ganz vergessen! Am nächsten Morgen kam Ronald zur Welt.

Der Zeichenunterricht und das Basteln (später wurden ja viel schönere Begriffe dafür gewählt) fielen in unserer Schule sehr schnell in meinen Kompetenzbereich. Ich wollte eigentlich nur eine kurze Zeit in der Schule verweilen, um den Aufnahmetermin zur Kunsthochschule abzuwarten. Doch ich kam gar nicht dazu, mich zu melden. Ich hatte meinen Stundenplan, meine Arbeitsvorhaben, die Termine für die nächsten Feste standen bevor – das konnte ich doch nicht einfach hinschmeißen, so plötzlich im Stich lassen! Es sind später dann beinahe 40 Jahre in diesem Gebäude geworden.

Ich hatte den Dachboden der Schule entdeckt. Hier kam mir die Nachlässigkeit – oder war es die Sparsamkeit? – meiner Kollegen und des Hausmeisters zugute. Alles, was in dem Gebäude nicht mehr gebraucht wurde, kam auf den Boden: Tische, Stühle, Zweierbänke aus der Jahrhundertwende, Landkarten, auf denen die Grenzen und Ortsbezeichnungen nicht mehr stimmten, Leisten, Dachpappenreste, Kupferbleche, die einst ein Türmchen auf der Schuldachmitte zierten, Zaundraht und -geflecht, Trockenfarben, auch Leuchtstoffpulver, wie es zur Herstellung der Farben für Schutzraummarkierungen und Bordsteinkanten benutzt wurde. Immer neue Entdeckungen machte ich auf diesem Boden. Wie schnell vergingen die Nachmittage in dieser neuen Wirkungsstätte! Meine Gedanken kreisen nur noch darum, wie ich diese Schätze im Unterricht oder für die Anfertigung von Dekorationen einsetzen könnte.

Die Ideen für unsere großen Faschingsfeiern in der Schule wurden bei den privaten Zusammenkünften einiger besonders eng befreundeter Kollegenpaare geboren. Sie fanden aber im Kollegium breite Zustimmung und Hilfsbereitschaft bei der Realisierung.

Unser erstes Faschingsfest fand Anfang März 1949 in dem damals noch ungeteilten Zeichensaal statt. In den folgenden Jahren lagen die Termine jeweils im Februar. Jedes Fest stand unter einem bestimmten Motto. Für „Eine Märchennacht" wurden Dekorationen aus bekannten Märchen angefertigt. Alle Teile mußten so angelegt werden, daß sie auf dem Boden gelagert und vor dem Fest in kurzer Zeit im Zeichensaal aufgebaut werden konnten. Das Knusperhaus, das als Bar diente, wurde also aus mehreren Teilen zusammengesetzt. Einzelne Dekorationsteile, wie die Markisen über den Sitzgruppen, wurden, teils nur mit geringen Veränderungen, mehrmals benutzt. Natürlich gab es auch einige Fehlkalkulationen. Ich wußte nicht, wieviele Rosen aus Kreppapier man für eine ansehnliche Rosenhecke braucht. Einige Wochen lang wurden die Schüler mehrerer Klassen mit der Herstellung von Papierblumen, vornehmlich Rosen, im Zeichenunterricht beschäftigt. Für lauschige Beleuchtung wurden die damals aufkommenden elektrischen Weihnachtsbaumketten benutzt. Anfangs aus Karton und Transparentpapier, später, der Wiederverwendung wegen, aus dünnem Weißblech im Werkunterricht gefertigte Laternen; sie machten optisch viel her. Auch Barhocker aus ausrangierten Dreibeinschemeln, durch Verlängerung der Beine umgestaltet, konnten mehrmals genutzt werden.

„Alt-Berlin" war in einem anderen Jahr das Motto. Natürlich war fast immer Kostümzwang. Schade, daß man so wenige Fotos von diesen Festen hat! Wer besaß denn damals schon einen Fotoapparat oder gar einen Blitzlichtapparat? An Farbfilm, Schmalfilm oder Video war noch gar nicht zu denken!

Bei der „Texas-Nacht" hatten wir einen besonderen Einfall: Einleitend wurde die gerade eingerichtete Schulküche durch ein Eisbein-Essen mit Sauerkraut und Erbspüree eingeweiht. An jedem Tisch saßen wohl sechs Personen, und auf dem Tisch stand eine Flasche Gin. Man durfte zum Schwof in den geschmückten Zeichensaal aber erst, wenn die Flasche Gin geleert war. Leider saß ich an einem Tisch mit vier Nichttrinkern. In der Mitte des Zeichensaales, wo sich die Tanzfläche befand, hatte ich ein „Lagerfeuer" errichtet, in dem durch Draht und Transparentpapier kaschiert ein alter Grammophonspieler seine Dienste tat und den Schein einer starken Birne grellflackernd in den Raum warf. Als ich mühsam die vier Treppen zum Zeichensaal gerade noch erklommen hatte, gab mir dieses Geflacker den Rest. Ich soll in dieser Nacht noch einmal unter dem Tisch hervorgekommen sein, um eine Ansprache in Französisch zu halten, zu der mich ein sprachkundiger Kollege am nächsten Tage beglückwünschte. Ich hatte seit meiner Schulzeit kein Wort Französisch gesprochen und seitdem wohl auch nicht mehr. Schade – und ich hatte mich so auf Texas gefreut! Der damals gerade bekannt gewordene Schlager *Von den blauen Bergen kommen wir* wurde von uns sofort umgedichtet, er diente künftig als Erkennungsmelodie:

Aus der wüsten Schule kommen wir,
unsre Lehrer sind genau so dumm wie wir!
Auf den Treppen liegt der Brei,
(es gab damals noch die Schulspeisung)
ist das nicht 'ne Schweinerei,
aus der wüsten Schule kommen wir!

Fasching „Alt Berlin", 1956, Horst Havenstein und Gisela Rohde —
Privatbesitz Rohde

Der alte Plattenspieler leistete auch beim Thema „Auf der Reeperbahn" gute Dienste. Er ließ das Licht des Leuchtturms, der bis an die Zeichensaaldecke reichte, launig kreisen. Da fehlten auch nicht die rote Laterne von St. Pauli und die Haifisch-Bar.

Übrigens leistete mir ein altes Epi-Diaskop damals hervorragende Dienste. Kleine, gezeichnete Entwürfe für Plakate und Wandverkleidungen wurden auf große Packpapierflächen geworfen, mit Kreide nachgezeichnet, auf den Boden gelegt und anschließend von den Schülern mit dicken Borstenpinseln ausgemalt.

Natürlich kamen die Schüler, die so fleißig geholfen hatten, auch in den Genuß der Dekorationen. Unsere Feiern fanden sonnabends statt. Am Sonntag wurde dann aufgeräumt, alle Spuren leichtlebigen Übermutes verwischt. Am Montag begannen die Klassenfeiern, meist zwei Klassen zusammen. Unsere Hausmusikanten Günter und Hans-Georg waren also tagelang im Einsatz, unterstützt durch Kamm-Bläser und Topfdeckel-Schläger. Es war die Zeit der heiseren Kehlen in unserer Schule; denn damals kannte man jeden Schlagertext, besonders wenn er durch uns ein neues Gewand bekommen hatte.

Da fällt mir noch etwas ein, was auch mit heiseren Kehlen zu tun hat!

In unserer Schule war der kleine Weinrich Schüler. Später, er paßte gerade auf ein Fahrrad, machte Vater Weinrich aus ihm einen Rennfahrer. Der Vater baute zu dieser Zeit in Alt-Britz sein Omnibus-Unternehmen „Weinrich-Reisen" auf. Das muß so in den Jahren 1952 bis 1954 gewesen sein. Im alten Sportpalast an der Potsdamer Straße war jedes Jahr das Sechs-Tage-Rennen. Da nahm dann auch der kleine Weinrich teil. Freund vom Papa Weinrich war Maxe Knaak vom Bekleidungshaus M. Knaak in der Karl-Marx-Straße. Der war auch vernarrt in den Rennsport und ein großer Sponsor. Unsere Schule bekam für das Nachmittagsrennen montags bis mittwochs immer Freikarten, das waren die billigen Tage. Wir gingen also mit unseren oberen Klassen hin. Zu der Zeit fuhr da auch der Spitzenfahrer Carrara – ein tolles Mannsbild, Schwarm aller Mädchen. Und da kam auch ganz neu der Schlager *Das machen nur die Beine von Dolores* heraus. Wir dichteten wieder den Text um und machten daraus: „Das machen nur die Beine von Carrara ..." Kein Text wurde schneller von den Schülern gelernt als unsere umgedichteten Schlager, sie zündeten im Sportpalast ein akustisches Feuer. Immer wenn Carrara in Berlin mitfuhr, dann grölte die Menge „Das machen nur die Beine von Carrara ..." Wir brachten nach den nachmittäglichen Sportpalast-Besuchen unsere Kinder zurück, machten uns etwas frisch und trafen uns abends zur heißen Nacht mit Würstchen und Kartoffelsalat im Sportpalast wieder. Donnerstag war dann immer der Aufsatz-Tag in der Schule. (Nicht weitersagen: kaum einer bekam noch einen Ton heraus ... und die Augen fielen immer zu.)

Unsere Faschingsfeste wurden immer beliebter und sprachen sich hinter vorgehaltener Hand herum. Man lernte nicht nur die Verwandtschaft und Freundschaft der Kollegen kennen, auch aus den Nachbarschulen kamen Schulleiter und Kollegen. Der Zeichensaal – obwohl damals noch von beträchtlichem Ausmaß – wurde zu klein. „Eine Nacht am Lido" wurde deshalb in die Turnhalle verlegt. Es war ja die Zeit, als man Italien entdeckte. Rudi Schuricke sang: „Wenn bei Capri die rote Sonne im Meer versinkt ...".

Natürlich mußten die Dekorationen noch größer werden, von der Turnhalle sollte fast nichts mehr zu sehen sein. Eine sechs Meter lange Gondel mit einem Gondoliere, der den gerade in Italien erstandenen roten Strohhut trug, wurde an den Ringen in die Höhe gezogen. Vom Gutshof Britz, damals noch gegenüber dem Dorfteich, wurde ein Ballen Stroh geholt. Die Kinder flochten daraus Zöpfe. Ein riesiges, dickbauchiges Drahtgebilde mit langem Hals aus altem Maschendraht wurde geknüpft und mit geleimtem Zeitungspapier mehrmals kaschiert. So entstand, nach Bemalung und Etikettierung mit dem zünftigen Strohgeflecht ummantelt, eine riesige Chianti-Flasche – herrlich! Es gibt im Leben Momente, da möchte man am liebsten aus der Haut fahren – das war so einer! Die Flasche paßte ja durch keine Tür. So wurde sie flach gepreßt und später wieder mit Haken auseinandergezogen: auch dieses Problem war bewältigt. Voll gerundet schwebte auch die Flasche in der Höhe.

In der Mitte der Turnhalle stand eine große flache Zinkwanne mit Wasser gefüllt, heller Sand aus der Sprunggrube, zum Wannenrand ansteigend, stellte den Strand dar, sogar ein Sprungbrett am Wasserrand vervollständigte den „Lido". Ringsum unter Markisen die Tische und Sitzgruppen, Bar und Stehtische in den damals ach so einfallsrei-

Fasching „Eine Nacht in Venedig", 1955, von links: G. Sägebrecht; Frau Loebner, Schulleiterin der Hannemann-Schule; Werner Havenstein; Schulleiter Albrecht; Uschi Lohr — *Privatbesitz Rohde*

chen Nieren- und Dreiecksformen, natürlich vielfarbig in harmonisch-geschwungenen Flächen bemalt oder belegt. Was hätten aber die vielen Dekorationen, die monatelangen Vorbereitungen gebracht, wenn da nicht ein putzmunteres Völkchen auf den Tag gewartet hätte, an dem es sich wieder einmal so richtig austoben konnte. Was wurde da aber auch getanzt! Heiserkeit und totaler Muskelkater waren nach diesen Festen stets angesagt. Immer neue Gemeinschaftstänze, Kreisspiele – wie zum Beispiel „Laurentia" – mit wechselnden Positionen und Partnern, Polonaisen mit immer neuen Einlagen, Stationen mit beinahe sportlichen Übungen wechselten unentwegt ab. Gassenhauer, Küchenlieder wurden benutzt, wenn man danach nur hopsen, springen und sie lauthals mitsingen konnte, etwa „Auf der Wilhelmsau, auf der Wilhelmsau saß ein Frosch mit seinen Jungen ..." Und dann der Refrain: „Wa-diwig-wag-wig-wag-wa usw. –" Ach, was konnte man da schön schreien und albern! Heute würde man vielleicht sagen: Da wurde ein Faß aufgemacht.

Gab es irgendwelche Hemmungen dabei? Man kannte keine; denn es war die Generation, die alles hinter sich hatte, die gemeinsam gezittert, geweint, gehungert und gefroren hatte. Sie verbargen nichts mehr voreinander – das kam dann später erst wieder ...

Wenn das mit den Festen und dem Frohsinn nicht immer so weiter ging, so gab es viele Gründe dafür. Diese aufzufinden, bleibe dem Leser überlassen. Es wäre ein ganz eigenes Kapitel.

Ich selbst bin froh darüber, daß ich mich noch einmal auf diese Zeit besinnen konnte. Die Zahl derer, die sich daran erinnern können, ist indessen immer kleiner geworden.

Für mich war das die schönste Zeit an dieser Schule, in der ich dann fast 40 Jahre lang Tag für Tag meine Stunden verbrachte. Unsere Devise damals lautete: Zeit spielt keine Rolle – man muß sie nur ausfüllen.

Gerd Radde

Die Fritz-Karsen-Schule im Spektrum der Berliner Schulreform*

Einleitende Vorbemerkung

Im Verlauf der Berliner Schulgeschichte sind viele Reformen erkennbar, und es erscheint durchaus gerechtfertigt, Berlin als „Stadt der Schulreformen"[1] zu bezeichnen. Unter „Schulreform" sollen – zunächst ganz allgemein – Veränderungen verstanden werden, die darauf hinwirken, „daß das traditionell zähe Schulwesen Raum hat für neue Aufgaben, die ihm durch die gesellschaftlichen und kulturellen Wandlungen der Zeit zuwachsen" (RICHTER 1969, S. 5). Die Verfechter der Groß-Berliner Schulreform von 1947/48 indessen hatten nicht nur allgemeine Korrekturen traditioneller Verhältnisse, sondern eine radikale Umgestaltung von komplexer Qualität vor Augen: den Aufbau eines Erziehungs- und Bildungssystems als Basis einer antifaschistisch-demokratischen Gesellschaft. Der Reformbeitrag der Fritz-Karsen-Schule kann dafür ein Beispiel bieten.

Die Fritz-Karsen-Schule ist heute eine der 81 öffentlichen Gesamtschulen, die im wiedervereinigten Berlin bestehen; vor vier Jahren war sie eine von 27 in Westberlin.[2] Sie liegt in Britz, einem Ortsteil des Verwaltungsbezirks Neukölln. Außer den an Gesamtschulen integrierten Klassenstufen 7 bis 10 umfaßt sie auch eine Grundstufe mit Vorklassen und eine gymnasiale Oberstufe, so daß hier die Möglichkeit eines Bildungsweges von der Lernanfängerklasse zu den Abschlüssen der Haupt- und Realschule und zum Abitur gegeben ist – ohne den üblichen Wechsel von der eigenständigen Grundschule[3], ohne das dabei fällige Probehalbjahr mit dem bekannten Rückläufer-Problem.

So gesehen steht die Fritz-Karsen-Schule in einer Reihe mit der 1968 eröffneten Walter-Gropius-Schule in der Neuköllner Großsiedlung Britz-Buckow-Rudow. Dennoch wurde sie nicht – wie diese erste Berliner Gesamtschule nach dem Zweiten Weltkrieg – im Zeichen des von Schulsenator Evers eingeleiteten bildungsreformerischen Aufbruchs der sechziger Jahre etabliert[4]. Ihre Wurzeln stecken vielmehr in der bereits angesprochenen Berliner Schulreform nach dem Zweiten Weltkrieg, und diese manifestiert sich in dem sogenannten Einheitsschulgesetz von 1948.[5] Dieses wiederum zeigt starke Parallelen zu dem Einheitsschulentwurf des „Bundes entschiedener Schulreformer" in der Weimarer Zeit. Insofern kann hier von einer Kontinuität demokratischer Schulreform gesprochen werden.

Radikale Schulreform auf Anordnung der Siegermächte

Um es vorweg zu vermerken: die Berliner Schulreform in den Jahren 1945 bis 1951[6] war eine Reform „von oben", eine mehr oder weniger verfügte Reform. Daß sie gleichwohl unabdingbar war, stand außer jedem Zweifel – gerade auch für die Kräfte, die sie auf der politisch-pädagogischen Seite der Besiegten mittrugen. Was freilich fragwürdig erschien und demzufolge kontrovers, in manchen Phasen auch polemisch, ja demagogisch diskutiert wurde, betraf den radikalen Gesamtansatz des Reformgesetzes von 1947/48; denn der leitete sich ganz überwiegend aus sozialistischen und demokratischen Grundprinzipien her, denen gewisse Kreise kritisch gegenüberstanden.

Im folgenden sei der damals gegebene Bezugsrahmen kurz skizziert. Nach dem militärischen Sieg über Hitler-Deutschland forderte das Potsdamer Abkommen der Anti-Hitler-Koalition vom 2. August 1945, daß „nazistische und militaristische Lehren" in den Schulen völlig ausgeschaltet würden, vielmehr sollte „die erfolgreiche Entfaltung demokratischer Ideen" ermöglicht werden[7]. Für die konkrete Schulpraxis gehörte dazu ein stufenmäßig gegliederter Schulaufbau — ohne Trennung nach höheren, mittleren und niederen (Volks-)Schulen, wie er dann im Mai/Juni 1946 in der sowjetisch besetzten Zone (SBZ) mit der „Demokratischen Einheitsschule" gesetzlich eingeführt wurde. Das im September 1946 fertiggestellte (und als Zook-Bericht bekannt gewordene) Plädoyer der „Amerikanischen Erziehungskommission" lief ebenfalls auf eine Reform mit ganzheitlich gestaltetem Schulaufbau hinaus, ebenso die im Juni 1947 erlassene „Direktive Nr. 54" des Alliierten Kontrollrats für Deutschland.

In der Vier-Sektoren-Stadt Berlin mußten die im Mai/Juni 1945 wieder eröffneten Volks-, Mittel- und Oberschulen indessen so lange weiterarbeiten, bis die hier als höchste Regierungsinstanz fungierende Alliierte Kommandantur ein Schulreform-Gesetz als demokratisch legitimierte Grundlage erlassen konnte. Dieses wurden 1946/47 nach Vorlagen der politischen Parteien auf parlamentarischem Wege erarbeitet, und zwar dergestalt, daß es den Zielvorgaben der Direktive Nr. 54

Fritz Hoffmann, Leiter der Fritz-Karsen Schule, erklärt den Aufbau der Einheitsschule — *Privatbesitz Hoffmann*

des Alliierten Kontrollrats in Deutschland vom Juni 1947 durchaus entsprach. Hatten schon die Schulreformer der Weimarer Zeit (wie z.B. Kurt Löwenstein) betont, daß eine „neue Schule" auch „neue Lehrer" brauche, so bekam diese Forderung jetzt in gravierender Weise erneut Aktualität und in der Schulpolitik des Berliner Magistrats hohen Vorrang. Paul Oestreich, Marie Torhorst und nicht zuletzt Ernst Wildangel sorgten im Zusammengehen mit den Reformkräften in den Bezirken für die konkrete Umsetzung eines neuen Lehrerbildungsprogramms. In Neukölln spielten dabei Dr. Karl Schröder und der Hauptschulrat Wilhelm Wittbrodt eine wichtige Rolle (siehe A. SCHIMDT in diesem Band). Was die eigentliche Schulpädagogik im Zuge dieser Reform betraf, so darf nicht übersehen werden, daß der „Sonderfall" der Vier-Mächte-Stadt Berlin auch stark auseinandergehende Auffassungen von demokratischer Schulerziehung zeitigte. Sie traten zum Beispiel bei bestimmten Formen des Klassenkampfdenkens in Schulbuchpublikationen auf, bei der Neuorientierung über den Geschichtsunterricht, bei der Regelung des Religionsunterrichts, bei der Privatschulfrage und nicht zuletzt wegen vorausgreifender Maßnahmen zum stufenweisen Aufbau einer Einheitsschule, wie sie das Hauptschulamt nach dem Beispiel der SBZ einleiten wollte[8]. Aber im ganzen konnten diese Probleme in der Balance gehalten werden – solange der Kalte Krieg nicht eskalierte.

Das Hauptstück der Berliner Schulreform war, wie gesagt, das von dem frei gewählten (Gesamt-)Berliner Parlament – der Stadtverordnetenversammlung – im November 1947 beschlossene, von der Alliierten Kommandantur im Juni 1948 als „Gesetz für Schulreform" angeordnete, dann vom Magistrat verkündete „Schulgesetz für Groß-Berlin" (KLEWITZ 1971). Es darf als die einschneidendste Reformmaßnahme in der jüngeren Schulge-

Schematischer Aufbau der „Berliner Einheitsschule", 1948
— *Schule in Berlin. Gestern und heute.* Hrsg. v. Benno Schmoldt u.a. Berlin 1989, S. 91

Legende:
G   Grundschule
PZ   Praktischer Zweig
Bf   Berufsfindungsklasse (neuntes Schuljahr)
BS   Berufsschule / Berufsfachschule
Ak   Aufbaukurse
WZ   Wissenschaftlicher Zweig

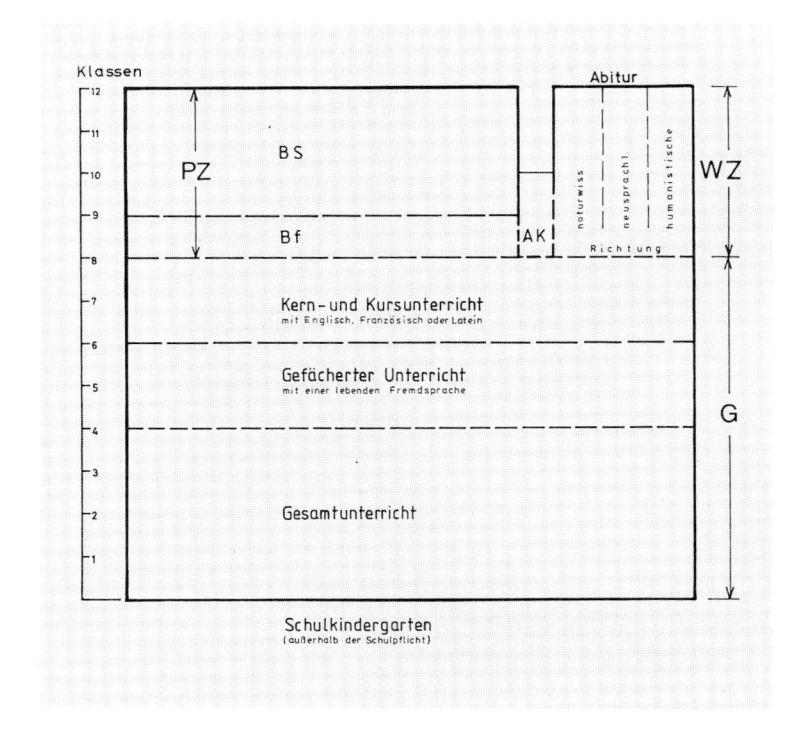

schichte Berlins bezeichnet werden. Sie stand eindeutig in der Kontinuität der Schulreform, die in der Weimarer Zeit von der demokratischen Basis ausgegangen war.[9]

Zur Kontinuitätslinie der Berliner Einheitsschule unter historisch-pädagogischem Aspekt

Der Fundamentalpunkt dieses Gesetzes lag in der Überwindung des herkömmlich schichtenspezifisch dreigliedrigen Schulsystems zugunsten eines durchlässig strukturierten, in sich differenzierten Gesamtorganismus. Er wurde mit einem ebenso schillernden wie verwaschenen, von Reformpädagogen und Schulreformern gleichwohl immer wieder verwendeten Musterbegriff als „Einheitsschule" bezeichnet.

Dieser unscharfe Terminus hat gerade in der schulpolitischen Diskussion der Berliner Nachkriegszeit zu Mißverständnissen und polemischen Kontroversen geführt. Daß es sich bei der „Einheitsschule" um ein Hauptpostulat der deutschen Lehrerbewegung und um einen konkretisierten Versuch der Berliner Schulreform in den zwanziger Jahren mit Fritz Karsen, Wilhelm Paulsen und anderen handelte, wurde zumeist geflissentlich übersehen. Seine 1946 gesetzlich fixierte Einführung in der SBZ und seine schulpolitische Verankerung durch die Sozialistische Einheitspartei Deutschlands (SED) boten sich in vordergründigem Urteil allzu leicht dazu an, die „Einheitsschule" mit dem Etikett einer „kommunistischen" Identität zu diffamieren. Über „Begriff, Idee und Ethos der Einheitsschule"[10] wurde, soweit wir sehen, in der öffentlichen wie in der pädagogischen Diskussion nur wenig bekannt. Wenn man bedenkt, daß der „Einheitsschulgedanke" bereits in der *Großen Didaktik* (Didactica magna) des Johann Amos Comenius[11] als Ausdruck der „Gleichheit aller vor Gott" aufgebracht und im Zuge der Französischen Revolution unter dem Po-

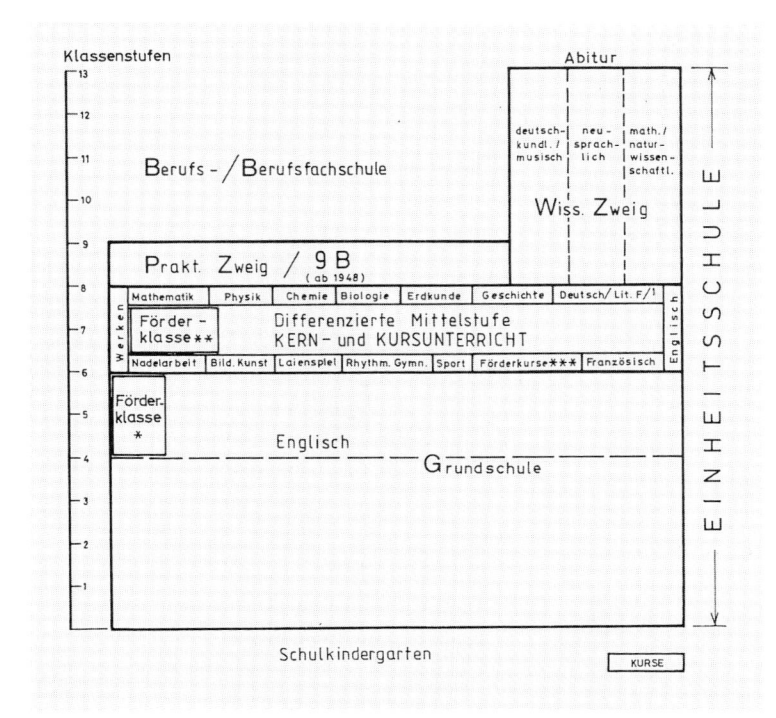

Schematischer Aufbau der Fritz-Karsen-Schule (1952-1957) — *Schule in Berlin. Gestern und heute.* Hrsg. v. Benno Schmoldt u.a. Berlin 1989, S. 99

Legende:
9B berufsfindende Klasse (neuntes Schuljahr) des prakt. Zweiges
* besonderer Klassenverband mit spezifischen Arbeitsplänen
** besonderer Klassenverband mit spezifischen Arbeitsplänen – ohne Kern- und Kursunterricht
*** Förderkurse als spezifisches Angebot im Kursunterricht für Deutsch, Englisch, Rechnen / Kurse für Deutsch in Literatur bzw. „Deutsch formal" (Grammatik/Stil, ab Klasse 8)

stulat der „Gleichheit aller vor dem Gesetz" dringlich wurde[12], dann wird zweifelsfrei deutlich, daß er nicht nur für „die Kommunisten" bzw. Sozialisten als zukunftsträchtig gegolten hat. Dem leichtfertigen Hinweis auf eine offenbar kommunistische oder marxistische Herkunft des Einheitsschulprinzips stehen weiterhin dessen deutliche Spuren bei Johann Gottlieb Fichte unter anderem als „ein liberales Chancengleichheitspostulat"[13] gegenüber, ebenso Wilhelm von Humboldts „Königsberger" und „Litauischer Schulplan", fixiert auf der Grundlage neuhumanistischer Menschenbildung. Deutliche Züge des Einheitsschulgedankens treten am Ende der Reformzeit in Preußen dann in Johann W. Süverns Gesetzentwurf „über die Verfassung des Schulwesens im preußischen Staate" (1819) auf. Auf den 100 Jahre umspannenden Bogen der weiteren Entwicklung dieses großen Gedankens von Adolph Diesterweg und Karl F. W. Wander, Johannes Tews, über Artur Buchenau und die Hauptvertreter des „Bundes entschiedener Schulreformer" bis hin zu den „Eideshelfern" der Berliner Schulreform von 1948 wie Wilhelm Blume, Walter May, Paul Oestreich, Ernst Wildangel und andere kann hier nur hingewiesen werden. Im Blick auf die Kontinuitätslinie des vielschichtigen und facettenreichen Einheitsschulgedankens sei aber noch festgehalten, daß er – wie 1945 – insbesondere in Zeiten existentieller gesellschaftspolitischer Umbrüche und Krisen virulent geworden zu sein scheint (siehe dazu STOLDT).

Zur schulpolitischen Wende durch den Abbruch des Einheitsschulsystems

Die politische Faktizität der Ost-West-Spannungen, wie sie gerade im Berliner Krisenjahr 1948 mit der Blockade und Spaltung der Stadt zum Ausdruck kam, ließ das Umsetzen der in Berlin zustandegekommenen bildungsreformerischen „Synthese zwischen Ost und West"[14] auf dauerhafter Basis nicht zu. Bereits drei Jahre später – im Mai 1951 – wurde das epochal anmutende „Gesetz für Schulreform" entscheidend novelliert und durch das „Schulgesetz für Berlin" ersetzt.[15] Das System der Einheitsschule wurde damit ohne weitere Erprobung liquidiert, die von nun an so genannte „Berliner Schule" institutionalisiert, das im Grunde schichtenspezifische dreigliedrige Schulsystem restituiert. Man könnte sagen, die im Frühjahr und Herbst 1949 mit der Gründung der beiden neuen deutschen Staaten vollzogene Teilung Deutschlands hatte ihren bildungspolitischen Tribut gefordert.

Diese im Sommer 1951 Hals über Kopf eingerichtete „Berliner Schule" zeigte zwar noch gewisse Züge eines modifizierten Status quo ante, doch den stufenförmigen, elastisch-differenzierten Gesamtcharakter hatte sie preisgeben müssen, bedingt durch eine nunmehr eigenständige, sechs Jahresklassen umfassende Grundschule, auf die eine Oberschule mit drei getrennten Zweigen folgte: Es gab den wie ein Volksschulrumpf wirkenden „praktischen Zweig" (PZ) mit den Jahresklassen 7 und 8 und der beibehaltenen 9. Berufsfindungsklasse; den „technischen Zweig" (TZ) mit den Jahresklassen 7 bis 10 und dem Abschluß der mittleren Reife (der vorherigen Mittelschule vergleichbar); den „wissenschaftlichen Zweig" (WZ), der jetzt die Jahresklassen 7 bis 13 umfaßte, aber auch im Wege der Aufbauschule (Klasse 9 bis 13) oder Aufbauklassen (11 bis 13) zum Abitur führen konnte. Mit den sogenannten Lateinklassen auf der fünften und sechsten Klassenstufe der Grundschule konnte der WZ auch fast wie ein „grundständiges" Gymnasium absolviert werden – ganz im Gegensatz zu dem WZ in der Einheitsschule, der auf die Klassenstufen 9 bis 12 reduziert war.

Ansicht der Fritz-Karsen-Schule vom Fennpfuhl aus, 1953 — *Heimatmuseum Neukölln*

Die 37./38. Schule in Britz als Einheitsschule „en miniature"

Fest steht indessen, daß jenes Gesamt-Berliner Reformgesetz von 1948 nicht bloß historisch-dokumentarisch bedeutsam geblieben ist; denn auf seiner Grundlage wurde die 1956 so benannte Fritz-Karsen-Schule in den fünfziger Jahren als erste öffentliche Einheitsschule Deutschlands gestaltet, gleichsam als Miniaturausgabe des in Berlin (West) abgeschafften Gesamtsystems[16]. Sie war nach wie vor dadurch definiert, daß sie in einem differenzierten Schulorganismus mit den Klassenstufen 1 bis 13 Kindern und Jugendlichen beider Geschlechter, mit unterschiedlichen Begabungen, verschiedenen Bekenntnissen und Weltanschauungen, aus allen gesellschaftlichen Schichten individuell zu erprobende Bildungsgänge offenhielt.

Wie schwierig es war, immer wieder verantwortbare Wege zwischen den gesellschafts- und bildungspolitischen Anforderungen und den schulimmanenten Fragen zu finden, zeigt ein Blick auf die Frühphase der Gründungsgeschichte. Im Jahr 1948 hatte Fritz Hoffmann die damalige 37./38. Volksschule an der Britzer Chausseestraße (heute Britzer Damm) als Schulleiter übernommen. Formell gesehen hatte er sie in eine 8 Jahresklassen umfassende Grundschule mit angegliederter 9. Berufsfindungsklasse gemäß dem Einheitsschulgesetz für Groß-Berlin umzuwandeln (KLEWITZ 1971). Insbesondere galt es, für alle Kinder von der 5. Klassenstufe an Englischunterricht einzurichten und für Fachunterricht in Algebra, Physik und Biologie auf den Klassenstufen 7 und 8 zu sorgen; den Aufbau einer „elastischen Mittelstufe" (7./8. Klasse mit Kern- und Kursunterricht) vorzubereiten; das 9. Schuljahr – als Abschluß des allgemeinen Schulbesuchs wie auch als Übergang in die Berufswelt geplant – sobald wie möglich zu eröffnen; die Gedanken der Schülermitverantwortung und der Elternausschußarbeit in konkrete Bahnen zu bringen, – um nur

Festveranstaltung an der Fritz-Karsen-Schule, vermutlich zur Eröffnung des Neubaus für die Grundschule; Bezirksbürgermeister Kurt Exner (im hellen Mantel), rechts daneben Schulleiter Fritz Hoffmann — *Heimatmuseum Neukölln*

die Hauptakzente des Neubeginns im Sinne der Berliner Schulreform nach dem Zweiten Weltkrieg zu erwähnen. Dabei folgten die schul- und unterrichtsorganisatorischen Reformen, die einerseits einem Niveauverlust bei der Integration der Schularten entgegenwirken, andererseits bessere Bildung für das Gros der Schülerschaft sichern sollten, zunächst einmal dem Buchstaben des Gesetzes. Hoffmann stand voll dahinter; aber er hatte auch weitergedacht, verantwortungsvoll weiterdenken müssen.

Hierzu ist als bemerkenswerter Vorgang nachzutragen, daß das Neuköllner Volksbildungsamt Hoffmanns Start an der 37./38. Schule mit dem erwartungsvollen Auftrag verknüpft hatte, die vom Gesetz intendierte „neue Schule" dort versuchsweise auch „von innen her" zu gestalten, das Reformgesetz gleichsam seinem Geiste nach wirksam werden zu lassen. Schon vor der Gesetzesverabschiedung im November 1947 – Hoffmann war damals an einer Barackenschule am Neuköllner Krankenhaus tätig – ging er an die soziologisch-pädagogische Analyse der Schulsituation im Britzer Raum. Seine Reflexionen über die trostlose Realität der Nachkriegsgesellschaft im Erbgang der Hitlerherrschaft ließen keinen Zweifel an der Priorität pädagogisch-humaner Kriterien, wenn Unterricht und Schulleben so gestaltet werden sollten, daß die in der Gesetzespräambel gestellten Aufgaben und Ziele nicht bloßes Vorwort blieben. Immerhin war nichts weniger gefordert als die „Heranbildung von Persönlichkeiten" mit humaner, sozial-verantwortlicher Gesinnung. Den Nachwachsenden sollten „Urteilskraft, gründliches Wissen und Können" vermittelt werden, sie sollten später bereit und fähig sein, die „deutsche Lebensweise auf demokratischer und friedlicher Grundlage" umzugestalten (vgl. §1 Schulgesetz für Groß-Berlin von 1948). Dazu bedurfte es vor allem geeigneter Lehrkräfte. Auf der Grund-

Dr. Werner Bloch, ehemals Lehrer an der Schule Fritz Karsens, hält die Festansprache zur Namensgebung der Fritz-Karsen-Schule, 1956 — *Heimatmuseum Neukölln*

lage seiner pädagogischen Konzeption in der Denkschrift über *Die Schule als gesellschaftsbildende Kraft* (siehe das Dokument in diesem Band) diskutierte Hoffmann mit Neuköllner Lehrern und Lehrerinnen und gewann Gleichgesinnte zur Mitarbeit, darunter einen großen Teil des Kollegiums an der 37./38. Schule.

Neue Lehrer für die „neue Schule"

In diesem Zusammenhang ist darauf hinzuweisen, daß bereits 1946 eine inoffizielle, jedoch von Wildangel geförderte „1. Arbeitsgemeinschaft Neuköllner Hilfslehrer" entstanden war. In ihr vereinigten sich vom Januar 1946 an, mithin nach halbjährigem Besuch der obligatorischen Ausbildungskurse, zwölf bis fünfzehn ebenso motivierte wie engagierte Männer und Frauen, denen die Pflichtkurse allzu routinemäßig und wenig differenziert abliefen. Nach vertiefender geistiger Arbeit trachtend, planten und realisierten sie in eigener Regie zusätzlich Bildungsprozesse, indem sie sich zum Beispiel historische Themen wie den Hellenismus oder die Französische Revolution erschlossen, aber auch über aktuelle schulpädagogische Probleme wie „Disziplin in Schule und Unterricht" arbeitsteilig referierten. Mitunter gewannen sie auch Persönlichkeiten des Berliner Schulwesens wie Ernst Wildangel als Referenten.[17] Während der Sommerferien 1946 organisierten sie sogar auf der Insel Scharfenberg im Tegeler See, wo Wilhelm Blume seine bekannte Schulfarm wieder eröffnet hatte, ein Wochenend-Seminar über das Thema „Märchen". Bei alledem ließen sie ein hohes Maß an Selbständigkeit und Selbstverantwortung und klare Zielvorstellungen erkennen.

Einer von ihnen war Karl Frank, den Fritz Hoffmann für seine „neue Schule" in Britz gewinnen konnte. Als weitere, durch Hoffmanns Einfluß in der Neuköllner Lehrerbildung hinzugetretene, reformpädagogisch

Karl Frank (geb. 1907), Werklehrer an der Fritz-Karsen-Schule — *Privatbesitz Frank*

Ernestine Schmolke in der Filiale der Fritz-Karsen-Schule (Backbergstraße), 1957 — *Heimatmuseum Neukölln*

wirkende Kräfte seien zum Beispiel auch Herta Hielscher, Ernestine Schmolke und Fritz Thilo genannt. Zu den „neuen Lehrern" an der Britzer Einheitsschule zählte später auch der Kunsterzieher Gerd Otto. Er wirkte eher im stillen, hatte aber großen Anteil an der Integration der Kräfte im Kollegium wie in der Schülerschaft.

Die Hauptakzente des Unterrichts an der Britzer Versuchsschule lagen zunächst im Bereich der Erlebnis- und Ausdruckspädagogik. Sie konnte durch Hoffmanns fundiertes didaktisches Repertoire aus dem Umfeld Adolf Jensens an der Neuköllner Rütli-Schule (siehe Band 1) entfaltet werden. Auf dieser Kontinuitätslinie sind auch innerkollegiale Arbeitsgemeinschaften mit Hospitationen und eigenen Stundenbeiträgen zu sehen. So wurden der freie Aufsatz, vielseitige Lektüre, ausgewählte Dichtung und darstellendes Spiel; Malen, Zeichnen, bildnerisches Gestalten; Singen, Musizieren und rhythmische Gymnastik an der 37./38. Schule in Britz mehr als anderswo zu stilbildenden Elementen. Eine derartige Schulpädagogik war permanent von Prinzipien der Arbeitsschule durchdrungen. Einen deutlichen Beleg dafür bot das projektartig gestaltete große Schulspiel.[18]

Auf eigenständiges Handeln war aber auch der Unterricht in den „neuen" Fächern des naturwissenschaftlichen Bereichs ausgerich-

Titelbild einer Eintrittskarte für das Schultheater, Fritz-Karsen-Schule — *Privatbesitz Michael*

Fritz Thilo (vorn) und Fritz Blümel im Chemie-Labor der Fritz-Karsen-Schule — *Privatbesitz Thilo*

Kunstlehrer Gerd Otto im Zeichenraum der Fritz-Karsen-Schule, 1963 — *Heimatmuseum Neukölln*

tet. Er blieb nicht nur ergänzender Ausgleich, sondern eröffnete auch Möglichkeiten für „produktive Könner". Insbesondere auf der elastischen Mittelstufe wirkte er in den fünfziger Jahren so motivierend, daß eine beträchtliche Anzahl von Jungen und Mädchen zu richtungweisenden Schwerpunkten auf ihrem weiteren Bildungsweg fanden. Zusammenfassend kann als Ergebnis der frühen Versuchsphase zwischen 1948 und 1951 festgehalten werden: Eine lebensnahe, auf den Menschen konzentrierte Pädagogik ohne irgendeine politische Indoktrination ließ das Gegenbild von einer bloßen Unterrichts- und Lernanstalt entstehen. Auffällig war die rege „Leistungsbereitschaft" aller Beteiligten; sie zeitigte Resultate, auf denen aufgebaut werden konnte.

Dem engagierten Kollegium war es gelungen, viele Eltern zu Mitdenkenden und Mit-

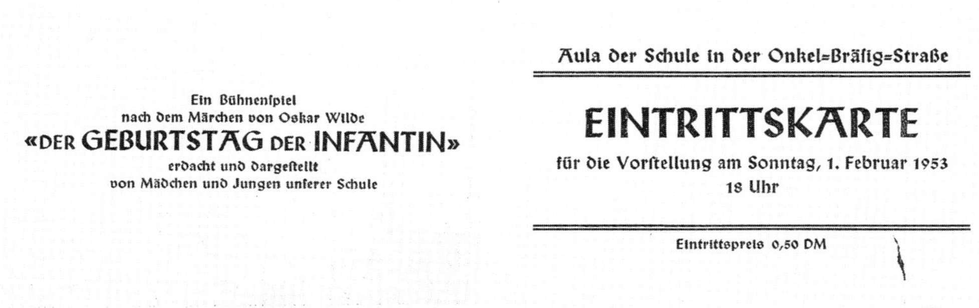

Eintrittskarte für das Schultheater, Fritz-Karsen-Schule — *Privatbesitz Michael*

Ein Bühnenspiel
nach dem Märchen von Oskar Wilde
«DER GEBURTSTAG DER INFANTIN»
erdacht und dargestellt
von Mädchen und Jungen unserer Schule

Aula der Schule in der Onkel=Bräsig=Straße

EINTRITTSKARTE
für die Vorstellung am Sonntag, 1. Februar 1953
18 Uhr

Eintrittspreis 0,50 DM

Eine 8. Klasse der Fritz-Karsen-Schule besichtigt das Eternit-Werk in Berlin-Rudow, 1956/57 — *Privatbesitz Radde*

handelnden zu machen. Sie waren in steigendem Maße pädagogisch interessiert, ihre Vorstellungen von der neuen Schule wurden konkreter, und ein großer Teil von ihnen verknüpfte gewisse Erwartungen und Hoffnungen in bezug auf die Entwicklung des eigenen Kindes mit der Entwicklung der Schule.

Hinzu kamen in dieser Elternschaft gesellschaftspolitische Erwartungen, die von denen der Einheitsschulgegner erheblich abwichen. Der weitaus größte Teil der Britzer Eltern strebte die sozial gerichtete Demokratie an, hielt es für notwendig, Demokratie als Lebensform in der Schule propädeutisch zu vermitteln – und erwartete dies eben von einer pädagogisch durchdrungenen Einheitsschule.

Das Britzer Postulat: Kontinuität statt Abbruch!

Nach der großen Debatte über die Änderung des Schulgesetzes am 5. April 1951 im Berliner Abgeordnetenhaus sah sich die Elternschaft der 37./38. Schule in hohem Grade alarmiert: die Einheitsschule sollte auf Landesebene beseitigt werde, jetzt drohte der Abbruch der von Fritz Hoffmann in Gang gebrachten „neuen Schule". In vielen Klassenelternversammlungen kam die sogenannte Schulnovelle zur Sprache. Ausgiebig diskutiert wurde sie am 2. Mai in einer besonderen Versammlung für die Eltern, deren Kinder jetzt 6. bzw. 7. Klassen besuchten. Diese Elterngruppe war ja insofern zuerst betroffen, als sie ihre Kinder für einen der drei neuen Oberschulzweige anmelden sollte. Damit aber hatte sie letztlich auch über das Schicksal der Schule zu befinden. Sie entschied sich mit einem eindrucksvollen Resultat. Von 237 Eltern meldeten 198 ihre Kinder zum Verbleiben in den zukünftigen 7. und 8. Klassen ihrer Schule, nur 39 wünschten den Wechsel auf einen der erwähnten neuen Oberschulzweige. Der Elternausschuß machte sich ebenfalls am 2. Mai diese Option einstimmig zu eigen und stellte den entsprechenden Antrag. Das

Eine 8. Klasse der Fritz-Karsen-Schule im Eternit-Werk zu Gast, 1956/57 — *Privatbesitz Radde*

starke Votum für das Weiterbestehen der Schule – mit dem inzwischen eingerichteten Kursunterricht – wurde dann in der Gesamtelternversammlung am 10. Mai bekräftigt. Hier entschieden sich 460 Eltern für die Fortführung der Schule, 12 stimmten dagegen.[19] Als Hauptmotiv nannte der Antrag, daß die Eltern die Unterrichts- und Erziehungsarbeit der 37./38. Schule in der bisherigen Art fortgeführt wissen wollten; dabei wurde die Bedeutung der gewachsenen Klassengemeinschaft für die Pubertätszeit betont. Als weiterer wichtiger Grund wurde angeführt, daß die Kinder im Kursunterricht der 7. und 8. Klassenstufe ihre Neigungen und Eignungen selbst überprüfen sollten, um eigene Kriterien für den weiteren Bildungsweg zu gewinnen.

Das Lehrerkollegium hatte erstmals am 16. April über die zu erwartende Schulnovelle diskutiert, als es von einer ablehnenden Entschließung der Neuköllner Schulleiterkonferenz in Kenntnis gesetzt wurde. Der erwähnte Antrag an den Senator, eine „Schule besonderer pädagogischer Prägung" als Versuchsschule gemäß §3a des „Schulgesetz(es) für Berlin" zu genehmigen, konnte aber erst in der Konferenz am 28. Mai 1951 diskutiert werden. Das Kollegium wollte sich der neuen Aufgabe stellen; aber man erkannte sehr wohl die Unwägbarkeiten bei diesem zweiten, risikoreichen Ansatz im Vergleich zur Ausgangssituation von 1948. Ein kleiner Teil sah denn auch wichtige Gründe, erst einmal abzuwarten. Dennoch: der mit guter Mehrheit gefaßte Beschluß, die weiterführende Versuchsarbeit gemeinsam mit der Elternschaft anzupacken, konnte den damals stellvertretend zuständigen Bezirksstadtrat Joachim Lipschitz jetzt zum sofortigen Handeln veranlassen.

In vollem Einverständnis mit dem Bezirksbürgermeister Kurt Exner brachte er ein in der Berliner Schulgeschichte exzeptionell erscheinendes Vorhaben auf den offiziellen Weg. Fritz Hoffmanns persönlicher Vortrag

Lehrer Fritz Blümel mit Schülern beim Wandern, Fritz-Karsen-Schule, 1966 — *Heimatmuseum Neukölln*

in der Senatsverwaltung folgt, der Erziehungsbeirat stimmt zu, der asynchrone Antrag ist genehmigt: Mit dem Datum des 5. Juli 1951 wird die vormalige 37./38. Schule gemäß §3a des (revidierten!) Schulgesetzes „Schule besonderer pädagogischer Prägung" und damit zugleich „Versuchsschule". Sie führt jetzt die Bezeichnung „Einheitsschule in Berlin-Neukölln".

Fritz Hoffmann und sein Kollegium mußten ihre Arbeit bei ungesicherten Verhältnissen beginnen. Wiederum galt es, gemeinsam mit der Elternschaft, den Weg zwischen Reform und Realität zu finden. Dabei mußte man sich sozusagen mit systemimmanenten Antinomien auseinandersetzen; denn es ging doch darum, den jetzt nicht mehr allgemein geltenden Paragraphen 20 des Einheitsschulgesetzes gleichwohl im Rahmen der Vorschriften des neuen „Schulgesetz(es) für Berlin" zu verwirklichen. Wenn das dennoch gelang – sieht man einmal von einzelnen Fällen „mit Sand im Getriebe" ab –, so lassen sich vielleicht drei Hauptgründe dafür nennen. Zum einen galt der grundlegende §1 des Einheitsschulgesetzes im wesentlichen nach wie vor weiter, und der bot Ermessensspielraum, den Fritz Hoffmann ebenso wie die WZ-Kollegen Fritz Blümel und Dr. Walter Dornfeldt wie auch leitende Senatsbeamte ausschöpfen konnten – und zu nutzen wußten, wenn es um tragende Argumente für reformerische Intentionen ging, etwa bei der Genehmigung des „deutschkundlich-musischen" Zuges, der dann erst aufgrund von KMK-Regelungen auf bundesrepublikanischer Ebene zurückgenommen werden mußte. Zweitens blieb die „Berliner Schule" ihrerseits nicht im restaurativen Fahrwasser stecken. Ihre inneren Reformen und Innovationen boten sich auch für die Fritz-Karsen-Schule an. So kam es zum Beispiel zur Kooperation mit der Kurt-Löwenstein-Schule bei den Schulversuchen zur Verlängerung der Pflichtschulzeit.[20] Drittens endlich blieb die Fritz-Karsen-Schule nicht auf der 1948 gegebenen schulorganisa-

Dr. Walter Dornfeldt mit seiner letzten Klasse an der Fritz-Karsen-Schule, 1959 — *Privatbesitz Dornfeldt*

torischen Grundlage haften, wenn schulimmanente, problematische Erfahrungen zu Modifikationen aufforderten. Ein wichtiges Beispiel dafür ist mit den 1963 eingerichteten Klassen 9C/10C gegeben, die einen im alten Gesetz gar nicht vorgesehenen „mittleren Schulabschluß" boten.

Doch zurück zur Aufgabe des eigenständigen Neuanfangs. Bei dieser Gesamtlage konzentrierte sich der Neuanfang in Britz zunächst darauf, einen funktionsfähigen „elastischen Mittelbau" einzurichten; denn alle Schüler und Schülerinnen sollten ja in der Weise „versorgt" sein, daß sie nach der 8. Klassenstufe in den PZ übergehen bzw. in den WZ eintreten konnten. Bei dieser didakti-

Lehrer Radde in seiner 7. Klasse, Fritz-Karsen-Schule, 1955/56 — *Privatbesitz Radde*

Diese Gedenktafel am Hauptgebäude der Fritz-Karsen-Schule wurde im September 1988, 24 Jahre nach Fritz Hoffmanns Eintritt in den Ruhestand, in einer Feierstunde enthüllt. Der Neuköllner Bezirksstadtrat für Volksbildung Jürgen Colell, Oberstudiendirektor Werner Hinkel und der Vorsitzende des Vereins der „Freunde der Fritz-Karsen-Schule" Manfred Klamet hielten die Ansprachen. —
Heimatmuseum Neukölln

schen Vorgabe wurde sehr deutlich, „daß der leitende Gedanke der Integration nicht absolut gesetzt war, vielmehr erst durch den dialektischen Gegengedanken der Differenzierung realisiert werden sollte".[21] Der PZ war zunächst nur in Gestalt der 9. (Berufsfindungs-)Klasse vorhanden, der WZ überhaupt noch nicht. Hier konnte der Unterricht erst zu Ostern 1952 einsetzen. Das geschah dann mit zwei 9. Klassen. Die eine – mit dem Klassenlehrer Otto Ketelhut – setzte sich aus Mädchen und Jungen der bisherigen 37. / 38. Schule zusammen, darunter solchen, die nicht auf die Aufbauschule an der IV. OWZ (später Ernst-Abbe-Schule) übergehen mochten. Die zweite WZ-Klasse kam zustande, indem Fritz Blümel den größten Teil seiner Mädchenklasse aus einem Neuköllner Praktischen Zweig nach Britz mitbrachte.

Durch Blümel, der seine Reifeprüfung auf der Schulfarm Insel Scharfenberg abgelegt und dort auch als Referendar mitgearbeitet hatte, gelangten Grundgedanken der Pädagogik Wilhelm Blumes in die Britzer Einheitsschule, wie denn auch Blume mit den Britzern enge pädagogische Kontakte pflegte. Ein anderes pädagogisches Erbe gelangte aus Fritz Karsens Neuköllner Versuchsschule durch die Kollegen Dr. Walter Dornfeldt und Karl Frank in die neue Einheitsschule, während Hoffmann und Fritz Thilo wichtige didaktische Inhalte der Rütli-Schule aus dem Umfeld von Adolf Jensen, Herbert Busse und Alfred Jung zum Tragen brachten.

Wie sich die Arbeit am wissenschaftlichen Zweig der Britzer Einheitsschule gestaltete, hat der Historiker und Altphilologe Herbert Mitzka problemorientiert gewürdigt.[22] Mitzka spricht auch die bisweilen auffällige Frontstellung zwischen „reformpädagogischer" und „philologischer" Einstellung an und zeigt – im Zusammenhang damit – das Konterkarieren des Hoffmannschen Postulats einer „bruchlosen Erziehung". – Wilhelm Blumes Weg aus dem Dilemma wäre gewesen, den pädagogisch und fachlich vorgebildeten Leh-

Oberstudiendirektor Werner Hinkel, Frau Elsbeth Hoffmann, Jürgen Colell und Manfred Klamet, 1988 — *Privatbesitz Radde*

rer ein weiterführendes Fachstudium absolvieren zu lassen. Ein derartig vorgebildeter Pädagoge hätte gut in sein Konzept für die Neugestaltung des 13. Schuljahres gepaßt, das er an der Fritz-Karsen-Schule gern praktisch erprobt gesehen hätte, und zwar zusammen mit Fritz Blümel und Dr. Gerhard Frühbrodt, dem Mitverfasser dieses ausführlich gestalteten Reformplans[23]. Er war mit dem Landesschulrat Carl-Heinz Evers und Dr. Johannes Dietrich in der Senatsverwaltung, auch im Neuköllner Schulamt mit Schulrat Albert Held und natürlich an der Fritz-Karsen-Schule selbst diskutiert worden: eine neue Form des Abschlusses in der 13. Klasse sollte erprobt werden, war auch in den Jahren 1961 bis 1963 bereits auf gutem Wege, blieb aber schließlich doch ein Desiderat.

Die Britzer Einheitsschule wurde von Carl-Heinz Evers als Landesschulrat bzw. Senator für Schulwesen geschätzt[24]. Dennoch konnte *seine* „neue Schule aus allgemein- und bildungspolitischen Erwägungen nicht an die Konzeption der Einheitsschule anknüpfen ..." (FÜSSI / KUBINA, S. 266). So wurde denn – umgekehrt – die Fritz-Karsen-Schule 1970 offiziell zur Gesamtschule erklärt und dahingehend umgestaltet.

Anmerkungen

* Dieser Beitrag lehnt sich an die Aufsätze in den Sammelbänden von B. Schmoldt (Hrsg.): *Schule in Berlin gestern und heute*. Berlin 1989 und H. Fedke, G. Radde (Hrsg.): *Berliner Schule zwischen Reform und Realität*. Berlin 1991 an.

1 Vgl. W. Richter: *Berlin als Stadt der Schulreformen. Von Karl Friedrich Kloeden bis zu Wilhelm Blume*. Vortrag im Verein für die Geschichte Berlins am 10. 6. 1969 (unveröffentlicht), sowie die Einführung zu seinem Buch *Berliner Schulgeschichte*. Berlin 1981. – S. auch *Berlin und pädagogische Reformen. Brennpunkte der individuellen und historischen Entwicklung*. Hrsg. von E. K. Beller. Berlin 1992

2 Nach dem Stand von 1989 siehe G. Wedel: *Berliner Schulalmanach. Verzeichnis aller öffentlichen allgemeinbildenden Schulen in Berlin (West) 1952-1982*. Materialien und Studien zur Geschichte der Berliner Schule, Bd. 10. Hohengehren 1993; die genannte Anzahl der Gesamtschulen im Juli 1993 hat der Leitende Oberschulrat W. Seiring mitgeteilt (28 im West- und 53 im Ostteil der Stadt).

3 Die Grundschule als eigenständige Schulart umfaßt im Rahmen der „Berliner Schule" seit 1951 die Klassenstufen 1 bis 6. Dementsprechend hat auch die „Grundstufe" der Fritz-Karsen-Schule 6 Klassenstufen.

4 Vgl. K.H. Füssl, Chr. Kubina: *Berliner Schule zwischen Restauration und Innovation. Zielkonflikte um das Berliner Schulwesen 1951-1968*. Studien zur Bildungsreform, Bd. 9. Frankfurt am Main / Bern 1983, S. 266ff., S. 300ff. — S. auch die Beiträge von P. Gaude, B. Kath und W. Seiring in diesem Band.

5 Hierzu F. Hoffmann: Die Fritz-Karsen-Schule in Berlin-Neukölln. — *Die Deutsche Schule* (1960) H.3, 151f.

6 M. Klewitz: *Berliner Einheitsschule 1945-1951*. Berlin 1971

7 *Zwischen Krieg und Frieden*. Berlin 1946, S. 74

8 M. Klewitz: Berliner Schule unter Viermächtekontrolle. — *Zeitschrift für Pädagogik* 23 (1977) H.4, 573ff.

9 Siehe dazu Band 1, S. 175-187, sowie G. Radde: Kontinuität und Abbruch demokratischer Schulreform. — *Jahrbuch für Pädagogik* 1993, S. 29-51

10 H. Stoldt: Begriff, Idee und Ethos der Einheitsschule. — *Die Sammlung* (1947), 313-324

11 A. Flitner: *Große Didaktik*. München 2. Aufl. 1960

12 H. Sienknecht: *Der Einheitsschulgedanke. Geschichtliche Entwicklung und gegenwärtige Problematik*. Weinheim / Berlin 1968, S. 17 u. 27

13 D. Oppermann: *Gesellschaftsreform und Einheitsschulgedanke. Zu den Wechselwirkungen politischer Motivation und pädagogischer Zielsetzungen in der Geschichte des Einheitsschulgedankens*. Frankfurt am Main 1982, S. 86

14 L. Froese (Hrsg.): *Bildungspolitik und Bildungsreform. Amtliche Texte und Dokumente zur Bildungspolitik im Deutschland der Besatzungszonen, der Bundesrepublik Deutschland und der Deutschen Demokratischen Republik*. München 1969, S. 34

15 Hierzu C. A. Werner: *Das Schulgesetz für Berlin*. Berlin / Köln 1954, S. 3. – Das „Gesetz zur Änderung des Schulgesetzes für Berlin" (die Novelle) wurde am 10. Mai 1951 vom Berliner Abgeordnetenhaus beschlossen. Hierzu Dienstblatt des Senats von Berlin Teil III, Volksbildung, Nr. 31 / 1951, S. 29

16 Vgl. F. Hoffmann: Durch die Einheitsschule zum Abitur. — *Berliner Lehrerzeitung*, Nr. 21 (1957), 450

17 Vgl. Protokoll der „1. Arbeitsgemeinschaft Neuköllner Hilfslehrer" vom 18. 4. 1946

18 F. Hoffmann: Feiergestaltung im Dienste der Schulerneuerung (zus. mit H. Hielscher, E. Schmolke, E. Kühnel, K. Frank, Böttcher). — *Pädagogische Blätter*, Nr. 1/2 (1950), 22-29; ders.: Schulaufführungen in der Fritz-Karsen-Schule. — *Pädagogische Blätter*, (1956) H.13 / 14, 209-212; H.-G. Otto: Das Bild im dramatischen Spiel. — *Pädagogische Blätter*, (1956) H.13/14

19 Vgl. den Antrag auf Genehmigung einer Schule besonderer pädagogischer Prägung vom 21. 5. 1951, den der Elternausschuß gemeinsam mit dem Schulleiter stellte.

20 Vgl. E. Klein: Unterricht auf der Grundlage selbsttätigen Werkens und Wirkens. – *Die Deutsche Schule* (1961) H.9

21 G. Radde: Zum Kern- und Kursunterricht auf der differenzierten Mittelstufe an der Fritz-Karsen-Schule in Berlin (West). — W. Keim (Hrsg.): *Kursunterricht – Begründung, Modelle, Erfahrungen*. Darmstadt 1987, S.295f. Dort auch weitere Ausführungen über die pädagogisch-didaktischen Zielvorstellungen und die konkreten Resultate im Kern- und Kursunterricht an der Fritz-Karsen-Schule.

22 H. Mitzka: *Der Wissenschaftliche Zweig an der Fritz-Karsen-Schule in Berlin-Neukölln in den Jahren 1952 bis 1965. Ein Beitrag zur Geschichte der Einheitsschule*. 3. Aufl. Einshausen 1987

23 W. Blume, G. Frühbrodt: *Das Dreizehnte Schuljahr. 7 Kapitel zu seiner Problematik und praktischen Gestaltung* (Schriftenreihe der pädagogischen Arbeitsstelle, hrsg. von Franz Hilker, H.4). Wiesbaden 1955

24 „Der Senator zum Ausscheiden von Fritz Hoffmann" — *Berliner Lehrerzeitung*, Nr. 8 (1964), 187. Es handelt sich um ein persönliches Schreiben von C.-H. Evers zum 26. März 1964 an den Leiter der Fritz-Karsen-Schule, Oberstudiendirektor Fritz Hoffmann, der mit Ablauf des Schuljahres 1963 / 64 in den Ruhestand trat. – G. Radde: Das „Gesetz für Schulreform" und seine Realisierung an der Fritz-Karsen-Schule. — B. Schmoldt (Hrsg.): *Schule in Berlin gestern und heute*. Berlin 1989, S. 87-108; ders.: Die Fritz-Karsen-Schule zwischen Reform und Realität. — H. Fedke, G. Radde (Hrsg.): *Berliner Schule zwischen Reform und Realität*. Berlin 1991

Dokument 2   Adolf Jensen

Pädagogische These

Ich kenne das heillos verbreitete Bedürfnis nicht mehr, auf meine Schüler und Mitmenschen zweckgerichtet einwirken zu wollen.

Die „Zwecke" – einmal alles Negative: zu schelten, zu strafen, zu prügeln; zum anderen alles Positive: zu belehren, zu bessern, zu begeistern; oder gar bestimmte politische und konfessionelle Richtungen zu verfolgen bis zum Haß gegen Andersdenkende –, diese Zwecksetzungen alle fehlen in meinem Bewußtsein.

Solche Zwecksetzungen hatte die Pädagogik der letzten hundert Jahre mit gewissen literarischen Erzeugnissen gemeinsam, die patriotische, moralische oder dogmatische Tendenzen obenan stellten.

Die Erziehung geht für mich nicht von irgendeinem außerhalb liegenden Zweck aus. Die Zwecke, denen ein Mensch folgt, liegen allein in seiner Anlage, Konstitution und Begabung, in seinen natürlichen Entwicklungsmöglichkeiten. Jedes Individuum ist von einem unbändigen und unablässigen Schaffensdrang beseelt, und zwar so – das ist eine meiner wertvollsten und hundertfach bestätigten Erfahrungen –, daß die Jugend nur sich selber zu Lust und Leid arbeitet und – wenn man will – der Schule zum Ruhm, aber für niemand sonst.

Warum Schüler, die ohne Zwang und Drill heranwachsen, in ihrem Ausdruck, in ihrer geistigen Existenz einen so starken Eindruck machen?

Weil es ihnen ganz fern liegt, Eindruck machen zu wollen. Darum sind „Eindruckmachen" und „Ausdruckverleihen" zwei seelische Haltungen, die sich gegenseitig ausschließen. Fast alle beabsichtigten Wirkungen bleiben meist ohne Eindruck. Am besten beweisen das die Halbstarken.

Daß ich mit einer zweckfreien Erziehung ein klar erkanntes Ziel vor Augen hatte, beweist mein Lebenswerk. Es ist der selbständig denkende, sich für die Gemeinschaft verantwortlich fühlende, freiheitsliebende Mensch, der sich nicht für irgendwelche von außen an ihn herangetragenen Zwecke mißbrauchen läßt.

Brief Adolf Jensens im Herbst 1957, Aurich i. Ostfr. — *Adolf Jensen. Ein Leben für die Erneuerung der Schule. Festschrift zu seinem 80. Geburtstag am 23. 1. 1958.* Hrsg. von Hugo Sieker. Hamburg 1958, S. 43.

Gudrun Wedel

Bildung für alle —
Die erste 10. Klasse für Hauptschüler

Wenige Wochen nach dem Wahlsieg der SPD im Dezember 1954 beantragte die 11. OPZ (seit 1958 Kurt-Löwenstein-Schule) in Berlin-Neukölln, eine freiwillige 10. Klasse als Schulversuch einrichten zu dürfen. Dieser Antrag löste ein jahrelanges Tauziehen um die Verlängerung der Schulzeit für Schüler der Oberschulen Praktischen Zweiges (OPZ) aus, bis schließlich die 10jährige Schulpflicht für alle Hauptschulen verbindlich eingeführt wurde.[1] Was waren die Hintergründe?

Einige Jahre vorher hatten reformpädagogisch orientierte Lehrer begonnen, in Diskussionsgruppen und Arbeitsgemeinschaften darüber zu beraten, wie sie ihre Ziele in der Schulpraxis verwirklichen könnten. Die politische Konstellation in den Jahren nach der Wahlniederlage der SPD von 1950 erlaubte es indessen nicht, pädagogische Neuerungen einzuführen. Die Einheitsschule war 1951 durch die „Berliner Schule" ersetzt worden, in der die neuen Oberschulzweige (PZ = Praktischer Zweig, TZ = Technischer Zweig, WZ = Wissenschaftlicher Zweig) „gleichwertig" sein sollten. Aber in dieser nun vertikal strukturierten „Berliner Schule" fand nach der 6. Abschlußklasse der Grundschule wieder nach traditionellem Muster eine Auslese für einen der Oberschulzweige statt. Im Vergleich zu den Oberschulen des Technischen und Wissenschaftlichen Zweiges waren die des Praktischen Zweiges sowohl räumlich als auch personell schlechter gestellt. Die OPZ sank in den folgenden Jahren zu einer „Restschule" ab und verlor beträchtlich an Ansehen.

Die restaurative Phase ging zu Ende, als die Wähler 1954 den konservativen Parteien eine Absage erteilten. SPD und CDU bildeten zusammen einen neuen Senat und schlossen auf dem Gebiet der Schulpolitik eine Art Burgfrieden. Einschneidende Reformen waren auch künftig nicht zu erwarten, aber die Benachteiligung der nichtprivilegierten Schichten sollte verringert werden. Vordringlich galt es, die Probleme der vernachlässigten OPZ zu lösen.

Schon 1955 kam es in Neukölln an der damaligen 11. OPZ in der Karlsgartenstraße zu zwei bedeutsamen Initiativen, allerdings mit unterschiedlicher Tragweite. Die erste war eine großangelegte, aber unvollendet gebliebene empirische Untersuchung zur Situation der OPZ. Die zweite und folgenschwere Initiative war der Antrag auf Einrichtung einer 10. Klasse.

Die empirische Untersuchung

Unter Leitung von Professor Paul Heimann führten die Wissenschaftler Helmut Grothe, Hans-Manfred Ledig und Herbert Sukopp von der Pädagogischen Hochschule Berlin eine Vorlaufstudie im Bezirk Neukölln durch.

Heimann setzte sich in diesen Jahren vorrangig dafür ein, die Bildungsplanung für die OPZ den Erfordernissen der Zeit anzupassen. Die Schüler des Praktischen Zweiges sollten so vorbereitet werden, „daß sie nicht überrascht werden von den stark veränderten Bedingungen der modernen Arbeitswelt, daß sie einen sinnvollen Gebrauch zu machen verstehen von dem sehr zwiespältigen Angebot einer weitgehend industrialisierten Kultur und imstande sind, sich in die sehr komplexe Welt der zwischenmenschlichen Beziehungen von heute ohne Verlust ihrer menschlichen Integrität einzuordnen."[2] Paul Heimann verfolgte mit seiner Untersuchung

Die Forschergruppe wählte die 11. OPZ aus, weil es in ihr ein engagiertes Kollegium gab, das schon seit 1954 in einer Arbeitsgemeinschaft die Grundlagen einer pädagogischen, methodischen und organisatorischen Gestaltung der „Schule der industriellen Gesellschaft" erforschte[3] und sich der geplanten Studie gegenüber aufgeschlossen zeigte.

Baustelle der Schule in der Karlsgartenstraße, im Hintergrund der Flügel der 11. OPZ, 1955 — *Heimatmuseum Neukölln*

die Absicht, Reformen an der OPZ in Gang zu setzen. Den Arbeiterbezirk Neukölln betrachtete er aus mehreren Gründen als den geeignetsten Untersuchungsort. Zum einen war zu erwarten, daß hier die Bildungssituation „der Massen" und die Probleme der OPZ besonders klar zu erkennen waren. Zum anderen zeigte sich die Schulverwaltung des Bezirks aufgeschlossen. Hinzu kam, daß Heimann zu Beginn der 30er Jahre Lehrer in Neukölln war und persönliche Beziehungen zum Neuköllner Schulrat Brinkmann hatte.

Heimann verfolgte mit seinem Projekt ein hochgestecktes Ziel. Er strebte eine Bestandsaufnahme der schulischen Situation an und wollte die Ursachen herausfinden, auf denen die Defizite des Praktischen Zweiges beruhten. Am Beispiel der 11. OPZ wollte er „Schule total" erfassen und zwar unter folgenden Gesichtspunkten: Den ersten Komplex bildete das soziale und psychische Umfeld der Schule und der Schüler, wobei hauptsächlich der Intelligenzquotient der Schüler, ihr sozialer Status und ihre „Schülerlaufbahn" untersucht werden sollten. Der zweite Komplex betraf die Lehrer, deren Vorstellungen, Verhaltensweisen und Probleme und ihren Unterricht. Weiterhin galt das Interesse dem Schulleben, wie es sich durch Umgangsstile, Rituale aber auch durch Beziehungen zur Außenwelt, zum Beispiel in den Schulferien und bei Festen, gestaltete. Schließlich war daran gedacht, Verwaltungsprobleme, beispielsweise bei der Beschaffung und beim Einsatz von Medien, zu untersuchen.

Heimann und seine Mitarbeiter begannen 1955 damit, die Daten zu erheben. Es kam jedoch nie zu einer detaillierten Auswertung und Veröffentlichung der Ergebnisse. Das lag zum einen daran, daß das methodische Instrumentarium in den Erziehungswissenschaften zum damaligen Zeitpunkt noch wenig entwickelt war. Schwerer wog indessen, daß einige Untersuchungsergebnisse die optimistischen Erwartungen, die über den Unterricht reformorientierter Lehrer vorhanden waren, enttäuschten. Es wurde zum Beispiel immer noch im frontalen Stil unterrichtet, Gruppenarbeit oder sozialorientierte Verfahren gab es nicht. Unzulänglichkeiten bei der Planung und Durchführung der Untersuchung kamen hinzu, so daß sie schließlich aufgegeben wurde und die Publikation ihrer Ergebnisse unterblieb. Das geschah nicht zuletzt aus Rücksicht auf die beteiligten Lehrer.

Aus heutiger Sicht ist es zu bedauern, daß die erhobenen Daten nicht ausgewertet wurden und sogar im Laufe der Jahre unwiederbringlich verloren gingen.[4] Sie hätten zumindest in einem kleinen Ausschnitt einen Einblick in das Schulleben einer Neuköllner Schule gegeben. Sie hätten aber auch zeigen

Der leitende Neuköllner Schulrat Herbert Werner (rechts) bei der Verabschiedung von Schulleitern am 20.3.1964 — *Bezirksarchiv Neukölln*

können, mit welchen Schwierigkeiten Lehrer zu kämpfen hatten, wenn sie neue Inhalte und Unterrichtsformen einführen wollten.

Die Initiatoren

Die Initiative zur Einrichtung einer 10. Klasse in der OPZ ging Anfang der 50er Jahre von Friedrich Weigelt und einer Gruppe von Lehrern aus dem Umkreis der Diesterweg-Hochschule aus. Weigelt übte unter anderem die Schulaufsicht über die Schulen des Praktischen Zweiges im Bezirk Neukölln aus. Er berief den Lehrer Herbert Werner 1952 zum Schulleiter der 4. OPZ (seit 1957 Thomas-Morus-Schule) und 1955 zum Rektor der neugegründeten 11. OPZ, der späteren Kurt-Löwenstein-Schule.[5] Diese OPZ bezog ein gerade erst fertiggestelltes Schulgebäude in der Karlsgartenstraße, das über moderne und gut ausgestattete Werkräume für Metall- und Holzverarbeitung verfügte.

Herbert Werners pädagogische Vorstellungen gingen auf seine Schulzeit zurück, denn er hatte 1934 an der Reformschule Fritz Karsens (siehe dazu Band 1) Abitur gemacht. Obwohl er danach eine Banklehre absolviert und das Studium der Betriebswirtschaft als Diplom-Kaufmann abgeschlossen hatte, begann er im November 1945 in einem Neuköllner Vorbereitungskurs für Schulhelfer seine Laufbahn in der Schule. 1946 trat er in den Neuköllner Schuldienst ein.

Friedrich Weigelt stand als ehemaliges Mitglied des „Bundes entschiedener Schulreformer" ebenfalls in der Tradition der Reformpädagogik und setzte sich vehement für die Einheitsschule ein[6]. 1947/48 leitete er die 49./50. Volksschule in Neukölln. Er wechselte 1949 in das Hauschulamt über, von wo aus er als Oberschulrat die Aufsicht über die in Berlin stattfindenden Schulversuche führte. 1953 erhielt er die Position eines Regierungsdirektors beim Senator für Volksbildung,

blieb aber als Referent zuständig für die Berliner Schulversuche. Diese Funktion machte es ihm möglich, seine Reformpläne weiter zu verfolgen. Als Anhänger der Einheitsschule lehnte er die Einrichtung des Technischen Zweiges, den er als „Standesschule" ansah, scharf ab. Sein Ziel war es, die OPZ soweit auszubauen, daß zunächst der Technische, später auch der Wissenschaftliche Zweig integriert werden konnten. Auf diese Weise sollte wieder eine horizontale Gliederung möglich werden, wie sie die Einheitsschule vorgesehen hatte. Allerdings konnte Weigelt seinen Plan nicht offen verfolgen, denn jeder Hinweis auf die Einheitsschule hätte angesichts der bestehenden politischen Situation seine Absicht von vornherein vereitelt.

Der politische Weg des Antrags

Im Februar 1955 beantragte die 11. OPZ die Einrichtung einer freiwilligen 10. Klasse als Schulversuch. Weigelt hatte in Vorgesprächen mit wichtigen Persönlichkeiten aus dem Bezirk Neukölln, unter anderem dem Bezirksbürgermeister Kurt Exner, den Weg geebnet, so daß der Bezirk den Antrag gutheiß und an den Senator für Volksbildung weiterleitete. Bereits Ostern 1955 richtete man in der 11. OPZ eine 9. Vorbereitungsklasse ein, so daß im folgenden Jahr die erste 10. Klasse mit 44 Schülerinnen und Schülern eröffnet werden konnte.

Komplikationen gab es bei der rechtlichen Absicherung. Die unentschiedene Haltung der Senatsverwaltung für Volksbildung, die Joachim Tiburtius (CDU) als Senator leitete, sowie mißverständliche Äußerungen führten dazu, daß Neukölln seinen Antrag zunächst einschränkte und die 10. Klasse als „Berufs-Oberschul-Klasse" etablieren wollte, wofür man die Genehmigung erhielt.

Doch der Protest von Eltern und Lehrern und eine positive Reportage im *Tagesspiegel*[7] veranlaßten Tiburtius, die 10. Klasse als Schulversuch nach § 3a des Schulgesetzes einzurichten. Das Konzept mußte allerdings zuerst vom konservativ besetzten Erziehungsbeirat begutachtet werden. Eine positive Stellungnahme war ungewiß. Sie wurde aber unter der Voraussetzung erreicht, daß nicht an die Einführung eines obligatorischen 10. Schuljahres für alle Schüler gedacht sei.

Tiburtius geriet wegen seiner Zustimmung in Konflikt mit der christdemokratischen Schulpolitik, denn in der CDU stieß eine 10. Klasse OPZ auf Ablehnung. Der Senator ließ sich aber nicht umstimmen. Er genehmigte sogar eine Ausweitung des Versuchs auf mehrere Bezirke, um bessere Vergleichsmöglichkeiten zu schaffen. Offensichtlich hatte er aber den Widerstand in seiner Partei unterschätzt. Der Senator für Finanzen, ebenfalls CDU, lehnte es nämlich ab, die erforderlichen Mittel bereitzustellen. Er begründete seine Weigerung jedoch nicht mit Etatschwierigkeiten, sondern bezweifelte die Rechtmäßigkeit des Versuchs überhaupt. Damit hatte er die Grenzen seines Ressorts und seine Kompetenzen überschritten. Überdies holte er vom Senator für Justiz (CDU) ein Gutachten ein, das seinen ablehnenden Standpunkt untermauerte.

Das konnte den Schulversuch zwar nicht verhindern, trug aber dazu bei, die weitere Entwicklung zu hemmen. Volksbildungssenator Tiburtius verhielt sich offensiv. In einem Schreiben vom März 1957 an den Senator für Justiz legte er diesem nahe, seine Auffassung zu revidieren: „Ich möchte ausdrücklich darauf hinweisen, daß ich gezwungen wäre, falls Ihr Gutachten zuträfe, das Französische Gymnasium und die beiden grundständigen altsprachlichen Gymnasien in Steglitz und Wilmersdorf zu schließen. ..."[8] Zu einer Klärung der Streitfrage kam es indessen vorerst nicht, und die Diskussion wurde weiterhin kontrovers geführt.

Im Juli 1957 brachte die Senatsverwaltung für Volksbildung eine Senatsvorlage ein, die den Schulversuch ausführlich begründete. Sie konnte sich dabei auf ein Gutachten stützen, das der „Deutsche Ausschuß für das Erziehungs- und Bildungswesen" gerade erst im März herausgegeben hatte. Er empfahl darin die Einrichtung eines zunächst freiwilligen 10. Volksschuljahres. In dieser Situation beschloß der Senat am 17. 8. 1957, daß die bestehenden Schulversuche von 10. Klassen OPZ weitergeführt werden sollten und bewilligte die notwendigen finanziellen Mittel. Trotz dieses Erfolges verzichtete Tiburtius darauf, neue 10. Klassen zu genehmigen, um weitere senatsinterne Spannungen zu vermeiden.

Erst im Wahljahr 1958 stimmte das Abgeordnetenhaus von Berlin der Einrichtung von weiteren 10. Klassen an der OPZ zu, nachdem die SPD die 10. Klasse OPZ in ihr bildungspolitisches Konzept aufgenommen und die CDU ihren Widerstand aufgegeben hatte.

1961 gab es 16 10. Klassen mit 440 Schülern in zehn Bezirken. Damit hatte sich der Schulversuch in der Praxis durchgesetzt.

Die Unterrichtspraxis

Im Unterschied zu den Schulen, die den Unterricht in den Versuchsklassen am traditionellen allgemeinbildenden Prinzip des Praktischen Zweiges orientierten, beabsichtigten die Lehrer an der Kurt-Löwenstein-Schule eine inhaltliche Neugestaltung. Ihr praxisbezogener Ansatz stellte den Projektunterricht in den Mittelpunkt und förderte situationsbezogenes und soziales Lernen. Hier ging es nicht um eine bloße Verlängerung der Schulzeit, sondern darum, die Schüler auf die Anforderungen einer sich immer schneller verändernden modernen industriellen Gesellschaft vorzubereiten.

Ziel war es demnach, praktisches Handeln mit der Verbesserung der theoretischen Fähigkeiten zu verbinden, und zwar bei Schülern, die sich als abstrakt-theoretisch unbegabt erwiesen und aufgrund sprachlicher Defizite zusätzlich benachteiligt waren. Sie sollten durch praktisches Tun motiviert und soweit gefördert werden, daß sie folgende Fertigkeiten und Fähigkeiten erlangten: Hinsichtlich der Arbeitsweise waren es Zweihänge und Rechenfertigkeit voraus. Als charakterliche Anlagen waren Umsicht, Zuverlässigkeit, Ausdauer und Verantwortungsbewußtsein zu entwickeln. (WERNER, 1963)

Der sogenannte Gesamtunterricht wurde fachübergreifend durchgeführt und trat an die Stelle von Deutsch, Rechnen, Raumlehre, Erdkunde, Geschichte und Naturwissen-

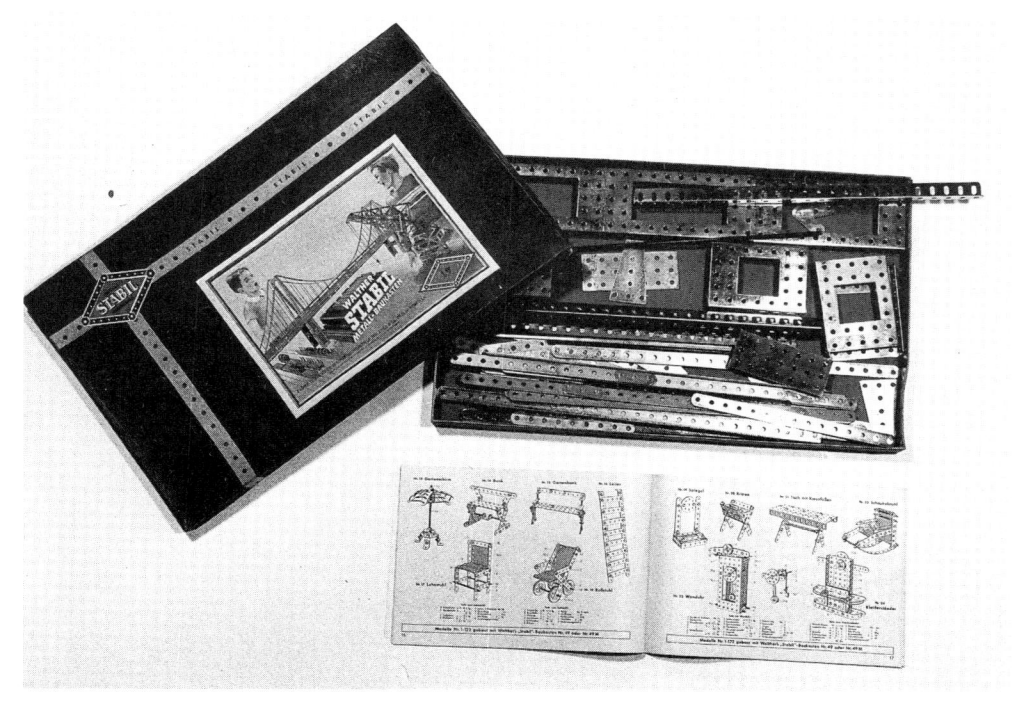

Walthers Stabil Metall-Baukasten — *Heimatmuseum Neukölln*

handfertigkeit, Organisationsvermögen, konzentrierte Arbeitsweise, schnelles Arbeitstempo, praktische Wendigkeit, Handgeschicklichkeit, Handruhe, Daueraufmerksamkeit, Reaktionsvermögen, Tastvermögen, Zielsicherheit, Genauigkeit und leichte Auffassungsgabe. In Bezug auf Formen und Gestalten ging es um Zeichenfähigkeit, Raumvorstellungsvermögen, Formensinn, Augenmaß, Farbensinn, Phantasie, Geschmack und Entwurfsgabe. Das technische Verständnis setzte das Erkennen technischer Zusammenschaft. Seinen Hauptbestandteil bildeten Projekte, die die Arbeits- und Berufssituation möglichst wirklichkeitsgetreu nachbilden sollten, um den Schülern realitätsnahe Erfahrungen zu vermitteln. Mit Hilfe von Stabilbaukästen lernten sie zum Beispiel die Funktion von Riemen und Riemenscheiben bei der Kraftübertragung kennen. Sie konnten nun selbständig einfache, individuell gestaltete Schwungmaschinen bauen, die sie zu einer „Mehrzweckdrehmaschine" und schließlich zu einer „Universaldrehmaschine" weiterentwickelten. Die Herstellung funktionsfähiger Maschinen umfaßte sämtliche Arbeitsgänge. Von der theoretischen Vorbereitung mit Hilfe von Büchern, dem Erstellen von Bauskizzen und Stücklisten über die Verwaltung der Materialausgabe, dem Montieren der Bauteile, anschließenden Belastungs- und Zuverlässigkeitsprüfungen bis zur Weiterentwicklung neuer Maschinentypen führten Mädchen und Jungen alles selbsttätig und in Einzel- und Gruppenarbeit durch. (Siehe R. ROGLER in diesem Band)

Zunehmend wichtig wurden die dreiwöchigen Berufs- und Industriepraktika, denn sie sollten Einblick in die Arbeitswelt geben und auch den Berufsfindungsprozeß der Schüler fördern. Einen Eindruck vom Arbeitsalltag vermittelte außerdem der wöchentliche „Arbeitstag" in der Schule. Lehrer wie Schüler arbeiteten acht Schulstunden lang. Es gab keine Schulpausen, sondern nur kurze Essenspausen. Für das Frühstück waren 15 Minuten vorgesehen und für die Mittagspause eine halbe Stunde, in der ein von Klassenkameraden zubereitetes Mittagessen verzehrt wurde.

Der Fachunterricht trat demgegenüber zurück. Er umfaßte im wesentlichen die Fächer Englisch, Musik und Sport sowie den Kursunterricht, in dem die Schüler zwischen verschiedenen Angeboten wählen konnten. Bedeutsam war der Werkunterricht, für den zwölf Unterrichtsstunden vorgesehen waren. Er entsprach allerdings nicht mehr dem traditionellen Verständnis vom Werken, sondern wollte ein Wissen über technische Grundfunktionen vermitteln.

Für den Erfolg dieser Unterrichtspraxis an der Kurt-Löwenstein-Schule spricht, daß die Eltern den Schulversuch positiv beurteilten und ältere Geschwister Vorbild für die jüngeren wurden, die nun auch die Klassen besonderer pädagogischer Prägung besuchen wollten.

Schüler und Lehrer

Im Unterschied zu anderen Versuchsklassen konnte an der Kurt-Löwenstein-Schule jeder Schüler, der den Wunsch äußerte und das Einverständnis seiner Eltern besaß, die 10. Klasse absolvieren.[9] Vorausgesetzt wurde lediglich der Wille zur Mitarbeit. Jeder Schüler kam zunächst in eine eigens eingerichtete 9. Vorlaufklasse.

Die Schüler der Kurt-Löwenstein-Schule stammten aus den untersten sozialen Milieus. Die meisten aus der Versuchsklasse waren schon mit der Polizei in Konflikt geraten. Mußte die erste Schulausstellung noch unter Polizeischutz abgehalten werden, erreichten es die engagierten Lehrer schon recht bald zu unterrichten, ohne daß Disziplinschwierigkeiten auftraten. (Werner, 1979)

Für die Schüler brachte das Abschlußzeugnis der 10. Klasse zwar formell keine Qualifikation, die mit der des Technischen Zweiges vergleichbar gewesen wäre. Die systematisch erfaßte Berufsaufnahme der Schulabgänger zeigte indessen, daß Industrie und Handel ihnen wohlwollend gegenüberstanden und sie teilweise den Abgängern der OTZ gleichstellten. Ferner war festzustellen, daß eine ganze Reihe von Schülern den Abschluß des Technischen Zweiges erlangte und daß ein relativ hoher Prozentsatz das Abitur nachholte, teilweise nach einer Berufsausbildung.[10]

In der Anfangsphase waren die am Versuch beteiligten Lehrer bei der Entwicklung der neuen Konzeption allein auf ihre reformerische Phantasie und ihre außerordentliche Einsatzbereitschaft angewiesen. Weder boten die wissenschaftlichen Fachdisziplinen Hilfe an, noch unternahm es die Schulverwaltung, weiterführende Richtlinien aufzustellen.

Allmählich ließ der anfängliche Schwung der Lehrer nach, denn es kostete beträchtliche Mühen, unter den Anforderungen des

Alltags neue Konzepte anzuwenden. Entmutigend wirkte sicher auch, daß der Schulversuch politisch umstritten war und zunächst wenig Aussicht auf Erfolg zu haben schien. Das schlossen die Lehrer aus dem Bildungsplan für die OPZ, der 1957 in Kraft trat. Er enthielt nur wenige, ihrer Meinung nach viel zu vage Passagen über die Ziele der 10. Klasse. (Werner, 1979)

Rückblickend sahen beteiligte Lehrer den Schulversuch an der Kurt-Löwenstein-Schule als „das Wirken einer pädagogischen Avantgarde, das allerdings um 10 bis 15 Jahre zu früh einsetzte, um von der Öffentlichkeit überhaupt verstanden und gewürdigt zu werden". (Werner, Haschke) So drohte die Senatsschulverwaltung dem Schulleiter ein Disziplinarverfahren wegen Verschwendung öffentlicher Mittel an.

Die anspruchsvollen Unterrichtsvorhaben erforderten in der Tat besondere Aufwendungen. Oft genug mußten Materialien auf unkonventionellem Wege beschafft werden. Für die Holzarbeiten im Fach Werken besorgte man zum Beispiel vom Neuköllner Gartenbauamt gefällte Linden, und es gelang, aus Offenbach Abfalleder für den Unterricht zu erhalten.

Anfang der 60er Jahre stagnierten die Schülerzahlen der Versuchsklassen. Es kam sogar zu Klassenschließungen, obwohl bei den Eltern ein großes Interesse bestand, ihren Kindern den Besuch der 10. Klasse zu ermöglichen. Das lag zum einen am allgemeinen Rückgang der Schülerzahlen und am großen Angebot von Lehrstellen. Zum anderen wechselten immer mehr Schüler vom Praktischen Zweig zu den anderen Oberschulzweigen über, um der zunehmenden Geringschätzung des PZ zu entgehen.

Einige Reformer an der Kurt-Löwenstein-Schule erhielten unterdessen zusätzlich eine neue Aufgabe. Ende 1961 nahm die Planung der großen Neubausiedlung Britz-Buckow-Rudow in Neukölln konkrete Formen an. Der in den USA lebende Architekt Walter Gropius wurde mit der Gesamtkonzeption beauftragt, zu der auch der Plan für eine Grund- und Realschule gehörte. Da Gropius nicht für einen konventionellen Schulbau zu gewinnen war, wandte sich Landesschulrat Carl-Heinz Evers an Herbert Werner, der in Neukölln die Schulaufsicht hatte und dessen Schulversuche als Leiter der Kurt-Löwenstein-Schule ihm bekannt waren. Evers bat, binnen vier Wochen eine baulich wie pädagogisch besondere Schule zu konzipieren. Werner gelang es, engagierte Pädagogen, darunter einige Lehrer der Kurt-Löwenstein-Schule, für die Planungsgruppe zu gewinnen. Anknüpfend an seine Erfahrungen als Schüler der Karl-Marx-Schule und das Modell der Fritz-Karsen-Schule in Neukölln vor Augen, entwickelte er ein Konzept, das eine Ganztagsschule vorsah, die vom Kindergarten bis zum Abitur führen sollte.

1965 legte die „Werner-Gruppe" der Senatsschulverwaltung ihr Konzept vor, das offenbar nicht den Erwartungen entsprach. 1966 wurde Herbert Werner durch Horst Mastmann abgelöst. (Siehe P. GAUDE, G. REUEL in diesem Band)

Anmerkungen

1 Die folgenden Ausführungen stützen sich im wesentlichen auf die detaillierte Untersuchung von K.-H. Füssl und Chr. Kubina: *Berliner Schule zwischen Restauration und Innovation. Zielkonflikte um das Berliner Schulwesen 1951-1968*. Studien zur Bildungsreform. Bd. 9. Frankfurt am Main/Bern 1983

2 P. Heimann: Kultursoziologische Prolegomena zu einer Bildungsplanung für Oberschulen Praktischen Zweiges. — *Berliner Lehrerzeitung* 9 (1955) Nr. 22, 550-555, hier S. 551

3 H. Werner: Schulversuch an der Kurt-Löwenstein-Schule. — U.-J. Kledzik (Hrsg.): *Die OPZ in Berlin. Ein Beitrag zur Neugestaltung der Volksschuloberstufe.* Hannover usw. 1963, S. 205-217, hier S. 205

4 Ausführlich beschreiben K.-H. Füssl, Chr. Kubina (1983) diese empirische Untersuchung, S. 188-192. Sie stützen sich hauptsächlich auf Interviews mit den beteiligten Wissenschaftlern Helmut Grothe (25. 4. 1979) und Hans-Manfred Ledig (12. 7. 1979). Nach Mitteilung von Helmut Grothe an die Verfasserin im Juni 1993 sind die schriftlichen Unterlagen dieser Untersuchung während der Auflösung der Pädagogischen Hochschule Berlin 1980 verlorengegangen. Sein Hinweis auf Rundfunkvorträge, die Heimanns späterer Assistent Wolfgang Schulz zu diesem Themenkomplex beim RIAS hielt, führte leider nicht weiter, weil die entsprechenden Tonbänder in der Zwischenzeit gelöscht wurden.

5 Interview mit Oberschulrat Herbert Werner vom 6. 2. 1979, maschinenschriftliches Manuskript, 9 Bl. — Archiv der Arbeitsstelle für die Schulgeschichte Berlins in der Freien Universität Berlin

6 Reformpädagogik und Einheitsschulgedanke in der Schulentwicklung Berlins nach dem 2. Weltkrieg. Interview mit Friedrich Weigelt, Regierungsdirektor i.R. — K.-H. Füssl, Chr. Kubina: *Zeitzeugen der Berliner Schulgeschichte (1951-1968).* Berlin 1981, S. 14-30

7 O.E.H. Becker: „Hobbies" der Kinder gehören in den Unterricht. Die zehnten Volksschulklassen in Neukölln. — *Der Tagesspiegel*, 5. Juni 1956, Nr. 3264

8 Schreiben von Senator Prof. Dr. Tiburtius an den Senator für Justiz, Dr. Kielinger, vom 7. 3. 1957 — Archiv der Arbeitsstelle für die Schulgeschichte Berlins in der Freien Universität Berlin (Kopie des Schreibens)

9 Das Bezirksamt Tiergarten war dem Neuköllner Beispiel gefolgt und hatte ebenfalls einen Antrag auf Einrichtung einer 10. Klasse gestellt. Fritz Opitz, Bezirksschulrat in Tiergarten, forderte jedoch, daß nur besonders Begabte und Bildungswillige einen Aufbauzug von der 8. bis zur 10. Klasse besuchen dürften. Siehe F. Opitz: Wie kann und muß der Oberschule Praktischen Zweiges geholfen werden? — *Berliner Lehrerzeitung* 9 (1955), 53-54

10 Interview mit Herrn (Herbert) Werner und Frau (Ingrid) Haschke vom 14. 6. 1979, maschinenschriftliches Manuskript, 5 Bl. — Archiv der Arbeitsstelle für die Schulgeschichte Berlins in der Freien Universität Berlin

Rudolf Rogler

Ein neues Schulfach –
Die Einführung der Arbeitslehre

Mitte der 60er Jahre wurden Schulmeister „mit Meisterprüfung" gesucht. Sie sollten mithelfen, das neue Schulfach „Arbeitslehre" zu entwickeln. Die Planungsgruppe für die Walter-Gropius-Gesamtschule im heutigen Ortsteil Gropiusstadt von Berlin-Neukölln wollte konzeptionelle und praktische Vorarbeiten leisten für ein zukünftiges Gesamtschulfach, das vorerst nur an den Hauptschulen eingeführt war. Eine Kontaktaufnahme mit dem Leiter der Planungsgruppe, Horst Mastmann, dem späteren Schulleiter, hat sich etwa so abgespielt: Nach einem Referat in einer SPD-Veranstaltung im Norden Berlins fragte ihn ein Baufachmann, ob man denn bei einer solchen Planung nicht auch Fachleute und Berufsschullehrer benötige. Natürlich, man suche dringend danach, war die Antwort. Es war der Einstieg von Karl-Heinz Schöttler in die Arbeit am Fach Arbeitslehre. Er kannte seinerseits den Berufsschullehrer Günter Reuel, mit dem er Basketball spielte, und aus dem Bereich Physik kam Frank Blödorn, der an der Kurt-Löwenstein-Oberschule

Auf dem Schulhof der Kurt-Löwenstein-Oberschule, um 1960 — *Heimatmuseum Neukölln*

in der Neuköllner Karlsgartenstraße unterrichtete, einer „Oberschule Praktischen Zweiges", wie ihre damalige Bezeichnung lautete, bevor sie 1967 „Hauptschule" wurde. Dort im Altstadtbereich Neuköllns, nahe der Hasenheide, hatte Jahre zuvor eine Renaissance der handwerklich orientierten Werkstattarbeit an der allgemeinbildenden Schule begonnen. Zum ersten Mal hatte dort eine Schule, die in den Jahren 1952 bis 1956 errichtet wurde, ordentliche Werkräume für die Metall- und Holzverarbeitung erhalten. Darauf wird noch einzugehen sein. Das Arbeitslehreteam der künftigen Walter-Gropius-Schule, zu dem noch Helga Schuhe und ein Werkzeugmacher sowie ein Werkmeister hinzukamen, prägte für mindestens zwei Jahrzehnte das Gesicht des neuen Faches Arbeitslehre in Berlin. Die Gruppe schaffte es mit Unterstützung aus anderen Bezirken, Standards für die zahlreichen, der Gropiusschule später folgenden Berliner Gesamtschulen zu setzen: für Ausstattung, Lehrerqualifikation, Aus- und Weiterbildung und besonders für die praktischen Arbeiten in dem neuen Fach.

Gefördert wurde die Durchsetzung des neuen Faches von der Berliner und der Neuköllner Schulverwaltung und von einflußreichen Teilen der Pädagogischen Hochschule in Berlin-Lankwitz.

Die Aktiven erkannten die Chance, zu neuen Inhalten in der allgemeinbildenden Schule zu kommen. Sie diskutierten nächtelang über den richtigen Weg und darüber, wie sie die Grundentscheidungen differenzieren und programmatisch absichern könnten. Sie machten es sich schwer mit ihrer konzeptionellen Arbeit, denn sie erfanden für professionelle Maschinen neu, was schon die von Georg Kerschensteiner geprägte Arbeitsschule Jahrzehnte vorher auf handwerklicher, nichtmechanisierter Basis betrieben hatte. Wer hatte in der Mitte der 60er Jahre schon Kenntnis von den Erfahrungen in der Weimarer Republik? Wer kannte wirklich mehr als den „Nistkasten" Kerschensteiners? Wer hatte Seyferts Buch *Arbeitskunde als Bildungsmittel zu Arbeitssinn und Arbeitsgemeinschaft* (1895) gelesen, von dem es zwar 1954 eine 12. Neuauflage gab, aber weder ein Schulfach noch eine fächerübergreifende Ausbildung, die es zur Kenntnis hätten nehmen müssen. Ebenso unbekannt blieben lange die theoretischen Schriften und Versuche aus den frühen Jahren der Sowjetunion wie auch die amerikanischen Projekttheoretiker und die Konzepte für die Schule der DDR. Stattdessen erfolgte eine starke Orientierung am sozialdemokratischen, technisch und bildungmäßig fortschrittlichen Musterland Schweden. Wer in der Planungsgruppe schwedisch konnte, war lange Zeit einflußreich als Multiplikator der Ideen aus dem Norden.

Auch die damals dezidiert sozialdemokratisch orientierte Schulverwaltung Berlins, mit Carl-Heinz Evers als Senator[1] an der Spitze,

Praktikum in den Britzer Handwerker-Lehrstätten: die Metallwerkstatt, 1959 — *Heimatmuseum Neukölln*

griff die aus Schweden kommenden Vorschläge gern auf, nahm man doch die Warnungen vor einer „Bildungkatastrophe" sehr ernst und versuchte früh, Schule auf mehr soziale Gerechtigkeit auszurichten und dem Ziel besserer Chancengleichheit mit neuen Konzepten näher zu kommen. Gleichzeitig versuchte man, mit neuen Begriffen die Phantasie anzuregen und vom stigmatisierten Begriff „Einheitsschule", der durch die DDR belastet schien, wegzukommen. Die neuen und noch strahlenden Begriffe hießen: „Schule von morgen", „Gesamtschule", „Ganztagsschule" und eben „Arbeitslehre" oder „Technisch-Naturwissenschaftliche Wirtschaftslehre" und später „Technik / Wirtschaft". Die Politik wollte neue Ziele setzen und schaffte es, Hoffnungen zu mobilisieren, wie an anderer Stelle beschrieben (siehe die Beiträge von P. GAUDE, G. REUEL; B. KATH und B. REICHARD, W. SEIRING in diesem Band). Gesamtschule und Ganztagsschule galten nach dem Sputnikschock als ein Schritt zu mehr höherer Bildung für die untere Mittelschicht der Facharbeiter und mittleren Angestellten. Der andere sollte mit der Einführung des bald unter dem Rubrum „Arbeitslehre" firmierenden neuen Schulfachs in die Stundentafel der gesamten Sekundarstufe I, der Klassen 7 bis 10, gemacht werden. Es kam allerdings an den Gesamtschulen nur zur Einführung in den Wahlpflichtunterricht. An den Gymnasien fehlt das Fach noch immer, obwohl es anfangs – den Bedürfnissen der höheren Schulen entgegenkommend – oft inhaltlich umschrieben wurde als „Technisch-Wissenschaftlicher Unterricht", der auch Teile der Wirtschaftslehre umfaßte und anfangs zumindest auch Arbeitsrecht und Verbraucherrecht mit einbeziehen konnte.

Daß die Einfügung dieses Faches in den Fächerkanon der Schule überhaupt gelang, setzte voraus, daß der Boden gut vorbereitet war. Er war es tatsächlich, denn 1964 hatte

Praktikum in den Britzer Handwerker-Lehrstätten: die Metallwerkstatt, 1959 — *Heimatmuseum Neukölln*

der „Deutsche Ausschuß", ein Vorläufer des „Bildungsrates", die Einführung des Faches Arbeitslehre für die Hauptschule empfohlen. Zwei Jahre später begann dort bereits der Unterricht in diesem Fach, und es wurde eine Kommission ins Leben gerufen, die die „Arbeitsgrundlage Fach Arbeitslehre" erarbeitete. Ihr Arbeitsergebnis wurde 1970 veröffentlicht.[2] Die Mitglieder der Kommission (siehe *Arbeitslehre*, S. 181f.) hatten maßgeblichen Anteil am neuen Konzept für die Hauptschule. Diese Arbeitsgrundlage war seit ihrem Erscheinen die entscheidende Veröffentlichung, an der die Berliner Arbeitslehre gemessen wurde, mit der sich auch die Hochschulausbildung und die Vertreter des neuen Faches an der Walter-Gropius-Schule auseinandersetzen mußten, auch wenn man hier nachdrücklicher Ziele verfolgte, die den technisch besser ausgestatteten Gesamtschulen mehr entsprachen.

Auch das Personal für das Fach mußte bereitgestellt werden. Schnell fand man für den noch nicht vorhandenen Studiengang Ersatz, was sich in einer Befragung spiegelt, die den Stand vom Januar 1971 wiedergibt (*Arbeitslehre*, S. 186f.). Danach hatten von den Lehrern, die Arbeitslehre unterrichteten, knapp 25 Prozent eine Ausbildung mit einem Examen abgeschlossen, das auch nach der Strukturreform einem der Schwerpunkte der Arbeitslehre zuzuordnen war: also Werken, Textilarbeit oder Hauswerk. Fast alle, die Arbeitslehre unterrichteten, hatten jedoch an Zusatzausbildungen teilgenommen; 130 von ihnen, nahezu ein Viertel, an Vier-Semesterkursen, die auch zu einem dem zweiten Wahlfach gleichgestellten Abschluß führen konnten. Sie fanden an der Hochschule für Bildende Künste (Werken bzw. Textilarbeit), an der Berufsfachschule in Spandau oder als Kurse der Senatsverwaltung für Schulwesen statt. Über die Hochschule für Bildende Künste war sogar noch ein Aufstieg in den Lehrerberuf ohne Abitur möglich, der von zahlreichen Praktikern verschiedenster beruflicher Herkunft genutzt wurde. Sie waren vermutlich die letzten Lehrer ohne Abitur.

Die „Lehrerbildungshochschule" — die Pädagogische Hochschule in Berlin-Lankwitz — war mit den Ausbildungsgängen Hauswerk und technisches Werken an der Ausbildung beteiligt, ohne allerdings während der Einführungszeit der Arbeitslehre allzusehr eingebunden zu sein, obgleich die informelle Neugier größer gewesen zu sein scheint als die organisatorische Parallelität der Prüfungsordnungen erkennen läßt. Erst mit der Besetzung eines Lehrstuhls für Arbeitslehre im April 1970 mit Georg Groth fiel eine Entscheidung, die in den folgenden Jahren die Richtung des neuen Faches in der Ausbildung und in der Fachliteratur entscheidend mitbestimmte. Georg Groth

So wird richtig gefeilt! Praktikum in den Britzer Handwerker-Lehrstätten, 1959 — *Heimatmuseum Neukölln*

kam vom Deutschen Institut für Fernstudien. Er war bereits 1967 von der Kommission für Arbeitslehre, dem späteren Beirat für das Fach Arbeitslehre, den Oberschulrat Ulrich-J. Kledzik leitete, eingeladen worden, an der Vorbereitung der Arbeitsgrundlage des Faches Arbeitslehre mitzuwirken. Von ihm stammen wichtige Strukturen und Formulierungen. Er gestaltete einen betriebswirtschaftlich orientierten Studiengang Arbeitslehre-Wirtschaft, wobei er erwartungsgemäß mit den „Neuköllner Praktikern" in Konflikte geraten mußte.[3]

Wird ein neues Fach in die Stundentafel aufgenommen, bedarf es auch der Zusammenarbeit mit den Interessenverbänden. Mit seltener Einmütigkeit förderten der Arbeitgeberverband und die Gewerkschaften die Konzepte der Arbeitslehre.[4] Und es bedurfte natürlich auch der Mithilfe durch die Schulverwaltung, die nicht nur Mittel, Stellen und den Lehrplan genehmigen mußte, sondern auch Unterstützung in den Hochschulen und in den Bezirken brauchte, damit zum Beispiel Versetzungen von Lehrern nach Neukölln leichter möglich wurden. In der Senatsverwaltung hielt als Oberschulrat für die Hauptschulen Ulrich-J. Kledzik alle Fäden in der Hand. Er wurde auf der bezirklichen Ebene in Neukölln von seinem Nachfolger – als er für die gesamte Mittelstufe zuständig wurde –, dem Neuköllner Schulrat Eberhard Klein, und dem Neuköllner Stadtrat für Volksbildung und Vorsitzenden der Gewerkschaft Erziehung und Wissenschaft Erich Frister unterstützt.

Die einzigen von der Einführung des neuen Faches an den Schulen wirklich „Betroffenen" waren die bereits in ihnen tätigen Lehrerinnen und Lehrer für Werken, Hauswerk und Textilarbeit. Doch vor dem Hintergrund der Furcht, als Industrieland technisch ins Hintertreffen zu kommen, gelang es, einige von ihnen zeitig in die neuen Strukturen zu integrieren. Daß andere abwartend verharr-

Bundeskanzler Adenauer zu Besuch in den Britzer Handwerker-Lehrstätten, 1959 — *Heimatmuseum Neukölln*

ten und zum Teil noch heute in dieser Haltung verblieben sind, soll nicht verschwiegen werden. Das lag zum Teil am fehlenden qualifizierten Lehrernachwuchs für das Fach und zum anderen an den frühzeitig vorgenommenen Fachraum-Festschreibungen sowie an der sich ständig verändernden Schülerpopulation in den Hauptschulen, was in hohem Maße Kräfte bindet und Veränderungen behindert. Ihre Schulen gehörten ja zu den nach damaliger Meinung – angesichts der Attraktivität künftiger Gesamtschulen – zum Absterben verurteilten Hauptschulen. Diese verloren in den folgenden Jahren tatsächlich mehr als 50 Prozent ihrer Schüler und wurden „Restschulen". Viele der zum Teil seit den 40er Jahren unterrichtenden Lehrerinnen und Lehrer hatten mit ihren Werkstücken: Handschmeichlern, Tierplastiken, Brückenkonstruktionen und ähnlichen Dingen Erfolge erzielt, und sie waren skeptisch, was die

„Überlastung" des neuen Faches mit wirtschaftlichen und gesellschaftlichen Zielen betraf. Ihre Stärke war handwerkliches oder technisches Werken, Hauswirtschaft, Textilbearbeitung und Kochen.

Das Fach Arbeitslehre mobilisierte ähnlich wie die Gesamtschule Ende der 60er und Anfang der 70er Jahre viele und vor allem starke Kräfte. In den Veranstaltungen der Pädagogischen Hochschule für das Fach Arbeitslehre trafen sich auffallend viele Studenten. Das war ein Novum an der sonst von Studentinnen dominierten Hochschule. Viele von ihnen kamen über den Zweiten Bildungsweg und hatten abgeschlossene Berufsausbildungen vorzuweisen. Ich erinnere mich an Elektriker, Einzelhandelskaufleute, einen Journalisten und eine Schneiderin. In der Zeit der Studentenbewegung war es kein Makel mehr, Lehrer werden zu wollen. Und man konnte Anerkennung finden, wenn man bekannte, daß man Arbeitslehre studiere, ein Fach, das die wenigsten kannten, das aber einen betont sozialengagierten Touch hatte. Kein Wunder, daß für manchen Absolventen die Hauptschule die erste Wahl war. Wenn mit diesen Lehrern zur Ausbildung dann die seminaristische Ausbildung nicht mehr nach den alten Modellen funktionierte, verdeckten die Seminarleiter ihre Schwächen in den großen Seminaren mit hilflosen Verweisen auf meist amerikanische lernpsychologische „Erkenntnisse" und forderten Anpassungen mit ihrer Forderung nach Taxonomien und möglichst kleinschrittigen Operationalisierungen, die von den erstrebten bildungspolitischen Zielen zugunsten einer Beobachtbarkeit von Verhalten im Unterricht abgekoppelt waren.

Vor diesem personellen Hintergrund war es nicht erstaunlich, daß schon 1970 mit dem Erscheinen des vorläufigen Lehrplans, der „Gelber Riese" oder offiziell „Arbeitsgrund-

Maßgenau ist es noch nicht! Praktikum in den Britzer Handwerker-Lehrstätten, 1959 — *Heimatmuseum Neukölln*

Einladung zu einer Ausstellung der 5. OPZ, 1967 —
Heimatmuseum Neukölln

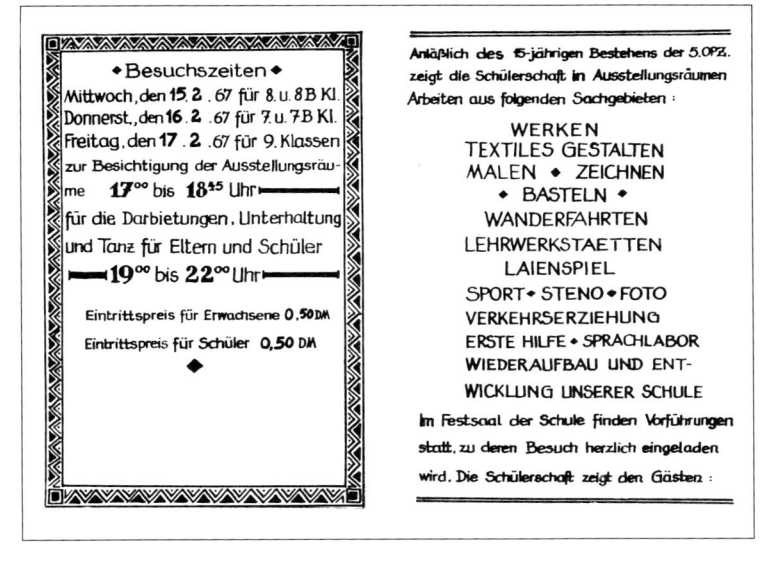

◆ Besuchszeiten ◆
Mittwoch, den 15.2 .67 für 8. u. 8B Kl.
Donnerst., den 16.2 .67 für 7. u. 7B Kl.
Freitag, den 17.2 .67 für 9. Klassen
zur Besichtigung der Ausstellungsräume 17:00 bis 18:45 Uhr
für die Darbietungen, Unterhaltung und Tanz für Eltern und Schüler
19:00 bis 22:00 Uhr
Eintrittspreis für Erwachsene 0,50 DM
Eintrittspreis für Schüler 0,50 DM
◆

Anläßlich des 15-jährigen Bestehens der 5.OPZ zeigt die Schülerschaft in Ausstellungsräumen Arbeiten aus folgenden Sachgebieten:

WERKEN
TEXTILES GESTALTEN
MALEN ◆ ZEICHNEN
◆ BASTELN ◆
WANDERFAHRTEN
LEHRWERKSTAETTEN
LAIENSPIEL
SPORT ◆ STENO ◆ FOTO
VERKEHRSERZIEHUNG
ERSTE HILFE ◆ SPRACHLABOR
WIEDERAUFBAU UND ENTWICKLUNG UNSERER SCHULE

Im Festsaal der Schule finden Vorführungen statt, zu deren Besuch herzlich eingeladen wird. Die Schülerschaft zeigt den Gästen:

lage Fach Arbeitslehre" hieß, die dort vorgenommenen Festschreibungen für die Erprobungsphase heftig diskutiert und – interessengebunden – weit interpretiert wurden. Doch trotz aller Planung und gekonnter Inszenierung der Einführung des neuen Schulfaches brach der Konflikt zwischen Praktikern und Theoretikern auf. Die Umsetzung von nur intentional erfaßten Zielen erlernten die Studenten leider meist erst im einsamen Schulalltag oder, hatten sie Glück, von den sie betreuenden Lehrerinnen und Lehrern. Zwar hatten sie in Praktikum und Didaktikum einen Vorgeschmack auf die Wirklichkeit in den Schulen erhalten, aber schon die darüber anzufertigenden Berichte erzwangen meist wieder: „Schule raus und Theorie im Seminarstil mit Fußnoten und unendlichen Literaturlisten rein". Lehrerausbildung (und Bezahlung) war „wissenschaftlich" geworden. Nun sollten es auch Fachlehrer sein. Entsprechend praxisfern blieben die meisten Lehrveranstaltungen, ja sogar später die Stundenbesprechungen mit den Seminarleitern oder im Studium mit Professoren, die beide – zumindest was die Hauptschule betrifft – beurteilten, was sie nicht kannten. Zum Glück gab es erfahrene Arbeitslehrekollegen, die, wie in meinem Fall Hans Apel von der Kurt-Löwenstein-Schule und mein Schulleiter Heinz Pluschke von der Anna-Siemsen-Schule, unendlich viel weitergaben und Defizite der Ausbildung ausgleichen konnten.

Was waren die Kernpunkte der lebendig geführten Diskussionen? In den damaligen studentischen Arbeiten dürften zwei Sätze aus dem Plan am häufigsten zitiert worden sein: „Die Schule erhält in zunehmendem Maße den Auftrag, die Heranwachsenden auf ihre Aufgaben als mündige Wirtschaftsbürger vorzubereiten, indem sie die Wirtschafts- und Arbeitswelt vom Interesse des erwerbstätigen und haushaltenden Bürgers her aufschließt." „Dieser ‚mündige Wirtschaftsbürger' ist eine Illusion!" kritisierten die einen. „Laßt uns den Plan ernst nehmen und Partei ergreifen für die erwerbstätigen und haushaltenden Bürger!" meinten die anderen, die sich für die Berufsperspektive Arbeitslehrelehrer entschieden hatten. Viele von ihnen sprachen von der im Lehrplan angelegten Parteinahme für die Interessen der abhängig Arbeitenden. Mit dieser Arbeitsgrundlage des neuen Faches wurde die Berliner Arbeitslehre schnell identifiziert und beurteilt, aber leider nicht sorgfältig genug in ihrer inneren Widersprüchlichkeit analysiert (siehe REUEL).

Bremen und Hamburg distanzierten sich sogar vom Begriff Arbeitslehre und nannten das neue Fach „Polytechnik". Daß auch die Meinungen unter den Neuköllner Entwicklern nicht leicht auf einen Nenner zu bringen waren, lag an dem von einigen rückblickend als naiv bezeichneten Glauben, daß man in der Gesamtschule darauf verzichten könne, das neue Fach in den Pflichtbereich aufzunehmen. Vielleicht sonnte man sich zu sehr in den Erfolgen, die das neue Fach bei vielen, in ihrer Schullaufbahn schon fast gestrauchelten Schülern hatte. Auch im Plan von 1975 für die Bildungszentren schluckte man eine weitere Kröte. Zwar wurde die Arbeitslehre mit zwei Wochenstunden in den Pflichtbereich aufgenommen, doch waren diese ungeteilt, und damit ging auch im neuen Plan die Arbeitslehre unter. Viele Schüler lernten das Fach gar nicht als ein praktisches kennen.

Als zentrale gymnasiale Orientierung entzog das Abitur der Arbeitslehre ganze Schülergruppen, weil die zweite Fremdsprache Pflicht blieb. Was nützte es da, wenn Arbeitslehrelehrer hervorragende koedukative, soziale und identitätsstiftende Arbeit leisteten, wenn die im Selbstbewußtsein gestärkten Schülerinnen und Schüler später feststellen mußten, daß sie die zweite Fremdsprache für das Abitur brauchten und dieses eine notwendige Hürde auf dem Weg zu ihrem Berufsziel war? Frühzeitig hat man an der Walter-Gropius-Schule versucht, dem gegen zu steuern und zu vermeiden, daß Arbeitslehre ein Fach der „Hauptschüler" der Gesamtschulen bleibt, indem man attraktive Wahlpflichtangebote machte und – noch wichtiger – Leistungskurse auch in der Oberstufe anbot. Die Tendenz ging in Richtung auf ein Abitur, das statt auf eine zweite Fremdsprache auf einen anspruchsvollen technologischen Schwerpunkt setzte. Hier leistete insbesondere Karl-Heinz Schöttler mit seinen Leistungskursen in der Oberstufe Hervorragendes. Der Aufbau der Oberstufenzentren bereitete schließlich auch diesen ernsthaften Reformversuchen an der Walter-Gropius-Schule ein Ende.

Die „Berliner Arbeitslehre" wurde aus zwei unterschiedlichen Richtungen einflußreich literarisch bekämpft. Damals waren den Beteiligten die Unterschiede allerdings weniger klar, weil Studenten und Lehrbeauftragte zur Zeit der Studentenbewegung, die sich als respektlose Abkehr vom „CDU-Staat" verstand, mangels eigenem positivem Leitbild gar nicht so scharf trennen wollten zwischen der Kritik von Linksaußen und den auf Abwehr bedachten Angriffen von seiten der offiziellen DDR-Pädagogik. Einerseits war für diese Zeit noch immer typisch, daß eine für Rowohlts Deutsche Enzyklopädie in enger Zusammenarbeit mit Ernesto Grassi geschriebene und schon gesetzte Selbstdarstellung der Polytechnik der DDR nicht erscheinen konnte und erst über Holland die interessierten Leser erreichte,[5] andererseits liebten die Basisdemokraten ihre sozialistische Utopie. Auch wenn sich diese mit den Wahrnehmungen rund um die Westberliner Insel wenig vertrug, neigten viele Protagonisten zur Konvergenz der Systeme und zur Koexistenz, und sie nahmen Einwände von Linksaußen genauso ernst wie die von seiten der DDR-Exegeten, die Sprachrohre der staatlichen „Polytechnik" waren. Beide Kritiken wurden in gleicher Weise verschlungen, erzwangen Rechtfertigung oder lähmten sogar emotional den praktischen Fortgang der Arbeitslehre. Zum Glück waren es gestandene Leute, die in Neukölln die ersten Unterrichtsmodelle für die Gesamtschulen durchsetzten und sie in den vielen Gesamtschulen nachvollziehbar machten. Sie ließen sich von den Angriffen kaum beeindrucken. Sie fußten auf Erfahrungen, die ab

1956 in der Karlsgartenstraße in der „Kurt-Löwenstein-Oberschule Praktischen Zweiges" und der „Karlsgartengrundschule" gemacht wurden. Der dortige Technisch-Naturwissenschaftliche Unterricht, der eher einen reformpädagogisch-ganzheitlichen Hintergrund hatte, wurde von folgenden Pädagogen entwickelt: Herbert Werner, Schulleiter an der 11. OPZ, der späteren Kurt-Löwenstein-Schule und erster Planungsleiter für die Walter-Gropius-Schule, später Schulrat in Neukölln; Gerd Drewitz, Nachfolger Werners als Schulleiter; der Werklehrer Lampe, Ingrid Haschke, die vor allem Chemie unterrichtete und später Seminarleiterin war, sowie Frank Blödorn, der Physik studiert hatte und dann als Planer an die Gropiusschule ging, wo er den Fachbereich Arbeitslehre leitet.

Frank Blödorn berichtet, er habe 1962 eine Schülerin, die mit einer Leiter ins Klassenzimmer kam, gefragt, was sie mit der Leiter wolle. Doch für sie war die Sache klar. Sie wollte die Vorhänge abnehmen und zu Hause waschen. Blödorn hatte die 9. Klasse gerade von Gerd Drewitz übernommen, der wollte, daß sich die Schüler im Klassenraum wohl fühlen. Da war selbstverständlich, daß die Pflanzen gepflegt und die Klassenbücherei in Ordnung gehalten wurde. Daß die Klasse sogar das Vervielfältigungsgerät bediente und verwaltete, war eine weitere Besonderheit. In diesem Klassenzimmer wurden auch Technisches Werken, Physik und Chemie unterrichtet, wobei man in Wirklichkeit ziemlich losgelöst vom Lehrplan eher fachübergreifend unterrichtete. Er fühlte sich als „pädagogischer Zehnkämpfer", weil er in der Klasse praktisch alles außer Chemie, Biologie, Sport und ausgerechnet Werken, für das es eigene Werkstätten und eben Werklehrer gab, unterrichtete.

Im damals beliebten Technischen Werken lösten die Schüler relativ selbständig technische Probleme. Sie bauten mit Stabil-Baukästen der Neuköllner Firma Walther Elektromotoren, Getriebe, Bohrmaschinen, Lastkräne, Drehbänke für Kerzen, Brücken usw. Die Ausstattung war gut und vollständig, weil die Materialausgabe der vielen Einzelteile nur nach Materiallisten erfolgte, die Schüler kontrollierten. Detailskizzen, Arbeitsbeschreibungen oder bebilderte Bauanleitungen hielten die Ergebnisse fest. Die Arbeit war von außerordentlicher Qualität. Das lag auch am Lehrer Drewitz, der schon als 16jähriger mit seiner Lehrerausbildung begann, bevor er in den letzten Monaten des Krieges ein Bein verlor. Er war eine prägende Persönlichkeit, ein Selfmademan. Daß dies viele so sahen, bestätigt auch die Aussage des Oberschulrats Klein, der gerade auch auf ihn hinwies, als in einem Gespräch über die Vorgeschichte des Faches Arbeitslehre in Neukölln gesprochen wurde. Frank Blödorn bezeichnet Herbert Werner und Gerd Drewitz als „Reformpädagogen", und er weiß, wovon er spricht, denn er war Schüler der Schulinsel Scharfenberg.

Mit Stabil- und Kosmos-Baukästen versuchten er und Ingrid Haschke, in einem handlungsorientierten Unterricht physikalische und chemische Grundlagen zu schaffen. Sie verwendeten dabei Hilfsmittel aus der Arbeitswelt, Glaszylinder, Spiritusbrenner usw., die kein Spielzeug waren und die Schüler in einem hohen Maße reizten. Frank Blödorn über die Unterschiede zu heute:

„Damals blieben die Schüler oft am Nachmittag in der Schule, um etwas zu probieren oder zu lesen, während der Lehrer seinen Unterricht vorbereitete oder korrigierte. Zu Hause gab es keine attraktiven Baukästen, kaum Spielsachen und auch kein Kinderzimmer, in dem man sich unbeaufsichtigt langweilen konnte. Heute haben die Kinder schon sehr früh eigene hochkomplexe Sachen: Radio, Fernsehen, Video, Computer, Fernlenk-Autos. Wenn heute ein Schüler sagt ‚Das kenn' ich ja', meint er meist nicht, daß er das Gerät kennt, sondern daß er es besitzt. Die Kenntnis elementarer Dinge und ihrer Funktionsweise fehlt. Vielleicht können heutige Schüler eine Verstärkerschaltung für ein Radio nach Anleitung zusammenstecken oder löten, aber es fehlt ihnen das Verständnis für die Funktionsweise einer Röhre oder eines Transistors."

Damals galt, daß elementare Kenntnisse über das wirkliche Begreifen und Tun zu fördern seien, ergänzt Frank Blödorn, während heute in der Schule Handlungsarmut vorherrscht und Schüler in der Mittelstufe kaum mehr ein Formteil aus Papier herstellen können. Manche können ohne Anleitung nicht einmal mehr ein Blatt mittig falten. Daß in der Schule von heute ausgerechnet Sachkunde gekürzt wird, erstaunt Frank Blödorn nicht. Offenbar hat das Lernen durch praktisches Tun keine Lobby, die nötig wäre in einer Zeit, in der pädagogische Entscheidungen als politische nach dem Prinzip des zu erwartenden geringsten Widerstandes fallen. Und wer sollte Lobby sein? Die Werklehrer sind verschwunden, die Bastler sind nicht organisiert und Arbeitslehre-Technik-Lehrer werden kaum noch ausgebildet, wofür es wieder zahlreiche Gründe gibt. Den „Abnehmern" der technischen Qualifikationen, der Wirtschaft und den technischen Schulen, scheint dieser Sachverhalt noch gar nicht aufgefallen zu sein. Offenbar gibt es noch genügend Zuzüge aus Brandenburg, Polen oder Sachsen, so daß die Gesamtberliner Dienstleistungsinsel vorerst auch technisch überleben kann.

Und dabei hatte man gerade in Berlin-Neukölln in den 60er Jahren versucht, technisch-naturwissenschaftliche Grundlagenkenntnisse bereits in der Grundschule zu fördern, bevor der inzwischen wieder überflüssig gewordene Lehrplan den handelnden Umgang mit Meßzylinder, Batterie und Glühlampe, mit Hefe, Stärke, Salz und Zucker vorsah. Praktisches Tun war auch das Ablesen von Meßwerten Rechnen, Beobachten und Beschreiben, Zeichnen und Protokollieren, weshalb sich die Kollegen oft fragten, ob es denn nötig sei, Deutsch in der Stundentafel besonders auszuweisen, ob nicht Rechnen mit Wiegen, Abfüllen, Vermischen, Messen und Preise Berechnen mehr zu tun habe als mit Zahlenaufgaben aus einem Rechenbuch.

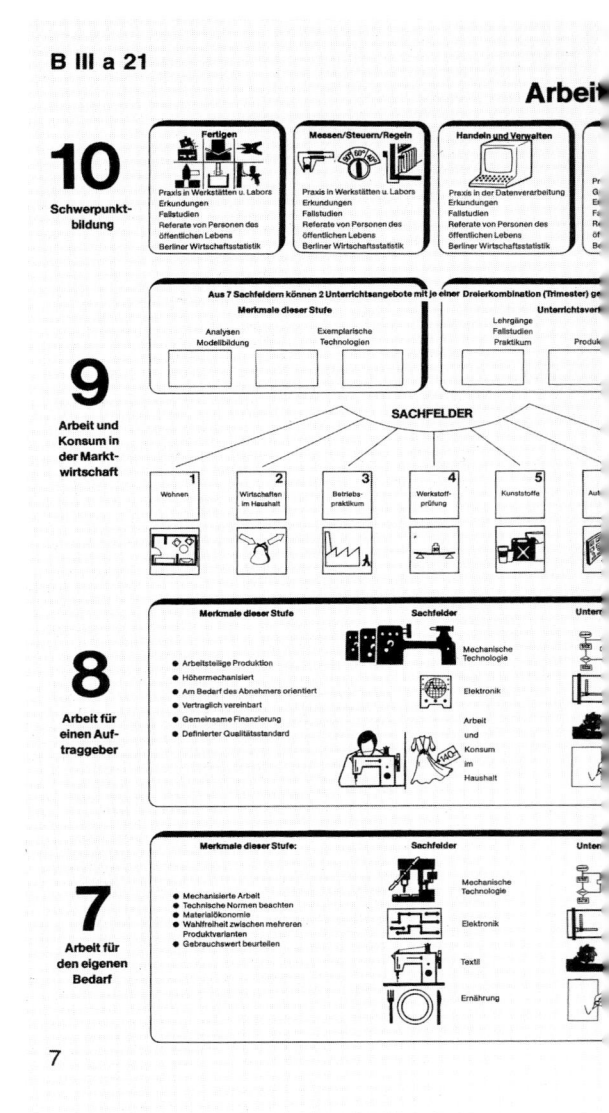

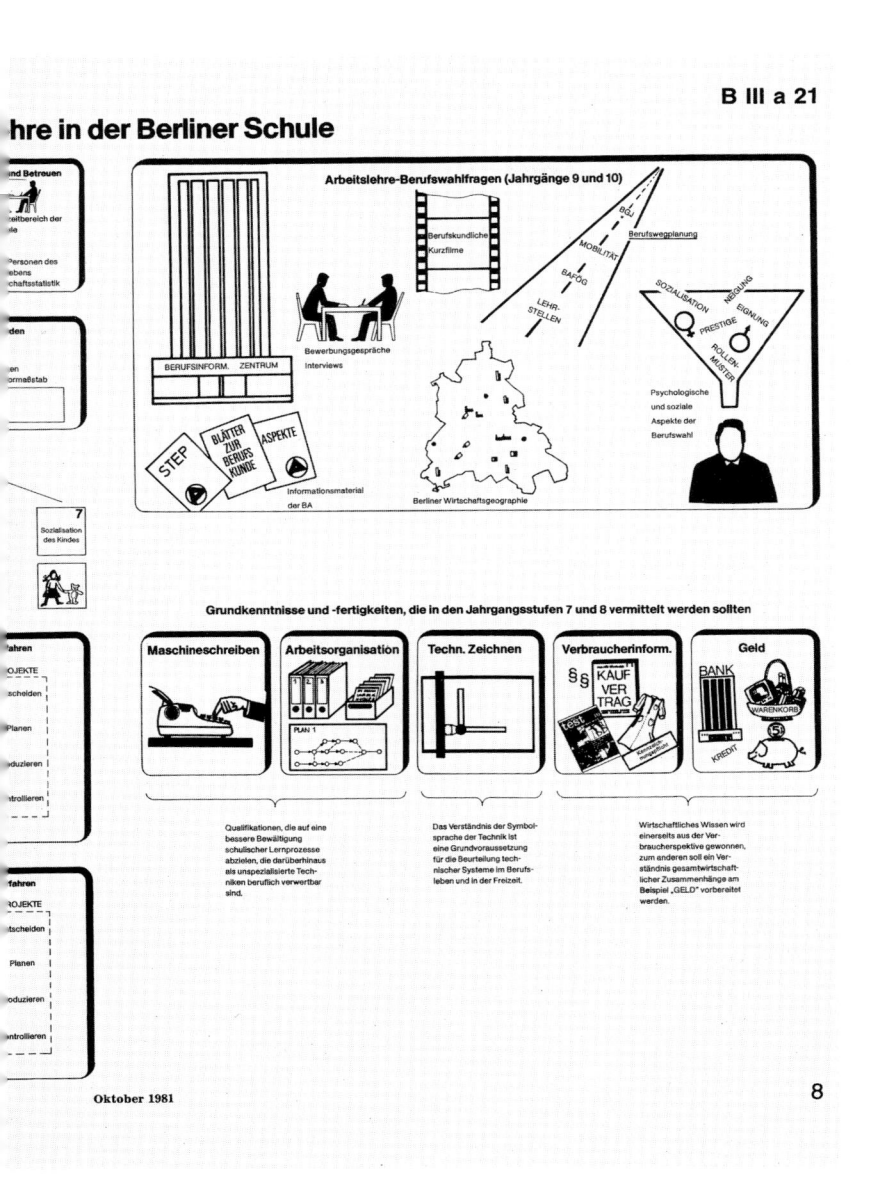

Arbeitslehre in der
Berliner Schule —
*Rahmenplan für Unterricht
und Erziehung in der
Berliner Schule*, 10/81

Die von Herbert Werner damals für die Gropiusstadt geplante integrierte Mittelstufe, bestehend aus Realschule und Oberschule Praktischen Zweiges (OPZ), sollte diese Tradition fortsetzen. Als erster Planungschef hatte er sich Praktiker geholt: Frau Bommer, eine Montessori-Lehrerin von der Fritz-Karsen-Schule, Jürgen Lange, Ingrid Haschke und Frank Blödorn, seine Kollegen von der Kurt-Löwenstein-Schule. Als Werner dann 1966 abgelöst wurde, verließ er mit Frau Haschke grollend die Planungsgruppe. Zu diesem Zeitpunkt standen die gesamte, in Beton zu gießende Werkstattplanung und die Struktur der Klassenpavillons bereits fest. In dieser Situation erhielt die Schule neue Ziele, neue Planer und neue fachliche Schwerpunkte. Aus der kleinen Reform, der Vereinigung von Realschule und OPZ, ist dann eine große mit anderen Gewichten geworden: die integrierte differenzierte Gesamtschule als Ganztagsschule. Es wurde eine Schule, die in einem anderen Sinn leistungsorientiert war und in der Übergangsquoten in die Oberstufe und Abiturientenzahlen die ursprünglich ganzheitlichen Ansätze in den Hintergrund drängten. Die Meßlatte Realschulabschluß für technisch-naturwissenschaftlich Begabte wurde von der alles bestimmenden Größe „Abitur" abgelöst. Das Ziel „Durchlässigkeit nach oben", ein demokratisches Bildungsziel seit den Zeiten Fritz Karsens in Neukölln, wirkte bald zurück auf die Mittelstufe und die Grundschule. Der Fachlehrer, der Fachraum und der mit beiden eng zusammenhängende 45-Minuten-Takt der Stundentafel werden auch die letzten ganzheitlich denkenden Lehrer in der Nachfolge von Bommer, Haschke, Werner und Drewitz zur Aufgabe gezwungen haben.

Und dabei hätte ein Integrationsfach Arbeitslehre heute so vieles zu leisten. Es könnte schöpferisch technisch-naturwissenschaftliches Arbeiten fördern, handwerkliche und EDV-Grundlagenkenntnisse durch praktische Übungen vermitteln, zu kleinen Reparaturen und Bastelarbeiten befähigen und dazu dienen, qualifizierte Werkstücke mit Hilfe von Vorrichtungen zu planen und herzustellen, vielleicht sogar zu verkaufen. Es könnte eine durch ein Praktikum erprobbare Berufsentscheidung vorbereiten, hauswirtschaftliche, verbraucherrechtliche und geldwirtschaftliche Qualifikationen aufbauen, die zu einer möglichst rationalen Planung von Haushalt, Wohnungseinrichtung und persönlicher Mobilität befähigen und diese praktischen Planungen dann mit gesamtgesellschaftlichen Leitzielen, wie Energie zu sparen und Transportwege und Abfall zu vermindern, konfrontieren.

Anmerkungen

1 Carl-Heinz Evers war seit 1959 Landesschulrat und von 1963 bis 1970 Senator für Schulwesen.

2 Abgedruckt — *Arbeitslehre als Fach.* Hannover 1972, S. 138-182

3 Vgl. G. Reuel: Grundsätzliche Überlegungen zur Arbeitslehre an Gesamtschulen, dargestellt am Beispiel der Entwicklung in Berlin. — *Gesamtschulinformationen* 4 (1977), 116-150, hier S. 133

4 Vgl. *Lernfeld Arbeitslehre,* Hrsg. Pädagogisches Zentrum Berlin, Berlin 1988, S. 55-161

5 H. Klein: *Polytechnische Bildung und Erziehung in der DDR,* Amsterdam o.J.

Dokument 3 — **Zur Frage der sogenannten „Arbeitslehre"**

Im Planungsmodell Gesamtschule BBR [Britz-Buckow-Rudow] ist der Erwerb von Kenntnissen, Erkenntnissen, Fertigkeiten im Hinblick auf die industrielle Arbeitswelt in zwei Unterrichtsbereichen vorgesehen: im Kernunterricht (Gesellschaftskunde) für alle Schüler, im Wahlpflichtunterricht für die Schüler, die sich für die Technisch-Naturwissenschaftliche Wirtschaftslehre entschieden haben.

Kernunterricht

In der Stundentafel der Mittelstufe sind für Gesellschaftskunde in der 7. und 8. Jahrgangsstufe vier Wochenstunden, in der 9. und 10. Jahrgangsstufe drei Wochenstunden eingesetzt. Die didaktische Planung sieht für diesen Unterricht in der *7. und 8. Jahrgangsstufe* vor, den räumlichen Aspekt (Europa, außereuropäische Länder) zu betonen, historische und sozialkundliche Aspekte (insbesondere Aspekte der Wirtschaft) werden integriert. Daneben stehen einige besondere sozialkundliche und historische Themen (Beispiel: Mein Taschengeld – Verbrauchen – Sparen – Haushalten – begrenzte Mittel – fast unbegrenzte Wünsche – Ziele der Reklame). Die Themen sollen nach Möglichkeit Projektcharakter haben. Zur Zeit werden solche Projekte in der Arbeitsgruppe Gesellschaftskunde diskutiert.

Dabei darf nicht vergessen werden, daß der Unterricht in Gesellschaftskunde nicht allein von der Intention bestimmt ist, Stoffe zu vermitteln, Informationen zu geben, sondern vor allem soziale Kooperation in Form von Gruppenarbeiten zu ermöglichen. Das wird in diesen Jahrgangsstufen in den ersten Jahren so lange nötig sein, solange die Schüler nicht in der eigenen Grundstufe der Gesamtschule an solche Arbeitsformen gewöhnt worden sind.

Zu Beginn der *9. Jahrgangsstufe* nehmen alle Schüler an einem Betriebspraktikum teil. Bei der Auswertung des Praktikums werden auf der Grundlage der in 7 und 8 erworbenen Erkenntnisse die gesellschaftlichen und wirtschaftlichen Strukturen der modernen Arbeitswelt untersucht.

Die Gesellschaftskunde wird in der 9. und 10. Jahrgangsstufe ergänzt durch zwei Wochenstunden Geschichte / Erdkunde im Bereich des Niveauunterrichts. Erst jetzt ist es für den Schüler möglich, über das antiquarische Interesse hinaus allmählich historische Strukturen zu verstehen. Der Unterricht setzt hier mit der Französischen Revolution ein und führt bis zur Gegenwart. Die Unterrichtsgegenstände der Gesellschaftskunde und der Geschichte werden aufeinander abgestimmt.

Technisch-Naturwissenschaftliche Wirtschaftslehre

Zu Beginn der *7. Jahrgangsstufe* können sich die Schüler im Bereich des Wahlpflichtunterrichts für eine zweite Fremdsprache (Latein oder Französisch) oder für die Technisch-Naturwissenschaftliche Wirtschaftslehre entscheiden.

Intentionen der TNW sind: Grundfertigkeiten zu erwerben an verschiedenen Werkstoffen. Technisches Denken zu ermöglichen. Naturwissenschaftliche Erkenntnisse zu vermitteln. Ökonomische Bedingungen und Verfahrensweisen kennenzulernen und anzuwenden.

Der Unterricht in der TNW steht Jungen und Mädchen offen. Die bisherigen Erfahrungen in den gegenwärtigen 7. Vorlaufklassen lassen es jedoch geraten erscheinen, diesen Unterricht zu differenzieren und den Mädchen einen Kurs anzubieten, der zunächst stärker von den Intentionen eines künstlerischen Werkens bestimmt ist.

Zu Beginn der *9. Jahrgangsstufe* differenziert sich die Technisch-Naturwissenschaftliche Wirtschaftslehre in das folgende Kursangebot: Naturwissenschaftlicher Experimentalkurs, Maschinenlehre, Elektrotechnik, Labortechnik, Kaufmännischer Bereich, Haushälterisch-Pflegerischer Bereich, Graphik, Druck, Werbung, Arbeitstechniken (Schreibmaschine, Steno, Projektionszeichnen).

Diese Kurse laufen jeweils über ein Jahr. Die Schüler können also jeweils in zwei Jahren maximal vier Kurse wählen, sofern sie nicht gleichzeitig eine Fremdsprache lernen (dann nur zwei Kurse!).

Mit diesem Kursangebot ist es dem Schüler möglich, eine erste Berufsorientierung in wesentlichen Bereichen der Arbeitswelt zu erhalten. Inwieweit sich dieses Kursangebot zu einem Berufsgrundjahr ausbauen läßt, bedarf der praktischen Erprobung und der Abstimmung mit den zuständigen Verwaltung. Die erfolgreiche Teilnahme an der entsprechenden Anzahl der Kurse wirkt sich auf das Abschlußzeugnis am Ende der Mittelstufe aus. Grundsätzlich kann jeder Schüler mit jeder Fächerkombination der Mittelstufe die Studienstufe besuchen. In der Studienstufe ist neben einem neusprachlichen und einem mathematisch-naturwissenschaftlichen Zug ein wirtschaftswissenschaftlich-technologischer Zug vorgesehen.

— H. Mastmann u.a. (Hrsg.): *Gesamtschule. Ein Handbuch. Teil 1: Planung und Einrichtung.* Schwalbach 1968, S. 128-130

Dokument 4   Erich Frister

Demokratische Leistungsschule.
Beiträge Neuköllner Schulen
zur Reform des Schulwesens

Nach der Verfassung von Berlin und den einschlägigen Gesetzen bestimmen Senat und Abgeordnetenhaus die Schulpolitik. Die Bezirke sind „nur" bei der administrativen Verwirklichung beteiligt. Andererseits ist es den Bezirksämtern aber auch möglich, innerhalb der gezogenen Leitlinien Experimente zu fördern, die Anregungen für schulpolitische Entscheidungen geben und der Überprüfung schulpolitischer Zielvorstellungen dienen. Der Bezirk Neukölln hat seine Schulverwaltungsaufgaben nie als bloße Administration aufgefaßt, sondern sich immer auch um schulreformerische Beiträge bemüht. Diese Tradition ist in den zwanziger Jahren begründet worden und verbindet sich mit den Namen Fritz Karsen und Kurt Löwenstein, deren Wirken weit über Berlin hinaus Aufmerksamkeit und Anerkennung fand.

Die heutigen schulpolitischen Zielvorstellungen des Senats lassen sich mit den Schlagworten „Herstellung der Chancengleichheit", „Anpassung der Schule an die gesellschaftlichen Entwicklungen" und „Steigerung der Effektivität" zusammenfassen. Im folgenden soll dargestellt werden, welche besonderen Bemühungen im Bezirk vorhanden sind, zur Verwirklichung dieser Zielvorstellungen beizutragen.

Das traditionelle deutsche Schulwesen mit seiner Gliederung in drei Zweige (Hauptschule, Realschule, Gymnasium) hat sich als ungeeignet erwiesen, die Begabungsreserven aller Bevölkerungsschichten zu erschließen. Wissenschaftliche Untersuchungen und internationale Vergleiche lassen den Schluß zu, daß die frühzeitige Zuweisung der Kinder zu voneinander getrennten Schulzweigen einer der Hauptgründe dafür ist. Mit der im Ortsteil Britz gelegenen Fritz-Karsen-Schule wird seit 1951 ein Schulmodell praktiziert, das diesen wesentlichen Nachteil der derzeitigen allgemeinen Schulorganisation vermeidet. Die Fritz-Karsen-Schule umfaßt in einem einheitlichen Aufbau eine Grundstufe (Klassen 1 bis 6), einen Mittelbau (Klassen 7 bis 10) und eine Oberstufe (Klassen 11 bis 13). Es ist also möglich, daß ein Schüler von seiner Einschulung bis zur Reifeprüfung an dieser einen Schule verbleibt. Die Grundstufe umfaßt in jedem Jahrgang drei Klassen, der Mittelbau hat pro Jahrgang fünf Klassen und die Oberstufe pro Jahrgang zwei. In der 7. und 8. Klasse ist der Unterricht in einen Kernunterricht, an dem alle Schüler teilnehmen, und einen Kursunterricht, an dem sich die Schüler nach Leistungsfähigkeit und Neigung beteiligen, gegliedert. Mit Beginn der 9. Klasse entscheiden sich die Schüler, welchen Schulabschluß (Hauptschule, Realschule, Gymnasium) sie anstreben und werden in entsprechenden Klassen zusammengefaßt. Die erste Fremdsprache ist Englisch ab 5. Klasse. In der 7. Klasse kann Französisch als zweite Fremdsprache gewählt werden oder (und) Latein ab 9. Klasse als zweite oder dritte Fremdsprache. Bei normaler Besetzung der Jahrgänge und Klassen wird die Schule von etwa 1 350 Schülern besucht. Im Jahr 1969 wird das Schulgebäude durch einen Anbau erweitert, der speziell für die Oberstufe geplant ist und Voraussetzungen für neue Organisationsformen des Unterrichts und des Schullebens in der Oberstufe bieten soll. Es sind nicht zuletzt die guten Erfahrungen mit der Fritz-Karsen-Schule, die in Berlin die Konzeption einer neuen Schulform, der Gesamtschule, bewirkt haben. Von den zunächst als Versuche geplanten vier Berliner Gesamtschulen wird die erste in Neukölln in dem neuen Stadtteil Britz-Buckow-Rudow am 1. April 1968 mit der Arbeit beginnen. Die Schule ist in einem für ihre Zwecke konzipierten Neubau untergebracht, den Professor Walter Gropius entworfen hat. Auch diese Gesamtschule wird die Klassen 1 bis 13 umfassen, allerdings eine andere innere Organisation aufweisen als die Fritz-Karsen-Schule. Die Grundstufe mit den Klassen 1 bis 6 wird ebenfalls pro Jahrgang drei Klassen haben, die Mittelstufe mit den Klassen 7 bis 10 pro Jahrgang fünf Klassen und die Oberstufe voraussichtlich zwei Klassen in jedem Jahrgang. Wenn die Schule voll ausgebaut ist, wird sie 44 Klassen mit etwa 1 400 Schülern beherbergen. Im Gegensatz zur Fritz-Karsen-Schule wird ihr organisatorischer Schwerpunkt in der Mittelstufe nicht die Gliederung in Kern- und Kursunterricht sein. Die notwendige Differenzierung nach Begabungsrichtungen und Leistungsfähigkeit soll vor allen Dingen durch das System des leistungsdifferenzierten Unterrichts gewährleistet werden, das heißt, der Unterricht wird auf verschiedenen Niveaus in Gruppen erteilt, die Schüler etwa gleicher Leistungsfähigkeit zusammenfassen. Die optimale, individuelle Förderung des Schülers wird im Vordergrund der Bemühungen dieser Schule stehen. Sie wird als Ganztagsschule eingerichtet, das heißt, die Schüler werden von 8 Uhr bis gegen 16 Uhr in der Schule sein, dort ein Mittagessen erhalten und Gelegenheit haben, ihre Hausaufgaben unter Anleitung und Hilfe in der Schule zu machen. Dies dürfte der Herstellung der Chancengleichheit, das heißt der Unabhängigkeit der Schulleitung von den familiären Umständen, in erheblichem Maße dienen.

Da die Fritz-Karsen-Schule und die Gesamtschule naturgemäß nur einem kleinen Teil der Schüler des Bezirkes die Möglichkeit bieten, frühzeitige Entscheidungen über den angestrebten Schulabschluß zu vermeiden, ist es notwendig, auch für die große Mehrzahl der Schüler Korrekturen einmal getroffener Entscheidungen zu ermöglichen. Die Schulorganisation des Bezirks tut dies zunächst durch die Einrichtung von Aufbauklassen für Schüler, die am Ende des 8. Schuljahres der Hauptschule oder Realschule den Wunsch und die Fähigkeit haben, auf ein Gymnasium überzutreten, um in einem fünfjährigen Lehrgang zur Reifeprüfung zu kommen. Diese Einrichtung besteht seit 1958 an der Ernst-Abbe-Oberschule in der Sonnenallee. Im Durchschnitt werden pro Jahr 25 Schüler in die Aufbauklasse aufgenommen, davon wohnen jeweils etwa 80 Prozent im Bezirk. Die Erfolgsquote dieser Aufbauklassen liegt bei 50 Prozent, das heißt, die Hälfte der Schüler, die in der 9. Klasse dort beginnt, hält den Weg bis zur Reifeprüfung durch. Seit 1958 bis 1967 sind aus den Aufbauklassen 65 Abiturienten hervorgegangen. Als zweite Fremdsprache können Französisch oder Latein gewählt werden. Etwa 60 Prozent der Schüler entscheiden sich für Französisch.

Eine weitere Einrichtung zur Korrektur des eingeschlagenen Schulweges ist die Aufbaustufe. Sie kann von befähigten Schülern besucht werden, die die 10. Klasse der Realschule oder Hauptschule absolviert haben und führt in einem dreijährigen Lehrgang zur Reifeprüfung. Sie besteht seit 1965 an der Albert-Schweitzer-Schule in der Karl-Marx-Straße. Sie nimmt im Durchschnitt pro Jahr 80 Schüler auf. Davon stammen allerdings nur 25 Prozent aus Neukölln, die übrigen kommen aus den anderen südlichen und südwestlichen Bezirken. Über die Erfolgsquote läßt sich noch nichts sagen, da erst in diesem Jahr die erste Reifepüfung an der Aufbaustufe abgelegt wird. Immerhin haben sich schon 75 Prozent der Schüler, die 1965 in die 11. Klasse eingetreten sind, 1968 zur Reifeprüfung gemeldet. Als zweite Fremdsprache können

Französisch oder Latein gewählt werden. Bisher haben sich jeweils etwa 75 Prozent der Schüler für Französisch entschieden.

Neueste Forschungsergebnisse beweisen, daß Begabung nur zum Teil angeboren ist, daß im wesentlichen Umwelteinflüsse die Entfaltung von Begabungen bewirken. Allerdings geschehen die entscheidenden Prägungen schon in der Vorschulzeit, so daß bessere Formen der Schulorganisation und ein wirkungsvollerer Unterricht die durch das Milieu bedingten unterschiedlichen Startchancen der Schulanfänger keinesfalls in vollem Umfange ausgleichen können. Wer es mit der Chancengleichheit ernst meint, muß sich also um die Verbesserung der Vorschulerziehung bemühen. Das Berliner Schulgesetz sieht zwar den Schulkindergarten als Einrichtung der Vorschulerziehung vor, sein Besuch ist jedoch freiwillig, und die Zahl der Schulkindergärten reicht bei weitem nicht aus, um den Bedarf zu decken. Der Bezirk Neukölln hat sich in den vergangenen Jahren bemüht, durch Aus- und Umbauten auch in alten Schulgebäuden Schulkindergärten einzurichten. Heute haben von den 27 Grundschulen des Bezirks 13 einen Schulkindergarten. Jedoch können nur etwa 7 Prozent der Kinder in dem Jahr vor dem Schulbeginn eine solche Einrichtung besuchen. Darüber hinaus sind aber 11 Prozent in den sogenannten Vermittlungsgruppen der Kindertagesstätten. In diesen Gruppen werden die Kinder, die Kindertagesstätten besuchen, in dem Jahr vor Beginn ihrer Schulpflicht zusammengefaßt und besonders gefördert. Schulkindergärten und Vermittlungsgruppen arbeiten in Neukölln eng zusammen und bemühen sich, die Kinder mit dem gleichen Programm zu fördern. Erstmals im Jahre 1967 konnten die im Herbst schulpflichtig werdenden Kinder schon ab Ostern in den Grundschulen zu Spielgruppen zusammengefaßt werden, die die Kinder täglich zwei Stunden auf den Schulbesuch vorbereiteten. Diese Möglichkeit nutzten 52 Prozent der Schulanfänger, so daß im Jahre 1967 70 Prozent der Kinder des Einschulungsjahrganges eine vorschulische Erziehung in öffentlichen Einrichtungen erhielten. Für 1968 dürfte ein noch höherer Prozentsatz zu erwarten sein.

Trotz alledem kommen die Schulanfänger – selbst bei gleicher Begabungsstruktur und -höhe – in einem sehr unterschiedlichen Vorbereitungsstand in die Schule. Bei etwa 35 bis 40 Kindern in den Anfängerklassen ist es nur schwer möglich, auf jede individuelle Situation einzugehen. Daher wird seit 1966 in den ersten Klassen der Neuköllner Grundschulen ein Differenzierungssystem erprobt. Von den 17 Unterrichtsstunden werden 12 im Klassenverband erteilt, für fünf Unterrichtsstunden wird die Klasse in zwei Gruppen, zusammengesetzt nach dem erreichten Leistungsstand, aufgeteilt. In der Regel ergibt sich dabei eine Großgruppe und eine Kleingruppe, in der die noch im Rückstand befindlichen Kinder gefördert werden. Von den 94 Schulanfängerklassen des Bezirks praktizieren zur Zeit 86 dieses System. Es werden 94 Prozent der Schulanfänger dabei erfaßt. Da die elementaren Lehrgänge des Lesens, Schreibens und Rechnens erst im zweiten Schuljahr abgeschlossen werden, wurde die Differenzierung auch auf die 2. Klassen ausgedehnt. Der Gruppenunterricht umfaßt in diesen Klassen drei Stunden. Von den 85 zweiten Klassen nehmen 46 daran teil. Darin befinden sich 55 Prozent der Schüler dieser Altersstufe. Noch ist der Erfolg dieser Maßnahmen nicht abschließend zu beurteilen, da der Schulerfolg der Schüler über mehrere Jahre beurteilt werden muß. Bisher ist jedenfalls die Sitzenbleiberquote in der 1. Klasse erheblich zurückgegangen. Die Möglichkeit, diesen differenzierenden Unterricht einzurichten beziehungsweise auszuweiten, wird durch den Stellenplan für Lehrer beschränkt, da je Klasse fünf beziehungsweise drei zusätzliche Unterrichtsstunden erteilt werden müssen. Der Bezirk bemüht sich, den Senator für Schulwesen dafür zu gewinnen, daß diese Unterrichtsorganisation für die Schulanfänger durch entsprechende Personalzuteilung weiterhin ermöglicht wird.

Im Gegensatz zu den Schülern der künftigen Gesamtschule müssen die der anderen Schulen ihre Hausaufgaben in der familiären Umgebung anfertigen. Die Bedingungen sind dabei sehr unterschiedlich hinsichtlich der räumlichen Möglichkeiten, der Hilfsmittel und der Unterstützung durch Erwachsene. Der Schulerfolg wird zu einem erheblichen Teil durch ungünstige Bedingungen bei der Anfertigung der Hausaufgaben beeinträchtigt. Der Bezirk hat deswegen mit Dankbarkeit die studentische Initiative in der Aktion Bildungswerbung aufgegriffen, Schularbeitszirkel einzurichten, in denen Schüler nachmittags Gelegenheit haben, in der Schule unter Anleitung von Studenten ihre Hausaufgaben zu machen. Bisher bestehen an 17 Grundschulen solche Schularbeitszirkel für die 4. und 6. Klassen. 600 Schüler nehmen daran teil, das sind etwa 15 Prozent der in diesen Klassenstufen befindlichen Grundschüler. Die bisherigen Erfahrungen sind bis auf wenige Ausnahmen außerordentlich positiv, und eine Ausweitung dieser Einrichtung wird angestrebt.

Entsprechend der internationalen Entwicklung in den Industrieländern und den steigenden Anforderungen der Arbeitswelt, gehört eine Ausdehnung des Schulbesuches für alle Jugendlichen bis zum 16. Lebensjahr zu den Zielvorstellungen der Berliner Schulpolitik. Zwar sind die Voraussetzungen noch nicht gegeben, um den Schulbesuch bis zur 10. Klasse für obligatorisch zu erklären, doch können 10. Klassen auch an der Hauptschule freiwillig besucht werden. Die Erweiterung der Hauptschule um eine 10. Klasse begann im Jahre 1956 in Neukölln, an der Kurt-Löwenstein-Schule. Die sehr guten Erfahrungen dieses Versuches führten in den letzten drei Jahren zu einer erfreulichen Entwicklung. Im kommenden Schuljahr wird jede Hauptschule des Bezirks die Möglichkeit des Besuchs einer 10. Klasse bieten. Da die Schüler sich nach dem 8. Schuljahr entscheiden müssen, ob sie nach der 9. Klasse abgehen oder eine 10. Klasse besuchen wollen, läßt sich die zahlenmäßige Entwicklung schon jetzt bis 1969 voraussagen. 1967 besuchten 10 Prozent der Schüler eines Entlassungsjahrgangs der Hauptschule 10. Klassen, 1968 werden es 16 Prozent sein und 1969 28 Prozent. Die Verlängerung der Schulzeit wäre wenig sinnvoll, wenn es nur darum ginge, die traditionellen Lernstoffe über einen größeren Zeitraum zu verteilen. Es kommt darauf an, Themen aus der Wirtschafts- und Arbeitswelt in die schulischen Lehrpläne aufzunehmen und die Schüler in besserer Weise als bisher auf ihre Berufsentscheidung und ihre Berufstätigkeit vorzubereiten. Eine wesentliche Rolle dabei spielt das Betriebspraktikum, in dem Schüler für zwei bis drei Wochen Gelegenheit erhalten, sich in betrieblicher Atmosphäre und verschiedenen beruflichen Anforderungen zu erproben. Im vergangenen Jahr haben von den 41 Abschlußklassen der Hauptschulen 31 ein solches Betriebspraktikum durchführen können. Neben kommunalen Einrichtungen (Kindertagesstätten, Krankenhäusern, Lehrwerkstätten) haben sich 10 Privatfirmen (Nahrungsmittelgewerbe, Elektroindustrie, grafisches Gewerbe, Einzel- und Großhandel) an diesem Vorhaben beteiligt.

Aus der historischen Entwicklung der deutschen Schule ist zu erklären, warum die Naturwissenschaften und die Technik im schulischen Lehrplan bisher eine zweitrangige Rolle gespielt haben. Damit im Zusammenhang steht auch das weitverbreitete Vorurteil, daß Frauen für Technik und Naturwissenschaften im allgemeinen nicht begabt seien. Die Beschäftigung mit naturwissenschaftlichen und technischen Bereichen setzt in der deutschen Schule zu spät ein. Die Grundschule hat sich in ihrem Heimatkundeunterricht bisher im allgemeinen auf geschichtliche und erdkundliche Aspekte beschränkt. In den künftigen Lehrplänen wird es ein

Die 9. Jahrgangsstufe im Sprachlabor, Walter-Gropius-Schule, 1970 — *Landesbildstelle Berlin*

Fach Technisch-Naturwissenschaftlicher Unterricht geben. Die Vorarbeiten für diese Pläne werden seit drei Jahren an einigen Neuköllner Grundschulen durch die Unterrichtspraxis geleistet. An fünf Grundschulen mit 47 Klassen, in denen sich insgesamt 1 586 Schüler befinden (Jahrgangsstufe 2 bis 6), wird dieser Unterricht erprobt. Die Schulen sind mit den notwendigen Schülerübungsgeräten ausgestattet und haben aus dieser Versuchsarbeit ein Musterausstattungsprogramm entwickelt. In diesem Jahr erhalten alle Grundschulen eine solche Ausstattung, so daß bei Vorliegen der verbindlichen Lehrpläne an allen Grundschulen Technisch-Naturwissenschaftlicher Unterricht erteilt werden kann.

Es ist in der heutigen politischen Weltsituation nicht mehr notwendig zu begründen, warum alle Schüler eine Fremdsprache erlernen müssen. Die Erziehung zur Zweisprachigkeit ist von den europäischen Kultusministern zum Programm erhoben worden. Alle Erfahrungen deuten darauf hin, daß das Erlernen von Fremdsprachen um so leichter ist, je früher damit begonnen wird. An der Grundschule am Sandsteinweg in Buckow wird darum versucht, den Englischunterricht nicht erst in der 5. Klasse, sondern schon in der 3. Klasse einsetzen zu lassen. Der Schulerfolg im Englischen dieser 140 am Versuch beteiligten Kinder wird über einige Jahre zu beobachten sein, bevor entschieden werden kann, ob es ratsam ist, den Beginn des Fremdsprachenunterrichts allgemein vorzuverlegen.

Im Hinblick auf eine Angleichung der Schule an vollzogene gesellschaftliche Entwicklungen bildet die Einführung der Fünf-Tage-Woche in der Schule immer wieder ein interessantes Diskussionsthema. In Neukölln erproben die Karlsgarten-Grundschule und die 6. Hauptschule seit vier Jahren die Fünf-Tage-Woche. Zwei weitere Schulen sind an der Einführung interessiert.

Der Senator für Schulwesen lehnt jedoch zur Zeit eine Ausdehnung dieser Versuche ab und will erst ausgedehnte Erfahrungen sammeln. An den beiden genannten Schulen wird der Vormittagsunterricht einmal in der Woche nach einer Mittagspause durch zwei Unterrichtsstunden am Nachmittag ergänzt. Bei der letzten Umfrage haben 98 Prozent der Eltern sich auf Grund der bisherigen Erfahrungen für eine Beibehaltung der Fünf-Tage-Woche an diesen Schulen ausgesprochen. Selbstverständlich wird auch die Gesamtschule eine Fünf-Tage-Woche haben. Da sie Ganztagsschule ist, erscheint dies allerdings selbstverständlich.

Die steigenden Anforderungen an die Schule lassen sich allein durch Verlängerung der Schulzeit nicht erfüllen. Neben einer sorgfältigen Stoffbeschränkung ist eine Intensivierung und Modernisierung der Unterrichtsmethoden dringlich. Die Verwendung technischer Hilfsmittel in der Schule ist unumgänglich. Damit verbunden sind natürlich erhebliche Sachinvestitionen. Gründliche Erprobungen müssen dem vorausgehen. Die Schulen des Bezirks beteiligen sich an solchen Erprobungen. Für den Fremdsprachenunterricht hat sich das sogenannte Sprachlaboratorium, eine Kombination von Tonbandgeräten mit einer zentralen Steuerungsanlage, als wirkungsvolles Mittel zur Leistungssteigerung erwiesen. Eine Hauptschule ist seit zwei Jahren mit einer solchen Einrichtung ausgestattet. Bei der Einweisungs- und Erprobungsarbeit hat das Pädagogische Zentrum wertvolle Hilfe geleistet. Im Jahre 1968 wird die Erfahrungsbasis durch die Einrichtung solcher Sprachlabore in fünf weiteren Oberschulen vergrößert werden. Ein wertvolles Hilfsmittel für den naturwissenschaftlichen Unterricht ist das sogenannte klasseninterne Fernsehen. Eine Kamera überträgt Versuche, die nur schwer zu beobachten sind, auf Fernsehgeräte und macht sie damit für alle Schüler deutlich sichtbar. Für Biologie, Physik und Chemie gibt es eine Fülle von Anwendungsmöglichkeiten. Die Gesamtschule, die Fritz-Karsen-Schule und alle Gymnasien werden im Jahre 1968 eine solche Anlage erhalten. Ebenso ist für alle Schulen die Anschaffung von Projektionsschreibern vorgesehen, die die Anschaulichkeit des Unterrichts verbessern und Leerlaufzeiten durch umständliches Aufschreiben an der Tafel verhindern. Obwohl sich die Ausstattung der Schulen mit Lehrbüchern aller Art in den letzten Jahren immer mehr verbessert hat, reichen Lehrbücher als Unterrichtsmaterial nicht aus. Sie sind häufig nicht aktuell genug und bedürfen immer der Überprüfung und Ergänzung durch eigene Darstellungen des Lehrers. Ebenso ist es notwendig, Texte aus Zeitungen und Zeitschriften, Nachschlagewerken und so weiter heranzuziehen. Aus diesem Grunde werden alle Schulen mit Kopiergeräten und Vervielfältigungsapparaten ausgestattet, die die Selbstherstellung solchen Unterrichtsmaterials ohne erheblichen Aufwand in der Schule gestatten. Zur Zeit sind 30 Prozent der Schulen damit ausgerüstet. Im Jahre 1969 werden alle Schulen über diese Geräte verfügen. Die geschilderte Verbesserung der Sachausstattung der Schulen ist durch die Mittel aus dem Konjunkturförderungsprogramm der Bundesregierung wesentlich erleichtert worden, aber auch der Bezirk stellt aus seinen gesamtgebundenen Mitteln erhebliche Summen für eine bessere Ausstattung der Schulen zur Verfügung. So ist beispielsweise der Ansatz im Bezirkshaushalt für Lehrmittel 1968 gegenüber den Vorjahren um fast 200 Prozent erhöht worden.

Seit etwa vier Jahren gibt es in der Pädagogik lebhafte Diskussionen um sogenannten programmierten Unterricht. Es handelt sich dabei um Lehrgänge, die dem Schüler in Einzelarbeit das Durcharbeiten eines bestimmten Stoffgebietes ermöglichen. Bis heute gibt es allerdings in Deutschland mehr Bücher über den programmierten Unterricht als Programme für die Schüler. Noch ist die Bedeutung dieses individualisierenden Unterrichtsverfahrens umstritten. 29

Klassen der Schulen des Bezirks mit etwa 900 Schülern haben sich an den Versuchen mit Lehrprogrammen in Mathematik, Naturwissenschaften und Latein beteiligt. Die bisherigen Erfahrungen lassen noch nicht erkennen, ob der programmierte Unterricht den herkömmlichen Verfahren überlegen ist. Dennoch muß die Versuchsarbeit gefördert werden, weil zu hoffen ist, daß die Verlage auf Grund des Echos aus den Schulen zu wirkungsvolleren Programmen nach längeren Erfahrungen kommen. An der 6. Hauptschule läuft seit einigen Monaten mit Unterstützung des Pädagogischen Zentrums ein Unterrichtsversuch zum Team-Teaching. Dieses Verfahren wird seit längerem in amerikanischen Schulen angewandt. daher erklärt sich auch die englischsprachige Bezeichnung. Eine Gruppe von Lehrern eines Fachgebietes plant den Unterricht gemeinsam und erteilt ihn auch in enger Zusammenarbeit. Dabei werden Klassen für einige Stunden zu großen Gruppen unterteilt. In der 6. Hauptschule wird der Physikunterricht für die 8. Klassen nach diesem System erteilt. Die Demonstrationen werden größeren Schülergruppen vorgeführt und erläutert; in kleineren Gruppen machen die Schüler dann ihre eigenen Versuche. Durch diese Zusammenfassung mehrerer Lehrer zu einem Team wird die Unterrichtsvorbereitung erleichtert und auch die Durchführung systematisiert. Die ersten vorläufigen Berichte sprechen von einem größeren Interesse der Schüler am Physikunterricht bei diesem Verfahren.

Dieser knappe Überblick über die Beteiligung der Neuköllner Schulen an Schulversuchen und an Pionierarbeiten zur Schulreform zeigt, wie vielfältig versucht wird, Modelle zu schaffen und Erfahrungen zu sammeln, die der Weiterentwicklung der Berliner Schule dienen können. Diese Arbeit vollzieht sich auf dem Hintergrund einer breiten progressiven Schulentwicklung in Berlin. Sie hat schon eine Reihe von übertragbaren Lösungen entwickelt und wir hoffen, daß die Ergebnisse dazu beitragen, die Leistungsfähigkeit der Berliner Schule für unsere demokratische Gesellschaft weiter zu steigern.

Kommunalpolitische Beiträge Nr. III / 24 (1968). Erich Frister war 1968 Bezirksstadtrat für Volksbildung in Neukölln und zur gleichen Zeit Vorsitzender der Gewerkschaft Erziehung und Wissenschaft (GEW).

Bezirksstadtrat Erich Frister, um 1969 — *Bezirksarchiv Neukölln*

Joachim Lehmann

Wider den Zwangscharakter der Schule. Schülerselbstbefreiung an der Fritz-Karsen-Schule

„Die vorliegende Schrift führt uns zurück zu einer Periode, die, der Zeit nach, ein gutes Menschenalter hinter uns liegt, die aber der jetzigen Generation in Deutschland so fremd geworden ist, als wäre sie schon ein volles Jahrhundert alt." Mit diesem Satz, mit dem Friedrich Engels seine Abhandlung *Ludwig Feuerbach und der Ausgang der klassischen deutschen Philosophie* eröffnete, fing mein Marxismus-Studium an. Mir geht es heute nicht viel anders als 1888 Friedrich Engels, der auf eine Periode hinwies, die mit Hegels Tod zu Ende ging. Der Zeitraum aber, um den es im folgenden geht, liegt erst ein Vierteljahrhundert zurück. 1967 bin ich Schüler der zehnten Klasse der Fritz-Karsen-Schule in Berlin-Britz. Engels' Schriften sind im westlichen Teil Berlins noch kein Unterrichtsstoff. Zehn Jahre später, als ich Lehrer für Geschichte und Politische Weltkunde an einer Realschule in Berlin-Kreuzberg bin, hat sich das geändert. Meine Schüler müssen sich mit Auszügen von Engels' populärwissenschaftlichem Ausflug in die deutsche Philosophie befassen. Die „Grundfrage aller, speziell neueren Philosophie ... nach dem Verhältnis von Denken und Sein" interessiert sie freilich ebensowenig wie mich zehn Jahre zuvor der Siebenjährige Krieg.

Was veranlaßt 1967 ein Häuflein von Zehnt- und Zwölftklässlern, sich PAG (Politische Arbeitsgemeinschaft) und wenig später SSG (Sozialistische Schülergemeinschaft) zu nennen? Wie kommen damals Jugendliche dazu, auf eigene Initiative und ohne Anleitung eines Erwachsenen über Hegels Diktum „Alles was wirklich ist, ist vernünftig, und alles was vernünftig ist, ist wirklich" nachzudenken? In unseren Augen verhielt es sich natürlich umgekehrt. Wenn wir lasen, Marx habe Hegel „vom Kopf auf die Füße" gestellt, so war offenbar nicht Hegel, sondern Marx unser Mann. Keineswegs vernünftig schien uns zu sein, daß sich unsere Eltern anmaßten, unser Leben zu reglementieren, daß unsere Lehrer bestimmten, was wir zu lernen, und die Versandhaus-Kataloge, wie wir uns zu kleiden hatten. Die Gesellschaft verurteilte lange Haare, Beat-Musik, Haschisch, Rauchen auf dem Schulhof und die Anti-Baby-Pille für Jugendliche. „Alle reden von der Pille, wir nehmen sie uns. Wir haben keine Lust mehr, keine Lust mehr haben zu dürfen", heißt es in einem Flugblatt der „ad-hoc-Gruppe Prisma", aus der dann die „Sex-Pol-Nord" hervorging. Familie und Schule agierten als Teilsysteme eines lustfeindlichen Herrschaftsapparates, der uns auf den Demonstrationen gegen den Vietnam-Krieg und das Schah-Regime mit Polizeiknüppeln und Wasserwerfern gegenübertrat. Hinterher stellten Bild-Zeitung und Berliner Abendschau nicht etwa die Befehlshaber der Napalm-Bomber als Vandalen dar, sondern die Demonstranten – genau wie es unserer These von einer medienmanipulierten Öffentlichkeit entsprach. Die gesellschaftlichen Instanzen verhielten sich repressiv. Das Zensurensystem in der Schule und die berittene Berliner Bereitschaftspolizei erschienen uns als zwei Seiten

Demonstration gegen den Vietnam-Krieg, Treffpunkt Karl-Marx-Platz, vorn zwei Schüler der Fritz-Karsen-Schule, um 1970 — *Heimatmuseum Neukölln*

derselben Medaille. Für freie Menschen war die freiheitlich-demokratische Grundordnung (FDGO) jedenfalls nicht ersonnen. Wer abends als bebrillter Langhaariger in einer Kreuzberger Arbeiterkneipe ein Fünfmarkstück für den Zigarettenautomaten einwechseln wollte, dem war hinterher das Schlagwort vom faschistoiden Deutschen kein leerer Begriff mehr. Waschzwang und Onanieverbot, deutsches Volkslied und deutscher Schäferhund, Bierdunst und Bockwurst waren seine „Insignien". Lange Haare, vergammelte Jeans, Haschisch und Rock-Musik dienten folglich als Serum — nicht zuletzt um gegen den in uns selber schlummernden Deutschen ein für allemal immun zu werden.

Die Oberschüler, welche 1967 für solche Einschätzung der Verhältnisse offensiv an den Schulen eintraten — im Unterricht, auf Schüler- und Elternversammlungen, auf Flugblättern und in Schülerzeitungen —, waren in der Minderheit. An der Fritz-Karsen-Schule machte ihr Anteil ein bis höchstens zwei Prozent aus. Viele Lehrer gerieten förmlich außer Fassung, wie der Chemielehrer, der sich rechtfertigen sollte, weil er die Schüler chemische Formeln auswendig lernen ließ, oder der Lateinlehrer, der sein Unterrichtsfach prinzipiell in Frage gestellt sah. Die Lehrer ließen sich in der Tat von ein paar respektlosen Pennälern verunsichern. Konservative Gymnasien (die Schülerrevolte fand nur im Gymnasium, nicht an den Haupt- und Realschulen statt) reagierten mit Disziplinierungen bis hin zum Schulverweis.

Anders die Fritz-Karsen-Schule, dort wurde nicht ein einziger Schüler relegiert. Alle PAGler (bzw. SSGler) bestanden das Abitur. Die Schulleitung vertraute einer jungen Lehrergeneration, von der ein nicht unbeträchtlicher Teil die radikale Infragestellung der Institution Schule durch ein Häuflein Schüler voller Sympathie wahrnahm. Die von uns initiierte Diskussion, unsere Forderung, Lernziele und -methoden sowie Verhaltensnormen zu begründen, das alles kam weitgehend einer demokratischen Konzeption von Unterricht entgegen. Die Fähigkeit, selbstbestimmt und solidarisch zu handeln, so meinten auch die mit uns verbündeten „fortschrittlichen" Lehrer, sei nicht eine persönliche Disposition, die sich automatisch am 21. Geburtstag mit der Volljährigkeit einstellt.

Fritz-Karsen-Schule, 1993 — *Heimatmuseum Neukölln, Foto: Friedhelm Hoffmann*

Soziales und zugleich selbstbestimmtes Verhalten sei erlernbar – aber nicht erst im „reifen" Alter. Solcher Lernprozeß habe vielmehr spätestens mit der Einschulung zu beginnen. Soziales Lernen bedürfe freilich realer Mitbestimmungsmöglichkeiten. Die bereits bestehende SMV (Schülermitverantwortung) erschien uns von daher wie eine Spielwiese, auf der Demokratie nur vorgetäuscht wurde – Mitverantwortung ohne Mitbestimmung, eine Contradictio in adjecto. So ging es zum Beispiel noch 64/65 um die Frage, ob an der Fritz-Karsen-Schule ein

Schulpullover eingeführt werden sollte – vorbehaltlich der Zustimmung der Schulleitung, versteht sich. Drei Jahre später war uns auch Mitbestimmung nicht mehr genug, sondern nur ein fauler Kompromiß, um Projekte selbstbestimmten Lernens zu vereiteln.

Heute liest man, die 68er Generation habe die Legitimität gesunder Autorität unterhöhlt – und damit dem seit einiger Zeit zu beobachtenden Verfall jeglicher Wertorientierung Vorschub geleistet. Der Vandalismus der Jugendlichen von heute sei die Reaktion auf das von uns erzeugte Vakuum. Wir hätten die nachfolgenden Generationen essentieller Werte wie Heimat, Vaterland, Deutschland, Ehre, Anstand und Würde usw. beraubt. Das ist noch nicht einmal die halbe Wahrheit – zumal die inzwischen erwachsenen Kinder der 68er entgegen anderslautenden Meldungen weder orientierungslos noch lebensuntüchtig sind. Sind Solidarität, Kreativität, Spontaneität usw. keine handlungsorientierenden Werte? Die antiautoritäre Schülerbewegung der Jahre 67/68/69 unterzog die bestehenden Institutionen einer radikalen Kritik – aber nicht in nihilistischer, sondern eher in aufklärerischer Perspektive. Wir setzten – zunächst jedenfalls – auf die Überzeugungskraft des Arguments. Happenings, Go-ins, Sit-ins, Love-ins und derlei Provokationen sollten Diskussionen nicht verhindern oder ersetzen, sondern zu allererst herausfordern. „Agitieren" wollten wir freilich nicht die Lehrer, sondern unsere noch nicht „politisierten" Mitschüler. Der Zweck solcher Aktionsformen war (abgesehen davon, daß sie uns Spaß machten), den „Systemagenten" ihre Charaktermasken herunterzureißen. Bezogen auf die Schule hieß dies, die Lehrer vor den Mitschülern als argumentlose Wiederkäuer sich rationaler Begründbarkeit entziehender Phrasen bloßzustellen. Die Zurichtung unserer Pauker – das galt uns in freier Auslegung von Sigmund Freuds *Drei Abhandlungen zur Sexualtheorie* als zweifelsfrei ausgemacht – habe bereits im Säuglingsalter begonnen: mit der Unterdrückung ihres Trieblebens. Den Zusammenhang von repressiver Sexualerziehung und Faschismus erläuterte uns Wilhelm Reich in seinem Büchlein *Massenpsychologie des Faschismus*. Die roten Flecken im Gesicht der Biologielehrerin, wenn ihr wieder einmal kein Schüler im Unterricht zuhörte, wurden spekulativ auf ihre Orgasmusschwierigkeiten zurückgeführt. Und der Geographielehrer, der sich über Apfelsinenschalen auf dem Fußboden des Klassenzimmers beschwerte, entpuppte sich als analer Zwangscharakter.

Der kurze Zeitraum 67/68 war geprägt von einem grenzenlosen Zutrauen in die menschlichen Möglichkeiten. Unsere Ideologie besagte, ohne daß jemand Rousseau gelesen hatte: Der Mensch ist gut, die Gesellschaft (das hieß für uns zu allererst: ihre repressive Sexualmoral) macht ihn schlecht.

Bei Marx lasen wir nun, daß sich daran nichts ändern ließe, solange wir den Zwängen der kapitalistischen Produktionsweise unterliegen – und das Wertgesetz unsere Fähigkeiten und Bedürfnisse einschränkt. Darüber haben wir uns mit „unseren" linksliberalen Lehrern gestritten, welche auf die Reformierbarkeit des Systems setzten und in der Schule einen vorzüglichen Probierstein für die Demokratisierung der ganzen Gesellschaft sahen. In diesem Sinne werteten die Lehrer zum Beispiel eine von uns durchgesetzte Schülervollversammlung in der Aula zur Ausarbeitung einer neuen Schulordnung als beachtlichen Erfolg. Wir dagegen sahen darin nur eine Möglichkeit, unsere Mitschüler gegen das ganze System zu mobilisieren. Die rote Fahne, die demonstrativ das Rednerpult einhüllte, signalisierte nicht etwa unsere Verbundenheit mit dem Schulreformer Fritz Karsen, sondern mit Che Guevara und dem Vietkong.

Solche kraftmeierische Attitüde hatte mehr mit dem deutschen Sturm und Drang gemein, als wir damals ahnten. So spottet ein Karl Moor in Schillers *Räuber* über das Bildungswesen seiner Zeit: „ein schwindsüchtiger Professor hält sich bei jedem Wort ein Fläschchen Salmiakgeist vor die Nase und liest ein Kollegium über die Kraft." Und weiter: „Da verrammeln sie sich die gesunde Natur mit abgeschmackten Konventionen, haben das Herz nicht, ein Glas Wasser zu leeren ...". Und solche Lehrer sollten die Jugend zu Taten anstacheln? In einem unserer Flugblätter – Anlaß war ein für Deutschlehrer veranstalteter Germanistentag – heißt es: „Fünf Tage versammeln sie sich in der Gaußschule und hören sich langweilige Professoren-Vorträge an, die sie nur halb verstehen. ... Nachdem sie sich diesem akademischen Ritual unterworfen haben, werden sie in ihrer Schule wieder mit glänzenden Augen ihren miesen Unterricht abziehen." Soweit der analytische Teil der Flugschrift, die mit dem Aufruf endet: „Zerschlagt das Ritual der Jammergestalten! Wehrt euch gegen diese Autoritäten, denen ihr in der Klasse ausgeliefert seid. Scheucht sie aus ihrer Feierstunde auf! Sie haben keinen Grund zu feiern!" Als unser *Schülerfilm 1* 1969 in der Filmbühne Wien im Rahmen der Berlinale uraufgeführt wird – als Vorfilm von Buñuels *Der diskrete Charme der Bourgeoisie* – kommentieren wir dieses Ereignis in einem Flugblatt wie folgt: „Wir werden uns von Zadek und Konsorten nicht vormachen lassen, was Revolution in der Schule zu bedeuten hat. Die Revolution ist kein Indianertanz, den man aufführt und nach den (,den' statt ,dem', ein typischer Berliner Grammatikfehler) man nach Hause geht, als sei nichts gewesen. Wir werden nicht Schule als Schule, sondern nur als Bestandteil der kapitalistischen Gesellschaft revolutionieren können. Wir werden die Schulbürokraten verjagen, die Schule besetzen und bleiben. Der Unterricht wird unser Unterricht sein." – „Stelle mich vor ein Heer Kerls wie ich," deklamiert Karl Moor nicht weniger vermessen, „und aus Deutschland soll eine Republik werden, gegen die Rom und Sparta Nonnenklöster sein sollen." – Für uns war das Modell Mao Tse-tungs Kulturrevolution, über die wir uns nicht minder unzureichende Vorstellungen machten als der gute Karl Moor über Alexander den Großen. Denn über den Terror der Roten Garden erfuhren wir in der *Peking Rundschau* nichts.

Mao hätten wir zwei Jahre zuvor noch nicht zitiert. Auch Marx gegenüber waren wir 1967 noch skeptisch. Hatte der nicht die libertären Anarchisten aus der Ersten Kommunistischen Internationalen ausgeschlossen? Die antiautoritäre Bewegung verwandelte sich innerhalb von zwei Jahren unversehens in eine buchgläubige Veranstaltung, welche den Verlautbarungen der chinesischen Genossen den Status allerneuester Weltweisheiten einräumte. Die Anweisungen des Großen Steuermanns verhalfen uns dennoch nicht zur Befreiung der Schule – wie im *Schülerfilm 1* 1969 lehrstückhaft vorgeführt. Die Handlung: Ein Lehrer wird zunächst von Schülern in eine Kiste gesteckt und nach einer Art Prozession auf dem Schulhof verbrannt (musikalischer Hintergrund: Pink Floyd und *Street fighting man* von den Rolling Stones). Zum Schluß schwenken glückliche Schüler rote Fahnen. Die Berliner Presse warf uns daraufhin einhellig „Linksfaschismus" vor. In Wirklichkeit lag es uns damals fern, die Lehrer zu verbrennen. Daß solche symbolische Handlung von den Medien „bewußt" falsch verstanden wurde, irritierte uns nicht im geringsten. Andererseits unterwarfen sich die SSGler in der Folgezeit ausnahmslos dem Reglement kommunistischer Organisationen. Die einen landeten bei der SEW, die anderen bei neostalinistischen Konkurrenzunternehmen. Disziplin und Mißtrauen gegen die eigenen „kleinbürgerlichen Begierden" hatten sich diese wie jene zu ihrem Prinzip gemacht. Dem marxistisch-leninistischen Revolutions- und Transformationskonzept, zu dem wir uns wenig später bekannten, gilt der Massenterror übrigens in Theorie und historischer Praxis – wie bei Lenin nachzulesen – als ein legitimes Mittel des Machterwerbs bzw. -erhalts. Von dieser Seite besehen ist der Vorwurf gegen den *Schülerfilm 1* wir hätten selbstherrlich den Terror propagiert, nicht unberechtigt.

Der schöne Traum von 68, Revolution und Spaß am Leben gehörten unmittelbar zusammen, war 69 schon am Verblassen –, und die zwanghafte Vorstellung, man müsse die kapitalistische Gesellschaft, koste es, was es wolle, zerschlagen, drängte das vorher als elementar empfundene Anrecht auf lustbetonte Selbstverwirklichung immer mehr in den Hintergrund. Das protestantische Pflichtbewußtsein triumphierte über den anarchistischen Lebensentwurf. Wir überlieferten uns zwar nicht freiwillig wie Karl Moor den Händen der Justiz. Aber wir ließen uns alle – mehr oder weniger lange – von einer streng hierarchisch aufgebauten Organisation vereinnahmen, hieß diese nun SEW, KSV (Kommunistischer Studentenverband) oder KPD / ML.

Die Schülerrevolte von 67 / 68 wurde zweifellos inspiriert und ideologisch auch weitgehend moderiert durch die Revolte an den Universitäten. Hinzu kam die Defensivstellung des Westens, der in Südostasien und Südamerika den Kommunismus auf dem Vormarsch sah. Nicht der amerikanische Präsident Lyndon B. Johnson, sondern der Guerillero Che Guevara forderte seinerzeit: „Schafft zwei, drei, viele Vietnam." Allein dies erklärt nicht, wie aus einem Sechstklässler, der 1963 vor dem Schönberger Rathaus John F. Kennedy zujubelt (der Senat hatte uns und den Lehrern schulfrei gegeben), ein „revolutionärer" Zehntklässler wird. Es war die schöne Empfindung einer offenen Situation, die jedem zu erlauben schien, frei zu sein, wenn er nur wollte. Und mangelte es dann manchmal an Courage, konnte man die „repressive Erziehung" dafür verantwortlich machen.

Versuchen wir zum Schluß, den typischen Tagesablauf eines antiautoritären Oberschülers, wie er sich 69 abgespielt hat (oder abgespielt haben könnte), zu rekonstruieren. In-

Demonstration vor dem Rathaus Schöneberg nach dem Attentat auf Rudi Dutschke, 1968 — *konkret*

zwischen ist bereits zu unterscheiden zwischen den Haschisch rauchenden Cliquen, die am Wochenende auf den LSD-Trip gehen, und den politisch arbeitenden Gruppen – wiewohl die Fluktuation zwischen beiden beträchtlich ist.

Montagmorgen. In der Nacht haben wir zu dritt die Fassade der Fritz-Karsen-Schule mit Parolen beschmiert. Als wir zum Unterricht erscheinen, hat der Hausmeister bereits unsere nächtlichen Bemühungen buchstäblich zunichte gemacht. Eine Niederlage also, die sich noch im Laufe des Vormittags potenziert, weil die Schulleitung nicht einmal nach den Urhebern der Schmiererei fahndet (die ihr im übrigen bekannt sind). Der Unterricht ist quälend – schließlich hat man kaum geschlafen. In der großen Pause verlassen wir zu dritt widerrechtlich das Schulgelände, um ungestört einen Joint zu rauchen. Das Gefühl, das sich zwei Jahre zuvor dabei einstellte, ist bereits verflogen. Man ist hinterher nur noch „angeturnt", aber glaubt nicht mehr, in eine andere sinnliche Realität einzutauchen, die das Bewußtsein erweitert. Nachmittags wird ein wenig geschlafen, denn abends tagt im Schüler- und Lehrlings-Zentrum das Nachrichtenblatt-Kollektiv, das aus dem Zusammenschluß der Reste verschiedener Schülergruppen, darunter die SSG, hervorgegangen ist. Wo heute die Schaubühne residiert, im Mendelsohn-Bau am Kurfürstendamm, haben wir eine ganze Etage zu unserer freien Verfügung – ein paar Häuser weiter, in einem Altbau, ebenfalls am Kurfürstendamm, ist das SDS-Zentrum, die Zentrale der Studentenrevolte. Die Revolution hat ihre Geschäftsstellen in bester Lage eingerichtet. Auch die Haschrebellen bevorzugen die Citylage für ihre permanent wechselnden Treffpunkte – im Räuber-und-Gendarmen-Spiel mit dem RD (Rauschgift-Dezernat).

Im Nachrichtenblatt wird bereits der Kampf mindestens zweier Linien ausgetragen: Spontaneitäts-Befürworter (damals noch die Mehrheit des Nachrichtenblatt-Kollektivs) contra Zentralisten. Ich hatte – zwar nicht im Auftrag, aber im Namen des Nachrichtenblatt-Kollektivs – dem (trotzkistischen) „Initiativ-Ausschuß für eine revolutionäre Jugendorganisation" einen diffusen Anarchismusbegriff vorgeworfen (in NB, Nr. 20). Michael M. legt abends seine Erwiderung vor, die dann auch im NB (Nr. 21) erscheint. „Aus den theoretischen Äußerungen der Anarchisten von Proudhon bis Kunzelmann läßt sich überhaupt kein klarer Anarchismusbegriff ableiten. ... Zu den ‚verinnerlichten Zwängen dieser repressiven Gesellschaft' und zur Übertragung autoritärer Fixierungen von ‚Bürgermeister, Chef etc.' auf die Führer einer zentralisierten Organisation: Die Vorstellungen des NB-Kollektivs scheinen auf dem Freudschen Analysebegriff zu beruhen." Michael M. hält uns vor, wir wollten die Gesellschaft befreien, indem wir den Individuen ihre Neurosen nehmen – was allerdings so gar nicht behauptet worden ist. Ich habe vielmehr – gestützt auf Daniel Guérins *Anarchismus. Begriff und Praxis* – die Erfahrungen der Spanischen Anarchisten von 1936/37 angeführt. Meine These damals: Anarchismus ist durchaus machbar, wenn nicht zentralistische Kommißköpfe dazwischenfunken. M. dagegen rekurriert auf die Pariser Kommune, die Russische Revolution und die „Französische Revolution vom Mai 68". Es hätte sich wieder einmal gezeigt, „daß die ‚spontanen Aktivitäten' verpuffen, wenn keine ausgebildeten Kader diese Aktivitäten lenken". Wenig später werden die Leute vom Nachrichtenblatt-Kollektiv solche Ansichten auch vertreten – in sich gegenseitig bekämpfenden Vereinen. Mich zieht es diesen Abend noch ins „Black Corner", den Treff „umherschweifender Haschrebellen". Pink Floyd und Schwarzer Afghane bieten Entspannung. Am nächsten Tag steht schließlich eine Physik-Arbeit an.

Dokument 5   Ilan Reisin

„Liebe schülerinnen, liebe schüler ..."
Eine Rede zum 1. Mai 1968

Liebe schülerinnen, liebe schüler, liebe gäste!

im zuge der letzten ereignisse und angesichts des bevorstehenden ersten mai, haben wir es für nötig befunden, uns heute hier zu versammeln, um unsere stellung in der bestehenden gesellschaft zu klären. haben wir festgestellt, wo wir stehen, so wollen wir darüber diskutieren, welche unsere rolle in der folgenden zeit sein muß. ... es dreht sich um zwei begriffe, nämlich deutsche schule und demokratie. wie nun stehen diese beiden begriffe zueinander? das grundgesetz besagt, daß schule und elternhaus die beiden vorbereitungsstätten sind, in denen der schüler für seine spätere rolle als staatsbürger einer demokratie erzogen werden soll. wir wollen versuchen, anhand von einigen markanten punkten aus dem schüleralltag diese institutionen zu beleuchten. betrachten wir erst einmal die stellung des kindes im elternhaus: schon, wenn es zur genauen abgrenzung der erziehungsrechte der eltern gegen die grundrechte des kindes kommt, treten schwierigkeiten auf. doch die wirkliche problematik dieser abgrenzung entsteht erst mit dem heranwachsen des jugendlichen, bei dem die forderung nach grundrechtserfüllung immer größer wird, d.h. mit zunehmender bewußtwerdung wird die frage [gestellt], ab wann der jugendliche sich selbständig auf seine grundrechte berufen kann, ab wann er also nicht mehr die zustimmung seines gesetzlichen vertreters braucht.

wie wirkt sich nun das erziehungsrecht gegenüber den grundrechten des schülers aus? es soll hier nicht die erzieherische funktion der eltern in frage gestellt werden, wir finden jedoch vor, daß die eltern ihr erziehungsrecht gegenüber den grundrechten des kindes übermäßig beanspruchen. diese tatsache stellt sich meist als unterdrückung der kinder durch die eltern dar. als erstes beispiel wäre zunächst das recht der eltern auf bildungs- und berufswahl zu nennen. bestimmen nämlich die eltern darüber, ob das kind schon frühzeitig die schule verlassen wird und womöglich noch welchen beruf es erlernen soll, so verfügen sie damit über das 21. lebensjahres ihres sohnes oder ihrer tochter hinaus und können dem kind damit schäden für das ganze leben zufügen. ein weiterer punkt der unterdrückung ist das züchtigungsrecht der eltern, das ihnen erlaubt, ihre kinder zu schlagen und zu nötigen, solange keine sichtbaren schäden zugefügt werden, das ihnen ermöglicht, das kind zu handlungen zu veranlassen, die es selbst nicht versteht, oder dem kinde dinge zu verbieten, ohne den grund hierfür zu erklären. ein wichtiger punkt ist auch die einschränkung der informationsfreiheit durch das elternhaus. der art. 6 des GG sieht vor, daß die staatliche gewalt über die erfüllung der erziehungsrechte und -pflichten der eltern wacht, d.h. die jeweilige staatsform bestimmt die erziehungsweise. dies drückt sich besonders in der politischen und geistigen erziehung aus. zu diesem punkt gehört also, daß dem schüler verboten werden kann, an politischen veranstaltungen teilzunehmen, die den eltern nicht genehm sind, z.b. versammlungen oder demonstrationen, und daß die eltern die lektüre des kindes dahingehend zensieren, daß es nur das lesen darf, was ihnen nicht verderblich erscheint. ein buch von k.m. [Karl Marx] könnte ihnen z.b. verderblich erscheinen. die eltern haben also die möglichkeit, dem kinde ihre politischen ansichten aufzuzwingen. eine weitere mißbrauchserscheinung des erziehungsrechtes wäre z.b. die verletzung des briefgeheimnisses von seiten der eltern, die kontrolle von taschen und schulmappen, das verbot von freundschaften usw. dies wären nur einige punkte der unterdrückungsmöglichkeiten durch das elternhaus. theoretisch räumt das gesetz dem kind zwar einige mittel zur wahrnehmung seiner rechte ein, jedoch fehlt ihm oft die kenntnis oder, angesichts der folgen der mut, um von diesen mitteln gebrauch zu machen. und was nützen ihm dann solche rechte?

einen wesentliche beitrag zur erziehung des schülers zu einem demokratischen staatsbürger bildet ohne zweifel die sexualerziehung. hier tritt die mangelhaftigkeit in der bisherigen erziehungsform in schule und elternhaus besonders deutlich zutage. die sexualerziehung nämlich, wie sie heute durchgeführt wird, erfaßt nur die fortpflanzung der gesellschaft. zwischen der jungen generation, die ihre sexualtriebe wie alle anderen triebe offen wahrnimmt und ehrlich befriedigt wissen will, und denjenigen, die auf grund ihrer erziehung, die durch klischees und lüge geprägt war, das natürliche selbstverständliche im lebewesen zu etwas verwerflichem, schmutzigem erniedrigt haben, entsteht eine kluft, die immer breiter zu werden droht. die überwindung dieser kluft durch ehrliche, aufklärerische erziehung, wäre aufgabe der schule. stattdessen sehen wir die schule als sammelbecken eben jener vorhin besagter tabus, die von der schematischen darstellung des querschnitts des männlichen gliedes über die schädlichkeit der onanie bis hin zur völligen untersagung des vorehelichen geschlechtsverkehrs reichen. eine wirklich aufklärende sexualerziehung des jugendlichen, die das glück der befriedigung dieses triebes bejaht, würde ihm helfen, sich innerlich von diesem druck zu befreien. diese innere befreiung würde sich auch in der forderung nach der befreiung von äußerem druck darstellen. dies aber bedeutet kritik an der bestehenden gesellschaftsordnung und am bestehenden system. es kann natürlich nicht aufgabe der schule sein, die ja gerade diese unterdrückte gesellschaft repräsentiert, schüler zur kritik an der gesellschaft zu erziehen. was ist also das ergebnis der momentanen sexualerziehung? – onanie nein, geschlechtsverkehr nein, innere unterdrückung ja. dieser innere druck aber über längere zeit hinweg kann folgen haben: einmal ruft er psychische schäden hervor, die sich über das ganze leben auswirken können. der innere druck muß irgendwann zur entladung kommen. diese kann z.b. auf politischem gebiet stattfinden, in der abladung des drucks auf andere, z.b. auf minderheiten. dies wiederum wäre eine erscheinung, die unserer gesellschaftsordnung nicht widerstreben würde.

neben der eventuellen unzufriedenheit im elternhaus sowie der mangelhaftigkeit der sexualerziehung, ragt noch ein wesentlicher punkt aus dem alltagsleben des schülers hervor, und zwar die täglichen kleinen oder größeren unterdrückungen im bereich der schule. diese sind zum großen teil nur unerhebliche maßnahmen oder einrichtungen, sie weisen als summe jedoch einen stark unterdrückenden charakter auf. es seien hier nur einige beispiele aus der großen anzahl genannt, die zeigen sollen, wie ein direkter oder indirekter zwang auf eine gruppe der gesellschaft ausgeübt werden kann: da wären die bestrafungen für das zuspätkommen, für das vergessen der hausarbeiten, für das verlassen des schulgebäudes während der pause. da wäre der zwang, in pausen auf dem schulhof im kreis zu marschieren, das rauchverbot, das verbot, flugblätter und zeitschriften ohne die genehmigung des direktors zu verteilen, oder die getrennten toiletten für lehrer und schüler, die stark an getrennte herren- und bedienstetenaufgänge erinnern, und da wäre als krönung die schulordnung, das manifest des zwangs und der unterdrückung. all diese beispiele und andere viele mehr ergeben folgendes bild: die schule ist eine anstalt, deren insassen, also die schüler, ohne rechte ihre zeit absitzen und von einem stab von aufsehern, die mit privilegien ausgestattet sind, wissen vermittelt bekommen sollen. es wird an dieser stelle etwas überspitzt formuliert, aber betrachtet man die extrembeispiele für unterdrückungen an deutschen schulen, derer es nicht mangelt, so muß man zu diesem schluß gelangen. und auch hierfür sind die gründe, ähnlich wie bei der sexualerziehung, nicht etwa zufälligkeiten, sondern systembedingte erscheinungen. seit dem bestehen von schulen, und dies hat sich trotz moderner wissenschaftlich pädagogischer erkenntnisse auch bis heute nicht geändert, wird ein menschentyp herangebildet, der sich durch gehorsam gegenüber der obrigkeit aus-

SCHÜLER ALLER KLASSEN VEREINIGT EUCH!

MACHT DEN 1. MAI ZUM KAMPFTAG DER ABHÄNGIGEN UND UNMÜNDIG GEHALTENEN

SOZIALISTISCHES FORUM 30. 4. 18 UHR NEUE WELT
DEMONSTRATION 1. MAI 10 UHR KARL MARX PLATZ
KUNDGEBUNG 11 UHR HOHENSTAUFENPLATZ

Aufkleber zum 1.Mai — *Heimatmuseum Neukölln*

zeichnet. diese merkmale werden auch durch ein schulgesetz, das vorschreibt, einen demokratischen menschen zu erziehen, nicht abgeschafft. durch solche unterdrückungserscheinungen, wie sie eben genannt worden sind, wird dem schüler von anfang an beigebracht, daß es keine gleichheit, sondern nur befehlende und ausführende gibt, und daran ändert auch das bestehen einiger halbliberaler schulen nichts. wenn von befehlenden gesprochen wird, so soll hiermit nicht ein angriff auf autoritäre oder nicht autoritäre lehrer verübt werden, denn auch sie sind im größeren maßstab nur ausführende eines systems. es muß an dieser stelle sowohl zur besseren erkenntnis als auch aus gerechtigkeitsgründen auf das problem der verwalteten schule und des verwalteten lehrers eingegangen werden. der lehrer befindet sich in einer situation zwischen den richtlinien für die unterrichtsarbeit und den sonstigen schulbestimmungen. er kann über das was, wie und wann seines unterrichtes (bis auf eine allgemeine zielsetzung) fast frei entscheiden. dies hat zur folge, daß zum teil stark unterschiedliches wissen vermittelt werden kann und daß eine routine an die stelle von unterrichtsmethoden, die sich ständig mit dem fortschritt der wissenschaft ändern, tritt. ein lehrer kann also z.b. einen 25 jahre alten stoff nach einer eben so alten methode unterrichten. diese erscheinung führt also dann zu einem unterricht, der z.b. die geschichte als eine zufälligkeit von kriegen betrachtet, den kommunismus gar nicht oder nur mangelhaft behandelt, die sexualaufklärung unterschlägt oder DDR-literatur als nicht vorhanden betrachtet. auf der anderen seite ist der lehrer starr an schulbestimmungen gefesselt, die ihm genaue maßnahmen vorschreiben, z.b. über das öffnen von fenstern in den pausen. diese bestimmungen erniedrigen ihn ebenfalls zum ausführenden, indem ihm jede entscheidungsfreiheit abgenommen wird. selbst nur ein ausführender, kann er also nicht anders handeln, als in seinem bereich die schüler zu untergebenen und sich selbst zu einem vorgesetzten zu stempeln.

wir haben nun versucht, an hand von einigen markanten punkten die mißstände in der schule zu beleuchten und sind dabei zu folgendem ergebnis gekommen: die schülerschaft in der bestehenden gesellschaftsordnung ist zweifellos eine gruppe von stark unterprivilegierten staatsbürgern. es stellt sich also zum abschluß die frage, welche verwaltungen, organisationen oder bewegungen anstalten machen, die schüler aus dieser unterdrückten stellung zu befreien. wer vertritt die grundrechte der schüler gegenüber dem elterlichen erziehungsrecht, wer kämpft für eine wirklich freiheitliche sexualerziehung, wer versucht, das leben des schülers in der schule zu erleichtern oder wer kämpft für ein vernünftiges, nach neuesten erkenntnissen aufgebautes schul- und unterrichtssystem? all diese fragen bleiben von offizieller seite her unbeantwortet. es gibt zur zeit in deutschland nur eine einzige bewegung, die neben anderen forderungen von unterdrückten gruppen auch die forderungen der schüler vertritt, nämlich die APO [Außerparlamentarische Opposition]. sie erarbeitet z.b. in der KU [Kritische Universität] neue schulmodelle aus, tritt für eine fortschrittliche sexualaufklärung ein und versucht dem schüler rechtsbeihilfe zu gewähren. deshalb bleibt im augenblick für den wirklich demokratischen fortschrittlichen schüler keine andere möglichkeit, als sich der APO anzuschließen. ein erster schritt dazu wäre die teilnahme an der 1. mai-demonstration durch neukölln und kreuzberg, um zu zeigen, daß der 1. mai als tag der unterdrückten gruppen in der gesellschaft auch ein tag der schüler ist.

ich danke euch für eure aufmerksamkeit.

Referat vom 29.4.1968 zum 1. Mai, gehalten in der Fritz-Karsen-Schule; maschinenschriftliches Manuskript, Kopie im Heimatmuseum Neukölln
Ilan Reisin, Diplom-Soziologe und Computerfachmann, war Schülersprecher der Fritz-Karsen-Schule.

Dokument 6   Ditmar Staffelt

„Mit Duckmäusertum wird man nichts erreichen" – Abiturrede aus dem Jahr 1968

Liebe Mitschüler!
Liebe Eltern!
Sehr geehrte Damen und Herren des Lehrerkollegiums!

Wollten wir diese Rede in der althergebrachten Weise halten, so müßte sie etwa folgendermaßen lauten: Unsere Lehrer haben uns zu freiheitlich demokratischen Menschen erzogen. Sie haben uns die nötige Reife für den bevorstehenden Lebenskampf vermittelt. Deshalb wissen wir ihre Anstrengungen zu würdigen und möchten ihnen hiermit von ganzem Herzen Dank sagen. Soweit die Phrasen, die wir oft in den vorangegangenen Jahren hörten.

Wir möchten in diesem Jahr einmal versuchen, der Abiturrede einen neuen Inhalt zu geben. Sie soll nicht Anlaß dazu sein, leeres Gerede von sich zu geben, vielmehr soll sie zum Nachdenken und zur Diskussion anregen.

Was ist eigentlich die Schule? Wozu dient sie?

Unsere Schule ist mit Steuergeldern erbaut und eingerichtet worden; sie ist deshalb eine Einrichtung unserer Gesellschaft. Oberste Bildungsziele sind Achtung vor religiöser Überzeugung und vor der Würde des Menschen, Selbstbeherrschung, Verantwortung und Verantwortungsfreudigkeit, Hilfsbereitschaft und Aufgeschlossenheit für alles Wahre, Gute und Schöne. Schulen sollen nicht nur Wissen und Können vermitteln, sondern auch Herz und Charakter bilden.

Diese unpolitische Bildungskonzeption kann nicht dazu dienen, uns zu kritischen Menschen zu erziehen. Wir werden dazu erzogen, uns als Rädchen widerstandslos in ein System einzufügen, das wir nicht durchschauen können und das uns deshalb unveränderbar erscheint. Schüler, die die Inhalte ihres Lernens mitbestimmen könnten, würden nicht jahrelang die Geschichte von der Steinzeit bis zu Friedrich dem Großen pauken, sondern sie würden die Strukturen der bestehenden Gesellschaft analysieren und deren Entwicklung herleiten wollen. Niemand würde mehr Gedichte auswendig lernen und in affektierter Bühnensprache wieder aufsagen. Die Literatur würde auch als Mittel der Erkenntnis und der Veränderung betrachtet, nicht aber als konservatives Bildungsgut.

Demokratie wird an Formalien abgehandelt; so erscheint sie als wohlausgetüfteltes System von Spielregeln. Politik wird nur dann Gegenstand im Unterricht, wenn sie zur Geschichte geworden ist, bestehend aus Dynastien, Kriegen, Biographien und schicksalhaften Ereignissen. Der Effekt dieses Unterrichts: ein Harmoniebild, eine Anhäufung von teilweise nicht verwertbaren Fakten, kein Einblick in Zusammenhänge, keine Erziehung zum kritischen Denken. Da der Erfolg des Lernens nicht weitreichende Erkenntnis ist, sieht der Schüler als Ziel seiner Leistung das Erreichen einer guten Zensur. Die Leistung ist festgelegt im Lehrplan, und der Lehrer setzt sie durch. Seine Mittel sind Lob oder Tadel, gute oder schlechte Noten, erfreuliche oder unerfreuliche Mitteilungen an die Eltern, Versetzung oder Sitzenbleiben. Diese Autorität garantiert den störungsfreien Ablauf des Unterrichts, kritisches In-Frage-Stellen wird als pubertäre Trotzhaltung diffamiert.

Der Schüler glaubt nun, sich ein Image aufbauen zu müssen, um die Gunst des Lehrers gewinnen zu können. Bei diesem Bemühen sind Fragen bei Nichtverstehen nur störend. Der Schüler wird zum Heuchler nach der Weise: „Mehr schein' als sein." Das persönliche Verhältnis zum Lehrer und besonders die politische Einstellung des Schülers spielen bei der Leistungsbeurteilung eine wesentliche Rolle. Einer Diskussion über die so beeinflußte Benotung vor der Klasse entzieht sich der Lehrer durch Hinweise auf seine Autorität und sein Fachwissen.

Wir verurteilen die Diskriminierung und offensichtliche Benachteiligung von Schülern aufgrund ihrer politischen Überzeugung. Hierzu ein Beispiel: Es dürfte unter der Würde eines Lehrers sein, Ausdrücke wie „Rotes Schwein" und „Euch müßte man kahlscheren und über die Mauer schmeißen" zu benutzen. Es geht nicht an, daß Lehrer Andersdenkende beleidigen, indem sie höhnisch lachen und ihnen einen Vogel zeigen. Dadurch geben sie zu, daß sie zu einer sachlichen Argumentation nicht bereit und vielleicht auch gar nicht fähig sind.

Nach unserer Meinung müßte eine zu schaffende Schulkonzeption folgendes beinhalten:
1. Diskussion und Mitbestimmung des Lehrstoffes, basierend auf umfassender Erläuterung des Fachlehrers und auf Erfahrungsberichten von Schülern höherer Klassen.
2. Ausführliche Erklärung des Lehrers über seine Benotung und deren Maßstäbe, wobei die gesamte Klasse beteiligt wird.
3. Erziehung zum kritischen Denken auch gegenüber dem Informationsmonopol des Lehrers. Schüler müssen in der Lage sein und die Möglichkeit haben, Gegeninterpretationen zu äußern.
4. Das stupide und autoritäre Abfragespiel ist nicht mehr tragbar. So kann man nicht dem humanistischen Ideal dienen, selbstdenkende Menschen zu erziehen. Daher brauchen wir neue Formen der Unterrichtsgestaltung.

Wir wehren uns gegen das stupide Frage- und Antwortspiel zwischen autoritären Lehrern und Oberstufenschülern. Das trägt weder zum Verständnis des Lehrstoffes noch zum selbständigen Denken bei. Vielmehr kann man Wissensgrundlagen – zumal in der Oberstufe – im Gespräch mindestens genauso gut feststellen. Daß diese Möglichkeit realisierbar ist, haben uns viele Unterrichtsstunden bewiesen. Außerdem halten wir es für nutzlos, krampfhaft nach bestimmten Begriffen suchen zu müssen, obwohl im Unterricht bereits gleichwertige erarbeitet wurden. Überheblichkeit, Hochmut und Arroganz meinen nun einmal dasselbe wie Hybris.

An fast jeder Schule existiert eine Institution, die sich Schülermitverantwortung nennt. Laut Schulordnung soll sie eine Interessenvertretung der Schüler sein. So wurde sie zu einem Vollzugsorgan der Lehrer, die mit dieser ursprünglichen Schülerinstitution durchsetzen können, daß der Hof gesäubert wird, daß die Gänge sauber bleiben und daß alles Technische reibungslos funktioniert.

So kam es, daß die Schüler nur die Möglichkeit sahen, über die SMV Schulfeste und andere Tanzveranstaltungen zu organisieren. Was wir brauchen, ist eine SMV, die sich auf eine Masseninitiative der gesamten Schülerschaft stützt. Das können wir nur erreichen, wenn bestehende schulische Konflikte mit Unterstützung der SMV diskutiert und ausgetragen werden. Nicht länger darf der isolierte Schüler nur seine Klasse sehen, nicht länger darf die Schülervertretung Podium für leere Worte und Pöstchenjäger sein! Sie muß in Theorie und Praxis mit der gesamten Schülerschaft zusammenarbeiten, was mit einer Schülervollversammlung zu erreichen wäre. Engagement darf nicht länger sinnlos oder gefährlich sein. Der Schüler muß den Mut finden, nicht nur im stillen Kämmerlein seine Standpunkte zu vertreten, sondern sie in aller Öffentlichkeit zur Diskussion stellen. Mit Duckmäusertum wird man nichts erreichen. Folgen auf Aktivitäten der Schülervertretung Repression und Hysterie seitens der Lehrer, dann zeigt dies nur, wie berechtigt manche Forderungen sind. Macht die SMV zur organisatorischen Grundlage eurer Bemühungen.

Wir haben nun das Abitur bestanden und verlassen diese Schule. Es ist die Aufgabe der Schüler und Lehrer, sich mit den bestehenden Problemen auseinanderzusetzen. In einer freien Schule lernt es sich besser!

Diese Rede wurde von der 13as ausgearbeitet. Es bleibt den beiden anderen 13. Klassen überlassen, ob sie sich damit solidarisch erklären.

Liebe Mitschülerinnen und Mitschüler, wir haben die Möglichkeit, nach dieser Feierstunde diese Rede und weitere Probleme zu diskutieren. Wir würden uns freuen, wenn alle Anwesenden teilnähmen.

— *Emser Depesche. 75 Jahre Albrecht-Dürer-Oberschule.* Jahresschrift 1983, S. 74-76.
Dr. Ditmar Staffelt ist heute Landes- und Fraktionsvorsitzender der Berliner SPD.

Nachsatz

Einige Zuhörer hielten diese Rede wohl für den Vorboten einer drohenden Revolution. Jedenfalls kam es zum Eklat. Ein Teil der Zuhörer verließ die Aula. Seit Anfang der 70er Jahre wurden keine Abiturfeiern mehr veranstaltet, bis sie – seit 1981 – wieder zum festen Bestandteil des Schullebens wurden.

E. Meier

Peter Gaude · Günter Reuel

Die erste integrierte Gesamtschule Deutschlands – Erfahrungen als Planer der Walter-Gropius-Schule

Bildungspolitische Vorgaben der Planung

Als sich im Frühjahr 1966 die Planungsgruppe der Walter-Gropius-Schule – der vorläufige Schulname lautete „Britz-Buckow-Rudow" – zum ersten Mal in einer Hauptschule in Buckow, einem Ortsteil von Berlin-Neukölln traf, hätte sie an Ergebnisse einer etwa dreijährigen Vorlaufplanung, für die eine Gruppe von Kolleginnen und Kollegen unter Leitung des Hauptschulrektors und späteren Leitenden Schulrats Herbert Werner verantwortlich zeichnete, anknüpfen können. Werner und seine Mitarbeiter wollten eine Schule konzipieren, die bestehende schulische Organisationsformen integrieren sollte: Die neunklassige Hauptschule, das freiwillige zehnte Schuljahr für Hauptschüler und die zehnklassige Realschule.

Doch inzwischen hatte die bildungspolitische Diskussion in der Bundesrepublik Deutschland um eine „Demokratische Leistungsschule" die Vorstellungen und Vorarbeiten der „Werner-Gruppe" überholt. Die integrierte Gesamtschule[1] von der Vorschule bis zum Abitur sollte die Balance der bildungspolitischen Leitvorstellung „Allen das Gleiche – jedem das Seine"[2] garantieren und durch ihr Curriculum und ihre Organisationsstruktur als differenzierte Ganztagsschule diese Leitvorstellung verwirklichen.

Deshalb mußte die Planungsgruppe Ziele für Erziehung und Unterricht formulieren, die dieser Leitvorstellung wenigstens in der Form von „Richtzielen" entsprachen. Die Richtziele lassen sich in bildungspolitische, pädagogische und soziale Ziele gliedern. Sie spiegelten zugleich den Stand der bildungspolitischen Diskussion in der Bundesrepublik von der Mitte bis zum Ende der 60er Jahre wider:

Bildungspolitische Ziele:
— Erhöhung der Zahl qualifizierter Abschlüsse.
— Entwicklung neuer inhaltlicher und didaktischer Vorstellungen gemäß der „Berliner Erklärung" der Ständigen Konferenz der Kultusminister (100. Plenarsitzung, 5./6. März 1964).
— Die Gesamtschule folgt in ihrer Planung den in der „Berliner Erklärung" gekennzeichneten Tendenzen der europäischen Schulentwicklung, d.h. Errichtung neuer, weiterführender Schulformen sowie Verstärkung der Durchlässigkeit unter den bestehenden Schulen (z.B. horizontal statt vertikal gegliederte Schulorganisation).
— Die Gesamtschule erfüllt die Forderungen der OECD: „Jedes Land sollte sich verpflichtet fühlen, ... jedermann die Bildung zukommen zu lassen, die seinen Bedürfnissen und Fähigkeiten entspricht und daher das Bildungswesen so umfassend und flexibel zu gestalten, daß es dieser Verantwortung nachkommen kann".

Pädagogische Ziele:
— Förderung des einzelnen Schülers bis zum Höchstmaß seiner Leistungsfähigkeit,

- Angebot von Ausbildungsmöglichkeiten, die stärker auf die Befähigung des einzelnen eingestellt sind,
- Anheben des Ausbildungsniveaus der Jugendlichen durch vermehrte und verbesserte Schulbildung.
- Für Schüler aller Sozialschichten Erfahrungen mit der Absicht ermöglichen, reflektierendes und kritisches Denken und Verhalten anzubahnen.

Soziale Ziele:
- Die Gesamtschule trägt dazu bei, die Ungleichheit der Bildungschancen abzubauen.
- Unabhängig von weltanschaulicher Überzeugung und sozialer Stellung der Eltern ist die Gesamtschule ein Ort sozialer Integration.
- Durch die Begegnung von Schülern mit unterschiedlichen Fähigkeiten und Interessen fördert die Gesamtschule das gegenseitige Verstehen und die Rücksichtnahme aufeinander.
- Die Schüler sollen vorbereitet werden auf eine Welt zunehmender Abstraktion, Vernetzung und Veränderlichkeit, auf eine Welt zunehmender Verwissenschaftlichung und Vergesellschaftung, die Zusammenarbeit, Toleranz und gegenseitiges Verstehen erfordert. Diese Vorbereitung kann nur erfolgen durch systematisches Einüben kooperativen Verhaltens. (MASTMANN)

Personelle und organisatorische Voraussetzungen und die Zusammensetzung der Planungsgruppe

Man vergißt leicht, daß die meisten Schulen über Jahre oder Jahrzehnte gewachsene Gebilde sind in einem mehr oder weniger ehrwürdigen Schulgebäude, mit einem Kollegium verschiedener Altersstufen und einer mehr oder weniger funktionalen Kompetenz- und Statusstruktur sowie klaren Arbeitszeitregelungen. Die Planer der Walter-Gropius-Schule wiesen als Gruppe alle diese Merkmale nicht auf; sie kamen jedoch – sofern sie ausgebildete Lehrer waren – aus eben solchen „Schulmilieus", wie durch die genannten Merkmale soeben gekennzeichnet. Den geregelten Schulalltag tauschten sie ein gegen ein noch nicht vorhandenes Schulhaus, gegen den schwierigen Prozeß, ein neues Kollegium zu werden, vor allem gegen Überstunden, denn nur einige wurden von ihren Unterrichtsverpflichtungen an ihrer „Herkunftsschule" während der zweijährigen Planungsphase wenigstens teilweise befreit. Einer der Verfasser war während dieser Zeit in Berlin-

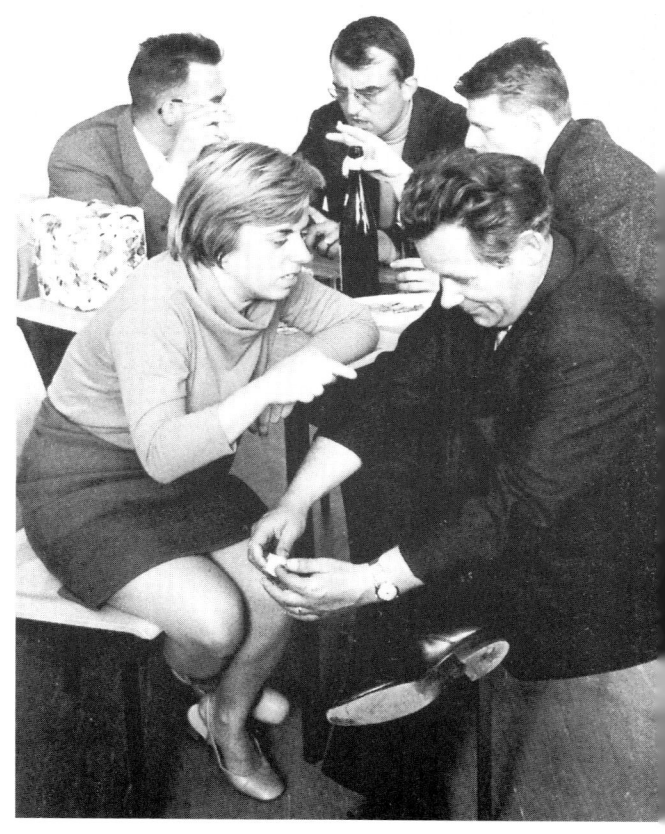

Lehrer in der Walter-Gropius-Schule bei der Feier zur Namensgebung 1969 — Heimatmuseum Neukölln

Walter Gropius erläutert in der Neuköllner Bezirksverordnetenversammlung am 14.4.1961 den Plan der Großsiedlung BBR (Britz-Buckow-Rudow), der späteren „Gropius-Stadt" —
Bezirksamt Neukölln

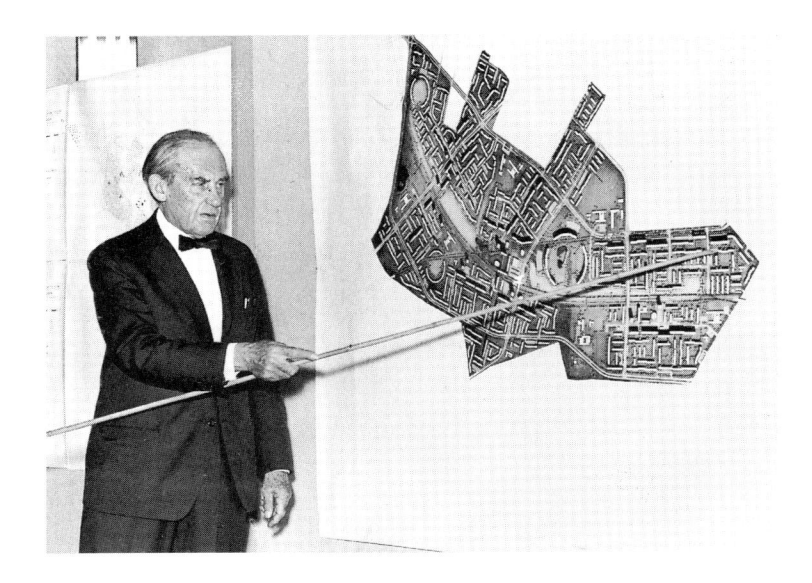

Steglitz an einer Grundschule tätig und studierte gleichzeitig an der Freien Universität Berlin Psychologie. Mit den Stunden für die Planung „Gesamtschule" kam er leicht auf Arbeitszeiten von 10 bis 12 Stunden täglich.

Alle Kollegen hatten sich freiwillig für die Mitarbeit in der Planungsgruppe entschieden – mit unterschiedlichen Motiven. Über individuelle Beweggründe zu spekulieren, verbietet sich. Heute, 27 Jahre später – die Walter-Gropius-Schule feierte Anfang Juni 1993 ihr „Silberjubiläum" – lassen sich aus der Distanz mindestens zwei kollektive Bewußtseinslagen unterscheiden, die zur Mitarbeit in der Planungsgruppe anregten: Zum einen gab es bei vielen Kollegen eine gewisse Unzufriedenheit mit dem Alltag und der Routine des herkömmlichen Schulwesens; zum anderen war die Zeit insgesamt eine des gesellschaftlichen Aufbruchs. Die Demokratisierung der Schule, insbesondere der Verzicht auf Auslese, bildeten als Zielvorstellung eine Art Grundkonsens. Wenig später sollte – von den Hochschulen ausgehend – die Gesellschaftskritik radikalisiert werden. Verglichen mit der lautstarken Forderung der „68er" nach gesellschaftlicher Veränderung oder gar „Revolution" waren die Planer der Walter-Gropius-Schule eher leise und bescheidene Reformer.

Carl-Heinz Evers, der Schulsenator, beauftragte Horst Mastmann, seinen persönlichen Referenten, mit der Leitung der neuen Planungsgruppe. Vor allem Mastmann und Erich Frister, Stadtrat für Volksbildung in Berlin-Neukölln, suchten und fanden etwa 20 Personen, die dann den „harten Kern" des späteren Kollegiums der Walter-Gropius-Schule bildeten.

Als die Schule am 1. April 1968 eröffnet wurde, traten etwa 40 Lehrer ihren Dienst an. Das Durchschnittsalter der Planer lag naturgemäß unterhalb des in gewachsenen Kollegien anzutreffenden. Lehrer und Lehrerinnen über 40 Jahre waren die Ausnahme. Alle Mitglieder der Planungsgruppe verfügten jedoch über eine mindestens fünf- bis zehnjährige Unterrichts- und Schulerfahrung. Es war eine gewollt „gemischte Gruppe". Da gab es Grundschulvertreter, Haupt- und Realschullehrer, Studienräte und Berufsschullehrer. Der männliche Anteil hatte in der Planungsgruppe ein leichtes Übergewicht.

Siedlung Gropiusstadt,
60er Jahre —
Heimatmuseum Neukölln

Bemerkenswert war die unbürokratische Art, mit der alle Mitglieder der Planungsgruppe, die einen weitgehend informellen Charakter hatte, zum Schluß nach Neukölln an die Gesamtschule versetzt wurden — sofern sie darum ersuchten. Der Bau der Schule verlief parallel zur inhaltlich-didaktischen Planung. Walter Gropius' Büro in den USA lieferte den Entwurf, und Berliner Vertragsarchitekten wirkten vor Ort. Als städtebauli-

Grundsteinlegung der Walter-Gropius-Schule am 27.9.1963 mit Schulsenator Carl-Heinz Evers am Rednerpult — *Bezirksarchiv Neukölln*

cher Hintergrund muß die in den späten fünfziger und frühen sechziger Jahren entstandene Gropiusstadt gesehen werden, ein Siedlungsgebiet an der Peripherie West-Berlins, das junge Familien mit Kindern anzog.

Das Gelände, auf dem die Gebäude entstehen sollten, war vom Bezirksamt Neukölln überaus großzügig bereitgestellt worden und erlaubte eine lockere Anordnung der Gebäude. Ein Vorzug, den keine spätere Schulplanung in Berlin genoß und der sich – besonders nach vollem Ausbau der Schule für rund 1 700 Schüler – sehr vorteilhaft im Hinblick auf die „Entzerrung" während der Pausen und Freizeitaktivitäten im Ganztagsbetrieb auswirkt.

Die „Keimzelle" um Herbert Werner verließ die jetzt überbezirklich besetzte Planungsgruppe bis auf wenige „Überläufer".

Die neue Planungsgruppe fand in einer Hauptschule, der Max-Pechstein-Oberschule (Tischlerzeile 34), ein provisorisches Quartier. Gleichzeitig wurden drei 7. Klassen dieser Schule als Vorlaufklassen für die künftige Gesamtschule eingerichtet.

Jeden Mittwochnachmittag trafen sich die Planer und diskutierten häufig bis in den späten Abend hinein. Wie fanden die Lehrer zur Planungsgruppe? Wahrscheinlich überwiegend durch Mundpropaganda. Es ist heute für uns kaum noch rekonstruierbar, wie der einzelne vom Projekt Gesamtschule erfuhr. Es verging kaum ein Mittwoch, an dem nicht ein neues Gesicht auftauchte. Nicht alle blieben.

Die Arbeitsabläufe – Methoden und Probleme der Planung

Um die bildungspolitischen, pädagogischen und sozialen Ziele zu realisieren und gleichzeitig den Prinzipien der „sozialen Integration" und der „individuellen Förderung" gerecht zu werden, mußte die Planung der Schule und ihres Unterrichts auf drei Ebenen ablaufen: 1. der Ebene der fachübergreifenden, didaktisch-organisatorischen Planung; 2. der Ebene der fachbezogenen und fachübergreifenden Planung des Unterrichts selbst und 3. der Ebene der sozialpädagogischen Planung von „außerunterrichtlichen Aktivitäten" in der Ganztagsschule (siehe B. KATH in diesem Band). Horst Mastmann berichtet:

„Die Planungsgruppe hat bei ihrer Arbeit die wesentlichen Probleme der Schule in der Gesellschaft von heute diskutiert, wie sie sich auf Grund der Ausbildung der beteiligten Lehrer, der jeweiligen Erfahrungen im Unterricht, der bildungstheoretischen Überlegungen, der Ergebnisse empirischer Forschungen ergeben ... Die Planungsgruppe ist bei ihren didaktischen Überlegungen deshalb einen pragmatischen Weg gegangen. Die Planung erfolgt vom Erfahrungsbereich des Lehrers, seinem Fach bzw. seinen Fächern her. Hierzu werden Lernziele entwickelt. Ein Vergleich der Lernziele ermöglicht die Fixierung von gesellschaftlich relevanten (übergreifenden) Funktionszielen". (MASTMANN, S. 10f.)

Auch im Fach „Gesellschaftskunde" ging man von Funktionszielen aus, um – davon abgeleitet – die Feinplanung des Unterrichts zu realisieren. Als Funktionsziele wurden beispielsweise genannt:

„In der Politik gibt es verschiedene Meinungen. Die ‚richtige' Meinung gibt es nicht. Darum geht es politisch immer nur um ‚besser' und ‚schlechter', nicht um ‚richtig' oder ‚falsch'. – Jeder ist vom ‚Politischen' betroffen. Auch der Unpolitische hat sich politisch entschieden. Politischer Erkenntnis sollte politisches Tun folgen. Es gibt viele Möglichkeiten, politisch teilzunehmen." (MASTMANN, S. 146)

WALTER-GROPIUS-SCHULE GESAMTSCHULE

↑ Beruf   ↑ Gesamthochschule   ↑ Beruf

Oberstufe

Jahrgang / Alter		Pflichtbereich		Wahlbereich	
13 / 18		Sprachliches-literarisches-künstlerisches-Aufgabenfeld	Deutsch, Englisch, Bild.Kunst, Musik	Deutsch, Englisch, Musik, Bild.Kunst, Mathematik, Physik, Biologie, Chemie	Gesellschaftswissenschaft, Latein, Französisch, Wirtschaftswissenschaft, Technologie, Sport
12 / 17		Mathematisch-naturwissenschaftliches Aufgabenfeld			
11 / 16		Gesellschaftswissensch. Aufgabenfeld, Sport			

Abschlusszeugnis (Hauptschule, Realschule, Besuch der Oberstufe 11–13)

Mittelstufe

Jahrg./Alter	Kernunterricht	Niveauunterricht	Wahlpflichtunterricht	Interessengruppen
10 / 15	Gesellschaftskunde, Form und Farbe, Musik, Sport, Biologie, Chemie, Physik	Deutsch, Englisch, Mathematik	Französisch, Latein (3.Fremdspr.); Französisch, Latein (2.Fremdspr.); Politikwissenschaft/Geschichte; Datenverarbeitung; Sozialpädagogik; Sport/Biologie; Physik; Biologie; Chemie; Technik–Wirtschaft I*; Technik–Wirtschaft II*	Kursangebot nach Interesse der Schüler und nach Möglichkeiten der Schule
9 / 14				
8 / 13	Gesellschaftskunde, Form und Farbe, Musik, Sport, Chemie	Deutsch, Englisch, Mathematik, Physik	Französisch | Latein | Technik Wirtschaft	
7 / 12	Gesellschaftskunde, Form und Farbe, Musik, Sport, Biologie		Französisch | Latein | Technik Wirtschaft	

Grundstufe

Jahrg./Alter	Kernunterricht	Förderunterricht	Interessengruppen
6 / 11	Deutsch, Mathematik, Englisch, Technisch-Naturwissenschaftlicher Unterricht, Gesellschaftskunde, Musik, Form + Farbe, Sport	Kleine Gruppen zum Ausgleich von Leistungsausfällen aus verschiedenen Ursachen	Angebot nach Interesse der Schüler und nach Möglichkeiten der Schule
5 / 10			
4 / 9	Deutsch, Mathematik, Sachunterricht, Englisch (Frühbeginn), Musik, Form und Farbe, Sport		
3 / 8			
2 / 7	Deutsch (einschließlich Sachunterricht), Mathematik (einschließlich Sachunterricht), Musik, Form und Farbe, Sport		
1 / 6			

Vorklassen
0 / 5 — (Vorschulisches Förderprogramm als Schulreifetraining)

Vier Niveaukurse:
F ortgeschrittener Kurs
E rweiterter Kurs
G rundkurs
A nschlußkurs

*Technik–Wirtschaft I
Technisches Zeichnen
Haushaltstechnik
Materialprüfung und Festigkeitslehre
Elektrotechnik
Druck, Graphik, Werbung
Laborkurs

*Technik–Wirtschaft II
Maschinelle Bearbeitungstechniken
Kaufmännischer Grundkurs
Steuerungs und Regelungstechnik

— H. Mastmann: *Gesamtschule. Ein Handbuch. Teil 2: Die Praxis.* Schwalbach 1975, S. 52

Auf den Struktur- und Stellenplan der Gesamtschule können wir hier nicht eingehen. Einige Hinweise zur Organisation des Unterrichts werden genügen:

Die Walter-Gropius-Schule umfaßt die Vorklassen und die Jahrgangsstufen 1 bis 13.

Die herkömmlichen Formen der Hausarbeiten-Einübung (Wiederholungen, Übungen aufgrund gegebener Muster), Aufgaben, die die Initiative des Schülers herausfordern und Vorbereitungsaufgaben werden in die Unterrichtsplanung einbezogen oder in den Schülerarbeitsstunden erledigt.

Der Unterricht wird nach der gemeinsamen sechsjährigen Grundschule in der Mittelstufe (Klassen 7 bis 10) nach Neigung, Interesse und Leistung differenziert. Ab Klasse 7 wird er deshalb in vier Bereiche eingeteilt:

1. Kernunterricht: Gesellschaftskunde, Form und Farbe, Musik, Leibeserziehung, Chemie;
2. Niveauunterricht (mit Leistungsdifferenzierung): Deutsch, Englisch, Mathematik, Physik;
3. Wahlpflichtunterricht: Französisch / Latein oder Technik / Wirtschaft (Arbeitslehre) in der 7. und 8. Jahrgangsstufe; zweite Fremdsprache, Politikwissenschaft / Geschichte, Sozialpädagogik, Sport / Biologie, Physik / Chemie / Biologie, Technik / Wirtschaft in der 9. und 10. Jahrgangsstufe;
4. Wahlunterricht (nach Interessengruppen): Spiel- und Sportangebote, Foto- und Bastelkurse u.ä.

An dieser Grundstruktur der Unterrichtsorganisation hat sich bis heute wenig geändert, weil sie sich bewährt hat und – nach dem Urteil von Schülern und Lehrern – ausreichende Möglichkeiten der Wahl-, Neigungs- und Leistungsdifferenzierung bietet. Zu ergänzen wäre noch, daß sich der Unterricht in der Oberstufe (11. bis 13. Klasse) an der gymnasialen Organisationsform orientieren muß, um die Gleichwertigkeit des an der Walter-Gropius-Schule erreichten Abiturs zu sichern.

Der Schwerpunkt der Arbeit der Planungsgruppe lag bei der Entwicklung von Lehrplänen der Fächer für die 7. bis 10. Jahrgangsstufe. Die Aufgabe wurde in fachspezifischen Untergruppen verwirklicht, die die folgenden Rahmenvorgaben zu berücksichtigen hatten:

1. Alle Lehrpläne sind lernzielorientiert zu planen und sollten – wenn irgend möglich – auch Kriterien angeben, die es dem Schüler ermöglichen, seine persönlichen Lernfortschritte zu erkennen[3].

2. Unterrichtsinhalte, -medien und -methoden sollen so geplant werden, daß „Hausaufgaben" als „Unterrichtsaufgaben", also während des Unterrichts, ausgeführt werden. Wenn nötig, sollen sie vom Schüler ohne zusätzliche Lehrerhilfen in den Arbeitsstunden erledigt werden.

3. Die Lehrpläne für die Fächer Deutsch, Englisch und Mathematik, die leistungsdifferenziert unterrichtet werden, haben ein „Fundamentum", das möglichst alle Schüler am Ende der 10. Klasse bewältigt haben, und sehen Zusatzangebote für den Fortgeschrittenen-Kurs (F-Kurs) vor.[4]

Am Ende der Mittelstufe werden die Abschlüsse vergeben. Schülern, die im Kursunterricht in zwei von drei Kursen das F- bzw. E-Niveau erreichten und auch in den Fächern des Kern- und Wahlpflichtunterrichts überdurchschnittliche Leistungen zeigten, wird der Besuch der Oberstufe empfohlen.

Die Planungsgruppen für die einzelnen Fächer wurden begleitet und unterstützt durch eine fachübergreifende didaktische Planung. Daneben gab es eine ständige Diskussion allgemeiner, die Gesamtstruktur und -organisation der Schule betreffender pädagogischer und personeller Probleme in den „Mittwochsrunden", den Arbeitsbesprechungen der Gesamtgruppe.

Dr. Horst Mastmann, Leiter der Planungsgruppe der Gesamtschule Britz-Buckow-Rudow (spätere Walter-Gropius-Schule) mit Lehrern der Vorlaufklassen mit dem Schulmodell, 1966 — *Festschrift zum 10jährigen Bestehen*, 1978

An dieser Stelle ist auch ein Wort zur wissenschaftlichen Beratung und Begleitung der Planungsgruppe durch die in Berlin vorhandenen Institutionen Pädagogisches Zentrum (PZ), Max-Planck-Institut für Bildungsforschung (MPI), Pädagogische Hochschule (PH) und Universitäten (FU, TU) notwendig. Der Senator für Schulwesen hatte sie zwar um ihre Hilfe gebeten, die Gesamtschulplaner sahen sich jedoch – trotz vieler Versuche, mit den vermeintlich kompetenten Wissenschaftlern in Kontakt zu treten und mit ihnen zusammenzuarbeiten – weitgehend auf sich selbst gestellt. Die mangelhafte Kooperation zwischen „Wissenschaft" und Planungsgruppe hatte neben persönlichen und institutionellen „Blockierungen" vor allem – aus der zeitlichen Distanz zur Planungsphase heraus geurteilt – zwei sachliche Gründe: Der Wissensstand und das Problembewußtsein der als Berater in Frage kommenden Wissenschaftler in Sachen Gesamtschule im europäischen Zusammenhang waren so gering, daß kaum Antworten auf die die Planer beschäftigenden Fragen zu erwarten waren. Das galt für die Pädagogen der verschiedenen Richtungen der Wissenschaft, z.B. historische, vergleichende, systematische Erziehungswissenschaft, aber auch der Schulpädagogik und der Allgemeinen Didaktik. Hinzu kam, daß die Interessen der Angesprochenen und die der Gesamtschulplaner weit auseinanderlagen. Daher wurde es schwierig oder sogar unmöglich, sich soweit zu einigen, daß eine Grundlage für eine produktive Zusammenarbeit hätte geschaffen werden können.

137

Mehr oder weniger auf sich allein gestellt, versuchten deshalb einige Mitglieder der Planungsgruppe, die wissenschaftliche Absicherung der Konzepte und die Ausrichtung der Planungsziele an der europäischen Schulentwicklung – vor allem in Schweden, Großbritannien und Frankreich – durch eigene Studien und „Orientierungsreisen" zu erreichen. Die Fach- und Dienstaufsicht unterstützte dies unbürokratisch und großzügig, zumal das Verhältnis zwischen dem Leiter der Planungsgruppe Horst Mastmann und „unserem" Senator Carl-Heinz Evers vertrauensvoll und kooperativ war. Die Zahl der Veröffentlichungen – bis zum Jahr 1970 erschienen ca. 40 Publikationen, darunter fünf Bücher – spricht für die Eigenständigkeit der Planungsgruppe und für deren Arbeitsfreude. In diesen Schriften wurden fast alle Probleme behandelt, die sich aus der Planungsarbeit ergaben und die bis zur Eröffnung der Schule gelöst werden mußten. Auch die Diskussion um die sogenannte „wissenschaftliche Begleitung und Evaluation" des Schulversuchs, die sowohl Politiker – vor allem die Gegner der Gesamtschule – und der Deutsche Bildungsrat (1969) dringlich forderten, bestritt in der ersten Phase der Walter-Gropius-Schule bis etwa 1972 der Kern des Kollegiums, d.h. die ehemalige Planungsgruppe, selbst.[5]

Die wichtigsten fachübergreifenden Fragen und Probleme, die in der Gesamtgruppe diskutiert und danach meist in Kleingruppen bearbeitet wurden, um dann in einer „Bewertungsphase" der Gesamtgruppe erneut präsentiert zu werden, waren die folgenden:

Zunächst ging es darum, ein praktikables Modell der äußeren, fachspezifischen Leistungsdifferenzierung zu entwickeln. Das Resultat war das FEGA-Modell, das nach vier Niveaustufen differenzierte und eine optimale Durchlässigkeit durch halbjährliche Umstufung der Schüler auf der Basis ihrer „Fundamentalleistungen" zu erreichen suchte. Das FEGA-Modell wurde von vielen Gesamtschulen übernommen und ist noch heute in abgewandelter Form für die Berliner Gesamtschule bindend. Dessen Durchlässigkeit wurde vor allem durch eine einheitliche, objektivierte Feststellung der fachspezifischen Schülerleistungen erreicht. Zu diesem Zweck wurden, vor dem Hintergrund des damaligen internationalen Entwicklungsstandes der pädagogischen Diagnostik, „informelle Tests" entwickelt. Die Lehrer erhielten allgemeine Handreichungen und Anweisungen, wie ein informeller Test für ein bestimmtes Fach konstruiert, analysiert und nach der ersten Anwendung verbessert werden konnte. Bei der Umsetzung dieser „Richtlinien" in den einzelnen Fächern wurden die Fachgruppen vom späteren Didaktischen Leiter und vom Schulpsychologen beraten (GAUDE / TESCHNER 1970).

Ein weiteres Planungsproblem entstand, aus der seit 1967 bekannten Zahl von Vorschulplätzen (40) im Vergleich zur Zahl der 1969 erstmalig einzuschulenden „Erstklässler" (140). Die im Herbst 1968 vorhandenen 40 Vorschulplätze sollten nicht nach dem Zufall oder nach der Informiertheit und Motivation der Eltern besetzt werden. Dabei wären wahrscheinlich eher nicht-förderungsbedürftige Kinder als förderungsbedürftige aufgenommen worden. Die Plätze sollten vielmehr entsprechend der individuellen Förderungsbedürftigkeit vergeben werden, und zwar im Hinblick sowohl auf Sprachentwicklung und -kompetenz, Grob- und Feinmotorik, Aufgabenverständnis, Konzentrationsvermögen und eine Reihe anderer, sozial bestimmter Verhaltensweisen sowie der Fähigkeit zur Einordnung und Kooperation.

Da keine Verfahren zur Feststellung von Defiziten in den genannten Bereichen vorlagen, entwickelte einer der Autoren, unterstützt und beraten vom damaligen Leiter der Schulpsychologischen Beratungsstelle in Berlin-Charlottenburg, Joachim Kamratowski, eine informelle „Testbatterie", mit der die 40 förderungsbedürftigsten Kinder von den insgesamt 140 Schulanfängern ein Jahr vor Schulbeginn herausgefunden werden sollten.[6] Diese Kinder wurden dann ein Jahr lang differenziert gefördert, um ihre Chancen für einen erfolgreichen Schulanfang zu erhöhen.

Eine weitere Aufgabe der fachübergreifenden pädagogischen Planung bestand in der Konstruktion einer Verhaltensskala, die die „allgemeine Beurteilung" objektivieren und zugleich eine pädagogische Beratung der Schüler ermöglichen sollte. Jeder Schüler wurde von jedem der ihn unterrichtenden Lehrer abgestuft beurteilt nach: Aggressivität, Kreativität, Leistungsmotivation, kritischem Denken, Verläßlichkeit, Mitarbeit im Unterricht, Stellung in der Klasse, Reaktion auf schulische Streßsituationen (Angstniveau), Kooperation und emotionale Ansprechbarkeit. Die Beurteilungen der Lehrer wurden vom Tutor (Klassenlehrer) für jeden Schüler halbjährlich in einem Verhaltensbericht zusammengefaßt. Dieses Verfahren wurde in einer späteren Untersuchung mit anderen Lehrern überprüft und verbessert.[7] Heute wird es an der Walter-Gropius-Schule nicht mehr benutzt. Die Lehrer waren aus folgenden Gründen dagegen: 1. Die Anwendung und Auswertung der Skalen sei zu kompliziert. 2. Der Zeitaufwand stehe in keinem Verhältnis zum Informationsgewinn und damit pädagogischem Nutzen für Schüler wie Eltern. 3. Die meisten Verhaltensberichte würden sich im mittleren Bereich der Skalen bewegen und damit wenig zwischen den Schülern differenzieren.

Schließlich soll noch der Aufbau einer Schullaufbahnberatung während der Planungsphase erwähnt werden, die besonders für den Schuleintritt, aber auch für die Übergänge (Grundstufe zur Mittelstufe, speziell Mittelstufe zur Oberstufe) von Bedeutung war. Nach Eröffnung der Schule wurde eine Planstelle für einen Schulpsychologen eingerichtet, die jedoch vier Jahre später – als der Schulpsychologe die Schule verließ – wieder gestrichen wurde.

Auf die Planung des Freizeitbereichs, des Wahlpflichtunterrichts und verschiedener Wahlkurse können wir im Rahmen dieses Berichtes nicht näher eingehen. (Siehe dazu B. KATH sowie R. ROGLER in diesem Band)

Ergebnisse der Planungsarbeit

Bei den Ergebnissen eines so vielschichtigen Planungsprozesses muß unterschieden werden zwischen solchen, die die Struktur festlegten und curricularen Ergebnissen. Die strukturellen Entscheidungen im Hinblick auf die Zügigkeit der Grund-, Mittel- und Oberstufe wurden bereits erläutert.

Die Entscheidungen über die Differenzierungsniveaus, die Instrumente zur Leistungsfeststellung bzw. -bewertung, die im Wahlpflichtbereich angebotenen Fächer, das Verhältnis von Unterricht und Sozialpädagogik im Ganztagsbetrieb usw. haben weitgehend Bestand bis zum heutigen Tag. Anders die Lehrpläne der zwölf Fächer, die in der Berliner (Gesamt-)Schule den Bildungskanon ausmachen. Sie sind bekanntlich immer Veränderungen unterworfen. Wir können aus Platzgründen nicht die curricularen Planungsergebnisse der Fächer referieren, möchten aber daran erinnern, daß die Arbeit sich vor allem auf die Curricula der Mittelstufe konzentrierte. Sie war das Kernstück der Reform.

Abschließend wollen wir auf den Zusammenhang zwischen architektonischer und organisatorischer Planung der Walter-Gropius-Schule hinweisen. Die Planungsgruppe um Herbert Werner hatte bereits einen Schulbau in Auftrag gegeben, der die Integration von Haupt- und Realschule ermöglichen sollte. Die Gesamtschulplaner hatten also keine

Möglichkeit mehr, den Bau ihren Vorstellungen anzupassen.

Es entstand eine Schule auf einem für Berliner Verhältnisse riesigen Grundstück, bestehend aus fünf Pavillons, verbunden durch eine Pergola, ein querliegendes Fachraumgebäude, zu dem ein Seitenflügel mit technisch-gewerblichen Fachräumen gehört, sowie ein Hausmeistergebäude und ein angrenzender Kindergarten. Die großzügig bemessenen Freiflächen mit den Sportanlagen erinnern an amerikanische Campus-Architektur. Werner und seine Mitarbeiter hatten die Vorstellung, daß mehrere Klassenzimmer um einen Zentralraum gruppiert werden, der Großgruppenunterricht ermöglichen sollte. Jedes Klassenzimmer sollte zudem eine erkerartige Ausbuchtung erhalten, in der Kleingruppen sich von der Stammgruppe abgesondert aufhalten konnten. Die Gesamtschulplaner mußten diesen Entwurf aufgreifen und als nicht mehr veränderbare Vorgabe hinnehmen. Damit war die Vorentscheidung für eine dreizügige Grundschule (18 Klassenräume in den zweigeschossigen Pavillons) und eine fünfzügige Mittelstufe (30 Klassenräume in den dreigeschossigen Pavillons) gefallen. Von den letztgenannten mußten einige Räume der späteren Oberstufe vorbehalten bleiben.

Neben den offenkundig positiven Ergebnissen der zweijährigen Planungsarbeit darf man auch auf die „heimlichen Erfolge" der Gesamtschule, ihre Auswirkungen und Veränderungen in der Regelschule hinweisen. An anderer Stelle haben wir dies getan und zusammenfassend formuliert: „Nicht alle Ansätze der Schulreform in den letzten zwanzig Jahren sind auf die Gesamtschule zurückzuführen; mittelbar haben jedoch alle Stufen und Bereiche unseres Bildungswesens von der Gesamtschulentwicklung profitiert."[8]

Anmerkungen

1 Auf die Unterschiede zwischen „additiver", „differenzierter", „kooperativer" und „integrierter" Gesamtschule wollen wir im Rahmen dieses kurzen Erfahrungsberichts nicht eingehen, zumal u.E. nur die integrierte Gesamtschule der bildungspolitischen Diskussion in den 60er Jahren in Europa und den daraus resultierenden Reformvorstellungen entspricht.

2 H. Mastmann u.a. (Hrsg.): *Gesamtschule. Ein Handbuch.* Schwalbach 1968

3 Vgl. P. Gaude, W.-P. Teschner: *Objektivierte Leistungsmessung in der Schule.* Frankfurt am Main 1970

4 Vgl. W.-P. Teschner: Unterricht in Fachleistungskursen. Differenzierungskriterien und Intermobilität. — *Gesamtschule* 1 (1969) 1

5 Dies dokumentieren die einschlägigen Publikationen des Kollegiums, z.B. P. Gaude, W.-P. Teschner, 1970; P. Gaude, H. Fischler: Wissenschaftliche Begleituntersuchungen zur Unterrichtsdifferenzierung in den Naturwissenschaften. — *Gesamtschule* 3 (1971), 14-17; P. Gaude: Pädagogische Forschungs- und Entwicklungsarbeit in Gesamtschulen. — H. Mastmann (Hrsg.): *Differenzierung und Individualisierung in der Gesamtschule.* Schwalbach 1971; P. Gaude: Individuelle und kollektive Probleme von Schülern und Lehrern in Gesamtschulen. — *Gesamtschul-Informationen* 7 (1974) 4, 119-130; W. Flößner: *Sozialschicht und Lerngruppe in der Gesamtschule.* Schwalbach 1974

6 P. Gaude: Zur Erfassung förderungsbedürftiger Kinder im Vorschulalter. — *Berliner Lehrerzeitung* 23 (38) (1969), 24-25; J. Kamratowski: *Wortschatztest für Schulanfänger* – WSS 1. Weinheim 1970

7 P. Teigeler, P. Gaude, V. Teigeler: Skalen zur Beschreibung von Schülerverhalten. — *Die Deutsche Schule* 65 (1973) 11, 786-799. Dieser Untersuchung lag eine repräsentative Stichprobe Berliner Lehrer zugrunde.

8 P. Gaude: Die heimlichen Erfolge der Gesamtschule. — *Gesamtschul-Informationen* 21 (1987) 2 / 4, 56-105

Dokument 7   **Grundsätze für den
               Lehrer der Gesamtschule**

1. In einer Gesamtschule gibt es keine Volksschüler, Hauptschüler, Realschüler, Gymnasiasten – es gibt Schüler.
2. Schüler sind auch Menschen und haben manchmal recht. Man läßt sie mitunter auch zu Wort kommen.
3. Sie sind aufgrund institutioneller Bestimmungen (Gesetze, Rechtsverordnungen, Verwaltungsvorschriften) dazu verurteilt, sich dem „Reglementierungsprozeß Erziehung" zu unterwerfen.
4. Eltern haben manchmal recht, schließlich haben sie Kinder.
5. Eltern sind nicht deshalb „schlechte Eltern", weil sie nicht das wissen, was Lehrer wissen, und nicht so sprechen, wie Lehrer sprechen.
6. Eltern sind nicht deshalb bessere Eltern, weil sie in der Elternversammlung nichts sagen.
7. Der Lehrer braucht – wie jeder Mensch – das Erfolgserlebnis; der Schüler ist das ungeeignete Objekt.
8. Die Feststellung des Lehrers, daß ein Schüler nicht das weiß, was er erwartet, ist kein Grund dafür, in allgemeinen Kulturpessimismus zu verfallen. Es gibt immer noch die Möglichkeit, daß er es lernt.
9. „Begabung" ist für den Lehrer der Gesamtschule eine Ausrede.
10. Der Lehrer der Gesamtschule ist nicht der personifizierte Rohrstock einer Gruppe oder Schicht der Gesellschaft.
11. Erziehungswissenschaft ist auch eine Form, Probleme der Erziehung zu bewältigen. Demgegenüber hat der Lehrer manchmal recht.
12. Die Realität des Lehrers ist nicht immer die Realität der Welt.
13. In der Gesamtschule geht es nicht darum, einer Wissenschaftsdisziplin Daseinsrecht zu verschaffen, sondern Kinder zu erziehen.
14. Für den Lehrer der Gesamtschule ist es notwendig, den Unterricht seines Kollegen zu kennen. Nur dann kann er bei einem Besuch des Kollegen seinen Unterricht erklären.
15. Der andere Kollege hat subjektiv – für sein Fach – mit seiner Meinung recht.
16. Das Vorurteil – aufgrund des Faches und langjähriger Tätigkeit erworben – ist kein geeigneter Ausgangspunkt der pädagogischen Diskussion.
17. Der Kompromiß bietet die Möglichkeit, sich in seinem Vorurteil zu behaupten: der Kollege ist bekehrt.
18. Das Lehrbuch ist eine Möglichkeit unter vielen, Unterricht zu erteilen.
19. Die Feststellungen und Begriffe „fertigmachen", „dem werde ich es schon zeigen", „der kann nichts dafür", „den kriegen wir schon hin", „Nachtwächter", „Schlafmütze", „Weihnachtsmann" werden an der Gesamtschule nicht mehr gebraucht.

20. „Bitte" und „Danke" sind Formeln, die man auch im Gespräch mit Schülern verwenden kann.
21. Wenn der Lehrer „das schon immer so gemacht hat", ist es für den Lehrer der Gesamtschule höchste Zeit, „das" zu ändern.
22. „Antreten" ist nur eine Form der Domestikation.
23. Karten spielen ist nicht aller Anfang des Lasters Müßiggang.
24. „Brüllen" ist keine Übung für den Modus Imperativ.
25. Die Frage nach der Schwäche des anderen – Kollegen oder Schülers – ist die Frage danach, wo und wie ich helfen kann.
26. Der Lehrer der Gesamtschule weiß natürlich, daß früher alles besser war. Er meint nur, daß man es auch anders machen kann.
27. Die vorgesetzte Dienstbehörde hat manchmal sogar recht.
28. Die „Utopie der Harmonie" ist die Flucht vor der Realität des Konflikts. Der Lehrer der Gesamtschule bezieht den Konflikt als pädagogisches Moment in seine Überlegungen ein.

— H. Mastmann u.a. (Hrsg.): *Gesamtschule. Teil 1: Ein Handbuch der Planung und Einrichtung.* Schwalbach 2. erg. Aufl. 1972 (1. Aufl. 1968), S. 136-137

Brigitte Kath

Ohne sie läuft nichts.
Pädagogische Mitarbeiter
in der Walter-Gropius-Schule

Als 1968 die erste Gesamtschule der Bundesrepublik Deutschland durch den damaligen Berliner Schulsenator Carl-Heinz Evers, den Neuköllner Stadtrat für Volksbildung Erich Frister und den Schulleiter Dr. Horst Mastmann eröffnet wurde, war klar, daß diese Schule eine sozialdemokratische Antwort auf die konstatierte „Bildungskrise" werden sollte. Sie knüpfte an die bildungspolitischen Ideale der Weimarer Republik im Bezirk Neukölln an, ohne auf deren Erfahrungen zu fußen, weil die reformpädagogischen Schulen „mehr das Werk einzelner und nicht Beispiele einer allgemeinen Schulreform gewesen waren".[1]

Im Vordergrund stand vielmehr der Anspruch, eine Schulreform in Gang zu setzen, die „den Anforderungen der Zukunft zu entsprechen vermag, (die) die Forderungen eines sozialen Rechtsstaates (GG Art. 20) in Hinblick auf reale Chancengleichheit erfüllen kann, (die) die Demokratie in Hinblick auf das Bildungswesen sichern will". (MASTMANN 1968, S. 9)

Der Schwerpunkt dieser Reform sollte die Entwicklung von Curricula mit Lernzielpräzisierung, objektiven Maßstäben der Leistungsbeurteilung und der Qualitätsveränderung des Lehrberufs – Integration der verschiedenen Laufbahnen – im Sinne einer Befähigung zur Zusammenarbeit sein. In bezug auf die Schüler hieß das:

„Förderung jedes einzelnen bis zum höchsten Maß seiner Leistungsfähigkeit ... Anhebung des gesamten Ausbildungsniveaus der Jugendlichen durch vermehrte und verbesserte Schulbildung ... Die Gesamtschule fördert durch die Begegnung von Schülern mit unterschiedlichen Befähigungen und Interessen das gegenseitige Verstehen und die Rücksichtnahme aufeinander ... Diese Vorbereitung kann nur erfolgen durch systematische Einübung der Kooperation." (MASTMANN 1968, S. 14)

Bei der Planung ging man zwar von einer Ganztagsschule aus, sah aber für die ersten und zweiten Klassen nur Vormittagsunterricht vor und eine bestimmte Anzahl von Plätzen für eine Nachmittagsbetreuung in der Kindertagesstätte. Aber für die dritten bis zehnten Klassen war die Verbindlichkeit des Ganztagsbetriebs einschließlich des Angebots eines warmen Mittagessens vorgesehen. „Die herkömmlichen Formen der Hausarbeiten – Einübung (Wiederholungen, Übungen aufgrund gegebener Muster), Aufgaben, die die Initiative des Schülers herausfordern, und Vorbereitungsarbeiten – werden in die Unterrichtsplanung einbezogen, bzw. können in den Schülerarbeitsstunden erledigt werden." (MASTMANN 1968, S. 18)

Für die Stundentafel wurden – abweichend von der Berliner Schule – neue Verteilungen eingeführt, die uns hier aber nur in bezug auf die Ganztagsschule interessieren: Drei Blockstunden zu je 85 Minuten am Vormittag, eine Mittagspause von einer Zeitstunde und eine Einzelstunde sowie eine Blockstunde am Nachmittag. Die Schule dauerte montags bis freitags von 8 Uhr bis 16 Uhr, freitags blieb der Nachmittag unterrichtsfrei. Vorherrschendes Moment in der Planung war die Umgestaltung des Unterrichts – auch mit Hilfe der Binnendifferenzierung (Neigungs-, Interessen- und Leistungsgruppen), Arbeit in Großgruppen (Stillarbeitszone im Jahrgangsstufenraum für bis zu 150 Schüler in den Arbeitsstunden) und Elternmitarbeit.

Die Diskussion über „Lernzieltaxonomien", „Hierarchisierung von Lernzielen", „Informelle Tests", Begriffe wie „Validität", „Reliabilität" und „Einstufungsprognosen" beherrschten die Gesamtkonferenzen und Fachkonferenzen. Schulpsychologe und Didaktischer Leiter (eine Wahlfunktion des Kollegiums zur Beratung in didaktischen Fragen) dominierten die Diskussionen mit ihrem Wissen über den neuesten amerikanischen und deutschen Forschungsstand. Die Kollegen lernten neue Verfahren wie programmierten Unterricht, Großgruppenunterricht, Arbeit im Team und neue Konzepte wie Mengenlehre, mediengestützten Unterricht und Differenzierungsformen kennen.

Neben dem leistungsdifferenzierten Unterricht und dem Kernunterricht (Musik, Kunst, Sport, Gesellschaftskunde in der Kerngruppe) bildete der Wahlpflichtunterricht die dritte Unterrichtssäule. Jeder Schüler sollte nach Neigung ein Wahlpflichtfach in der 7. Jahrgangsstufe und ein zweites in der 9. Jahrgangstufe wählen. Für die Mittagspause und die Freistunde war wahlfreier Unterricht in Interessengruppen vorgesehen.

Die Betreuung der außerunterrichtlichen Aktivitäten lag in Verantwortung der Pädagogischen Mitarbeiter. In Band 1 des Handbuchs über die Gesamtschule (MASTMANN 1968) findet man noch im Stellenplan unter dem Stichwort „Pädagogische Mitarbeiter" in Klammern die Bezeichnung „Schulassistenten", die wohl deutlich macht, daß die Ganztagsschule zu diesem Zeitpunkt nur als Erweiterung und Ergänzung einer Halbtagsschule gedacht war und nicht als sozialpädagogisch orientierte Schule.

Es ist nicht verwunderlich, daß die Planung vorerst nur zwölf Pädagogische Mitarbeiter für eine dreizügige Grundstufe ab dem 3. Schuljahr und eine fünfzügige Mittelstufe sowie den Einsatz von 14 halbtägig beschäftigten Küchenhilfen vorsah.

Viele grundlegende Probleme wurden in der Planung nur stichwortartig behandelt. Es hieß knapp:

„Fragenkomplex Gesamtschule – Ganztagsschule – Fünf-Tage-Woche; Hausarbeiten – Schülerarbeitsstunden; Mittagessen: Raum, Zubereitung, Finanzierung ...; Fünf-Tage-Woche – Stundentafeln – wahlfreier Unterricht; tägliche Schulbesuchszeit. Was geschieht mit den Schülern, die nicht am Schul-Mittagessen teilnehmen? Wie ist das Problem außerschulischer Verpflichtungen der Schüler zu lösen (Konfirmandenunterricht, Zahnarztbesuche, Besorgungen usw.)?" (MASTMANN 1968, S. 131)

Nun, jeder Kollege, der von 1968 bis 1970 hinzukam, wurde sofort vom Stufenleiter mit dem Gesamtschulhandbuch als „Bibel der WGS" ausgestattet. So auch ich. Als Lehrerin zur Ausbildung (LZA) hatte ich von Ulrich Koch, dem späteren, viel zu früh verstorbenen Grundstufenleiter der WGS, von dem Modell Gesamtschule und Ganztagsschule gehört und war fasziniert. War das nicht das Modell einer Schule, in dem ich etwas von dem verwirklichen konnte, was mir vorschwebte? Die Verbindung von Unterricht und Freizeit, von Arbeiten und Gemeinsam-Leben, die Abkehr vom vereinzelt Unterrichtenden und die Veränderung der Lehrerrolle? Als Schülerin des „alten Systems", in dem mir die Trennung nach der 6. Klasse von meinen Mitschülern sehr schwer gefallen war und ich mit einigen wenigen auf die der Grundschule benachbarte Oberschule Wissenschaftlichen Zweiges weiterging, hatte ich erfahren, daß einige reformpädagogische Ideen an mir durch einzigartige Lehrer positive Wirkung hinterlassen hatten. Ich hatte erfahren, wie ich durch die Förderung meiner Fähigkeiten gestärkt wurde, wie meine soziale Erziehung durch mehrere Klassenfahrten gefördert und wie für uns der Jahresablauf durch die Gestaltung von Festen und Feiern strukturiert wurde.

Aber das war mir noch zu wenig. Meine Erfahrungen in der Evangelischen Jugendarbeit hatten mir gezeigt, daß es durchaus möglich schien, daß Jugendliche – vom Sonderschüler bis zum Abiturienten – gemeinsam leben und lernen, ohne sie in verschiedene Schultypen einzustufen. Warum sollte das nicht in einem veränderten Schulwesen möglich sein? Warnungen waren unüberhörbar: Aus der eigenen Familie mit konservativem Ansatz: „Gesamtschule sollte man höchstens als Versuchsmodell laufen lassen, nach 25 Jahren könne man sehen, ob sich das bewähre; Ganztagsschule entfremde die Kinder ihren Eltern." Aus Kollegenkreisen: „Immer mit Kollegen zusammenarbeiten, da ist man ja nicht mehr sein eigener Herr; die Zusatzarbeiten, die uns dort erwarten, überstrapazieren die Lehrer." Aus der Jugendarbeit: „Jugendarbeit in der Schule, wie soll das gehen? Schule bleibt doch immer Schule." Aber des Menschen Wille ist sein Himmelreich, und am 1. April 1969 begann ich an der Walter-Gropius-Schule: naiv, engagiert und hoffnungsvoll.

Mit mir zusammen und später traten eine ganze Reihe von Lehrern in das Kollegium ein, die frisch von der Pädagogischen Hochschule oder der Universität kamen und den Willen zur Veränderung des Schulwesens hatten. Das brachte eine Fülle von Spannungen mit sich, zumal sich viele nicht auf die – wie sie es nannten – „technokratische Schulreform Gesamtschule" einlassen, sondern, geprägt durch Diskussionen über Marx, Mao und Vietnam-Krieg, anknüpfen wollten an den Einheitsschulgedanken der Zwanziger Jahre. Stets gutwillig und der Gesamtschulidee verpflichtet, „stießen sie sich die Hörner ab" an Mitgliedern der Schulleitung, die ihre Erfahrungen mit dem Sozialismus in den Aufbaujahren der DDR gemacht hatten und die Einheitsschule auch von daher gefühlsmäßig ablehnten. Kommunisten und SEW-Mitglieder gab es an der Schule nicht, aber eine Gruppe von GEW-Mitgliedern, die regelmäßig versuchte, sich über die Schulung an Marx-Texten ein „richtiges" Bewußtsein zu verschaffen. Allerdings waren dann der Überlebenswille im Unterricht, das Engagement für die Schüler und die Identifikation mit der These des Schulleiters Mastmann „Wir sitzen alle in einem Boot" stärker als die Bereitschaft zur „antikapitalistischen Schulreform".

Es brodelte aber. Die Diskussion um die Entwicklung standardisierter Schülerbeurteilungen machte den Konflikt zwischen den Befürwortern und den Gegnern einer mehr technologischen Schulreform deutlich. Gaude, der Schulpsychologe der WGS (siehe P. GAUDE in diesem Band), hatte ein Papier zur Verhaltensbeschreibung vorgelegt, in dem in zehn Dimensionen z.B. Arbeitswille, Konzentration, Denken, Interessenstruktur, Selbstsicherheit, inhaltliche Operationalisierung affektiver Lernziele in einer Rangskala beschrieben wurden.[2] Gegner dieser Schülerbeurteilungen (jeder Lehrer sollte eine Wertung von 1 bis 5 vornehmen, der Durchschnitt sollte dann errechnet und wieder in eine Formulierung umgewandelt werden) warfen Gaude vor, einen widersprüchlichen Ansatz zu haben: es sei nicht möglich, affektive Lernziele aufzustellen und gleichzeitig Wertungen vermeiden zu wollen, da seine Ziele auch auf Normen beruhen, die eindeu-

Zeichenunterricht an der Walter-Gropius-Schule, 70er Jahre — *Heimatmuseum Neukölln*

tig mittelschichtorientiert seien. Die Befürworter schrieben eine Erwiderung, in der sie nach dem Demokratieverständnis der Gegner – die Anwendung dieser Dimensionen in einer Rangskala zu boykottieren – fragten. Die Anwendung erwies sich aber als derart schwierig, daß die meisten in der folgenden Zeit von ihr Abstand nahmen. Eine standardisierte Zeugniskopfformulierung war damit „out".

Auch die Praxis der Schülerarbeitsstunde, bei der die Rückkoppelung zwischen dem Arbeitsauftrag des Lehrers, der Erfüllung der Aufgabe durch den Schüler unter Aufsicht der Pädagogischen Mitarbeiter und die Kontrolle durch den Fachlehrer nicht angemessen gelang, war ein Dauerthema der Konferenzen. Sieben Sozialpädagogen und Sozialarbeiter kündigten, weil sie nicht weiterhin Schulassistenten bleiben wollten, sondern eine andere Auffassung von einer Ganztagsschule hatten. Es knirschte im Gefüge!

Eines zeigte die Diskussion: Die „schweigende Mehrheit" des Kollegiums war es leid, Normtests zu standardisieren, Lernziele bis ins Detail zu formulieren, Unterrichtsplanungen bis auf's I-Tüpfelchen abzustimmen und keine Hilfe im alltäglichen, mitunter nervenden Unterricht zu finden, zumal man ja den Anspruch hatte, den Schülern Unterrichtsziele und Lernformen nicht nur transparent zu machen, sondern sie auch an der Diskussion darüber teilnehmen zu lassen. Kurzum, viele Kollegen fanden, daß die „soziale Kompetenz" der Lehrer und der Schüler zu wenig entwickelt war. Es kam der Begriff „soziales Lernen in der Gesamtschule" in die Diskussion. Das zeigte die Neuwahl des Didaktischen Leiters im Jahr 1972. Das Kollegium stimmte dem Konzept zu, daß die Sozialpädagogik im Mittelpunkt der Arbeit stehen soll. Ihre Schwerpunkte lagen erstens in der Unterstützung der Pädagogischen Mitarbeiter hinsichtlich ihrer Berufsidentität über den

Sommerkursprogramm an der Walter-Gropius-Schule: Auftakt mit Frühstück, um 1975 — *Heimatmuseum Neukölln*

Weg der Konzeptionsentwicklung des Freizeitbereichs, zweitens in der Entwicklung von Unterrichtseinheiten in der Grund- und Mittelstufe, die verstärkt soziale Lernziele beinhalten und die Verbindung von Unterricht und Freizeit ermöglichen sollten, drittens in der Weiterentwicklung des an der Schule erfundenen „Sommerkursprogramms" (drei Wochen vor den Sommerferien wurde der Unterricht aufgehoben zugunsten von Klassenfahrten, Betriebspraktikum, Hobbykursen und wahlfreiem Unterricht ohne Leistungsbewertung) im Sinne der Projektidee.

Die Walter-Gropius-Schule platzte 1971 aus allen Nähten, da man sich 1970 abweichend vom Strukturplan aus pädagogischen Gründen für eine vier- statt dreizügige Grundstufe entschieden hatte und nun die dringend benötigten Räume – ein zusätzlicher Pavillon mit Bibliothek – nicht termingerecht fertiggestellt worden waren. Es war – im Sinne von Autarkie – langfristig gesehen eine sinnvolle Entscheidung, eine durchgängige Schülerpopulation von der 1. bis zur 13. Klasse zu haben. Die Arbeit in zwei, manchmal auch drei Stufen erhöhte die Kenntnis der Unterrichtenden und ließ mögliche Schuldzuweisungen wie „Die Kinder in der Grundstufe können die Bruchrechnung nicht, wie sollen wir in der Mittelstufe darauf aufbauen?" gar nicht erst zu, denn der Fachbereichsleiter für Mathematik unterrichtete in Grund- und Mittelstufe. Teamarbeit war angesagt und nicht endenwollende Diskussionen über Unterrichtsziele, Verlaufsplanungen und Medienbeschaffung beherrschten die Arbeit in den Fachgruppen. Es entstand das geflügelte Wort „Mutterkloster der Gesamtschulen". Besuchergruppen pilgerten zur Walter-Gropius-Schule, der ersten deutschen Gesamtschule, um von Erfahrungen zu lernen. Die „Macherinnen" und „Macher" unserer Schule – mehr Frauen als Männer, aber Männer umgekehrt proportional in Be-

Eine ältere Schülerin als „Pädagogische Mitarbeiterin", Hobby-Angebot für Schüler der 3./4. Klasse an der Walter-Gropius-Schule, um 1973 — *Heimatmuseum Neukölln*

förderungspositionen im Laufe der Zeit – identifizierten sich mit dieser Außenwirkung.

Aufgrund der höheren Anzahl von Klassen in der Grundstufe waren nun 22 Pädagogische Mitarbeiter (PM) an der WGS tätig. Ihre Arbeitsplatzbeschreibung hatte andere Konturen erhalten. „Sie arbeiten ausschließlich an Ganztagsschulen, Schwerpunkt ihrer Tätigkeit ist die pädagogische Betreuung der Schüler im Verlauf eines Schultages." (MASTMANN 1975, S. 69) Zu ihren organisatorischen Aufgaben (z.B. Anwesenheitskontrolle in der Mittelstufe, Materialverwaltung von Lehr- und Lernmitteln) kamen mehr inhaltliche Aufgaben hinzu:

„Betreuung und Beratung der Schüler bei schulischen und privaten Problemen, Mitarbeit bei der Planungsarbeit der Fachgruppen, Vorbereitung der Freistunden (Material, Intentionen), Leitung von Hobbykursen (gebundene Freizeit), Mitarbeit bei der Erstellung von Freizeitprogrammen, Anregungen für Schulaktivitäten in der nicht gebundenen Freizeit, Beratung und Betreuung der Schüler in der Arbeitsstunde." (MASTMANN 1975, S. 69f.)

Ein massives Problem wurde in den Diskussionen der Pädagogischen Mitarbeiter untereinander sichtbar: 15 von 22 hatten keine pädagogische Ausbildung, aber meist einen handwerklichen Beruf. Unterschiedliches Selbstwertgefühl, ein unterschiedlicher Kenntnisstand über Schule und Sozialpädagogik und Schwierigkeiten im Umgang mit dem Arbeitsplatz „Ganztagsgesamtschule" waren die Folge. In dieser Situation empfanden die meisten – sowohl Lehrer als auch Pädagogische Mitarbeiter – mein praxisorientiertes Konzept als neue Didaktische Leiterin (DL) ab 1972 als hilfreich. Ein erstes, selbst organisier-

Eine ältere Schülerin betreut Schüler einer Hobbygruppe der Grundstufe, Walter-Gropius-Schule, um 1973 — *Heimatmuseum Neukölln*

tes Seminar der PM fand nun in Zusammenarbeit mit dem Pädagogischen Zentrum im „Wannseeheim für Jugendarbeit" statt. Das war nur möglich aufgrund der Bereitschaft der Lehrerkollegen, freiwillig die erforderlichen Vertretungsstunden nach Absprache mit den Pädagogischen Mitarbeitern zu übernehmen. Das wurde als Zeichen des Willens zur Zusammenarbeit angesehen. Neben die berufliche Selbstverständnisdiskussion trat die Vorplanung des Sommerkursprogamms, die unter Mitarbeit der Didaktischen Leiterin erstmals eine Projektorientierung vorsah. Bisher waren die Interessenkurse auf Jahrgangsebene bunt zusammengewürfelt und bezogen sich nicht inhaltlich aufeinander. Eine standardisierte Befragung über die bisherigen Sommerkurserfahrungen ging voraus. Durch das „PM-Seminar" ließ sich dann in jahrgangsbezogenen Teams der Lehrer und PM eine Feinplanung vornehmen. Zum ersten Mal empfanden sich PMs nicht mehr als letztes Glied in der Kette „Sozialisationsprozeß Schule". Beim zweiten, ebenfalls selbstorganisierten PM-Seminar vom Februar 1973 wurde sozialpädagogisches Handwerkszeug erarbeitet und der Wunsch manifest, eine Erzieherausbildung zu machen, soweit sie nicht vorhanden war. Das Bedürfnis war so groß geworden, daß die Mühen gern in Kauf genommen wurden, als der Schulleiter Wolfram Flößner das Ausbildungsangebot gemeinsam mit dem Oberschulrat Wilfried Seiring realisierte.

Die regelmäßige Teilnahme der Didaktischen Leiterin an den PM-Sitzungen, die Hospitationen der PM im Wahlpflichtfach Sozialpädagogik und die gemeinsame Entwicklung sozialpädagogischer Modelle im Freizeitbereich (z.B. mit Verhaltensauffälligen, Tutorenmodell) erleichterten die Einbindung der Pädagogischen Mitarbeiter. Durch die Beteiligung an Diskussionen über die ge-

Herstellung eines Puzzles im Projekt Technik in der Grundstufe der Walter-Gropius-Schule, um 1974 — *Heimatmuseum Neukölln*

planten Berufszentren (schriftliche Stellungnahme zu den Tätigkeitsmerkmalen von Pädagogischen Mitarbeitern für die Parteien, Behörden und Gewerkschaften) und die Bildung einer Untergruppe „Schulsozialarbeit" in der Fachgruppe „Gesamtschule" der GEW fühlten sich die PM unterstützt. Man holte Diskussionen nach, die in den ersten Jahren der WGS nicht berufsgruppenübergreifend geführt worden waren.

In einem Schreiben aus dem Jahr 1973 an Harry Ristock, damals Senatsdirektor in der Berliner Schulverwaltung, wurde zum ersten Mal ein Tätigkeitskatalog entwickelt, der auf einer Untersuchung des sozialpädagogischen Feldes beruhte: „1. Grundlagengewinnung durch Arbeitsfeldanalyse ...; 2. Beratung von Schülern, Lehrern und Eltern speziell in Konfliktsituationen ...; 3. Hilfestellung in sozialen Lernprozessen ... 4. Aktivierung von Schülern, Lehrern und Eltern."[3]

Interessanterweise brachte dieses Schreiben den Verfassern eine Rüge des Neuköllner Volksbildungsstadtrates Böhm ein, da der Dienstweg nicht eingehalten worden war. Als einzige und freundliche Reaktion ist ein Dankesbrief von Eberhard Diepgen (damals MdA der CDU) zu nennen.

Bausteine für das soziale Lernen wurden erarbeitet: mit Tutoren, z.B. über die Weiterführung des vom Schulpsychologen initiierten Projekts „Schüler helfen Schülern" (ältere Schüler halfen jüngeren Schülern bei Hausaufgaben und boten Hobbykurse an); mit Lehrern und Pädagogischen Mitarbeitern in der Grundstufe in den Bereichen Kunst, Sachkunde, Technik, Biologie, Mathematik und Deutsch. Dazu gehörten die Einrichtung eines eigenen Schulgartens für den Freizeitbereich, der speziell von einer Pädagogischen Mitarbeiterin betreut wurde, und das Projekt Schulgarten in der Gartenarbeitsschule für die Klassen 4 / 5. Es gab ein Rechtschreibtraining für die Arbeitsstunde (Material unter Beratung des PZ) und einen Mathematikspiele-Koffer in vier Klassensätzen. Beliebt waren das Projekt „Obstsalat" (Grundlagen der Ernährung, Einkauf, Herstellung bis zum Verzehr) in der 3. Klasse Sachkunde und das Projekt „Stabpuppe" in Deutsch, Kunst und Sachkunde in der 3. Klasse (Herstellen eines Papierkopfes, Nähen eines Kleides, Befestigung von Kochlöffeln als Arme; Entwurf und Spiel eines kleinen Theaterstückes). Mit den Projekten sollte ein neuer Ansatz für den Sachkundeunterricht eingeführt werden.

Didaktische Informationen über soziales Lernen für das Kollegium ergänzten das Wissen jedes einzelnen. Eine Klassenfahrtkartei entstand, Empfehlungen für Wandertagsziele wurden aufgelistet.

Ein weiteres Wochenende, diesmal mit Lehrern und Pädagogischen Mitarbeitern, fand 1975 im „Haus am Rupenhorn" statt. Erfahrungen westdeutscher Gesamtschulen mit dem Team-Kleingruppenmodell und die Fend-Untersuchung[4] hatten gezeigt, daß eine Abkehr vom starren Fachlehrermodell und eine kontinuierliche Zusammenarbeit der Lehrer und PM über vier Jahre Mittelstufe notwendig waren sowie die Entwicklung fachübergreifender Unterrichtseinheiten, z.B. „Freizeit" in Klasse 7 zusammen mit Gesellschaftskunde und Deutsch.

Neu eingeführt wurden Elternseminare, denn das neue Berliner Schulverfassungsgesetz hatte eine stärkere Beteiligung der Eltern zur Folge. Deshalb wurde an zwei Wochenenden ein Themenkatalog für Elternabende zwischen Schulleitung, Didaktischer Leiterin, Lehrern und Eltern entwickelt und Gesprächstechniken geübt. Es entstand auch ein Gesprächskreis der Didaktischen Leiterin und der Eltern, der für die Grundstufenhobbygruppen im Freizeitbereich tätig wurde. Aktionswochenenden zum Aufbau des Spielplatzes für die Schüler der Grundstufe kamen hinzu.

Die Pädagogischen Mitarbeiter entfernten sich im Laufe der Zeit immer mehr von der bloßen Beaufsichtigung der Schüler und initiierten Projekte des sozialen Lernens, z.B. das Betreiben einer Teestube, den Bau eines Jahrgangsstufenhauses, in das sich Schüler zurückziehen konnten, den Bau von Sitzelementen und Stellwänden, die Bildung eines Politischen Klubs, die Betreuung von Schulmannschaften im Tischtennis, das Angebot eines Italienisch-Kurses mit anschließender Fahrt nach Italien innerhalb des Sommerkursprogramms. Die PM arbeiteten auch als Tutoren und Jahrgangsleiter über alle vier Jahrgänge der Mittelstufe. Eine Arbeitsplatzuntersuchung der PM im März 1975 veranlaßte die Einberufung einer Pädagogischen Konferenz und gewerkschaftliche Aktivitäten. Die PM der Grundschule konnten sich mehr auf eine Schülergruppe beziehen, und ihre Anwesenheit vor Ort innerhalb des Pavillons ließ sie zu ständigen Ansprechpartnern bei kleinen oder großen Schülernöten werden. Die fünf Arbeitsstunden in der Grundstufe ermöglichten vielfältige Gesprächsanlässe über pädagogische Maßnahmen. Gebundene Freizeit (verpflichtende Hobbyangebote für Schüler über einen festen Zeitraum), Klassenfahrten und Sommerkursprogramm boten weitere Gelegenheit, die pädagogische Praxis der Lehrer und der PM gemeinsam zu gestalten.

Rückschritte schmerzten: Nach der Einrichtung der Bildungszentren konnten PM nicht mehr als Tutoren eingesetzt werden; auch wurden die Essensgeldzuschüsse bereits 1972 reduziert und die bezirkseigenen Küchen aufgelöst, weshalb die Diskussion um das Mittagessen bis heute anhält. Der PM-Schlüssel wurde dem der Bildungszentren nahezu angeglichen. Das Fach Technik wurde gestrichen, Sachkunde beschnitten, Kunst, Musik und Arbeitslehre in der Mittelstufe reduziert. Alles Fächer, die der Integration von praktischem und theoretischem Lernen in besonderem Maße dienen.

Gesamtschule und Ganztagsschule 1968 bis 1975: Es war eine produktive Zeit für alle Beteiligten! Von der Walter-Gropius-Schule gingen zum Thema „Differenzierung" und für das sozialpädagogische Verständnis von Ganztagsschule wichtige Anstöße aus. Einige Hoffnungen und Ideen scheiterten: Wahl von Funktionsstellen auf Zeit, Arbeitslehre statt zweiter Fremdsprache für das Abitur und die Ablösung des dreigliedrigen Schulsystems.

Eines hatten wir gelernt: Eine Schule mit eigenständiger Entwicklung bietet mehr Chancen für eine Identifikation. So blieben wir auch 1982 bei der anderen Ausprägung des Wahlpflichtbereichs mit einem größerem Stundenvolumen und teilweise anderen Inhalten als in den Berliner Bildungszentren und führten neu ein, daß die Arbeitsstunde in der Mittelstufe nur noch durch den Fachlehrer in Kursgruppen erteilt werden soll. Die Stunden wurden einigen Fächern fest zugeordnet, und sie boten deshalb die Chancen, unterrichtserweiternde Erfahrungen zu ermöglichen (z.B. Herstellen eines Menüs im Französischunterricht).

Auch die Beibehaltung des „Frühbeginns Englisch" ab der dritten Jahrgangsstufe wurde vom Bezirksamt Neukölln dankenswerterweise abgesichert.

Aber ich habe noch anderes gelernt: Sogenannte Sachzwänge sind oft Rationalisierungen emotionaler Befindlichkeiten. Das „heimliche Curriculum" beeinflußt das Schulklima.

Die zusätzlichen Beförderungsstellen in der Gesamtschule haben eher Unheil angestiftet. Die Diskussion um deren Besetzung führt zu Verletzungen vieler, das System in der „rotierenden" Verantwortung für einen Fachbereich aus der Anfangszeit der WGS ermöglichte mehr Kollegialität. Mittlerweile sind sich viele Kollegen schon zu nahe gekommen. Die intensiven Diskussionen über die Jahrzehnte haben das bewirkt. Es ist wie in einer großen Familie: Mut zur Distanz und frischer Wind von außen täten gut.

Gesamtschulen und Ganztagsschulen sind Schulen, in denen Schüler demokratische Persönlichkeiten werden können. Eine Gesamtschule ohne Ganztagsschule kann ich mir aber angesichts des Lernzieles „soziale Integration" bei notwendigem äußeren Differenzierungssystem nicht vorstellen. Eine Gesamtschule, die das herkömmliche Bildungssystem ablöst und nur auf der Binnendifferenzierung fußt, halte ich für nicht realisier- und nicht finanzierbar. Ganztagsschule ist mehr als eine erweiterte Halbtagsschule und bietet mehr als Unterricht und Betreuung. Es ist noch ein langer Weg dorthin. Aber der Weg ist das Ziel. Fortbildung für diesen Bereich und eine Ausbildung bereits an Universitäten und Fachhochschulen und in der zweiten Phase der Lehrerausbildung wären ein bedenkenswerter Vorschlag.

Wie sagte unser Schulleiter anläßlich der 25-Jahr-Feier der Walter-Gropius-Schule im Juni 1993 doch so passend: „Was wäre die WGS ohne ihre Pädagogischen Mitarbeiter!"

Anmerkungen

1 H. Mastmann u.a.(Hrsg.): *Gesamtschule. Ein Handbuch. Teil 1: Planung und Einrichtung.* Schwalbach 1968, S. 9f.

2 H. Mastmann (Hrsg.): *Gesamtschule. Ein Handbuch. Teil 2: Die Praxis.* Schwalbach 1975, S. 197ff.

3 Schreiben an Harry Ristock, dem damaligen Senatsdirektor in der Berliner Schulverwaltung; hektographierter Brief der Pädagogischen Mitarbeiter an der Walter-Gropius-Schule, 1973

4 H. Fend u.a. (Hrsg.): Zwischenbilanz eines Schulversuchs. — *Gesamtschule* 3 (1975)

Dieter Henning

Nur noch eine Gartenarbeitsschule in Neukölln?

Nach meiner Kenntnis bestanden nach dem Ende des Zweiten Weltkrieges in Neukölln jeweils noch eine Gartenarbeitsschule (GAS) am Teltowkanal, in der Neuköllnischen Allee (Botanischer Schau- und Lehrgarten), in der Wussowstraße, in der Paster-Behrens-Straße / Talberger Straße und am Dammweg. Die Gartenarbeitsschule Dammweg ist heute ein Schulgarten der Carl-Legien-Oberschule. Alle anderen früheren Gartenarbeitsschulen sind inzwischen aus der Neuköllner Schullandschaft verschwunden. Dies ist ein Entwicklungsprozeß, der heute nur noch schwer nachzuvollziehen ist.

Die einzige heute in Neukölln vorhandene Gartenarbeitsschule entstand erst in den 50er Jahren auf Ackerflächen des ehemaligen Britzer Gutes als eine Nachbareinrichtung der Bruno-Taut-Grundschule. Sie heißt offiziell: Gartenarbeitsschule Neukölln, Bezirksschulgarten, Fritz-Reuter-Allee 121, 12359 Berlin.

Sie sollte, wie ich meine, den Namen „Gartenarbeitsschule August Heyn" erhalten. So könnte dieser Neuköllner Reformpädagoge gebührend gewürdigt werden (siehe dazu Band 1). Mit ihrer Fläche von 3,3 ha ist diese GAS für alle Schularten und Altersstufen gedacht. Auch Kindergartengruppen haben schon mit Erfolg darin gearbeitet. Seit drei Jahren nutzt auch das Jugendwerkheim Parchimer Allee das Gelände für seine Arbeit mit behinderten Jugendlichen und jungen Erwachsenen.

1991 besuchten 43 Klassen oder Gruppen (= 817 Schüler pro Woche) die GAS, die für die praktische Schulgartenarbeit von Ostern bis zu den Herbstferien allen genannten Einrichtungen zur Verfügung steht.

Für Einzelvorhaben, Beobachtungsaufgaben, Erkundungen oder Lehrspaziergänge ist die GAS darüber hinaus ganzjährig geöffnet. Es wurden auch schon Führungen für außerschulische und außerbezirkliche Interessengruppen durchgeführt, etwa zum Thema „Bienen" oder „Landwirtschaftliche Nutzpflanzen" (z.B. Getreide).

Die normale Schulgartenarbeit findet meistens für eine Klasse oder eine Arbeitsgruppe einmal wöchentlich für zwei Stunden statt. Zwei Klassenräume ermöglichen vor- und nachbereitende Arbeiten (Pläne, Protokolle, Niederschriften). Vor oder nach der Gartenarbeit kann auch Unterricht in einem anderen Fach erteilt werden. Für die Sekundarstufe I aller Schularten und für die gymnasiale Oberstufe bieten sich Unterrichtsvorhaben fakultativer Art an, so im Rahmen der Arbeitslehre, des Werkunterrichts, der Kunsterziehung und anderer Fächer. Man denke z.B. an den Bau von Nisthilfen und Brutkästen, Anzuchtkästen für Innenstadtschulen, an die Herstellung einfacher Werkzeuge oder an Kurse in Photographie mit dem Ziel einer Ausstellung zu den Themen „Innerstädtisches Grün im Frühling, Sommer, Herbst und Winter", „Impressionen der Gartenarbeitsschule Neukölln", „Ästhetik im Kleinen – Blumen in Form und Farbe", „Baumformen". Ebenso bieten sich Bastelarbeiten aus natürlichen Materialien (z.B. Mobile, Weih-

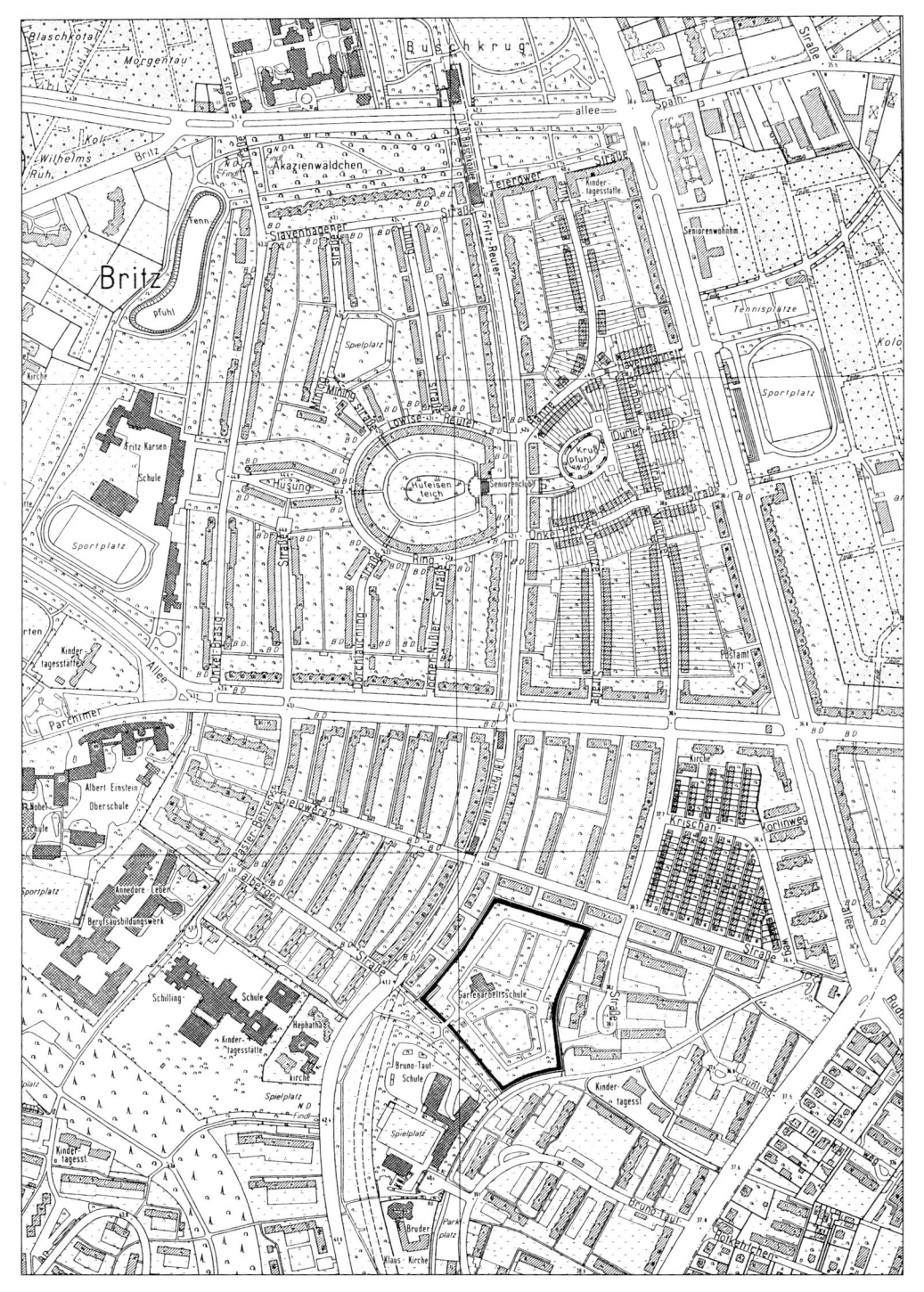

Lageplan der Gartenarbeitsschule, Karte von Berlin, 1991 — *Bezirksamt Neukölln*

Aussaat von Radieschen, Möhren und Petersilie, Gartenarbeitsschule, 1993 — *Privatbesitz Schober*

nachtsbaumschmuck) und die Zusammenstellung von Trockensträußen und Weihnachtsgestecken an.

Erwähnt sei noch, daß die Rasenflächen der Gartenarbeitsschule Gelegenheit für einen Ausflug mit Picknick bieten.

Die Schulgartenarbeit konzentriert sich im wesentlichen auf klassen- bzw. gruppeneigene Beete. Die Organisation obliegt dem Lehrer oder der Lehrerin der jeweiligen Klasse oder Gruppe.

Bei alledem hat die GAS eine beratende Funktion. Die leitenden Motive ihrer Arbeit sind dadurch bestimmt, daß die Schüler die Entwicklung von Pflanzen von deren Aussaat bis zur Blüte oder Ernte erleben, daß sie die Lebensbedingungen von Pflanzen kennen und die Bedeutung gärtnerischer Maßnahmen verstehen lernen. Wichtige Grundlagen dafür vermitteln Beobachtungen und Erfahrungen; denn sie verschaffen wertvolle Kenntnisse und entwickeln ein Problembewußtsein für Naturschutz und Umweltschutz. Biologische und ökologische Untersuchungen und Experimente mit zugehörigen Schauanlagen unterstützen diese Zielsetzung.

Zur Gesamtanlage der Gartenarbeitsschule sei noch folgender Überblick gegeben: In den Randstreifen kommen fast alle unsere heimischen Strauch- und Baumarten vor. Außerdem gibt es ein kleines Waldstück, sämtliche Strauch- und Baumobstarten, ein Heidestück mit sommer- und herbstblühender Heide, ein Heidestück mit Frühjahrsheide, diverse Frühblüher, einen Steingarten, drei Wiesenarten, einen Bauerngarten, einen Gewürzkräutergarten, eine Weidenflechthecke, einen Teich mit Wasserpflanzen, einen Wassergraben und ein Moorbeet, ein jährlich neu angelegtes Getreidefeld (Roggen, Weizen, Hafer, Gerste, Mais), Beete für Lein, Buchweizen, verschiedene Rübenarten, einige

Holzstoß mit Bohrungen für Solitärinsekten, Gartenarbeitsschule, 1993 — *Privatbesitz Henning*

Heilkräuter und drei Pergolen für ein- und mehrjährige Winder, Klimmer und Schlinger. Seit dem Frühjahr 1992 gibt es auch 9 Weinstöcke. Selbstverständlich ist eine Kompost-Anlage vorhanden. Zoologische Fragestellungen werden ermöglicht durch den erwähnten Teich und den Graben, durch Vogelbeobachtungen in Hecken und Sträuchern (Freibrüter), 50 Brutkästen für Vögel (Höhlenbrüter: Meisen, Spatzen, Stare; Halbhöhlen: Rotschwanz) und 2 Fledermauskästen. An zwei Stellen wurden Holzstapel mit Bohrungen von 1 mm bis 10 mm Durchmesser für Solitärinsekten aufgestellt. Eichhörnchen, Eichelhäher, Grünspechte und Buntspechte sind Dauerbesucher der GAS. Über gut drei Jahre hinweg gab es sogar einen bewohnten Fuchsbau; er ist aber seit dem Fall der Berliner Mauer verwaist. Die Füchse scheinen „nach drüben" gegangen zu sein.

Steigende Bedeutung hat das Thema Bienenkunde erlangt. Fünf Bienenvölker auf dem Stand und ein kleines Volk im Schaukasten ermöglichen eine genaue Einsicht in das Leben staatenbildender Insekten und die Entwicklung der Insekten. Die ökologische Bedeutung der Honigbiene (Bedeutung für die Befruchtung unserer Obstpflanzen), ihre volkswirtschaftliche Bedeutung und ihr Wert für eine gesunde Ernährung lassen sich in der Gartenarbeitsschule leicht und eindrücklich vermitteln. Auch der Vergleich Honigbiene – Solitärbiene ist von großem Wert.

25 Schülermikroskope und ein Lehrermikroskop fördern die botanischen und zoologischen Untersuchungen erheblich. Zur Anzucht stehen indessen leider nur fünf Frühbeete und die Klassenräume zur Verfügung. Die Frühbeete sind in einem sehr schlechten Zustand. Aber es ist eine neue Vermehrungsanlage projektiert. Sie soll aus einem Gewächshaus ($^1/_2$ Kalthaus, $^1/_6$ Warmhaus, $^2/_6$ temperiertes Haus), zehn Frühbeetkästen (davon drei beheizbar) und einem Doppelkasten bestehen. Ferner sollen durch einen Anbau an das vorhandene Schulgebäude Lagerräume für Obst, Blumenknollen, Wurzelstöcke und eine Heizungsanlage geschaffen werden. Die Bezirksgärtnerei liefert gegenwärtig, wie schon in der Weimarer Republik, die nötige Anzahl solcher Pflanzen, die wir jetzt noch nicht selber anziehen können, da ein Gewächshaus fehlt.

Das Schulgebäude besteht zur Zeit aus zwei nicht beheizbaren Klassen, einem großen und einem kleinen Arbeitsraum, einer geschlossenen und einer offenen Halle sowie einem Büro. Das Stammpersonal ist in einem kleinen Container untergebracht, sechs ABM-Kräfte in einem kleinen Arbeitsraum. Der genannte Anbau soll auch die notwendigen Sanitärräume schaffen, und der Umbau des alten Schulgebäudes wird für einen angemessenen Personalraum, beheizte Klassen

Das Gebäude der Gartenarbeitsschule
Neukölln, 1993 — *Privatbesitz Henning*

und ein ausreichendes Büro mit Bibliothek sorgen.

Zum Stammpersonal gehören der Leiter, ein Gärtner, eine Gärtnerin mit innerbetrieblicher Prüfung, eine Vorarbeiterin, zwei Arbeiterinnen und ein Arbeiter.

Die Arbeit der Gartenarbeitsschule Neukölln entspricht übrigens den Ausführungsvorschriften über den Unterricht in den Berliner Gartenarbeitsschulen vom 23. Mai 1986. Der Senator für Schulwesen, Berufsausbildung und Sport setzte sie am 1. August 1986 in Kraft. Sie ist im Amtsblatt für Berlin, Jg. 36, Nr. 32, 13. Juni 1986 veröffentlicht worden.

Intentionen, Ziele und Arbeitsbereiche lassen sich in einer historischen Entwicklung sehen: Vom Liefergarten und Anschauungsgarten zum Erlebnisgarten der ersten Neuköllner Gartenarbeitsschule August Heyns von 1920, von der Schulkolonie zur Lebensschule hin zu den Gartenarbeitsschulen in Neukölln und in anderen Berliner Bezirken.

Im Dritten Reich blieben die Gartenarbeitsschulen erhalten. Dabei mußten die reformpädagogischen Ansätze der nationalsozialistischen Blut-und-Boden-Ideologie weichen (siehe dazu D. HENNING in Band 1).

Erst zwanzig Jahre nach 1945 fielen die Neuköllner Gartenarbeitsschulen anderen Interessen zum Opfer. Ich habe den Eindruck, daß mit der „Verwissenschaftlichung" des Unterrichts und im Zusammenhang mit der Bauplatznot in West-Berlin die Existenzberechtigung von Gartenarbeitsschulen als nicht mehr gegeben angesehen wurde. Das geht aus einem Brief des Senators für Finanzen vom 13. 7. 1961 an das Bezirksamt Neukölln – Abteilung Finanzen / Haushaltsamt – hervor. Darin wird festgestellt, daß das Gelände der Gartenarbeitsschule am Teltow-

Ein frisch geernteter
Kohl wird geschultert —
Privatbesitz Henning

kanal und das der GAS in der Wussowstr. 14-20 verkauft werden können.

Heute gibt es ein wachsendes Bewußtsein für die Gefährdung der Natur. Ökologisches Denken und Planen hat Eingang in den Schulunterricht gefunden und bestimmt nun als starkes Motiv auche die Arbeit der Gartenarbeitsschule Neukölln.

Was August Heyn in der ersten Gartenarbeitsschule Neuköllns 1920 einst begonnen hat, findet heute seine Fortführung. Bei kritischer Würdigung der gegenwärtigen Arbeit in der Gartenarbeitsschule läßt sich feststellen, daß reformpädagogische Überlegungen heute weitergeführt werden können und sollen. Die Gartenarbeitsschule kann zur Erlebnisschule im Sinne August Heyns werden, in der „Natur erfahren" werden kann als ein kostbares Geschenk an das Geschöpf Mensch. Wir brauchen die Natur zum Leben. Darüberhinaus besitzt die Vielfalt an Formen, Farben und von Lebensäußerungen einen eigenen Wert. In der Gartenarbeitsschule können Großstadtkinder diese Vielfalt nicht nur beobachten, sondern auch riechen, hören und körperlich fühlen. Sie erleben hier Natur hautnah und intensiv. Auf vielerlei Art und Weise lernen die Kinder, was es um der Natur und der Menschen willen zu pflegen und zu schützen gilt. So leistet die Gartenarbeitsschule einen wichtigen Beitrag, um die Freude an der Natur zu entwickeln und den verantwortungsbewußten Umgang mit ihr einzuüben.

Bernd Reichard · Wilfried Seiring

Gesamtschulen in Neukölln – Traditionslinien und Neubeginn

Im Schuljahr 1993 / 94 möchten 48,2 Prozent der Neuköllner Schülerinnen und Schüler nach dem Besuch der Grundschule im Sekundarbereich auf eine Gesamtschule überwechseln. Damit liegt der Bezirk hinsichtlich der Quotierung deutlich an der Spitze aller Bezirke Berlins. Die Ursachen hierfür sind neben der konkreten Arbeit in den Schulen und ihrer Ausstrahlung vor allem wohl in den Entwicklungslinien zu sehen, wie sie mit den Stichworten Einheitsschule, Demokratisierung der Schule und der Bildungsreform der 60er Jahre umrissen werden. Gegenwärtig sind es sieben Gesamtschulen, an denen in über 158 Klassen ca. 4 750 Schülerinnen und Schüler unterrichtet werden, und zwar die

Fritz-Karsen-Schule in der
  Onkel-Bräsig-Straße 76 (1. G / O / OG),
  Schulleiter: N.N.,
Walter-Gropius-Schule in der
  Fritz-Erler-Allee 90 (2. G / O / OG),
  Schulleiter: Dr. Wolfram Flößner,
Helmholtz-Oberschule in der
  Wutzkyallee 68 (3. O),
  Schulleiter: Horst Wittkopf,
Otto-Hahn-Oberschule in der
  Haarlemer Straße 51 (4. O / OG),
  Schulleiter: Ernst-Günther Freder,
Heinrich-Mann-Oberschule in der
  Garlinger Straße 22 (5. O),
  Schulleiter: Wolfram Buttkau,
Clay-Oberschule im
  Bildhauerweg 9 (6. O / OG),
  Schulleiter: Detlef Schikorr,

Evangelische Schule Neukölln in der
  Mainzer Straße 47 (1. PrG / O),
  Schulleiter: Herbert Siebold.

Zwei Schulen, die Fritz-Karsen-Schule und die Walter-Gropius-Schule, ragen in vielfacher Hinsicht hervor: Hier wurde der reformpädagogische Gedanke der Einheitsschule aus der Zeit der Weimarer Republik (siehe dazu Band 1) zum einen wiederaufgenommen, zum anderen in der Form der integrierten Gesamtschule nach den Bedürfnissen einer sich zunehmend schneller verändernden Industriegesellschaft weiterentwickelt.

Mit der Walter-Gropius-Schule (ursprünglich Gesamtschule Britz-Buckow-Rudow) als der ersten integrierten Gesamtschule, später liebevoll-ironisch als „Mutterkloster" tituliert, nahm im April 1968 eine bildungspolitische Neuorientierung der Berliner Schule ihren Lauf. Sie stand am Anfang einer Entwicklung, die von Berlin ausgehend, inzwischen die gesamte Schullandschaft der Bundesrepublik schulreformerisch verändert hat. Und dies in zweierlei Hinsicht: zum einen durch das konkurrierend-friedliche Nebeneinander von Gesamtschule und gegliedertem Schulsystem selbst, zum anderen aber, und darin ist ein nicht zu unterschätzender gesamtgesellschaftlicher Gewinn der Reform zu sehen, durch eine weitgehende Übernahme reformpädagogischer Ideen und Grundsätze – soziale Integration und soziales Lernen etwa – in die Erziehungs- und Bildungsarbeit der Schulen auch des gegliederten Systems.

4. Oberschule. Gesamtschule in der Buschkrugallee, 1975 —
Landesbildstelle Berlin

Dem Zusammenbruch von Staat und Gesellschaft 1945 folgte in der nachfolgenden Phase des Wiederaufbaus und der demokratischen Neugestaltung bekanntermaßen eben keine adäquate Diskussion und Reform des Schulwesens, sieht man von der kurzen Einheitsschuldebatte von 1945 bis 1948 ab. Inhaltlich und organisatorisch orientierte sich die Schulpolitik der neuen Bundesländer weitgehend an den Strukturen, wie sie die Weimarer Republik vorgegeben hatte. Hinzu kam in der Zeit des Kalten Krieges ein bewußtes Sich-Absetzen von der Schulpolitik der DDR, die zumindest formal den Weg der Einheitsschule ging. So hieß es denn für die Bundesrepublik im *Deutschen Ausschuß für das Erziehungs- und Bildungswesen* konsequenterweise, daß es an den geistigen Grundlagen unseres Erziehungs- und Bildungswesens entschieden festzuhalten und Bewährtes zu bewahren gelte, wobei die berechtigte Frage nach dem Zusammenhang zwischen „geistigen Grundlagen" und nationalsozialistischer Barbarei nicht gestellt wurde.

Einen begrenzten Sonderweg nahm die schulreformerische Entwicklung in Berlin. Hier wurde, geprägt vom Leitgedanken einer Erneuerung der Erziehung, um die vollständige Umgestaltung der deutschen Lebensweise auf demokratischer und friedlicher Grundlage zu erreichen, mit dem Schulgesetz von 1948 die 12jährige Einheitsschule mit neun Vollzeitschuljahren etabliert. Die 37./38. Volksschule, die spätere Fritz-Karsen-Schule, die noch im selben Jahr gegründet wurde, organisierte in Anknüpfung an reformpädagogische Ideen ihres Namenspatrons acht Schuljahre als gemeinsamen Unterricht. Im 7. und 8. Schuljahr, der „elastischen Mittelstufe", wurden wahlfreie Kurse angeboten. Erster Schulleiter war Fritz Hoffmann, ein namhafter Reformpädagoge aus der Weimarer Zeit, der das unterrichtliche Konzept seiner Schule durch Zielsetzungen der Erlebnis- und Ausdruckspädagogik gestaltete.[1]

Auf Wunsch von Eltern und Kollegium behielt die Fritz-Karsen-Schule auch nach der Änderung des Berliner Schulgesetzes vom Jahre 1951 mit der Einführung der sechsjährigen Grundschule und der dreigegliederten Oberschule ihren bisherigen Aufbau bei. Bald schon begann sie mit der Einführung eines freiwilligen 10. Schulbesuchsjahres. Als „Schule besonderer pädagogischer Prägung" erprobte sie insbesondere die Form einer differenzierten Mittelstufe im 7. und 8. Schuljahr. 1952 wurde

Bildungszentrum in der
Christoph-Ruden-Straße,
1976 —
Landesbildstelle Berlin

mit dem Aufbau einer Oberschule Wissenschaftlichen Zweiges begonnen. 1963/64 wurde die erste Realschulklasse eröffnet, so daß die Fritz-Karsen-Schule seitdem alle Oberschulzweige unter ihrem Dach vereinigte.

In konsequenter Weiterentwicklung des teils integrativen, teils additiven Ansatzes organisierte sich die Schule ab 1969 als Gesamtschule.

Erst in den frühen 60er Jahren findet der Gedanke einer integrierten Gesamtschule bei schulpädagogisch und schulpolitisch Interessierten wieder Eingang in konzeptionelle Überlegungen zu einer durchgreifenden Schulreform. In die Jahre 1966/67 fällt dann der Beginn einer die breitere Öffentlichkeit erfassenden, bis auf den heutigen Tag teilweise in heftigen Kontroversen geführten Diskussion. Ab 1969 erfährt diese Diskussion mit der Empfehlung der Bildungskommission des Deutschen Bildungsrates, in ländlichen Gebieten, aber auch in Städten aller Bundesländer integrierte, differenzierte Gesamtschulen als Versuchsschulen einzurichten, eine neue Qualität.

Für Berlin ist diese Entwicklung untrennbar verbunden mit dem Namen des damaligen Berliner Landesschulrates und späteren Schulsenators Carl-Heinz Evers, der in programmatischen Äußerungen (unter anderem der *Denkschrift zur inneren Schulreform*, 1962) und mit seinem sich entwickelnden Gesamtschulkonzept die Diskussion in seiner Partei vorantrieb, deren schulpolitisches Programm weitgehend prägte und die Realisierung der ersten integrativen Gesamtschulen in der Stadt auf den Weg brachte.

Evers' gesellschaftliche Zielvorstellung eines der demokratischen Lebensform und der offenen Gesellschaft verpflichteten mündigen Bürgers findet ihre adäquate pädagogische Organisation in der Gesamtschule, deren Erziehungs- und Bildungsziel eben dieser mündige Bürger ist und dessen Mündigkeit von ihm mit den Schlagworten Information, Wachsamkeit, Fähigkeit zur Distanzierung und zum Urteil, aber auch in den Tugenden der Mitmenschlichkeit und der erhöhten Kompetenz fachlicher Qualifikation umrissen wird.[2]

W. Klafki nennt in einer von Theorie und Praxis weitgehend akzeptierten Systematisierung von Gesamtschulzielen die Vermittlung einer Bildung, die an wissenschaftlichen Erkenntnissen orientiert ist, die Individualisie-

Richtfest des Oberstufenzentrums Metalltechnik, Feinwerk- und Gerätetechnik in der Haarlemer Straße, 1978 —
Landesbildstelle Berlin

rung des Lernens, eine bessere Förderung, eine größere Chancengleichheit für den einzelnen und die gemeinsame soziale Erfahrung.

Die historische Verwirklichung der Schulreform in Berlin geschah zweigleisig. Einmal wurden – auf der Basis einer sechsjährigen Grundschule mit einer Pflichtfremdsprache für alle – in den bestehenden Oberschulzweigen, also Hauptschule, Realschule und Mittelstufe des Gymnasiums, die Rahmenpläne einander angeglichen, so daß viele Schüler, die die Hauptschule besuchten, auch einen Abschluß erreichen konnten, der dem Realschulabschluß entsprach.

Zum anderen konnte ab 1967 / 68 nach der Gründung von vier Gesamtschulen in Berlin eine neue Schulform, die integrierte Mittelstufe, erprobt werden. Nach der Walter-Gropius-Schule in Britz-Buckow-Rudow handelte es sich noch um die Martin-Buber-Oberschule im Bezirk Spandau, die Thomas-Mann-Oberschule im Märkischen Viertel des Bezirks Reinickendorf und um die Carl-Zeiss-Oberschule im Stadtteil Lichtenrade in Tempelhof. Es waren alles Schulen in Berliner Neubauvierteln. Ihre Unterrichtsorganisation wich voneinander ab, um unterschiedliche Modelle von integrierten Gesamtschulen erproben zu können.

Die allen Modellen zugrunde liegenden Zielvorstellungen[3] (siehe dazu P. GAUDE, G. REUEL in diesem Band) wurden zunächst an der Walter-Gropius-Schule, aus der allein bis heute über 250 Veröffentlichungen zu Gesamtschulproblemen hervorgingen[4], verwirklicht. Eine Planungsgruppe – einberufen von Erich Frister, dem damaligen Neuköllner Bezirksstadtrat für Volksbildung – unter der Leitung von Dr. Horst Mastmann, persönlicher Referent des Senators für Schulwesen und später erster Schulleiter der Walter-Gropius-Schule, wertete die Gesamtschulerfahrungen und die Ergebnisse der wissenschaftlichen Gesamtschulforschung aus dem schwedischen und dem angloamerikanischen Kulturraum aus. Bei der Entwicklung eines didaktischen Konzeptes ließ sich die Planungsgruppe von drei grundsätzlichen Fragen[5] leiten:

1. Wie ist der Heranwachsende auf seine Rolle im personalen (intendiert ist hier das Freizeitverhalten; d. Verf.) Bereich vorzubereiten?

2. Wie ist der Heranwachsende auf seine Rolle als politisch mündiger Bürger vorzubereiten?

3. Wie ist der Heranwachsende auf seine Berufsrolle vorzubereiten?

Richtfest des Oberstufenzentrums Metalltechnik, Feinwerk- und Gerätetechnik in der Haarlemer Straße, links Bausenator Harry Ristock, rechts Schulsenator Walter Rasch, 1978 —
Landesbildstelle Berlin

Diese Fragen sind vor dem Hintergrund des folgenden Bildungsverständnisses zu sehen:

„Bildung verdient heute nur noch eine Haltung genannt zu werden, die sich selbst als dynamisch, wandlungsfähig, offen versteht ... Gerade eine solche ... Bildung basiert, soll sie nicht halt- und verantwortungslos werden, auf der Erfahrung und Aneignung übergreifender Wertprinzipien. Treue und Wahrhaftigkeit, Gerechtigkeit und Hilfsbereitschaft, Tapferkeit und Standhaftigkeit sind auch und gerade heute Werte und Tugenden."[6]

Dieser Bildungsdefinition folgend, versteht sich die Gesamtschule als Schule, die „... nicht nur in ihrer Organisation, sondern auch in ihren Überlegungen zu Unterricht und Erziehung der Versuch [ist], eine Antwort zu finden auf neue Wirklichkeiten innerhalb einer veränderten Gesellschaft unter den Anforderungen der Zukunft." (STUBENRAUCH, S. 128)

Strukturell gesehen, ist die Walter-Gropius-Schule nicht nur die erste integrierte Gesamtschule Deutschlands, sondern auch die „umfassendste". Sie gliedert sich in einen Schulkindergarten, seit 1969 die sogenannten Vorklassen und die Klassenstufen 1 bis 13 mit Grundstufe, Mittelstufe und Oberstufe in Ganztagsform, das heißt sie betreut, bildet und erzieht Kinder und Jugendliche vom 4. bis zum 18. Lebensjahr.

Um schichtenspezifische Nachteile bei Schulanfängern auszugleichen und damit die allgemeine Chancengleichheit im Bildungswesen zu erhöhen, wurden in den Vorklassen durch Tests und Beobachtungen die vor allem sprachlich am wenigsten begabten Kinder ermittelt und in zwei Fördergruppen von je 20 Kindern betreut, wobei das kompensatorische Sprachtraining im Vordergrund stand.

Im Grundschulbereich, der vierzügig geführt wird, unterscheidet sich die Walter-

Oberstufenzentrum Chemie, Physik, Biologie in Buckow, 1979 —
Landesbildstelle Berlin

1. Grundschule und Helmholtz-Oberschule, Gesamtschule in der Wutzkyallee, 1973 —
Landesbildstelle Berlin

Gropius-Schule nur wenig von anderen Berliner Grundschulen. Sie umfaßt die Klassenstufen 1 bis 6, die Schüler sind über sechs Schuljahre voll integriert. Einer auf die Oberschule ausgerichteten Orientierungsstufe, wie sie die westlichen Bundesländer kennen, bedarf es demnach nicht. Der Unterricht wird als Kernunterricht, Kursunterricht, Förderunterricht und Wahlunterricht erteilt. (Siehe dazu P. Gaude, G. Reuel in diesem Band)

Der Problematik, die sich daraus ergab, daß die Schülerinnen und Schüler verschiedener Grundschulen und der eigenen in der integrierten Mittelstufe zusammenkamen, wurde zunächst mit der Einrichtung eines Angleichungshalbjahres begegnet, in dem der Unterricht in der Kerngruppe erteilt wurde. Danach konnten die Schüler auf Grund hinreichender pädagogischer Beobachtung in die für sie geeigneten Fachleistungskurse eingewiesen werden.

Seit 1970, inzwischen waren durch Schulgesetzänderung aus den Versuchsschulen Regelschulen geworden, gingen nur solche Schüler zur Mittelstufe über, die zuvor die eigene Grundstufe besucht hatten. Seitdem übernimmt das 2. Schulhalbjahr der 6. Jahrgangsstufe die Funktion einer Beobachtungsstufe hinsichtlich der späteren Einweisung in die Fachleistungskurse.

Kernstück der Schule bildet die integrierte Mittelstufe (Sekundarstufe I), bei der die vertikale Gliederung des dreigliedrigen Schulsystems zugunsten der Prinzipien der Gesamtschule – Integration, Differenzierung, Individualisierung – aufgegeben wurde. Klassenstufen werden durch Jahrgangsstufen ersetzt.

Unterricht und Erziehung verteilen sich auf verschiedene Bereiche, und zwar auf Kerngruppen im Kernunterricht, Fachleistungskurse im Niveau- oder Fachleistungsunterricht, Wahlpflichtkurse im Wahlpflichtunterricht und Wahlkurse im Wahlunterricht.

Im Kernunterricht werden alle Schüler eines Altersjahrganges in feste Kerngruppen eingeteilt, ohne daß eine Differenzierung nach Leistungsfähigkeit und Befähigungsrichtung erfolgt (heterogene Gruppierung). Hier stehen neben den fachlichen Gesichtspunkten sozialintegrative im Vordergrund. Fächer des Kernunterrichts sind Gesellschaftskunde, Kunst, Musik und Leibesübungen. Deutsch sowie die naturwissenschaftlichen Fächer Biologie, Physik und Chemie werden über einen gewissen Zeitraum als Kernunterricht, dann aber in leistungsdifferenzierten Gruppen unterrichtet.

Clay-Oberschule in der
Wutzkyallee, 1975 —
Landesbildstelle Berlin

Der Fachleistungsunterricht (homogene Gruppierung) berücksichtigt demgegenüber verstärkt die unterschiedlichen Lerngeschwindigkeiten der Schüler, nach denen sich eine äußere Differenzierung gestaltet. Sie wird über vier Leistungniveaus (mit dem KMK-Abkommen von 1982 nunmehr zwei: FE / GA) mit unterschiedlichen, aber auf die anderen Niveaus umrechenbaren Zensuren realisiert:

F-Kurs = Fortgeschrittenenkurs
E-Kurs = Erweiterungskurs
G-Kurs = Grundkurs
A-Kurs = Aufbaukurs

Die Kurse sind „durchlässig", das heißt von Halbjahr zu Halbjahr können die Schüler in einen anderen, für ihre individuelle Förderung geeigneteren Niveaukurs überwechseln. So kann es nicht mehr vorkommen, daß Schüler alle Fächer einer Stufe wiederholen müssen, weil sie in zwei oder drei Fächern keine ausreichenden Leistungen erbracht haben.

Der Wahlpflichtunterricht kommt den unterschiedlichen Befähigungen und Interessen der Schüler entgegen. Während sie am Kern- und im Fachleistungsunterricht verbindlich teilnehmen müssen, können sie im Bereich des Wahlunterrichts zwischen verschiedenen Möglichkeiten wählen und sich ihren Neigungen und Begabungen gemäß einen eigenen Schwerpunkt und ein individuelles Profil schaffen.

Im Wahlunterricht erhalten besonders befähigte Schüler eine zusätzliche Förderung, die vor allem die individuellen Interessen einzelner stärker berücksichtigt.

Die Vorteile des neuen Gesamtschulsystems gegenüber der herkömmlichen vertikalen Schulstruktur liegen auf der Hand. Die Eltern müssen über sieben Jahre Gymnasium oder vier Jahre Realschule nicht einmalig im 12. Lebensjahr ihres Kindes entscheiden. Auf- und Abstieg der Schüler vollziehen sich in der Gesamtschule eben innerhalb derselben Schule; ein Probehalbjahr gibt es nicht. Die negativen Folgen für das Sozialprestige der Eltern nach einem Scheitern des Kindes entfallen, der Kurswechsel innerhalb der Schule ist ein normaler Vorgang. Schwächere Schüler werden vor der Entscheidung über ihren individuellen Schulabschluß stärker gefördert, befähigtere intensiver gefordert.

In den folgenden Jahren wurden vier weitere Gesamtschulen gebaut. Da für die Jahre 1970 bis 1975 ein Ansteigen der Schülerzahl in der 7. bis 10. Jahrgangsstufe um mehr als 50

In der Mensa
der Otto-Hahn-Gesamt-
schule, 1975 —
Heimatmuseum Neukölln

Prozent prognostiziert wurde, reagierte der Senat der Stadt mit dem Bau von 15 Bildungszentren. Sie sollten Gesamtschulen sein, die als Mittelstufenzentren und Ganztagsschulen im Verbund mit öffentlicher Bücherei, Volkshochschule, Jugendfreizeitheim oder anderen Einrichtungen konzipiert wurden.

Später wurden den neuen Schulen gymnasiale Oberstufen angegliedert, so daß die ursprüngliche Vorstellung einer auf die Klassenstufen 1 bis 10 hin orientierten Gesamtschule – in Berlin aufgrund der sechszügigen Grundschule modifiziert auf die Klassenstufen 7 bis 10 – eine Weiterentwicklung im Sinne einer umfassenden schulischen Betreuung erfuhr.

Mit dem Schulentwicklungsplan von 1970, politisch verantwortet vom damaligen Schulsenator Gerd Löffler, wurde im „Sonderprogramm Oberschulbau", dem größten kommunalen Hochbauprojekt der Stadt in der Nachkriegszeit, die Weiterentwicklung der Berliner Gesamtschule betrieben. Die Baukörper wurden in den Jahren bis 1976 mit einem Kostenaufwand von weit mehr als 600 Millionen DM in elementierter Serienbauweise fertiggestellt. Damit ging die Gesamtschule „nicht nur baulich in Serie".[7] Für Neukölln bedeutete dies, daß mit der Otto-Hahn-, der Heinrich-Mann- und der Clay-Oberschule drei weitere Gesamtschulen in Betrieb genommen werden konnten.

Die Hoffnung, mit dem Ende dieser Aufbauperiode die baulichen Voraussetzungen für mehrere Gesamtschulgenerationen geschaffen zu haben, wurde jäh enttäuscht, als in der Mitte der 80er Jahre die Gesundheitsgefährdung durch bis dahin zur Feuerisolation in öffentlichen Bauten üblicherweise verwendeten Spritzasbest bekannt wurde. Besonders bitter dabei: Da in den 70er Jahren Oberschulbauten fast nur für Gesamtschulen errichtet wurden, traf es diesen Schultypus besonders hart (von den 27 öffentlichen Gesamtschulen in den westlichen Bezirken Berlins waren bis 1988 schließlich 13 unmittelbar betroffen), insbesondere wenn man den damaligen Entwicklungsstand berücksichtigt. In einem beispielhaften Kraftakt wurden mehrere Schulen – darunter in Neukölln die Otto-Hahn-Oberschule – kurzfristig in Provisorien ausgelagert, andere in sogenannten Schuldörfern untergebracht, das heißt Ersatzbauten an Ausweichstandorten, die für eine begrenzte Übergangszeit als Schulgebäude dienten.

Die durch die Asbest-Misere, die unter Umständen für die ganze Berliner Gesamtschule

Eine 7. Klasse Chemie an der Walter-Gropius-Schule, 1970 —
Landesbildstelle Berlin

zu einer existenzbedrohenden Krise hätte führen können, notwendig gewordene Totalsanierung eröffnete bei der baulichen Rekonstruktion aber auch neue Chancen. Die bis dahin an den Schulen gewonnenen Erfahrungen konnten konstruktiv für die Weiterentwicklung des Gesamtschulgedankens genutzt werden. So wird in den Bauplanungen auf Klimaanlagen nunmehr weitgehend verzichtet, auch innenliegende Räume erhalten natürliches Licht, die Zügigkeit wird reduziert. Die unterschiedlichen individuellen Bedürfnisse, wie sie sich mittlerweile aus dem pädagogischen Profil der einzelnen Schulen entwickelt haben, werden bei der Neugestaltung baulich angemessen berücksichtigt.

Mit dem Aufbau einer Gesamtschulstruktur im Bezirk Neukölln wie im ganzen Land Berlin ging die Neuorganisation der beruflichen Schulbildung einher, die organisatorische Zusammenlegung aller beruflichen Schulen in insgesamt 19 (in West-Berlin gelegenen) Oberstufenzentren (OSZ). Seit 1979 errichtet, fassen sie die berufsbildenden Schulen wie Berufsschulen, Berufsfachschulen und Fachoberschulen ab Klasse 11 nach Berufsfeldern bzw. Berufsfeldschwerpunkten zusammen. Pädagogisches Ziel dieser Oberstufenzentren ist die Verbesserung des schulischen Anteils der beruflichen Bildung. Gegenwärtig gibt es folgende Berufsfelder: Wirtschaft und Verwaltung; Metalltechnik; Elektrotechnik; Bautechnik / Holztechnik; Textiltechnik und Bekleidung; Chemie; Physik und Biologie; Drucktechnik; Gesundheit, Ernährung und Hauswirtschaft; Agrarwirtschaft. Ein OSZ Farbtechnik und Raumgestaltung ist im Bau, ein weiteres für Kfz-Technik befindet sich in der Planung.

Acht Oberstufenzentren, darunter auch das Neuköllner OSZ mit naturwissenschaftlichem Berufsfeld, verfügen zudem über eigene gymnasiale Oberstufen, an denen – alternativ zu den Oberstufen allgemeinbildender Schulen – unter Einbeziehung besonderer „berufsbezogener Fächer" in den Bildungsgang die allgemeine Hochschulreife erlangt werden kann. Strukturell gleicht die berufsbezogene gymnasiale Oberstufe mit der Einführungsphase in der 11. sowie Grund- und Leistungskursen in der 12. und 13. Klasse der Oberstufe an Gymnasien oder Gesamtschulen. In der Einführungsphase wird der Unterricht in den allgemeinbildenden Fächern und in den Bereichen der Fachtheorie und Fachpraxis des entsprechenden beruflichen Schwerpunktes erteilt. In der Kursphase steht das erste Leistungsfach, das dem jeweiligen Berufsfeld entspricht, im Mittelpunkt. Das zweite Leistungsfach kann der Schüler aus dem Angebot der Schule frei wählen. Das berufliche Schwerpunktfach wird durch Profilkurse unterstützt.

Seit der Wiedervereinigung der Stadt werden die 42 Berufsschulen der Ostberliner Bezirke zunächst als Filialen der westlichen OSZ weitergeführt. In den kommenden Jahren ist ihre Umstrukturierung nach dem Vorbild der OSZ geplant.

Anmerkungen

1 G. Radde: Die Fritz-Karsen-Schule als Einheitsschule zwischen Reform und Realität. — *Reform und Realität in der Berliner Schule.* Hrsg. von H. Fedke und G. Radde. Braunschweig 1991

2 C.-H. Evers: Erfordernisse einer Reform des allgemein- und berufsbildenden Schulwesens. — *Gesamtschule – Diskussion und Planung.* Texte und Berichte von J. Lohmann u.a. Weinheim, Berlin, Basel, 3. Aufl. 1970

3 Gesamtschulen in Berlin. Eine Übersicht – zusammengestellt von W. Flößner. — *Berliner Forum* (1973) H.6, S. 4

4 W. Flößner: Festvortrag zum 25jährigen Bestehen der Walter-Gropius-Schule. Manuskript einer unveröffentlichten Rede, gehalten am 2. 6. 1993

5 H. Mastmann u.a. (Hrsg.): *Gesamtschule. Ein Handbuch.* Schwalbach 1968

6 W. Klafki, zitiert nach H. Stubenrauch: *Die Gesamtschule im Widerspruch des Systems.* München 3. Aufl. 1974, S. 129

7 U.-J. Kledzik: Gesamtschule auf dem Weg zur Regelschule. — Ders.: *Gesamtschule auf dem Weg zur Regelschule.* Hannover, Berlin 1974, S. 19

Porträts Neuköllner Schulreformer

Die Geschichte der Schulreform in Neukölln ist immer auch die Geschichte der Personen, die sie gedacht, geprägt und verwirklicht haben. Die Porträts, die Neuköllner Schulreformer vorstellen, ergänzen die biographischen Beiträge des ersten Bandes, in dem bereits wichtige Leitfiguren der Neuköllner Reformpädagogik vorgestellt wurden.

Sie bündeln wie in einem Brennglas die Entwicklungen der Neuköllner Schulgeschichte und verkörpern die Kontinuitäten und Brüche, denen die Schulreformen unterworfen waren. Im Mittelpunkt stehen Persönlichkeiten, die in den letzten beiden Jahrzehnten des 19. Jahrhunderts geboren wurden. Sie erlebten als Schüler und schon zum Teil als Lehrer die Schule des Kaiserreichs und gestalteten die Schulreform im bevölkerungsreichsten Berliner Bezirk der 20er Jahre. Sie erlitten die Zerstörung des Erreichten in der NS-Zeit und versuchten nach Kriegsende an die Ideen der Reformzeit anzuknüpfen. Während des Kalten Krieges war dies oft schwierig. Nur einer Schule gelang es, als Versuchsschule die Tradition fortzusetzen und weiterzuentwickeln.

Zwei Personen fallen aus dem skizzierten Rahmen heraus: Konrad Agahd, der „Vater des Kinderarbeitsschutzes", entstammt der vorausgehenden Generation, aber er war ein Vorbild und Impulsgeber für die Neuköllner Reformpädagogik, wenn nicht sogar für die gesamte deutsche Pädagogik. Jens Peter Nydahl war insgesamt nur knapp zwei Jahre in Neukölln als Lehrer tätig, aber dann einflußreich als Neuköllner Schulinspektor, und ihm kommt als Berliner Stadtschulrat für die Neuköllner Schulpolitik eine wesentliche Bedeutung zu. Er versuchte das mit der Lebensgemeinschaftsschule verbundene Konzept einer Einheitsschule zu fördern und durchzusetzen.

Die meisten der hier vorgestellten Persönlichkeiten waren Lehrer in den drei „weltlichen", progressiven Reformschulen in der Rütlistraße oder des Kaiser-Friedrich-Realgymnasiums (KFR), das seit 1930 Karl-Marx-Schule hieß.

Der Leiter der Karl-Marx-Schule, Fritz Karsen (siehe dazu Band 1, S. 175-187), versuchte durch gezielte Lehrerauswahl seine weitreichenden Reformpläne zu verwirklichen. Die Lehrer seiner Schule kamen oft aus der Jugendbewegung oder standen ihr nahe und hatten zum Teil schon reformpädagogische Erfahrungen gesammelt wie Hans Alfken und Alfred Ehrentreich, die vorher in der Internatsschule der Freien Schulgemeinde Wickersdorf tätig waren. Am längsten, nämlich zehn Jahre, war Karl Sturm Lehrer an der Schule Karsens. Er war die rechte Hand des Direktors und kümmerte sich besonders um die Arbeiter-Abiturienten-Kurse.

Eine ganz andere Sicht bietet die Biographie von Marion Ruperti, die erst 1930 als junge Referendarin an die Schule kam und von ihr stark geprägt wurde.

Ein wesentliches Kapitel der Neuköllner Schulgeschichte ist mit dem Namen Adolf Jensen verbunden. Er kam 1920 an die Rütli-Schule, die er von 1926 bis 1929 leitete. Jensen und und sein Nachfolger Fritz Hoffmann fühlten sich besonders der schöpferischen Erziehung auf der Basis musischer und literarischer Fächer verpflichtet. Hoffmann blieb derjenige unter den hier vorgestellten Pädagogen, dem es gelang, eine Einheitsschule im West-Berlin der Zeit nach 1951 zu erhalten.

Die zweite Schule in der Rütlistraße, die 31. Volksschule, die Wilhelm Wittbrodt leitete, hatte eine mehr gesellschaftspolitische Zielrichtung. Der Rektor versuchte, den Aufbau einer „sozialen Arbeitsschule" voranzutreiben. Es verwundert nicht, daß die kommunistisch orientierten Lehrer Fritz Lange und Elly Janisch von der Schule Jensens an die Nachbarschule wechselten. Den starken Bezug auf politische Fragen spiegeln vor allem auch die Biographien Willi Schubrings und Friedrich Weigelts. Weigelt sammelte bereits an der 1. weltlichen Schule in Adlershof reformpädagogische Erfahrungen. Am Beispiel der soeben Genannten werden die brutalen Eingriffe der Nationalsozialisten in den Bereich der Reformschulen deutlich. Elly Janisch floh ins Exil nach Holland, Willi Schubring und Fritz Lange waren im Widerstand tätig und Weigelt mußte sich als Aushilfskraft und Filmdouble durchschlagen.

Eine Abspaltung der Jensenschule war die Volksschule von Günther Casparius, 1923 entstanden und ab 1925 von Casparius geleitet. Casparius kam als Lehrer von der Schule Wittbrodts. Ihm ging es vordringlich darum, die Kinder an die Lösung sachlicher Aufgaben heranzuführen. Für ihn standen erdkundliche Themen im Zentrum des Unterrichts. In dieser Schule sammelte Paul Heimann seine ersten Erfahrungen, die er nach dem Zweiten Weltkrieg als Dozent an der Pädagogischen Hochschule in Berlin-Lankwitz zu nutzen verstand.

Neben diesen Reformschulen fühlten sich noch andere Schulen in Neukölln dem Reformgedanken verbunden, wenn auch weniger ausgeprägt und nicht so radikal im Ansatz. Sie werden durch drei andere Biographien vertreten: Adolf Bohlen, Heinrich Bethge und Gertrud Rosenow.

Adolf Bohlen war Lehrer am Kaiser Wilhelms-Realgymnasium, das Felix Behrend (siehe dazu Band 1, S. 358-365) leitete. Bohlen und Behrend, die eng miteinander befreundet waren, öffneten sich als vermeintlich konservative Philologen liberalen Vorstellungen. Bohlen ließ erst lange nach 1933 eine deutliche Distanz zu den neuen Machthabern erkennen. Der Bruch, der in den Lebensläufen der meisten Pädagogen der obengenannten Schulen festzustellen ist, wird bei ihm nur als Riß erkennbar.

Seltsames ist über Heinrich Bethge zu berichten, dem Rektor der 5. weltlichen Sammelschule. Bethge, der 1923 die SPD verließ und an seiner Schule als Kommunist galt, trat gleichzeitig als Autor deutsch-nationaler Ergüsse, die er unter einem Pseudonym veröffentlicht hatte, hervor. Er stellte sich in den Dienst der neuen Machthaber, obwohl sie ihn 1933 als Lehrer entlassen hatten. Bethge wurde 1944 trotzdem verhaftet und verstarb im Konzentrationslager.

Gertrud Rosenow war die Vertreterin einer weiteren reformfreudigen Schule in Neukölln. Sie war Lehrerin und später Rektorin der 2. Mädchen-Mittelschule am Richardplatz, die vielfältige Aktivitäten für Mädchen anbot, bevor sie 1930 in Sachsen / Anhalt Schulrätin wurde.

Nach dem Zweiten Weltkrieg machten viele Neuköllner Reformer Karriere in Schulverwaltungen oder Universitäten des geteilten Landes, ohne die weitgreifenden Konzepte der 20er Jahre wieder realisieren zu können. Marie Torhorst, von 1929 bis 1933 Studienrätin an der Karl-Marx-Schule, wurde in Thüringen Volksbildungsministerin; Fritz Lange, Lehrer an der 31. / 32. Schule, stieg sogar zum Volksbildungsminister der DDR auf. Robert Alt war ein bedeutender Vertreter der früheren pädagogischen Wissenschaft in der DDR. Günter Casparius war dort maßgeblich an der Einführung des polytechnischen Unterrichts beteiligt. Karl Sturm verwaltete das pädagogische „Erbe" Wilhelm Blumes an der Pädagogischen Hochschule im Ostteil der Stadt, die sich seit 1948 einer Gegengründung in Berlin-West gegenübersah.

Im Westen verteidigten ehemalige Lehrer der Reformschulen wie Friedrich Weigelt und Paul Heimann die unmittelbar nach dem Krieg eingeführten Reformen gegen konservative Einflüsse und warnten vor einer Rückkehr zur alten Standesschule. Alfred Ehrentreich versuchte als Schulleiter in Korbach/Hessen, die Ideen der Reformpädagogik zu erhalten. Andere betätigten sich in neuen pädagogischen Bereichen: Hans Alfken beispielsweise organisierte später den Jugendaustausch mit Frankreich.

Die institutionelle Kontinuität der Berliner Schulpolitik der Nachkriegszeit blieb nicht gewahrt. Aber einzelne Personen griffen die Traditionslinien der Reformpädagogik auf und praktizierten neue Formen einer humanen Pädagogik. Die Idee der „idealen Schule" blieb lebendig.

Stefan Paul

Das Heimatmuseum Neukölln verfügt ferner über Materialien bzw. über Kurzbiographien folgender Personen:
Ernst Arndt *(Kerstin Köhntopp)*,
Bernhard Baartz *(Kerstin Köhntopp)*,
Werner Bloch *(Gerd Radde)*,
Artur Buchenau (vgl. Bd. I, S. 68-79),
Waldemar Dutz (vgl. Bd. I, S. 213),
Johannes Feuer *(Kerstin Köhntopp)*,
Emil Fischer *(Werner Korthaase)*,
Kurt Joachim Grau *(Kerstin Köhntopp)*,
Irmgard Hagedorn *(Ilse Thilo)*,
August Heyn *(Dieter Henning)*,
Katharina Hintz *(Kerstin Köhntopp)*,
Hedda Korsch *(Werner Korthaase)*,
Max Gustav Lange
    (Birgit Drechsler-Fiebelkorn),
Alfred Lewinnek (vgl. Bd. I, S. 232-242),
Karl Linke *(Gerd Radde /*
    Werner Korthaase),
Kurt Löwenstein (vgl. Bd. I, S. 130-145),
Max Luckow *(Werner Korthaase)*,
Gertrud Panzer *(Kerstin Köhntopp)*,
August Graf von Pestalozza
    (Werner Korthaase),
Johann Christoph Ruden *(Kerstin Köhntopp)*,
Bernhard Schulz *(Werner Korthaase)*,
Heinrich Seesemann *(Günther S. Sobisiak †)*,
August Siemsen *(Rudolf Rogler)*,
Johanna Teschner *(Ilse Thilo)*,
Ernst Wildangel *(Werner Korthaase)*,
Goetz Ziegler *(Kerstin Köhntopp)*

Konrad R.F. Agahd

1867 - 1926

Konrad Agahd war der Initiator des Kinderarbeitsschutzes. Er wurde am 1. März 1867 in Neumark, einem Dorf in Pommern (zwischen Stettin und Stargard) als jüngstes von acht Kindern und als vierter Sohn geboren. Sein Vater war der Hauptlehrer Hermann Agahd, der vermutlich auch sein Lehrer in der Dorfschule war. In diesen ersten Lebensjahren auf dem Land lernte er am eigenen Leib die Kinderarbeit in der Landwirtschaft kennen.

Nach dem Besuch des Seminars in Dramburg wurde er Lehrer in Virchow und Fehrbellin, bevor er zwischen 1890 und 1913 in Rixdorf / Neukölln in der 3. und ab 1891 in der 5. Gemeindeschule unterrichtete. An die neu errichtete Schule in der heutigen Silbersteinstraße wurde er aufgrund eines Überhangs versetzt. Von dort wechselte er schon vor der Jahrhundertwende an die 11. Gemeindeschule in der Thomasstraße, die seit 1954 seinen Namen trägt. Im April 1891 heiratete er Anna Meyer aus Fehrbellin. Aus der Ehe gingen die Töchter Martha und Margarete hervor.

Opfer lautete der erste Artikel des damals 28jährigen in der preußischen Lehrerzeitung, der unter einem Pseudonym erschien. Konrad Agahd war damals Gemeindeschullehrer in Rixdorf, einer Arbeitergroßstadt mit vielen Mietskasernen vor den Toren Berlins. Sein Thema, mit dem er sich unentwegt wissenschaftlich beschäftigte, war die Schädigung der Erziehung durch die den Kindern abverlangte Arbeit. Seine erste und wichtige Studie zur gewerblichen Kinderarbeit von 3 287 Rixdorfer Kindern erschien 1894. Der Bericht löste heftige Reaktionen aus. Nach dem Wunsch mancher seiner Gegner hätte er noch im gleichen Jahr zu seiner Versetzung in die polnischen Gebiete des Deutschen Reiches führen sollen.

Agahd studierte die Kinderarbeit in Deutschland, Schweden, Norwegen, Oberitalien und in Österreich. Seine Ergebnisse publizierte er in zahlreiche Aufsätzen, Broschüren, Fachbüchern und Gesetzeskommentaren und trug sie auf Kongressen vor. So verlangte er 1902 auf der Versammlung des Deutschen Lehrervereins zusätzlich zu den bereits 1898 beschlossenen Maßnahmen:

– das Verbot jeder Sonntagsarbeit
– das Verbot jeder Beschäftigung in gesundheitsgefährdenden Betrieben
– die Ausdehnung des Kinderschutzes auf gewerbliche Arbeit im Haus
– die Mitwirkung der Lehrerschaft bei Durchführung und Kontrolle der geforderten staatlichen Maßnahmen.

Er beschrieb in seinen Referaten eindrucksvoll die vorhandenen Mißstände und unterbreitete Vorschläge zu ihrer Abhilfe. So schlug er zum Beispiel in der Wachstumsperiode um 1908 eine Besteuerung des Wertzuwachses von Grundstücken zur Finanzierung der Jugendfürsorge vor (*Kind und Gesellschaft*, 1908, S.23). Wir finden in seinen Schriften – seine Reden sind leider nicht erhalten – einen äußerst gewissenhaften, wissenschaftlich argumentierenden Lehrer, der die gefunde-

Konrad Agahd, o.J. — *Heimatmuseum Neukölln*

nen Mißstände präzise beschrieb. Er selbst war Anwalt seiner Schüler, setzte sich ein für die alkoholsüchtigen Kinder und machte sich zum Sprachrohr der für die kirchliche Heimerziehung noch nicht „ausreichend" Verwahrlosten. 1907 sprach er über die Ursachen des Lehrermangels, 1908 in Dortmund vor der Deutschen Lehrerversammlung über die Frage, ob Lehrer in der Jugendfürsorge mitarbeiten sollten. 1912 wurde sein Wettbewerbsbeitrag *Aufklärung durch Volksschularbeit* für ein Preisausschreiben des Dürerbundes veröffentlicht. Die Liebe zu den Kindern sei für die Lehrer die Voraussetzung zum Sehen, zum Begreifen und Verstehen der Kinder und ihrer Probleme. Nur wer das vermöge, könne sie trösten und sich mit den Kindern freuen. Und nur in Stunden des Glücks, der Liebe und des Vertrauens könne der Lehrer die Kinder – auch unvorbereitet – sexuell aufklären. „Es ist ein Giftbaum aus dem pädagogischen Tollhause, bestimmte Stunden für sexuelle Belehrung lehrplanmäßig festlegen zu wollen" (*Aufklärung*, 1912, S. 28).

Seiner engagierten Fürsorge verdanken die gewerblich arbeitenden Kinder das Gesetz von 1903, das Mindestalter und Arbeitszeit festlegte. Heimarbeit, Hüte-, Erntearbeit oder Mithilfe und Nebenerwerbstätigkeiten wurden wegen des hartnäckigen Widerstandes der Ostelbischen Grundbesitzer allerdings nicht erfaßt. Konrad Agahd verweist deshalb immer wieder auf diese Mißstände zu Lasten der Schulkinder. Agahd war außerdem Vorstandsmitglied des deutschen Lehrervereins und der Gesellschaft für soziale Reform.

Aufgrund einer ernsten Ohrenkrankheit mußte er 46jährig in den Ruhestand treten. Von diesem Zeitpunkt an arbeitete er nur noch als Schriftsteller und in der Jugendpflege und Fürsorge. Nach dem Motto „Wer Schlechtes vernichten will, muß Besseres an die Stelle setzen", kämpfte er nun weiter insbesondere gegen die Schundliteratur, indem er mehrere von ihm gegründete Jugendzeitschriften ausbaute. Sie wurden später von seiner Tochter Martha Kettner weitergeführt. Als Beantworter von Leserbriefen hielt er engen Kontakt zu den Leserinnen und Lesern, zu den jüngeren, die *Hänsel und Gretel* lasen, und zu den älteren, für die er mit vielen anderen Freunden *Jung-Siegfried* und *Treuhilde* bearbeitete.

Konrad Agahd starb am 18. November 1926 in Neukölln. Sein Grab auf dem städtischen Friedhof an der Blaschkoallee (14a30) trägt die Inschrift: „Den deutschen Kindern galt seine Liebe, seine Arbeit und sein Leben". In vielen Nachrufen wurde er als „Vater des Kinderschutzes" und „Vater der ausgebeuteten Kinder" geehrt.

Rudolf Rogler

Werke und Aufsätze

„In welcher Richtung und in welchem Umfange wird die Jugenderziehung durch gewerbliche (und landwirtschaftliche) Kinderarbeit geschädigt?" — *Pädagogische Zeitung* 26. Jg. 1897 (8. Juni), 441-445

„Kampf gegen Kinderarbeit." — *Die Frau*, Mai 1899, 491-497

Die Erwerbstätigkeit schulpflichtiger Kinder, Bonn / Berlin / Leipzig 1897

Gesetz betreffend Kinderarbeit in gewerblichen Betrieben vom 30. März 1903, Hrsg. von Konrad Agahd und M. Schulz. Jena 1905 (3. Aufl.)

Gewerbliche Kinderarbeit in Erziehungsanstalten – eine Reform im Sinne des Reichsgesetzes betreffend Kinderarbeit in gewerblichen Betrieben vom 30. März 1903, hrsg. von K. Agahd und M. Schulz, Leipzig 1905

Lehrermangel nach seinen Ursachen und Wirkungen, Liegnitz 1907

Soll die Lehrerschaft in Jugendfürsorge-Organisationen mitarbeiten? (= Vortrag auf der deutschen Lehrerversammlung in Dortmund), Halle 1908

Kind und Gesellschaft (Zwei Vorträge), Langensalza 1908

„Aufklärung durch Volksschularbeit" — *Am Lebensquell, Hausbuch zur geschlechtlichen Erziehung*, hrsg. vom Dürerbund, Dresden 1912, S. 25-34

Verwendete Quellen und Literatur

Auskünfte und Materialien von Ralf Nürnberger (verstorben)

Themenmappe Kindheit, Heimatmuseum Neukölln

Sie wirkten in Berlin, 27 Lebensbilder, BLV (Opitz) 1952, S.101-108

Neuköllner Anzeiger vom 1.8.1951

Berliner Morgenpost vom 13.1.1954

Unsere Zeitgenossen, Wer ist's? Leipzig 1912, 6. Ausgabe

Nachrufe und viele der aufgeführten Schriften lagern bei dem Enkel Agahds, Prof. Dr. Ohm.

Hans Alfken

geb. 1899, lebt heute in Hannover

Hans Alfken wurde 1899 als Sohn des Volksschullehrers Johann Diedrich Alfken in Bremen geboren. Entscheidend geprägt haben ihn Jugendbewegung und Freideutsche Jugend. Mit fünfzehn, nach der freiwilligen Meldung vieler Wandervogelführer zum Kriegsdienst, durfte er eigenständig eine Gruppe leiten und konnte erstmals sein pädagogisches Talent erfahren. Mit der Mittleren Reife nahm ihn sein Vater – gegen seinen Willen – vom Gymnasium und ließ ihn eine Banklehre absolvieren.

1917 wurde er eingezogen. Die Erfahrungen als Soldat wie auch der Novemberrevolution schärften sein politisches Bewußtsein. Alfken hat dies später auf die Formel gebracht: „Die Romantiker werden politisch". Auf der Suche nach neuen Orientierungen begegnete er im Herbst 1918 Heinrich Vogeler und sammelte wichtige Erfahrungen in dessen Kommune Barkenhoff. Dabei dürften ihn sowohl die Heterogenität der hier zusammenlebenden Menschen als auch deren Ernsthaftigkeit, mit der sie Wege grundlegender gesellschaftlicher Erneuerung zu erproben versuchten, beeindruckt haben. Zugleich bildete für ihn Barkenhoff die Brücke zu sozialistischen und kommunistischen Ideen, zumal Vogeler umgekehrt Kontakte zur Jugendbewegung unterhielt.

Nach Kriegsende ergriff er die Gelegenheit, im Rahmen eines einjährigen Kursus für Kriegsteilnehmer das Abitur nachzumachen, das er Ende 1919 bestand. Während dieses Jahres reifte sein Entschluß, Lehrer zu werden, und zwar mit den Fächern Englisch, Deutsch und Philosophie. Er begann sein Studium 1920 in Jena mit einem halben sogenannten „Kriegssemester". Im Juni 1920 erlebte er als Vertreter der Freideutschen Jugend und zugleich jüngster Teilnehmer die in Berlin versammelte Reichsschulkonferenz. Ihn schockierte, daß fast sämtliche Redner mehr oder weniger an die Interessen ihrer Verbände und Organisationen, nicht aber an die Jugend dachten, für die doch eigentlich die Bildungseinrichtungen da sein sollten. In einem eigenen Redebeitrag faßte der gerade 21jährige seine Kritik präzise zusammen und entwickelte Gegenvorstellungen einer neuen, aus dem Geist der Jugendbewegung gestalteten Schule, die jedoch von der Mehrzahl der Anwesenden nur mit Gelächter, Entrüstung und dem Zuruf: „Jetzt noch ein Säugling", quittiert wurden.

Nach zehn Semestern Studium in Jena, Greifswald und Marburg legte er im Sommer 1924 seine Erste Staatsprüfung in Englisch ab und nahm dann, ohne das Examen vorher zu Ende zu bringen, die Möglichkeit wahr, an der Freien Schulgemeinde Wickersdorf als Englischlehrer tätig zu sein. Erst die Mahnung der Universität Marburg, daß das gesamte Examen ungültig werde, wenn nicht bis spätestens Ende Januar 1925 auch die Prüfung in den anderen Fächern abgelegt würde, veranlaßte ihn dazu, sich noch in Deutsch und Philosophie prüfen zu lassen.

Wickersdorf stellte das zweite große Modell der Deutschen Landerziehungsheimbewegung dar, welches 1906 quasi als Ableger der Hermann-Lietz-Schulen entstand. Neben Wyneken, der eher ein Theoretiker war, gingen damals wesentliche Impulse von dem Praktiker Martin Luserke aus. Sein Konzept einer unmittelbar erfahrungsorientierten Didaktik hat Alfken nachhaltig beeinflußt. Dennoch verließ er Wickersdorf schon nach nur einem dreiviertel Jahr. Er bezweifelte, in diesem Landerziehungsheim seine pädagogischen Vorstellungen voll realisieren zu können. Insbesondere vermißte er dort eine dem Bevölkerungsdurchschnitt entsprechende Schülerschaft, vor allem Arbeiterkinder und -jugendliche.

1925/26 absolvierte Alfken in Oldenburg sein Referendariat. Zufällig erfuhr Fritz Karsen, daß er die Ausbildung gerade abgeschlossen hatte und forderte ihn auf, als Lehrer an seiner Reformschule in Berlin-Neukölln tätig zu werden, was er ihm bereits während einer Begegnung auf der Reichsschulkonferenz im Juni 1920 in Berlin en passant zugesagt hatte. An dieser Schule erlebte Alfken vom Herbst 1926 bis Frühjahr 1933 – bis zur Entlassung durch die Nazis – knapp sieben Jahre lang den ersten Höhepunkt seiner pädagogischen Tätigkeit.

Er unterrichtete zunächst verschiedene Klassen in Deutsch und Englisch, vor allem auch in den Arbeiter-Abiturienten-Kursen. Diese lagen ihm, wohl aufgrund eigener Erfahrungen mit dem einjährigen Abiturientenkursus für Kriegsteilnehmer, besonders am Herzen. 1927 übernahm er eine Aufbauklasse mit einem relativ hohen Anteil von Arbeiterkindern als Klassenlehrer. Geprägt durch die deutsche Jugendbewegung war für ihn als Lehrer das partnerschaftliche Verhältnis zu seinen Schülern von besonderer Bedeutung. Dazu zählten die Anleitung zur Selbständigkeit, die Planung und Durchführung von Klassen- im Sinne richtiger Studienfahrten sowie die über die bloße Wissensvermittlung hinausgehende erzieherische Arbeit, die sich nicht nur auf schulische Probleme beschränkte.

1927 trat Alfken in die Kommunistische Partei ein. Beeinflußt wurde diese Entscheidung durch Diskussionen mit den Schülern seines Arbeiter-Abiturienten-Kursus, von denen einige selbst Mitglieder der KPD waren. Eine Rolle spielte dabei sicherlich auch der Kontakt zu seiner Kollegin Hedda Korsch, der Frau des bekannten Marxisten Karl Korsch, der er zeitlebens verbunden blieb. Alfkens Frau Lotte wurde ebenfalls KP-Mitglied. Beide arbeiteten zusammen mit Heinrich Vogeler an der Stadtteilzeitung von Britz mit. 1930 hatte Alfken die Möglichkeit zu einer Reise in die Sowjetunion und war damals von deren Bildungswesen beeindruckt.

Alfken gehörte zu den ersten Lehrern der Karl-Marx-Schule, die im Frühjahr 1933 von den Nazis aus dem Schuldienst entlassen wurden. Danach standen er und seine Frau mit zwei kleinen Kindern ohne Broterwerb da. Trotzdem waren beide fest entschlossen, sich im Rahmen der Kommunistischen Partei in den Widerstand gegen die Nazis einzureihen. Er bekam eine Stelle als Buchhalter in einem deutsch-russischen Exportgeschäft, die ihm ein Genosse vermittelt hatte. Dabei erwies sich für ihn seine Banklehre als hilfreich. Um untertauchen zu können, zog die Familie in einen anderen Berliner Stadtteil. Als die deutsch-russische Firma aufgelöst wurde, verkaufte Alfken Kaffee und Schokolade für ein Geschäft, das von entlassenen Versuchsschullehrern gegründet worden war und sich nach zweien ihrer bekanntesten Vertreter nannte: „Aera" = Aevermann und Rahtjen. Für die von Alfken nach wie vor durchgeführten Kurierdienste erwies sich die Lieferung der Waren direkt in die Häuser als besonders günstig. 1938 verhafteten ihn die Nazis im Zusammenhang mit Kontakten zur SPD, die dem Versuch gedient hatten, doch noch eine Einheitsfront zustande

Hans Alfken, 1947 —
Privatbesitz Alfken

zu bringen. Nachdem er eineinviertel Jahre im Gefängnis gesessen hatte, war er von 1940 bis 1945 Soldat.

Nach Kriegsende trennte sich Alfken von der kommunistischen Partei. Der Bruch mit der Partei fiel ihm nicht leicht, weil mit der KPD zugleich ein Stück eigener Identität verbunden war. Er hatte das Glück, in dem ehemaligen preußischen Kultusminister Adolf Grimme einen verständnisvollen Gesprächspartner zu finden, der als religiöser Sozialist selbst bereits im Juli 1932 von der Papen-Regierung aus seiner Stellung entlassen worden war und unter den Nazis im Zuchthaus gesessen hatte. Grimme berief Alfken im Herbst 1946 in das von ihm geleitete niedersächsische Kultusministerium, machte ihn kurze Zeit später zu seinem persönlichen Referenten und übertrug ihm im Sommer 1947 die Leitung einer neuen Abteilung für Jugendpflege / -fürsorge, Erwachsenenbildung, Büchereiwesen und Sport. Im Oktober 1946 trat Alfken der SPD bei.

Während seiner Tätigkeit im Kultusministerium hatte er in vielfältiger Weise Anteil an der Neugestaltung des außerschulischen Bildungswesens in Niedersachsen, und zwar weitgehend in Bereichen, die ihm zunächst fremd waren. Bereits vor seinem Eintritt in das Grimmesche Ministerium war er an der Einrichtung des als Schulungsstätte für Jugendleiter konzipierten Jugendhofes Vlotho beteiligt. Ebenso hat er am Neuaufbau der Erwachsenenbildung in Niedersachsen maßgeblich mitgearbeitet. Er gehörte zu den Initiatoren des auf Erfahrungen während eines sechswöchigen Studienaufenthaltes in England im Herbst 1948 zurückgehenden Kooperationsprojektes „Universität und Erwachsenenbildung" an der Universität Göttingen. Weiterhin seien hier nur noch die ebenfalls durch angelsächsische Vorbilder beeinflußte Gründung eines Instituts für Analytische Kinder- und Jugendpsychotherapie für das Land Niedersachsen in Hannover sowie die intensive Mitarbeit an verschiedenen Projekten zur Völkerverständigung erwähnt, aufgrund derer er von 1962 bis 1967 (also noch drei Jahre nach seiner Pensionierung) von der Bundesregierung zum ordentlichen Mitglied des Kuratoriums des Deutsch-Französischen Jugendwerks bestellt wurde.

Hans Alfken lebt heute in Hannover und pflegt den regelmäßigen Kontakt mit Schülern und Schülerinnen der ehemaligen Karl-Marx-Schule.

Wolfgang Keim

Verwendete Quellen und Literatur

Grundlage dieses biographischen Abrisses sind – neben einer Vielzahl schriftlicher Dokumente – eine Reihe von Interviews und Gesprächen mit Hans Alfken seit Mitte der 80er Jahre, darüber hinaus Interviews mit seinen Schülerinnen und Schülern Ilse Thilo, Edith und Kurt Gossweiler sowie Gespräche mit Gerd Radde.

Unveröffentlichtes Referat von Hans Alfken auf der Burg Ludwigstein im Oktober 1987

Die Reichsschulkonferenz 1920, Leipzig 1921, Reprint Glashütten / Ts. 1972

Robert Alt

1905-1978

Im Jahre 1929 kam Robert Alt als junger Volksschullehrer an die von Karl Linke geleitete 45./46. Volksschule, die der Karl-Marx-Schule als Grundschule angeschlossen war. Er erfuhr, wie in einem großangelegten Reformschulen-Komplex mit Volksschule, Reform-Realgymnasium, Aufbauschule, Deutscher Oberschule, Arbeiter-Abiturienten-Kursen und einem Seminar für Studienreferendare versucht wurde, Kindern aus Arbeiterfamilien gleiche Bildungsmöglichkeiten zu bieten.

Robert Alt war der Sohn eines Stubenmalers. Er wurde am 5. September 1905 in Breslau geboren und studierte nach dem Besuch eines Realgymnasiums (1915 bis 1924) an den Universitäten Breslau und Berlin Naturwissenschaften und Philosophie (1924 bis 1927), dann an der Pädagogischen Akademie in Frankfurt am Main (1927 bis 1929). Das Geld für sein Studium mußte er sich mit Gelegenheitsarbeiten verdienen und er konnte es schließlich nur beenden, weil ihm der Vater eines Freundes ein Darlehn gewährte. Die Erfahrungen während des Studiums, die Karl-Marx-Schule, seine intensive Beschäftigung mit der Frage des Verhältnisses von Erziehung und Gesellschaft – er studierte neben seiner Lehrertätigkeit Soziologie und Völkerkunde an der Berliner Universität und hörte u.a. Vorlesungen bei Alfred Vierkandt – und seine Teilnahme an den bildungspolitischen Auseinandersetzungen bewirkten, daß Robert Alt in jenen Jahren das in seiner Staatsexamensarbeit (*Erziehung und Gesellschaft als Problem der modernen Erziehungswissenschaft*) gewählte Thema zum Anliegen seiner künftigen wissenschaftlichen Arbeit erhob.

Er schloß sich keiner der zahlreichen reformpädagogischen Bewegungen an, sondern versuchte als junger Volksschullehrer „in den Kindern die Einsicht ihrer Klassenlage und aus dieser Einsicht heraus in ihnen den Willen zu einer Änderung der bestehenden Gesellschaftsordnung zu wecken". Das war ein betont politisches Anliegen. Seine Tätigkeit als Lehrer in der Volksschule in der Karl-Marx-Schule wurde 1933 abrupt beendet. Das Kollegium wurde auseinandergerissen. Robert Alt mußte sein Studium an der Berliner Universität abbrechen und seine 1937 fertiggestellte Dissertation über die Industrieschulen konnte er nicht mehr einreichen. Bis 1941 war es ihm noch möglich, als Lehrer an jüdischen Volksschulen und am Berliner jüdischen Kindergärtnerinnenseminar in Berlin zu arbeiten. Danach verschleppte man ihn in Konzentrationslager, die längste Zeit war er in Auschwitz. Er ist einer der wenigen Überlebenden des von den Nationalsozialisten am 3. Mai 1945 versenkten KZ-Schiffes *Cap Arkona*.

Obwohl körperlich schwer gezeichnet, versuchte er wie viele andere nach dem Zusammenbruch des Dritten Reiches in der sowjetischen Besatzungszone das vom Nationalsozialismus hinterlassene Chaos zu beseitigen und ein demokratisches neues Bildungswesen aufzubauen. Er bildete an der Pädagogischen Hochschule und der Humboldt-Uni-

Robert Alt mit einer Volksschulklasse der Karl-Marx-Schule, o.J. — *Schulmuseum*

versität zu Berlin Lehrer aus und trug mit seinen wissenschaftlichen Arbeiten zur Neugestaltung von Schule, Hochschule und der Lehrerausbildung wesentlich bei. Er beeinflußte mit seinen Abhandlungen *Zur gesellschaftlichen Begründung der neuen Schule* (1946), *Zum Problem der Unterrichtsmethode in der demokratischen Schule* (1947), *Einige Gesichtspunkte zur Gestaltung unserer Lehrbücher* (1949) die auch aus seinen Neuköllner Lehrererfahrungen entstandene Ausarbeitung der Ziele, Inhalte und Methoden der Schulreform in der SBZ. Er war auch als Wissenschaftler immer zuerst ein Mann der Schule, der stets fragte: „Kann der Lehrer etwas damit anfangen?"

Robert Alt sah in den Veränderungen der gesellschaftlichen Verhältnisse der SBZ eine tragbare Grundlage dafür, „allen alles zu lehren", wie es schon Comenius vor Jahrhunderten gefordert hatte. Der Aufbau einer auf der sozialen Demokratie beruhenden Gesellschaft sollte das „Prestige der Bildung" weitgehend reduzieren, ein einheitliches Schulsystem ermöglichen und damit „allen Kindern gleichermaßen die Wege zur Bildung öffnen", ihnen den Zugang zu allen „kulturellen Gütern" ebnen und zwar „unabhängig von Besitz und Geburt". Das war auch das Hauptanliegen der Reformschularbeit von Fritz Karsen in Neukölln gewesen.

Alt wünschte radikale Veränderungen der Bildungsinhalte der neuen Schule „als Beitragsleistung zum gesellschaftlichen Fortschritt". Er schuf mit Johannes Feuer, der ebenfalls zur Zeit der Weimarer Republik in Neukölln als Lehrer tätig war, eine völlig neue Fibel: *Lesen und Lernen*, die von 1950 bis 1959 in über 2,3 Millionen Exemplaren erschien. Mit Johannes Feuer gab er auch für die Klassen 2 und 3 Lesebücher heraus, die eine Auflage von mehr als 3,6 Millionen Exemplaren erreichten. Das Ziel seiner Erziehungskonzeption spiegelt das Bild der singenden und tanzenden Kinder aller Hautfarben in „seiner" Fibel wohl am besten.

Obwohl sich Alt immer wieder mit Grundfragen der Bestimmung des in der Schule zu vermittelnden Bildungsinhaltes und dem Thema der Allgemeinbildung befaßte, liegt seine wissenschaftliche Bedeutung zweifellos in seinen Forschungen zur Geschichte der Erziehung, die sein internationales Ansehen begründeten. Mit seinen Publikationen über Pestalozzi und Comenius (Komenský), zur Geschichte der Industrieschulen, über die Erziehungsprogramme der Französischen Revolution, zur Reformpädagogik und über die Erziehung auf den frühen Stufen der Menschheitsentwicklung leistete er einen wesentlichen Beitrag zur Erschließung und Neubewertung pädagogischen Denkens in Deutschland und zur Herausbildung der „marxistisch-pädagogischen" Historiographie in der SBZ / DDR. Seine historisch-pädagogischen Untersuchungen sollten die Wechselwirkungen von Gesellschaft und Erziehung in verschiedenen gesellschaftlichen Ordnungen und zeitlichen Epochen aufhellen, das vielfältige Einbezogensein von Erziehung in die jeweiligen gesellschaftlichen Verhältnisse nachweisen, um aus der Menschheitsgeschichte Impulse für die Lösung anstehender Bildungsaufgaben der Gegenwart und Zukunft zu erhalten. Alts geschichtspädagogische Werke waren in den 40er und 50er Jahren in der DDR wegen ihres wissenschaftlichen Niveaus von Bedeutung, und seine Monographie über Comenius wurde in fünf Sprachen übersetzt: Tschechisch, Russisch, Bulgarisch, Polnisch und Japanisch.

Ihm wurden in den 50er und 60er Jahren verschiedene Funktionen übertragen, die ihn zeitlich stark belasteten. Er war von 1954 bis 1958 Mitglied der Schulkommission beim ZK der SED, aus der er jedoch im Zusammenhang mit der „Revisionismusdiskussion" ausscheiden mußte.

Von 1952 bis 1963 war er Direktor des Instituts für Systematische Pädagogik und Geschichte der Pädagogik, von 1958 bis 1961 Dekan der Pädagogischen Fakultät der Humboldt Universität zu Berlin. 1962 übernahm er die Leitung der Arbeitsstelle der Kommission für deutsche Erziehungs- und Schulgeschichte an der Deutschen Akademie der Wissenschaften zu Berlin. Zugleich arbeitete er am *Bilderatlas zur Schul- und Erziehungsgeschichte* und am Werk *Das Bildungsmonopol*, das noch kurz vor seinem Tode 1978 erschien.

Er engagierte sich als Herausgeber umfangreicher Reihen und brachte 21 Bände der Reihe *Erziehung und Gesellschaft. Materialien zur Geschichte der Erziehung* (1949 bis 1971) heraus. Er war ferner Mitherausgeber der „Sämtlichen Werke" F.A.W. Diesterwegs (14 Bände von 1956 bis 1979), des *Jahrbuchs für Erziehungs- und Schulgeschichte* (19 Jahrgänge 1961 bis 1979) sowie der *Monumenta Paedagogica* (18 Bände von 1960 bis 1978).

In persönlichen Gesprächen betonte Robert Alt häufig die große Bedeutung der Neuköllner Schulreformer, ihre Bestrebungen zur Förderung der Kinder aus den unteren Gesellschaftsschichten. Diese Wertschätzung der Reformpädagogik ließ sich wegen der Zeitumstände in der DDR nicht publizieren. Deshalb muß die Suche nach einer solchen Würdigung in den zahlreichen Werken Alts auch vergeblich bleiben. Sein Einfluß war in den 40er und 50er Jahren über einen großen Schülerkreis und die fast 6,5 Millionen Schulbücher am größten. Seine wissenschaftlichen Leistungen bei der Erforschung der Bildungsgeschichte werden für die pädagogische Wissenschaft bei einer künftigen Gesamtsicht weiterhin von Bedeutung sein.

Rudi Schulz

Werke und Aufsätze

Pädagogische Werke. Bd. 1. Bearbeitet von R. Schulz, Berlin 1985 (Die Einleitung beschäftigt sich mit Leben und Wirken Alts; der Band enthält auch eine Bibliographie der Publikationen von und über Robert Alt); Bd. 2, Berlin 1987 (Hier sind alle Arbeiten Alts über Comenius zusammengefaßt publiziert)

Erziehung und Gesellschaft. Pädagogische Schriften. ausgewählt, eingel. und erl. von K.-H. Günther, H. König und R. Schulz, Berlin, 1975 (Hier sind seine Aufsätze in der von ihm mitbegründeten und mitherausgegebenen Zeitschrift „Pädagogik" zu finden)

„Neutralität der Schule" — *Die freie weltliche Schule*, Nr. 9, Berlin 1931

Die Industrieschulen. Ein Beitrag zur Geschichte der Volksschule. Berlin / Leipzig 1948

Verwendete Quellen und Literatur

„Briefe Robert Alts an seine Lebensgefährtin, geschrieben 1941 / 42 aus dem Konzentrationslager ‚Remu'" – ausgewählt, eingeleitet, dechiffriert und erläutert von Leonore Alt — *Jahrbuch für Erziehungs- und Schulgeschichte*, Jg. 28 / 1988, Berlin 1988, S. 163-179

B. Rang: *Pädagogische Geschichtsschreibung in der DDR. Entwicklung und Entwicklungsbedingungen der pädagogischen Historiographie 1945-65*, Frankfurt a.M. / New York 1982

G. Radde: *Fritz Karsen. Ein Berliner Schulreformer der Weimarer Zeit*, Berlin 1973

Ders.: „Der Reformpädagoge Fritz Karsen. Verfolgt und verdrängt, doch nicht vergessen" — *Pädagogen in Berlin. Materialien und Studien zur Geschichte von Bildung und Erziehung*, Bd. 9, hrsg. v. B. Schmoldt unter Mitarbeit von M.-S. Schuppan, Baltmannsweiler 1991, S. 249-271

R. Schulz: „Robert Alts Leistungen für die Pädagogik in der ehemaligen SBZ / DDR. Erster Versuch einer Neubewertung." — *Pädagogen in Berlin.* A.a.O., S. 367-389

Ernst Heinrich Bethge

1878-1944

Ernst Heinrich Bethge wurde am 12. Oktober 1878 in Magdeburg geboren. Er besuchte ab 1895 die Präparandenanstalt und das Lehrerseminar in Osterburg / Altmark. Ab 1902 unterrichtete er in Magdeburg und ließ sich 1906 nach Naumburg / Saale versetzen, wo er (später als Mittelschullehrer) bis 1923 unterrichtete.

Etwa 1911 beginnt Bethge mit einer Reihe von weit über 200 Veröffentlichungen, die von Gedichten und Liedern über Kasperle-, Märchen- und Singspiele, Chorwerke und Operetten bis zu Feier- und Vortragsdispositionen reichen.

Bethges Kunst soll fast immer moralisch oder politisch-erzieherisch wirken. In der Kaiserzeit und während des Weltkrieges bis zum Vorabend der Novemberrevolution sind Bethges Werke von konservativ-militaristischem Geist geprägt.

1918 vollzog sich offenbar ein Sinneswandel. Bethge wurde Mitglied der SPD, die er auch von 1919 bis 1923 im Naumburger Magistrat vertrat. Um Bethges Berufung zum Schulrat kam es 1923 zum öffentlichen Konflikt wegen seiner monarchistischen Vergangenheit. Bethge wurde schließlich nach Frankfurt am Main versetzt. Hier wurde er Rektor der Gerbermühlschule, die er zweieinhalb Jahre im reformerischen Geist leitete.

Ab 1926 setzte Bethge diesen Weg als Rektor der 5. weltlichen Sammelschule in Berlin Neukölln fort. Bethge hat dieser Schule nach dem Tod Heinrich Zilles 1929 den (inoffiziellen) Namen des Berliner Originals gegeben.

Bethge entwickelte zusammen mit dem Kollegium, in das er weitere künstlerisch engagierte Mitarbeiterinnen und Mitarbeiter holte, eine beispielhafte Pädagogik.

Ein „Schultag" diente der demokratischen Bewältigung von Konflikten des Schulalltages. Starre Lehrpläne und Stundentafeln wurden zugunsten fächerübergreifender Projekte aufgehoben. Literatur und Bildende Kunst hielten Einzug in die Schule, und Schülerinnen und Schüler gingen mit Theater und Bildern in die Öffentlichkeit, was der Schule eine starke Presseresonanz brachte. In der Schulzeitung rief Bethge Kinder und Eltern zur bewußten weltlichen Gestaltung ihres Alltags auf. Noch nach fünfzig Jahren äußerten sich ehemalige Zille-Schüler begeistert über Rektor und Schule.

Bethge selbst zog sich hin und wieder aus dem Schulalltag zurück, um sich stärker der Schriftstellerei zu widmen. Die in dieser Zeit unter dem Pseudonym Lobo Frank veröffentlichten Werke brachten ihm die größten Erfolge seiner künstlerischen Laufbahn und begründeten seinen Ruf als Arbeiterdichter. Höhepunkt dieser Karriere waren zweifellos die Aufführungen des Chorwerkes „Kreuzzug der Maschine" vor Tausenden von Zuschauern zwischen 1929 und 1932.

Bethges politische Einstellung radikalisierte sich im Verlauf der 20er und frühen 30er Jahre. Die SPD hatte er schon 1923 aus allerdings nicht ganz geklärter Ursache wieder verlassen, parteipolitisch legte sich Bethge danach nicht wieder fest. In den Augen seiner

Ernst Heinrich Bethge, o.J. —
Privatbesitz Peiser

Schülerinnen und Schüler an der Heinrich-Zille-Schule und deren Eltern war Bethge Kommunist. Dies zeigte sich auch in einem Streit mit sozialdemokratischen Eltern, in dem ihn die kommunistischen Eltern unterstützten. Obgleich Bethges sozialistischer Dichtung ein schwärmerisch-idealistischer, weniger klassenkämpferischer Zug anhaftete, gab er sich stets als Sozialist, war für alle „Genosse Bethge" und nannte ‚seine' Schule die erste sozialistische Schule Berlins.

Umso erstaunlicher war es, daß Bethge in dieser Zeit in bürgerlichen Verlagen Texte mit deutsch-nationaler Tendenz veröffentlichte. Um dies seiner unmittelbaren Umgebung zu verheimlichen, benutzte Bethge das Pseudonym Willi Reeg.

Konnte seine Wandlung vom Monarchisten zum Republikaner in der revoltionären Nachkriegszeit als politische Läuterung verstanden werden, so offenbarte sich jetzt (allerdings nur aus heutiger Sicht) ein tiefer Opportunismus in Bethges Wesen.

In den Osterferien 1933 wurde die Heinrich-Zille-Schule wie alle anderen weltlichen Schulen aufgelöst, ihr Rektor beurlaubt und am 1.1.1934 bei Zahlung einer Zweidrittel-Pension endgültig entlassen.

Für Arbeiterdichtung war nun kein Platz mehr. Aber Feierstunden und Versammlungen, die musikalisch umrahmt sein wollten, gab es genug. Meist das Pseudonym Willi Reeg verwendend, machte Bethge seine Chöre, seinen Kasper, die Gedichte und Szenen der Blut- und Bodenromantik und Führerhuldigung nutzbar.

Bis zu seinem unfreiwilligen Ausscheiden aus der Reichsschrifttumskammer im Jahr 1935 brachte „Reeg" viele Werke mit eindeutig faschistischer Tendenz heraus. Sicher ist Bethge, trotz der unübersehbaren persönlichen Nachteile, die der Machtantritt des Faschismus für ihn brachte, auch der Nazidemagogie verfallen.

Alle Verehrer des Rektors der Gerbermühl- und Zille-Schule, des Dichters Lobo Frank und des „Ernst Musikus" (so nannten ihn die Mitgefangenen im KZ Sachsenhausen) befiel ungläubiges Entsetzen, als sie nach 50 Jahren erfuhren, welche Doppelrolle Bethge gespielt hatte.

Nach 1936 verlegte Bethge seine künstlerische Tätigkeit ganz auf das Feld der leichten Muse und verdiente sich durch das Verfassen unpolitischer Opernlibretti ein paar Mark.

Während der dunkelsten Jahre wohnte Bethge im Wedding. In dieser Zeit zählte er zu dem kleinen Freundeskreis von Otto Nagel, den die Repressalien der Nazis in die innere Emigration getrieben hatten.

Im Sommer 1944 geriet Bethge in Naumburg im Verlauf einer willkürlichen Verhaftungswelle in die Fänge der Gestapo. In Naumburg hat Bethge nicht, wie später in der DDR behauptet wurde, „den illegalen Kampf" organisiert, sondern seine kranke Schwiegermutter besucht.

Am 10.11.1944 starb der 66jährige im KZ Sachsenhausen an einer Blutvergiftung. Ernst Heinrich Bethge mußte so als einziger der elf weltlichen Rektoren Neuköllns für die demokratische bzw. sozialistische Haltung sein Leben lassen.

Wie Antagonismen über Jahre gleichzeitig oder sich in kurzen Abständen abwechselnd in der einen Person Bethge verbinden konnten, ist kaum zu begreifen, Bethge muß ein Perfektionist der Verdrängung gewesen sein, in dessen Brust die sich ausschließenden Zeittendenzen nebeneinander existierten.

Robert Peiser

Verwendete Quellen und Literatur

Die Zille-Post. Eine Schülerzeitung als Zeitdokument, hrsg. von Ernst Kliemann, Berlin 1982

„Die Heinrich-Zille-Schule" — *Magazin für alle*, Berlin 1931, Nr. 11, S. 11

O. Nagel: *Mein Leben*, Berlin 1952

E. Roßmann: *Ein Leben für Sozialismus und Demokratie*, Stuttgart 1946

R. Weinkauff: *Ernst Heinrich Bethges Ästhetik der Akklamation. Wandlungen eines Laienspielautors in Kaiserreich, Republik und NS-Deutschland*. Dissertation Frankfurt / M. 1983 (hier auch weitere Literatur)

Adolf M. A. Bohlen

1884-1973

„Bolle / Bohlen" – diese Namen waren in den endzwanziger und dreißiger Jahren für viele Schüler Programm. „Bolle / Bohlen" stand für das *Lehrbuch der englischen Sprache* (1926, Neuauflage 1949 ff.), das in die Lehrbuchsammlungen zahlreicher Schulen Eingang fand.

Für die Schüler des Neuköllner Kaiser Wilhelms-Realgymnasium (im weiteren Verlauf KWR) verband sich zumindest mit dem Namen Bohlen außerdem eine Person aus Fleisch und Blut. Hier nämlich war Adolf Bohlen seit 1928 als Studienrat in den Fächern Französisch, Englisch und Geschichte tätig. Ein stets elegant gekleideter Mann von kleinem Wuchs, der neben seiner ihn weit überragenden Frau noch kleiner wirkte. „La cloche sonne, la lecon commence", mit diesen gemeinsam intonierten Worten hatten die Schüler seinen Französischunterricht zu beginnen; mit „la cloche sonne, la lecon est finie" endete die Stunde. „So ging es weiter mit Hinsetzen, gemeinsamem Morgengebet auf Französisch usw. Die Methode war sehr effektiv", berichtet ein Ehemaliger des KWR.

Bohlen war in den Augen vieler seiner Schüler eine Kapazität, ein sehr befähigter Sprachlehrer, der mit moderner Methodik einen Unterricht auf hohem Niveau durchzuführen verstand. Ausländische Lehrer nahmen mitunter an seinen Stunden teil und standen den Schülern für Fragen über Land und Leute zur Verfügung. Schallplatten wurden als Hilfsmittel hinzugezogen, und schon vor dem Ersten Weltkrieg soll Bohlen seinen Unterricht mit selbsthergestellten Dias bereichert haben. Bezeichnen ihn die einen als kontaktbereit und offen gegenüber den Schülern, so stellen andere heraus, daß Bohlen etwas unnahbar, verschlossen und intellektuell erschienen sei, „den sachlichen Eindruck eines Wissenschaftlers" gemacht habe.

Vermutlich treffen beide Tendenzen auf diesen Pädagogen zu, der einerseits großes Gewicht auf einen interessanten und effektiven Unterricht legte, sich andererseits als Theoretiker des neusprachlichen Unterrichts einen Namen machte. Darüberhinaus war Bohlen in großem Maße an den beamten- und besoldungspolitischen Auseinandersetzungen in der Zeit nach dem Ersten Weltkrieg beteiligt.

Am 28. Mai 1884 in Oldenburg als Sohn des Kaufmanns Bernhard Bohlen geboren, machte Adolf Maria Aurelianus Bohlen am Großherzoglichen Gymnasium zu Vechta im Februar 1903 sein Abitur. Anschließend studierte er neuere Sprachen und Geschichte zunächst in Münster, dann ab 1904/05 in Berlin. Im Frühjahr 1908 schloß er die Studien mit Promotion und Staatsexamen ab. Nach dem Seminar- und dem Probejahr am Berliner Dorotheenstädtischen Realgymnasium bzw. der Oberrealschule Rixdorf sowie zwei kurzfristigen Anstellungen am KWR und am Gymnasium in Neuss wurde Bohlen am 1. April 1912 zum Oberlehrer an der städtischen Oberrealschule in Münster ernannt. In der nun folgenden ersten Phase seiner Lehrertätigkeit gewannen zwei pädagogische Momente für ihn an Bedeutung: Zum einen der Wunsch nach einer neuen Gestaltung des Unterrichts durch die *Anschauung*, die zwar eine große, aber nicht die beherrschende Rolle im Unterricht spielen sollte; zum anderen die Erziehung der Jugendlichen zu verantwortungsbewußten Staatsbürgern, die Bohlen über die damals aufkommende Pfadfinderbewegung zu erzielen hoffte. So rief er eine Pfadfindergruppe an seiner Schule ins Leben.

„Abweichend vom Wandervogel wurde hier die Einordnung in das Volksganze stärker betont und die Verbindung zur schulischen Arbeit gesucht und gegründet." Abgesehen davon, daß Bohlen jahrelang als „Führer" eines Pfadfinder-„Gaus" fungierte, veröffentlichte er 1914 die Schrift *Pfadfindererziehung an höheren Lehranstalten*, in der er seine Vorstellungen über derartige Jugendgruppen darlegte. Am bald folgenden Ersten Weltkrieg nahm Bohlen von 1914 bis 1918 als Kriegsfreiwilliger teil.

Im Dezember heiratete er seine Frau Tilly, geborene Elshorst. Kinder gingen aus der Ehe nicht hervor. In dieser Zeit wurde Bohlen in den Vorstand des Westfälischen Philologenvereines gewählt, den er jahrelang als Vorsitzender in den Gremien des Deutschen und Preußischen Philologenverbandes vertrat. 1920 nahm er als „Leiter des Pressedienstes" an der Reichsschulkonferenz teil. Im Umfeld der neuen preußischen Lehrpläne organisierte Bohlen 1925 in Münster eine pädagogische Woche, gründete im selben Jahr die Arbeitsgemeinschaft der westfälischen Neuphilologen im Westfälischen Philologen-Verein und kam, ebenfalls 1925, in die Verbandsleitung des Philologenverbandes nach Berlin, wo er die wirtschaftspolitische Abteilung aufbaute. Da Bohlen, seit 1926 2. Vorsitzender des Preußischen Philologenverbandes, zugleich in die Geschäftsleitung des „Reichsbundes der höheren Beamten" aufrückte, konnte er maßgeblichen Einfluß auf beamten- und besoldungspolitische Fragen nehmen. Um diesen Bereich mit den schul- und bildungspolitischen Vorstellungen des Deutschen Philologenverbandes besser koordinieren und bündeln zu können, setzte sich dessen seinerzeitiger 2. Vorsitzender und Leiter des KWR, Felix Behrend, dafür ein, daß Bohlen an seine Neuköllner Schule versetzt wurde.

Am 1. April 1928 trat Bohlen die neue Stelle an. Ganz nach seiner auf der Wiener Philologentagung von 1929 vertretenen Devise „Drauf und durch!" engagierte sich Bohlen – seit dieser Tagung 2. Vorsitzender des Deutschen Philologenverbandes – vor allem für die Verbesserung der finanziellen Situation der Philologen. Diese fühlten sich während der gesamten Weimarer Zeit benachteiligt und entwickelten auch aus diesem Grunde kein positives Verhältnis zur Republik. In Bohlen fanden sie nun einen vehementen Vertreter und Verteidiger ihrer berufs- und standespolitischen Interessen. Der Umstand, daß ihn mit dem einflußreichen Felix Behrend, der seit der Wiener Tagung 1. Vorsitzender der Deutschen Philologen war, eine enge Freundschaft verband, verlieh seinen Argumenten ein noch größeres Gewicht. Wenngleich die Philologen die Auswirkungen der Wirtschaftskrise am Ende der Weimarer Zeit hätten erkennen müssen, waren sie doch nicht gewillt, sich den Gegebenheiten zu fügen. Im Gegenteil: Ihre standespolitischen Forderungen, die auch von Bohlen propagiert wurden, standen in keinem Verhältnis zu der allgemein herrschenden Notlage. Zahlreiche Veröffentlichungen Bohlens aus dieser Zeit – vor allem im *Philologen-Blatt*, aber auch in Buchform – geben Zeugnis davon. Neben der Verbandstätigkeit führte Bohlen seine Studien zur Didaktik und Methodik der neuen Sprachen fort. Mit der 1930 erschienenen Schrift *Neusprachlicher Unterricht* legte er eine eigene umfassende Methodik für den genannten Bereich vor, wobei er der Verwendung audiovisueller Hilfsmittel einen für die damalige Zeit breiten Raum zuwies.

Entgegen der später vom Neuphilologenverband verbreiteten, erst nach Bohlens Tod korrigierten Legende, kann keine Rede davon sein, daß Bohlen seine Ämter 1933, direkt nach der Machtergreifung der Nazis, niederlegte. Er verzichtete zwar auf das Amt des 2. Vorsitzenden im Preußischen Philologenverband, den Posten des 2. Vorsitzenden der Deutschen Philologen behielt er indes bis zum 29. März 1934. Dazwischen liegen seine Unterschriften unter der heuchlerischen Bekanntgabe des ‚freiwilligen' Rücktritts Behrends vom 1. Vorsitz des Deutschen Philologenverbandes und unter dem begeisterten Aufruf an die deutschen Philologen, dem Nazi-Regime zu dienen. Es scheint jedoch, als sei diese anfängliche Euphorie bald verblaßt. Bohlen, ein Philologe durch und durch, deutschnational eingestellt und in der Weimarer Zeit ein Propagandist des nationalistischen „Vereins für das Deutschtum im Ausland", sah seine konservativen (Standes-)Ideale durch die gleichmacherische Schulpolitik der Nationalsozialisten gefährdet. Er war weiterhin am KWR tätig, weigerte sich aber scheinbar, den Unterricht mit dem „Deutschen Gruß" zu beginnen. Und er gehörte zu den wenigen, die den Kontakt zu Behrend auch nach dessen Entlassung aus dem Schuldienst nicht abbrachen.

Am 23. September 1938 zog Bohlen die Konsequenz aus der inzwischen gewonnenen Distanz zu den Nazis: Wegen eines angeblichen Herzleidens ließ er sich beurlauben. Ohne seine Tätigkeit wiederaufgenommen zu haben, trat er dann am 1. Juli 1939 freiwillig in den Ruhestand. Es folgten zunächst Reisen durch Italien, bevor er sich in das Ost-Tiroler Bergdorf Anras zurückzog. Erst im März 1946 finden sich wieder Hinweise auf sein Verbleiben. Mit der Begründung, Bohlen sei ein „ardent antinazi" gewesen, baten Felix Behrend und seine Tochter den damaligen Kultusminister von Hannover bzw. Niedersachsen, Adolf Grimme, sich für Bohlens Rückkehr in das deutsche Schulwesen zu verwenden. Dies gelang. Noch 1946 wurde Bohlen durch die britischen Behörden zum Oberschulrat des Schulkollegiums Münster ernannt (bis 1951 hatte er dieses Amt inne). Von da an entwickelte er vielfältige Aktivitäten. Er war 1947 Mitbegründer und bis 1956 Vorsitzender des Allgemeinen Deutschen Neuphilologen-Verbandes (ADNV). Als solcher nahm er an zahlreichen nationalen und internationalen Kongressen teil; u.a. leitete er im August 1953 die Sektion „Methodik" auf der von der UNESCO nach Ceylon (heute Sri Lanka) einberufenen Weltkonferenz über den neusprachlichen Unterricht, hielt Vorträge vor der Sprachwissenschaftlichen Gesellschaft in Wien, Helsinki und Brüssel, führte den Vorsitz der Sektion „Methodik" auf dem Internationalen Kongreß über audiovisuelle Hilfsmittel und Sprachunterricht in Antwerpen (1963) und war deutscher Mitarbeiter des „International Yearbook of Education". Darüberhinaus erarbeitete er Anfang der fünfziger Jahre die „Richtlinien für den Unterricht in den neuen Sprachen an Gymnasien im Lande Nordrhein-Westfalen", vertrat mehrmals das nordrhein-westfälische Kultusministerium in der ständigen Konferenz der Kultusminister und gründete 1956 das „Landesinstitut für Neue Sprachen" in Münster. Dieses Landesinstitut, das er bis 1966 leitete, scheint so etwas wie das Steckenpferd Bohlens gewesen zu sein, wobei nicht eindeutig zu klären ist, inwieweit es sich bei dieser Einrichtung mehr um ein Phantom als um ein ‚real existierendes' wissenschaftliches Institut handelte. Neben all diesen Verpflichtungen fand Bohlen aber auch noch Zeit, seine Gedanken und Vorstellungen zu Papier zu bringen. Sein Ziel dabei war es, dem neusprachlichen Unterricht eine angemessene, modernen Entwicklungen angepaßte Stellung innerhalb der Lehrpläne zu verschaffen, ihn wissenschaftlich zu untermauern und philosophisch zu durchdringen – all das natürlich im Hinblick auf die höhere Schule.

Unzählige Artikel im *Mitteilungsblatt des ADNV* und mehrere Bücher zeugen von dem unermüdlichen Wunsch, dieses Ziel zu erreichen. Bis ins hohe Alter – noch 1971 publizierte Bohlen seine „Bemerkungen zum Bildungsbericht 70" – war Bohlen aktiv. Der Ehrenvorsitzende des ADNV und Träger des Bundesverdienstkreuzes erster Klasse (1954) starb am 6. August 1973 in Garmisch-Partenkirchen.

Mathias Homann

Verwendete Quellen und Literatur

F. Behrend: „Erinnerungen an die Tätigkeit des Philologen-Verbandes." — *Die Höhere Schule*, Heft 9, 10 u. 11, 1954

Deutsches Philologen-Blatt, Nr. 23, 37. Jg., 5. 6. 1929; Nr. 15 / 16, 41. Jg., 12. 4. 1933

F. Behrend. I.HA, Rep.92, Grimme, Paket 48; ebd. Paket 49, Bohlen, Adolf — GStA Dahlem

Deutscher Philologenverband; Tagebuch, 29. 3. 1934

Schulkoll. Pers.Akten, Nr. 1296, Bohlen, Adolf — NRW-Staatsarchiv Münster

Personalblatt Adolf Bohlen; ebd., Jahresberichte und Personalberichte des Kaiser Wilhelms-Realgymnasiums (ab 1938 Kaiser Wilhelms-Schule), 1938 / 39 und 1939 / 40 — PZ Berlin

Z.: „Adolf Bohlen 70 Jahre." — *Mitteilungsblatt*, hrsg. v. Allgemeiner Deutscher Philologenverband, 7. Jg., Heft 3, Berlin 1954, 22

Ders., „Adolf Bohlen 80 Jahre alt." — *Mitteilungsblatt*, 17. Jg., Heft 3, Berlin 1964, 97f.

H. Richter: „Adolf Bohlen." — *Mitteilungsblatt*, 17. Jg., Heft 3, Berlin 1964, 144-150

F.J. Zapp: „Dr. Adolf Bohlen gest. 6. August 1973." — *Neusprachliche Mitteilungen*, hrsg. v. ADNV, 26. Jg., Heft 4, Berlin 1973, 249

Werner Büngel

1891-1947

Der Neuköllner Reformschulen-Komplex in der Kaiser-Friedrich-Straße – das „Kaiser-Friedrich-Realgymnasium" (ab 1930 „Karl-Marx-Schule) – wurde bereits häufig zur Kenntnis genommen, die Bedeutung der „Käthe-Kollwitz-Schule" und Dr. Büngels für die pädagogische Reform war bislang nicht einmal in Neukölln bekannt, obwohl dieses Lyzeum beinahe als eine Parallelschule des „Kaiser-Friedrich-Realgymnasiums" bezeichnet werden könnte, denn beide Schulleiter verständigten sich auf enge Zusammenarbeit.

Dr. Büngel publizierte nichts über die Notwendigkeit pädagogischer Reformen – er praktizierte Reformen, ohne viel Aufhebens zu machen, in der ihm anvertrauten Schule und wirkte vor allem als Lehrbuchautor. Zurückhaltend im Wesen, nie politisch ehrgeizig trat er auf die Seite der in Berlin-Neukölln für die Schulreform arbeitenden Gruppierung um den sozialdemokratischen Dezernenten für das Volksbildungswesen, Dr. Kurt Löwenstein. Der berief den jungen Studiendirektor der Berliner Städtischen Hecker-Realschule 1923 zum Studiendirektor des Neuköllner Städtischen Lyzeums II, der „Käthe-Kollwitz-Schule", die 1930 eine Oberstufe erhielt, weshalb ihr Leiter 1930 zum Oberstudiendirektor ernannt wird. Der Studiendirektor des Lyzeums trat 1923 in die Sozialdemokratische Partei Deutschlands ein und bekennt damit, auf wessen Seite er steht. In seinem Lyzeum entstanden „Aufbauklassen" für die aus den Neuköllner Volksschulen in die höhere Schule aufsteigenden Arbeiterkinder.

Werner Büngel, geboren am 12. August 1891 in Berlin als Sohn eines Oberstadtsekretärs, studierte in Berlin, Freiburg/Br. und Marburg Deutsch, Geschichte, Latein sowie Philosophie (1910 bis 1914) und promovierte 1916 in Marburg mit einer Arbeit über den „Philhellenismus in Deutschland 1821 bis 1829". Dann wurde er Oberlehrer am Realgymnasium in Berlin-Oberschöneweide (1915/16), ab 1920 Studienrat am Berliner „Sophienlyzeum" und bereits im darauffolgenden Jahr, im Alter von nur 30 Jahren, Direktor der traditionsreichen „Hecker-Realschule", von der im 18. Jahrhundert der Realschulunterricht einst seinen Ausgang nahm. Das war damals ein ungewöhnlich schneller Aufstieg.

Werner Büngel war Anhänger der Republik und ein „völlig vergeistigter Mensch, ein Ästhet", ein „wunderbarer Literaturkenner". Er verfügte über „ungeheure Kenntnisse" und eine „fabelhafte Formulierungsgabe". Das bestätigen seine Lehrbücher, die im renommierten Pädagogikverlag von „Quelle und Meyer in Leipzig" erschienen: seine *Geschichte der deutschen Literatur* (1929) und *Die bildende Kunst in der Schule. Erziehung für und durch die Kunst* (1931). Über das erste urteilte die Fachkritik: „Dieser frische Überblick sucht der heutigen Jugend ‚entgegenzukommen' und stellt darum Probleme des Gehalts gegenüber formalen und stofflichen in den Vordergrund." Man könne mit des Autors Einstellung einverstanden sein, „zumal er kenntnisreich" an die Werke heranführe, vor herzhaften Urteilen nicht zurückschrecke, durch

Werner Büngel mit einer Klasse der Käthe-Kollwitz-Schule, 1924 — *Privatbesitz Henking*

„vortreffliche, geschickt mit Einzelzügen arbeitenden Charakteristiken" erfreue. Das Werk sei „eindringlich geschrieben", „jugendgemäß" und „modern eingestellt".

Büngels *Geschichte der deutschen Literatur* sollte zur Arbeit „anreizen", war sein Autor doch überzeugt, daß die deutsche Dichtung, obwohl Politik, Sport und Technik die Jugend fesselten, „ganz außerordentliche Bildungswerte" enthalte im Sinne der Förderung einer „wahren Humanität des Geistes". Freiwillig und gern solle die Jugend lesen. Nichts schrecke sie mehr von selbständiger und freudiger Arbeit ab, als wenn sie künstlerische oder weltanschauliche Werte sich aufgezwungen wähne, die sie als solche nicht mehr zu erleben vermöge. Das war ein reformpädagogisches Programm. Im Lyzeum wurden Stühle und Tische in der Form eines Hufeisens gruppiert. Der Direktor lehnte jede Variante des Abfrageunterrichts strikt ab. Jede Woche war ein Bericht zu erstellen über das, was sich politisch ereignet hatte.

Nicht weniger wertvoll als die *Geschichte der deutschen Literatur* war das Buch über die bildende Kunst, geschrieben für die Pädagogen höherer Schulen. Es beachtete die äußeren wie inneren Möglichkeiten der Schule, verlangte aber eine grundsätzlich „vermehrte Wandertätigkeit gerade im Interesse der kulturkundlichen und künstlerischen Bildung ihrer Schüler". Im Kapitel „Moderne Baukunst" findet man eine Beschreibung der „Hufeisensiedlung" der Architekten Bruno Taut und Martin Wagner im Neuköllner Ortsteil Britz, mit der der „stärkste Ausdruck des Gemeinschaftsgedankens auch im Wohnungsbau" erreicht worden sei. Es bringt ferner eine Abbildung der „Chinesischen Mauer" in Neukölln-Britz und des 1929 im Stil amerikanischer Wolkenkratzer errichteten Karstadt-Kaufhauses am Neuköllner Hermannplatz.

Im September 1933 entfernten ihn die neuen Machthaber aus dem Schuldienst. Er war 43 Jahre alt und machte nicht die geringsten Zugeständnisse, trat keiner der zahlrei-

191

chen NS-Nebenorganisationen bei, geschweige der NSDAP und brachte seine Familie nun als Hilfskraft eines Finanzamtes durch.

Nach dem Ende des Krieges stürzte sich der so lange von der Schule Verbannte mit Feuereifer in die Arbeit. Er bildete Geschichtslehrer aus, übernahm am 10. Juli 1945 die Leitung einer Oberschule für Jungen im Berliner Bezirk Reinickendorf und saß nächtelang über Ausarbeitungen von Texten für die Lehrerbildung im Fach Geschichte, die dringend benötigt wurden. Sie erschienen im für Berlin und die Sowjetische Besatzungszone zuständigen „Volk und Wissen Verlag" in den Reihen *Lehrhefte* und *Arbeitshefte für den Geschichtsunterricht in der Oberschule*. Ihre Titel seien wenigstens genannt: *Das Zeitalter der Gegenreformation und des Dreißigjährigen Krieges* (1946), *Die Entwicklung des Brandenburgisch-preußischen Staates bis 1786* (1946), *Englische Geschichte im Zeitalter der Revolutionen 1603-1702* (1947), *Das Zeitalter der Entdeckungen, der Reformation und des deutschen Bauernkrieges* (1948), *Vom Unabhängigkeitskampf der Vereinigten Staaten von Nordamerika bis zum Wiener Kongreß* (1948).

Der ehemalige Neuköllner Oberstudiendirektor plante auch die Herausgabe eines Geschichtsbuches für die Oberschulen, an welche Aufgabe sich tausende Kilometer entfernt in den USA auch Dr. Fritz Karsen mit mehreren Mitarbeitern heranwagte. Er beabsichtigte ferner schon 1946, die Arbeit an einer Darstellung über die Schule im Nationalsozialismus aufzunehmen. Es wäre die erste Beschreibung eines leidvollen Kapitels der deutschen Schulgeschichte geworden, hätte der Tod nicht dem unermüdlichen Autor die Feder aus der Hand genommen. In der Präsidialkanzlei der „Deutschen Zentralverwaltung für die Volksbildung" der SBZ traf ein Schreiben vom 31. Juli 1946 ein: „Herr Büngel möchte nazistische Literatur zur Bearbeitung seines Buches *Die Schule und der Nationalsozialismus* nach Haus nach Frohnau [Ortsteil in Berlin-Reinickendorf] nehmen. Ich bitte um Entscheid, ob Erlaubnis von hier aus erteilt werden kann oder eine diesbezügliche Anordnung von Karlshorst [Sitz der Sowjetischen Militärverwaltung] erwirkt werden muß." Ob Dr. Büngel die Bücher erhielt, wissen wir nicht.

Der mit Arbeit Überlastete und gesundheitlich Geschwächte wollte überdies Anfang 1947 mit Vorlesungen an der Pädagogischen Fakultät der Berliner Universität beginnen, doch er starb am 15. Februar 1947, 55 Jahre alt, in einem Krankenhaus in Berlin-Reinickendorf. Er konnte die geplanten weiteren Veröffentlichungen für eine neue, demokratische Schule nicht mehr fertigstellen.

Werner Korthaase

Werke

Geschichte der deutschen Literatur, Leipzig 1929

Die bildende Kunst in der Schule, Leipzig 1931

Verwendete Quellen und Literatur

Personalblatt A für Lehranstalten für die weibliche Jugend von 1931 — PZ Berlin

Personalfragebogen des Magistrats der Stadt Berlin von 1945 und 1946; Bescheinigungen und Mitteilungen des Bezirksamtes Reinickendorf von Groß-Berlin von 1945-1948 und des Hauptschulamtes des Magistrats von Groß-Berlin

Akte R-2, 6269, Blatt 52 — Bundesarchiv Potsdam

Die neuen Sprachen, Bd. 39, H. 3, 1931, 219-220

Mitteilungen von Margarete Henking

Herbert Busse

1899-1971

Herbert Busse wurde am 4. Dezember 1899 in Berlin geboren und wuchs mit zwei Brüdern und einer Schwester in der Familie eines Kriminalschutzmannes auf. Nach dem Besuch der Volks- und Mittelschule absolvierte er von 1914 bis 1917 die Lehrervorbereitungsanstalt in Weißensee und ging für ein Jahr an das Lehrerseminar nach Havelberg. Seine Lehrerausbildung beendete er nach kurzer Soldatenzeit bis Februar 1919 durch Teilnahme an den Lehrgängen für Kriegsseminaristen in Berlin.

Im April 1920 trat Herbert Busse in den Schuldienst ein. Er meldete sich gemeinsam mit Fritz Lange – kennengelernt hatten sie sich bei den Lehrgängen für Kriegsseminaristen – an eine Volksschule im Bezirk Neukölln, die als weltliche Schule eingerichtet werden sollte. Es war die 32. Volksschule in der Rütlistraße, die diesen Status ab 1.10.1920 offziell zuerkannt bekam. Wie die meisten Lehrer an der 32. Volksschule, die sich unter der Leitung von Adolf Jensen zu einer bedeutenden Reformschule entwickelt hatte, engagierte sich Herbert Busse über die Stoffvermittlung hinaus für die Förderung seiner Schüler. Er hatte Einblick in die sozialen Belange der Familien seiner Schülerinnen und

Herbert Busse mit Schulklasse, o.J. — *Privatbesitz Ebert*

Schüler und versuchte, in Zusammenarbeit mit den Eltern manche Probleme zu lindern. In den Ferien oder an den Wochenenden unternahm er oft mit seiner Klasse Wanderfahrten. Bereits als Schüler war er selbst in der Wandervogelbewegung aktiv, später schloß er sich dem Bund der Heimatwanderer an. Die von ihm geführte Gruppe ging dann gemeinsam zum Arbeitersportverein „Fichte" über. Herbert Busse trat auch der „Roten Hilfe" und der „Internationalen Arbeiterhilfe" bei.

Nachdem Adolf Jensen im Jahre 1929 die Rütli-Schule verlassen hatte, wurde Herbert Busse von der Schüler-, Eltern- und Lehrerschaft mit großer Mehrheit zum Leiter gewählt, von der sozialdemokratischen Schulverwaltung wegen seiner kommunistischen Gesinnung allerdings nicht bestätigt, aber zum Konrektor ernannt.

Im Jahre 1930 heiratete Herbert Busse die Neuköllnerin Frieda Müller, die „Jensen-Schülerin" und später zeitweilig als Lehrerin tätig war. Die beiden Töchter wurden 1935 bzw. 1937 geboren. Zu dieser Zeit war Herbert Busse bereits „amtsenthoben". Ab 1933 war er als Krankenvertretung und Wanderlehrer an verschiedenen Schulen tätig und konnte sich dann nach Blumenhagen als Dorfschullehrer zurückziehen. Unterbrochen wurde die Lehrertätigkeit durch die Einberufung zum Heeresdienst im August 1939. Mit Hilfe eines Neuköllner Arztes gelang ihm 1941 die Entlassung.

Nach Beendigung des Krieges kehrte die Familie nach Berlin zurück. Herbert Busse übernahm im Auftrag der KPD die Leitung des Neuköllner Volksbildungsamtes und wurde im November 1945 zum Bezirksstadtrat für Volksbildung ernannt. Er wirkte in dieser Zeit u.a. sehr engagiert mit an der Ausstellung „Was sie verboten haben" vom 2. bis 16. Dezember 1945 in den Ausstellungsräumen der Stadtbücherei. Nach den Wahlen 1946 schied er im Dezember aus dem Amt aus.

Danach war er ein Jahr als Stellvertreter des Ministers für Volksbildung in Thüringen tätig, dann bis 1950 Referent für das Hochschulwesen in der Kulturabteilung des Zentralsekretariats der SED. Seit 1950 stand Herbert Busse im Dienst des Ministeriums für Auswärtige Angelegenheiten. Als Sekretär der UNESCO-Kommission der DDR beschäftigte sich Herbert Busse ab 1962 nochmals beruflich mit Bildungsfragen.

Nele Ebert

Verwendete Quellen

Lebenslauf von Herbert Busse vom 29. April 1954

Gespräche der Autorin mit Frieda Busse am 8. 12. 1986 und am 13. 9. 1991

Günther Casparius

1895-1973

Günther Casparius ist in Zielenzig in der Nähe von Drossen 1895 geboren worden. Er wuchs gemeinsam mit drei Schwestern in der Familie des Rektors der dortigen Schule auf. Das Nachdenken über pädagogische Probleme ist schon im Vaterhaus entstanden und führte bereits frühzeitig zu der Einsicht, daß die damals übliche „Lernschule" in pädagogischer und psychologischer Hinsicht problematisch war. Seine Ausbildung zum Volksschullehrer absolvierte er in Drossen und Fürstenwalde, unterbrochen durch seinen Militärdienst während des Ersten Weltkrieges. Günther Casparius hatte sich, gefesselt vom „Hurrapatriotismus" 1914, freiwillig zum Wehrdienst gemeldet. Seine Ernennung zum Leutnant, später Degradierung und Verwundung sowie die Kriegsereignisse selbst hinterließen gravierende Eindrücke.

Zu Beginn seiner Lehrerlaufbahn war Günther Casparius an einer Volksschule in Charlottenburg tätig, wo er auch seine spätere Frau, die Lehrerin Lucie Waetzold, kennenlernte. Vielleicht fand er neben eigenem sozialpädagogischem Engagement durch sein Interesse an bildnerisch-künstlerischer Tätigkeit den Zugang zur pädagogischen Reformbewegung und zu Beginn der zwanziger Jahre zur 32. Volksschule in Neukölln. Zu der, von Adolf Jensen inspirierten, stark an der Gefühlswelt der Schülerinnen und Schüler orientierten pädagogischen Arbeit entwickelten sich im Kollegium von Anfang an alternative Vorstellungen. Günther Casparius gehörte zu den Lehrern, die an die Erlebniswelt

Günther Casparius, um 1950 — *Heimatmuseum Neukölln*

der Kinder anknüpften, Wissen vermittelten und zum selbständigen Denken erziehen wollten. Sie gründeten bereits im Oktober 1923 eine Filiale, zunächst Gemeindeschule 32b genannt, später 45./46. Volksschule in der Kaiser-Friedrich-Str. 4. Tragend für den Unterricht von Günther Casparius waren geographisch-geologische Inhalte. Von ihnen aus wurden Fragestellungen für andere Fächer entwickelt und verschiedene Tätigkeitsfelder erschlossen. Am 11. Mai 1925 wurde Günther Casparius zum Schulleiter gewählt und im Oktober 1925 von der Schuldeputation Neuköllns zum Rektor ernannt. Er wurde bis 1933 jährlich wiedergewählt. Zu vielen Kollegen hatte die Familie Casparius ein freundschaftliches Verhältnis, zum Teil kannten sie sich auch aus der Wandervogelbewegung.

Über die pädagogische Arbeit im Unterricht hinaus bemühte sich das Kollegium darum, Möglichkeiten für die Nachmittagsbetreuung der Kinder zu organisieren. Mit Hilfe der Eltern, die eng mit der Schule in Verbindung standen, wurden z.B. Werkstätten und sogar ein eigenes Landschulheim am Üdersee/Schorfheide erbaut und eingerichtet. Schulausstellungen, Elternversammlungen und Unterhaltungsabende sollten die Arbeit der Schule in der Öffentlichkeit bekannt machen. Unter Leitung von Günther Casparius entwickelte das Kollegium sein eigenes pädagogisches Konzept.

Im April 1933 war die Reformarbeit jäh beendet. Eltern, Lehrer und Schüler mußten erleben, daß ihre Schule und das Landschulheim durchsucht und verwüstet wurden. Günther Casparius, der zuvor zum Schulrat vorgeschlagen war und auf seine Bestätigung wartete, wurde am 3. April 1933 auf Veranlassung des Stadtkommissars von der Schulleitung beurlaubt. Seine Tochter Renée, die 1933 eingeschult wurde, erinnert sich, daß sie in der Schule sagen mußte: „Mein Vater ist gemaßregelt." In dieser Zeit war das Geld in der Familie knapp; die Kleidung wurde öfter umgearbeitet. Ab 1935 unterrichtete Günther Casparius als Unterstufenlehrer in Karlshorst. Die Familie war nach Köpenick umgezogen. Als „Wehrunwürdiger" arbeitete er während des Krieges im Bereich der Kinderlandverschickung.

Wie andere Lehrer, die der reformpädagogischen Bewegung der Weimarer Zeit verbunden waren, engagierte sich Günther Casparius nach Kriegsende in der Lehrerbildung. Er lehrte in Hildburghausen und Wilhelmstal/Thüringen, wo seine Frau im Kinderdorf Lehrerin war. Sie versuchten dort, Erfahrungen der Landschulheimbewegung zu nutzen.

Etwa um das Jahr 1950 kehrte die Familie wieder nach Berlin zurück. Günther Casparius war in Treptow zunächst als Schulinspektor tätig und organisierte dann an der Klement-Gottwald-EOS die Einführung des polytechnischen Unterrichts. Diese Aufgabe, damals Neuland im Schulwesen der DDR, versuchte er, durch Schaffung komplexer Unterrichtszyklen pädagogisch zu lösen. Er stellte den Zusammenhang verschiedenster Unterrichtsthemen zu den Aufgaben der Schüler in der Landwirtschaft her. In Anerkennung dieser Arbeit erhielt er 1958 den Ehrentitel „Verdienter Lehrer des Volkes".

Nele Ebert

Verwendete Quellen und Literatur

Gespräch der Autorin mit Dr. Renée Voß am 13. 8. 1986

Festschrift zum 20. Jahrestag der Klement-Gottwald-Oberschule, 1973

Schulchronik der Gemeindeschule 32b ab 1923 / 24, der 45. / 46. Volksschule (1925-1933)

V. Hoffmann: Die Rütlischule – zwischen Schulreform und Schulkampf (1908-1950 / 51). Ms, Berlin 1991 — Heimatmuseum Neukölln

Alfred Ehrentreich

geb. 1896, lebt heute in Korbach / Waldeck

Alfred Ehrentreich wurde 1896 als Sohn eines Obermaschinenmeisters des Königlichen Wasserwerks Sanssouci in Potsdam geboren. Die Garnisonsstadt bot damals für Ehrentreich zahlreiche musische Anregungen, z.B. in Form von Kirchenmusik, aber auch von Privatstunden am städtischen Musikinstitut, die für sein ganzes Leben prägend blieben. Während der Studienzeit kamen vielfältige Eindrücke der nahen Theaterstadt Berlin hinzu, die sein späteres Interesse am Laienspiel geweckt haben dürften. Wichtig für ihn geworden ist weiterhin die Jugendbewegung, und zwar schon während der Schulzeit, vor allem jedoch in den Jahren seines Studiums, als er der Berliner Studentenverbindung Skuld angehörte, die sich als „Selbsterziehungsgemeinschaft" „aus dem Geist der Jugendbewegung" verstand.

Ehrentreich engagierte sich nach 1919 aber auch hochschulpolitisch im Sinne studentischer Selbstverwaltung. Bedeutsam für seine Entwicklung wurde nicht zuletzt die Begegnung mit dem „Volkserzieher"-Kreis um Wilhelm Schwaner, zu dem er als Schwiegersohn und Biograph zeitlebens eine enge Beziehung hatte. Das Gedankengut dieses Kreises läßt sich als Mischung aus kulturkritischen (Lagarde), lebensreformerischen, völkischen und konservativ-revolutionären Ideen umschreiben, es enthielt teilweise auch „rassistische und antisemitische Restvorstellungen".

Da er zum Militärdienst für nicht „tauglich" befunden wurde, konnte er während des Krieges sein Studium in Freiburg und Berlin absolvieren. Dabei strebte er das höhere Lehramt mit neuphilologischer Fächerkombination an. Insbesondere während seiner zweijährigen Vorbereitungszeit (Seminar- und Probejahr), etwa unserem heutigen Referendariat entsprechend, hat er in Berliner Schulen und sozialpädagogischen Einrichtungen mit reformpädagogischer Prägung hospitiert und mitgearbeitet: In Berthold Ottos „Hauslehrerschule", bei Hans Würtz im Oskar-Helene-Heim für behinderte Kinder, im Karl Wilkers Modelleinrichtung einer freiheitlichen Fürsorgeerziehung, dem „Lindenhof" und vor allem in der auf gemeinschaftsfördernden, psychologischen Gesichtspunkten basierenden „Privaten Gemeinschaftsschule Dahlem". Hier unterrichtete Ehrentreich bereits während seiner zweiten Ausbildungsphase im Rahmen eines Lehrauftrages. Damals unterhielt er Kontakte zum Bund Entschiedener Schulreformer, dem Philologenverband und der „Gesellschaft für Neuere Sprachen".

Nach bestandenem Zweiten Examen fand er 1922 eine Anstellung als Lehrer an der Freien Schulgemeinde Wickersdorf. Ausschlaggebend für seine Bewerbung dorthin waren zum einen sein reformpädagogisches Interesse wie auch seine Prägung durch die deutsche Jugendbewegung, zum anderen aber auch die damals bestehenden Schwierigkeiten, im staatlichen Schulwesen eine Anstellung zu finden. Die Begegnung mit dem damaligen Leiter der Schule, Martin Luserke, dürfte wichtig für sein Interesse am Laienspiel, das Zusammentreffen mit dem dortigen Musiklehrer, August Halm, für die weitere musikalische Ausrichtung gewesen sein. Daß er die Schule nach nur zwei Jahren wieder verließ, hing vor allem mit seiner Heirat zusammen. Verheiratete waren in Wickersdorf „aus Wohnungs- und Finanzierungsgründen" unerwünscht.

Schon während seiner Referendarzeit hatte Ehrentreich bei Hans Würtz im Oskar-Helene-Heim Fritz Karsen kennengelernt, der ihn nun mit dem Versprechen einer festen Anstellung als Lehrer für seinen Schulkomplex in Neukölln zu gewinnen suchte. Daß sich Ehrentreich nach seinem Ausscheiden aus Wickersdorf tatsächlich für Karsens Schule entschied, hatte seinen Grund sicherlich mit in dieser wirtschaftlichen Absicherung, basierte allerdings ebenso auf dem Wunsch, wieder an einer Reformschule tätig zu werden. Ehrentreich schätzte Karsen als einen „Schulmann, der eine fortschrittliche Richtung vertrat".

Wie Ehrentreich in seiner Autobiographie darlegt, hat er an Karsens Schulkomplex, der 1930 den Namen „Karl-Marx-Schule" erhielt, maßgeblichen Anteil an der Einführung der deutschen Oberschule gehabt, weiterhin eine Versuchsklasse des Realgymnasiums von der ersten bis zur letzten Jahrgangsstufe als Klassenlehrer betreut und nicht zuletzt an der Entwicklung des didaktischen Konzeptes der Studienfahrt (der „reisenden Schule") mitgearbeitet. Außerdem galt sein Interesse dem künstlerisch-musischen Bereich der Schule, insbesondere dem Laienspiel. Das Theaterspiel unterstützte den Sprachunterricht an der Schule. Die Quintaner schrieben selbst ein Weihnachtsstück. In der Quarta verarbeitete die Klasse die Faustsage zu einem Dialog in englischer Sprache. Eine Stufe höher wagten sich die Schüler an das „Urner Tellspiel" heran, das bei einem Schulfest im Neuköllner Volkspark aufgeführt wurde, und in der Untersekunda wurde sogar ein ‚Theaterausschuß' gegründet. An den Arbeiter-Abiturienten-Kursen war er nicht beteiligt.

Ehrentreich gehörte in Neukölln zur Gruppe „reformpädagogisch denkender" Lehrer, die Karsen „anheuerte", um damit das durchweg konservative Kollegium des von ihm übernommenen Realgymnasiums Schritt um Schritt zu verändern.[1] Hatten sich doch die vor Karsens Amtsantritt an der Schule tätigen Lehrer in einer schriftlichen Eingabe an das Ministerium gegen die Berufung Karsens zum Schulleiter ausgesprochen. Die Mehrheit von ihnen dürfte kaum auf dem Boden der Weimarer Demokratie gestanden haben, so daß Lehrer wie Ehrentreich, der demokratisch eingestellt, zeitweise sogar Mitglied der SPD war, für das Gelingen von Karsens Reformprojekt unabdingbar sein mußten. Allerdings hatte die im Verhältnis zu seinen Kollegen an „normalen" höheren Schulen als „fortschrittlich" zu bezeichnende politische wie pädagogische Einstellung und Praxis Ehrentreichs auch ihre Grenzen. So konnte er das von Karsen initiierte Projekt einer Einheitsschule kaum mittragen, wie er auch den Einheitsschulgedanken des Bundes Entschiedener Schulreformer nicht teilte, zumal in der spezifischen, von Oestreich angestrebten Form der „Produktionsschule".

Nach Machtantritt der Nationalsozialisten erhielt Ehrentreich wie die meisten Lehrer von Karsens Schule Berufsverbot, und zwar auf der Grundlage von Paragraph 4 des Gesetzes „zur Wiederherstellung des Berufsbeamtentums". Im Unterschied zu vielen anderen Kollegen gelang es ihm nach demütigenden Bittgängen zu dem Hauptwidersacher der Karl-Marx-Schule, Kurt Schwedtke, wieder in den Schuldienst übernommen zu werden, allerdings nicht am ehemaligen Karsen-Komplex, der wie alle Reformschulen in eine „normale" Schule zurückverwandelt wurde, sondern im Karlshorster Lyzeum.

Alfred Ehrentreich,
1955 — *Ehrentreich:
50 Jahre erlebte Schulreform*

Ehrentreichs Position im „Dritten Reich" läßt sich als „innere Emigration", verbunden mit äußerer Anpassung, umschreiben. Der auf ihm lastende Druck hat bei ihm zu einer regelrechten Neurose, verbunden mit Ohnmachtsanfällen, geführt. Ganz offensichtlich bedrückte ihn schon vor 1933 die Angst vor den Nazis so sehr, daß er sich zum Austritt aus der SPD entschloß. Aus dem gleichen Grund mied er nach Entlassung und Wiedereinstellung in den Schuldienst den Kontakt ehemaliger Kollegen, was teilweise zu lebenslangen Entfremdungen geführt hat.

Während des Krieges gewann für Ehrentreich die Kinderlandverschickung besondere Bedeutung. Hier entfaltete er zahlreiche Initiativen. Aufgrund seiner Prägung durch die deutsche Jugendbewegung sah er in dieser, aus der Kriegssituation entstandenen Maßnahme ein interessantes pädagogisches Aufgabenfeld. Seine Erfahrungen während dieser Zeit in der von Deutschen okkupierten Tschechoslowakei hat er anhand von Tagebuchaufzeichnungen mehrmals beschrieben. Sein abschließendes, relativ positives Urteil über die Kinderlandverschickung als „einer der eindruckvollsten Versuche", „unter den NS-Bemühungen um neue Erziehung", wenn nicht mit der „Unterdrückung eines anderen Volkes" erkauft, zeigt, wie erfolgreich die Nazis letztendlich mit der Vereinnahmung zumindest von Teilen der deutschen Jugendbewegung gewesen sind.

Nach dem Krieg war Ehrentreich zunächst kurze Zeit als Lehrer in Kassel tätig, bevor er die „Alte Landesschule" in Korbach/Waldeck als Schulleiter übernahm. Hier hat er noch einmal versucht, Ideen der Reformpädagogik im Sinne einer „inneren Schulreform" umzusetzen, sich insbesondere um die Förderung des Laienspiels bemüht.

Seit seiner Pensionierung im Jahre 1961 engagiert er sich an seinem Alterssitz Korbach für kommunale Angelegenheiten, arbeitet an der Volkshochschule mit und betätigt sich als Theater- und Musikkritiker. Darüber hinaus geht er seinen verschiedenen künstlerischen Neigungen nach: er aquarelliert, hat bis vor kurzem regelmäßig Hausmusikabende veranstaltet und eine vielfältige schriftstellerische Tätigkeit entfaltet.

Für seine Verdienste um die 25jährige Städtepartnerschaft Korbach – Avranches ist er 1988 geehrt worden.

Wolfgang Keim

Werke

Eine ausführliche Bibliographie der Veröffentlichungen Ehrentreichs findet sich in: A. Ehrentreich: *50 Jahre erlebte Schulreform – Erfahrungen eines Berliner Pädagogen.* Hrsg. und mit einer Einführung von Wolfgang Keim. Frankfurt/Main 1985

Nach Abschluß der Bibliographie sind von ihm erschienen:

Dresdner Elegie. Schule im Krieg: Die Kinderlandverschickung im 3. Reich. Brackwede 1985

90 Tage in der Neuen Welt. Eine nicht nur pädagogische Reise. Brackwede 1985

Sanssouci: Märkische Baumeister und Fürsten. Die Entstehung des Parks und der Wasserkünste. London 1989

Anmerkung

1 G. Radde: *Fritz Karsen. Ein Berliner Schulreformer der Weimarer Zeit,* Berlin 1973

Paul Heimann

1901-1967

Paul Heimann wurde am 16. März 1901 in Mittelwalde / Schlesien geboren. Er stammte aus der katholischen Familie eines vorwärtsstrebenden Postbeamten der unteren Laufbahn. Ostern 1915 trat er in eine Präparandenanstalt in Breslau ein, danach wurde er dann in das „Staatliche Katholische-Lehrer-Seminar" aufgenommen. Dort betätigte er sich u.a. auch in Theatergruppen und Literaturzirkeln. 1921 schloß er die Seminarlehrerausbildung in Breslau ab, fand aber trotz einer sehr guten Beurteilung keine Anstellung als Lehrer. Denn nach dem Ersten Weltkrieg waren vorrangig sogenannte Kriegsseminaristen und „Flüchtlingslehrer" zu versorgen.

So ging Heimann zunächst mit drei Gefährten aus der Seminarzeit auf Große Fahrt im Wandervogelstil. Danach begann er eine berufsfremde Tätigkeit in der Breslauer „Schlesischen Landesprodukten-Großhandlung", wo er so erfolgreich arbeitete, daß er in knapp zweieinhalb Jahren vom Volontär zum Prokuristen der Firma aufstieg. Im Juni 1925 wurde er zu den „Ostelbischen Spritzwerken", einer Tochtergesellschaft seiner Großhandlung, nach Berlin versetzt. Hier heiratete er seine langjährige Breslauer Freundin Brunhilde Kleineidam.

Als bedeutsam für Heimanns pädagogische Entwicklung sollte sich der Umzug in das ländliche Blankenburg im März 1927 erweisen. Er lernte dort Lehrer kennen, die eine politisch-pädagogische Arbeitsgemeinschaft gebildet hatten und der Bewegung der „neuen Schulen" (Lebensgemeinschaftsschulen) nahestanden. Durch sie kam er in Kontakt mit Günter Casparius und fand damit Zugang zum pädagogischen Reformfeld in Berlin-Neukölln.

Es kann nicht verwundern, daß Paul Heimann, der damals auch Mitglied der Sozialdemokratischen Partei geworden und aus der Kirche ausgetreten war, sich mit aller Kraft um die Lösung aus seiner fremdberuflichen Tätigkeit bemühte, mochte sie auch noch so gut bezahlt sein. 1928 verabschiedete er sich schließlich aus der freien Wirtschaft, um seine pädagogischen Studien voranzutreiben, wenngleich noch immer ohne Gewißheit, eine Anstellung als Lehrer zu finden. Seine Aktivitäten erstreckten sich auf den Besuch von Lehrveranstaltungen an der Handelshochschule Berlin und an der Diesterweg-Hochschule, auf ständige Hospitationen an der Casparius-Schule, gelegentliches Hospitieren an den beiden anderen (von Adolf Jensen bzw. Fritz Hoffmann und Wilhelm Wittbrodt geleiteten) Neuköllner Lebensgemeinschaftsschulen. Außerdem wirkte er in den Lehrer-Arbeitsgemeinschaften für Schulpädagogik und Didaktik, die der Neuköllner Schulrat Dr. Hering und Casparius anboten, als geschätzter Kollege mit.

Der entscheidende Schritt in die eigenverantwortliche pädagogische Tätigkeit begann bei Heimann mit seiner Anstellung an der Friedrich-Ebert-Schule in Luckenwalde im Schuljahr 1931/32. Kurt Löwenstein konnte ihn dann im folgenden Schuljahr als Schulamtsbewerber an die Lebensgemeinschaftsschule des befreundeten Rektors Casparius holen. An dieser Neuköllner Versuchsvolksschule stand er vor der Aufgabe, eine Lernanfängerklasse nach der Ganzheitsmethode im Lesen und Schreiben im Sinne Arthur Kerns zu unterrichten. Während des Schulversuches begann Heimann sich „verstärkt für die psychologischen und soziologischen Zusammenhänge der Erziehungsarbeit" zu interessieren.

Neben den Lernanfängern unterrichtete Heimann eine 1. (Schulabgänger-)Klasse. Dabei dürfte er auch mit Fragen des an Lebensgemeinschaftsschulen eingeführten Kursunterrichtes (auch in Form von Arbeitsgemeinschaften) konfrontiert worden sein.

Heimanns didaktischer Versuch war gerade in Gang gekommen, da setzte der Nazi-Einbruch von 1933 diesem modernen pädagogischen Ansatz einen abrupten Halt. Der nationalsozialistische Stadtschulrat Meinshausen, der den Sozialdemokraten Jens Peter Nydahl in seinem Amt abgelöst hatte, beeilte sich, die als „weltliche" Schulen geltenden Lebensgemeinschaftsschulen gleich zu Beginn des Schuljahres 1933/34 aufzulösen. So wurde Paul Heimann von seinen Kollegen getrennt und an die 25. Volksschule in der Neuköllner Elbestraße versetzt.

Hier konnte er endlich – im September 1933, also zwölf Jahre nach dem Seminarabschluß in Breslau – seine zweite Lehrerprüfung ablegen, blieb aber immer noch „Schulamtsbewerber", da er, wie bereits erwähnt, SPD-Mitglied war und der freien Lehrergewerkschaft sowie dem „Bund der freien Schulgesellschaften" angehört hatte. Erst im April 1936, nachdem er die Lehrbefähigung für den (evangelischen) Religionsunterricht erworben hatte, wurde er zum Lehrer ernannt.

Dem Drängen, in die Nazipartei einzutreten, widerstand er. Die Kontakte mit Casparius und anderen ehemaligen Versuchsschul-

Paul Heimann, o.J. — *Privatbesitz Neubert*

kollegen bestanden weiter. Paul Heimann konzentrierte sich während der Nazi-Zeit auf private wissenschaftliche Forschungen. Er widmete sich seinen vielfältigen pädagogischen, kultursoziologischen und psychologischen Aufgabenfeldern und lernte Englisch, Französisch und Russisch. Heimann beschäftigte sich auch intensiv mit dem Film als Massenmedium. Filmtheoretische und filmpädagogische Studien ließen ihn nicht los. So verfaßte er in der Nacht zum 13. November 1935 (zum Geburtstag seiner gleichermaßen interessierten Frau) eine umfassende Einleitung zu einer größeren Studie mit dem Titel *Das Kamera-Auge. Eine Biographie der Linse.*

Zwischen 1940 und seiner Einberufung zum Kriegsdienst hatte Paul Heimann noch als Lehrer in Heimen und Lagern der Kinderlandverschickung zu arbeiten, was nicht ohne Kontroversen mit Hitler-Jugend-Führern abging. 1943 wurde er zur Marine-Artillerie eingezogen und 1945 in Norwegen gefangengenommen.

Bis 1946 war er hier sowie in Frankreich als Kriegsgefangener in der Bildungsarbeit für seine Kameraden engagiert.

Nach seiner Rückkehr in die zerbombte „Reichshauptstadt" wurde er an das im Frühjahr 1946 eingerichtete, von dem antifaschistischen Widerstandskämpfer Dr. Karl Schröder geleitete „Pädagogische Institut" in Pankow berufen. Der Magistrat von Groß-Berlin hatte es als zentrale Lehrerbildungsstätte konzipiert und mit vier „Vorklassen" und einer „Zentralklasse" den Grundstock gelegt. Man wollte neben den bereits im Juni 1945 eröffneten Schulhelfer-Kursen und zusätzlich zu den im Januar 1946 eingerichteten acht Monate dauernden Neulehrer-Lehrgängen ein gründliches, auf drei Jahre angelegtes Lehrerstudium an einer Hochschule einrichten. Heimann war in den „Vorklassen" als Lehrer für Russisch tätig, bevor er im November 1946 als Dozent für Allgemeine Pädagogik und Unterrichtslehre an die gerade eröffnete „Pädagogischen Hochschule Groß-Berlin" wechselte. Wilhelm Blume, der Leiter der Hochschule, hatte ihn persönlich zu diesem Schritt bewogen. Blume trat aber wegen der politisch-ideologischen Spaltung Berlins, die auch das Pädagogik-Studium erfaßte, von der Leitung der Hochschule zurück. Heimann selbst ließ sich für das Sommersemester 1949 beurlauben, seit dem Wintersemester 1949/50 lehrte er dann an der neu etablierten West-Hochschule im Berliner Ortsteil Lankwitz. Hinzu kam die Forschungsarbeit in dem von ihm errichteten „Seminar für vergleichende Erziehungswissenschaft" sowie die Beschäftigung mit medienpädagogischer Forschung. Paul Heimann war auch ein Befürworter der Berliner Einheitsschule und ein entschiedener Verfechter einer einheitlichen Lehrerausbildung. Das Ende der Berliner Einheitsschule kurz nach ihrer gesetzlichen Grundlegung betrachtete er als herben Rückschlag.

Im November 1953 wurde Heimann zum Professor an der Pädagogischen Hochschule ernannt. Nach zehnjähriger erfolgreicher Tätigkeit in Forschung und Lehre trat er 1963 in den Ruhestand, um sich Studien zu widmen.

Der „Wegbereiter der Berliner Didaktik" starb am 30. Juni 1967. Er ist auf dem Lankwitzer Friedhof begraben.

Zwanzig Jahre nach seinem Tode wurde Paul Heimann in einem an der Freien Universität Berlin veranstalteten Symposium umfassend gewürdigt.

Gerd Radde

Werke und Aufsätze (in Auswahl)

Didaktik als Unterrichtswissenschaft. Hrsg. v. K. Reich und H. Thomas, Stuttgart 1976 (In diesem Buch sind alle wichtigen Arbeiten Heimanns zur Didaktik, zur Lehrerbildung und zur Medienpädagogik veröffentlicht)

„Das Erziehungswesen in der Sowjetunion" — *MUND* (= Material- und Nachrichtendienst der Arbeitsgemeinschaft deutscher Lehrerverbände) 73 (1956)

„Film, Funk und Fernsehen als Bildungsmächte in der Lehrerbildung" — *Jugend, Film, Fernsehen* 5 (1961), H. 1

„Didaktik als Theorie und Lehre" — *Die deutsche Schule* 54 (1962), H. 9

Literatur

Die Berliner Didaktik: Paul Heimann. Hrsg. v. H. Neubert, Berlin 1991

Die vorliegende Biographie beruht auf dem darin enthaltenen Beitrag „Professor Paul Heimann. Porträt eines Pädagogen", S. 35-44

Fritz Hoffmann

1898-1976

Fritz Hoffmann wurde am 5. Juli 1898 in Neukölln, das damals noch Rixdorf hieß, geboren. Seine Eltern führten dort ein Friseurgeschäft. Er war der mittlere von drei Söhnen. Seine Mutter ließ ihm Klavierunterricht erteilen und legte damit den Grund für die Entfaltung seiner bemerkenswerten musikalischen Anlagen. Er begeisterte sich für Musik und gehörte 1927 zu den Gründern der „Städtischen Volks- und Jugendmusikschule Neukölln" und wurde – auch über die Grenzen des Bezirks – als „Musik-Hoffmann" bekannt.

Es waren die Einflüsse seines Elternhauses, denen er die Entwicklung seines Einfühlungsvermögens verdankte, seine Bescheidenheit, sein gütiges Verständnis für die Belange und die Nöte anderer, die Bereitschaft, anderen zu helfen. Diese Persönlichkeitszüge ließen die pädagogische Arbeit Fritz Hoffmanns so fruchtbar werden: In den Jahren der Weimarer Republik trat er an der Rütli-Schule als Lehrer in den Fächern Deutsch, Musik und Zeichnen hervor und war dort von 1929 bis 1933 als Rektor der Nachfolger Adolf Jensens. Nach dem Zweiten Weltkrieg aus der russischen Kriegsgefangenschaft zurückgekehrt, arbeitete er von 1946 bis 1948 an der Barackenschule am Neuköllner Krankenhaus. Mit Beginn des Schuljahres 1948/49 übernahm er die Leitung der 37./38. Schule im Neuköllner Ortsteil Britz. Diese Schule war die Keimzelle der heutigen Fritz-Karsen-Schule. Ihre Pädagogik stand vor allem in der Tradition der Rütli-Schule Adolf Jensens, der Aufbau- und Gesamtschule Fritz Karsens und der Schulfarm auf Scharfenberg, die Wilhelm Blume im Jahre 1922 gegründet hatte. Blume und Hoffmann pflegten auch nach dem Krieg einen kontinuierlichen Kontakt, insbesondere in den wichtigen Fragen des Aufbaus und Ausbaus der Einheitsschule. Dabei wirkten die ehemaligen Scharfenberger Fritz Blümel und Dr. Gerhardt Frühbrodt, die beide als Lehrer am wissenschaftlichen Zweig der Britzer Einheitsschule tätig waren, gleichsam als Katalysatoren mit.

Blickt man auf den Bildungs- und Berufsweg Fritz Hoffmanns im Ganzen zurück, so zeichnet sich eine kontinuierliche Entwicklung eines Schulreformers ab, die folgerichtig in das Amt des Oberstudiendirektors an der von ihm gegründeten (Gesamt-)Schule einmündete.

Nach dem Ende der Volksschulzeit hatte Fritz Hoffmann eine Neuköllner Präparandenanstalt, und dann, ab 1916, das Lehrerseminar in Drossen besucht. Er konnte seine Lehrerausbildung aber erst 1919/20 mit einem Kursus für Kriegsseminaristen abschließen, weil er schon 1916 als Siebzehnjähriger eingezogen worden und dann schwerverwundet aus dem Krieg zurückgekehrt war. Als junger Lehrer trat er in das Kollegium der Volksschule in der Neuköllner Rütlistraße ein. Es handelte sich um eine der damals neu geschaffenen „weltlichen" Schulen, denen behördlicherseits im Juni 1923 der Status einer Versuchsschule als „Lebensgemeinschaftsschule" zuerkannt wurde. Hier bewegte Fritz

Fritz Hoffmann, um 1954 — *Privatbesitz Korthaase*

Hoffmann sich im Umkreis des bedeutenden Reformpädagogen Adolf Jensen. Diese „Jensen-Schule" war Hoffmanns eigentliches Lehrerseminar, denn in ihr war nicht einfach „Unterricht zu halten", sondern es wurden neue Unterrichtsinhalte und -formen entwickelt. Dabei sollten Arbeits- und Lebensformen entstehen, die dem Kind und dem Heranwachsenden die Möglichkeit reicher individueller Entfaltung boten und zugleich den Sinn für die Pflichten gegenüber der Gemeinschaft schärften.

Das setzte intensive und vielfältige Diskussionen mit Jensen und den anderen Kollegen voraus, aber auch mit der Elternschaft und in schulpädagogisch passender Form auch mit den Schülern. Die Grundlagen der ebenso fesselnden wie beeindruckenden Diskussionstechnik Fritz Hoffmanns, die viele jüngere Lehrer 20 Jahre später in pädagogischen Aussprachabenden der Fritz-Karsen-Schule in Britz so anschaulich erlebten, wurden in jenen aufregenden Jahren der Rütli-Schule gelegt. Fritz Hoffmann und andere haben betont, daß man an der Rütli-Schule zwar bisweilen sehr kontrovers diskutierte, daß aber selbst bei Auseinandersetzungen, wie sie damals zwischen Vertretern unterschiedlicher sozialistischer Richtungen nicht ausbleiben konnten, die Toleranz nicht verletzt wurde. Polemik war Hoffmann suspekt, Kontroversen trug er lieber auf der Grundlage sachbezogener Gespräche aus, und verletzende Ausfälle gegenüber Andersdenkenden widersprachen seinem Wesen ganz und gar. Seine Beiträge im größeren Kreis wie im Einzelgespräch klärten Sachverhalte und brachten neue Impulse in den Gedankenaustausch.

In der Pioniersituation, in der sich der junge Lehrer Fritz Hoffmann in Jensens Versuchsschule befand, zeigte sich, daß die Intention dieser Versuchsschularbeit keineswegs bloße Individualpädagogik war. Jensens Erlebnis- und Ausdruckspädagogik, die Fritz Hoffmann übernahm, war Bestandteil einer Gemeinschaftspädagogik und hatte daher gesellschaftspolitische Beweggründe. Alle Fertigkeiten und Fähigkeiten, Einsichten und Einstellungen, die auf Grund der beschriebenen Pädagogik gewonnen wurden, sollten nicht Selbstzweck bleiben, sondern zum Leben und Arbeiten in einer von den Prinzipien der sozialen und humanen Demokratie bestimmten Gesellschaft befähigen. So gesehen war Fritz Hoffmann in gewissem Sinne immer auch ein politischer Pädagoge, der den Zusammenhang zwischen Politik und Pädagogik durchaus erkannte.

Er wurde 1933 von den Nationalsozialisten als Rektor von seiner Schule entfernt und, herabgestuft zum Lehrer, an eine Schule in Berlin-Grünau versetzt. Sein Wissen um pädagogisch-politische Zusammenhänge zeigte sich deutlich in seiner Denkschrift über *Die Schule als gesellschaftsbildende Kraft* von 1947, insbesondere aber in seiner Einstellung zum Einheitsschulgedanken und in der Auseinandersetzung um dessen Realisierung.

Die Gründung, der Aufbau und Ausbau der Fritz-Karsen-Schule in der Britzer Onkel-Bräsig-Straße ist sein eigentliches Lebenswerk. Die Schule trägt ihren Namen erst seit 1956, doch die schulorganisatorische Reformarbeit, die von Anfang an mit der pädagogischen Reform verbunden war, setzte bereits 1948 ein. Fritz Hoffman stand in den beiden Jahren zuvor als Leiter der erwähnten Barackenschule im „Trümmerfeld der großstädtischen Nachkriegsschule". Er sollte später Schulrat werden, wollte aber lieber auf schulpädagogischem Versuchsfeld weiterwirken. Er setzte sich nun entschieden für eine grundsätzliche Erziehungs- und Bildungsreform ein, deren äußere Grundlage das Berliner Einheitsschulgesetz von 1948 darstellte. Die pädagogischen Wege zur Reform suchte er erfahrungs- und praxisbezogen mit gleichgesinnten Lehrerinnen und Lehrern seines Kollegiums. Die Zielsetzung hieß: „Erweckung und Entfaltung eines jugendeigenen Lebens" und: „Abkehr von der bloßen Lernschule". Als krassen Ausdruck der Lernschule empfand er die „ewig examensüberschattete Paukerei, die die Tiefen nicht mobilisiert, die Persönlichkeit nicht formen (kann) und somit alles Unklare und Trübe ungeklärt läßt".

Der neue Unterrichtsstil in der Fritz-Karsen-Schule zeigte sich vor allem in der Gestaltung der Feiern, im Schulspiel sowie in Ausstellungen, aber auch im Sport. Dies waren signifikante Elemente des schulischen Lebens. Die Inhalte der aufgeführten Stücke wurde meist literarischen Vorlagen entnommen. Die Musik schrieb Hoffmann selbst. Den Chor leitete er ebenfalls, wie er in den zwanziger Jahren den „Rütli-Singkreis" geleitet hatte. 1951/52, als die Novellierung des Schulgesetzes das Ende der Berliner Einheitsschule herbeiführte, erhielt Fritz Hoffmann die Genehmigung für die Weiterführung der begonnenen Arbeit in einer „Schule besonderer pädagogischer Prägung". Er verwirklichte die Einheitsschule nun in einem exemplarischen Modell. Die Feiern und das Schulspiel wirkten sich auf die gesamte Unterrichts- und Erziehungsarbeit aus, so daß die Schule bereits in ihren Anfangsjahren öffentliches Ansehen genoß, obwohl Gegner der Einheitsschule so weit gingen, deren Leiter als „rot" oder auch als „Kommunisten" zu bezeichnen, denn eine „Einheitsschule" konnte nach ihrer Meinung nur kommunistischer Herkunft sein.

Die erste Reifeprüfung dieser einzigen Westberliner Einheitsschule wurde 1957 abgenommen. Der Erfolg war Fritz Hoffmann, den Lehrerinnen und Lehrern, den Schülerinnen und Schülern und vor allem den Eltern zu verdanken, die zu „ihrer" Schule hielten, trotz mancher Angriffe, die gegen sie vorgetragen wurden. Der Schulleiter war „uneigennützig, frei von persönlichem Ehrgeiz, frei von Herrschsucht; aber aufgeschlossen und voller kontaktstiftender Fähigkeiten". Alle diese Eigenschaften waren erforderlich für die Leitung einer „Schule besonderer pädagogischer Prägung". „Ich will nicht pro domo reden" – schrieb er, aufgefordert, einen pädagogischen Lebensbericht niederzuschreiben – „wenn die Arbeit der Schule noch besonders geschildert werden muß, dann am besten von ehemaligen Schülern und jetzigen Lehrern, die sich zu ihrer Schule bekennen."

Am 11. Januar 1976 starb der pädagogische Gestalter Fritz Hoffmann mit dem bleibenden Verdienst, das pädagogische Erbe der Neuköllner Schulreform der zwanziger Jahre in die Nachkriegszeit hinübergerettet und in einem beispielhaften Versuch zum Tragen gebracht zu haben.

Gerd Radde

Aufsätze

Die Schule als gesellschaftsbildende Kraft (unveröffentlichtes Manuskript einer Denkschrift), Berlin 1947

„Feiergestaltung im Dienste der Schulerneuerung" (zus. mit Hielscher, Schmolke, Kühnel, Frank, Böttcher) — *Pädagogische Blätter*, Nr. 1 / 2 (1950), 22-29

„Schulaufführungen in der Fritz-Karsen-Schule." — *Pädagogische Blätter*, Heft 13 / 14 (1956), 209-212

„Das System der Einheitsschule (1948-1951)" — *Opvoeding en Onderwijs*, Utrecht 1956

„Durch die Einheitsschule zum Abitur. Ein Schulversuch an der Fritz-Karsen-Schule." — *Berliner Lehrerzeitung*, Nr. 21 (1957), 449 f.; Nr. 22 (1957), 475 f.

„Die Fritz-Karsen-Schule in Berlin-Neukölln. Ein Bericht über einen Schulversuch. — *Die Deutsche Schule*, Heft 3 / 1960, 151-161

Die Einrichtung einer 9. / 10. Klasse mit dem (Realschul-)Ziel der Mittleren Reife, Berlin 1963 (Typoskript)

Verwendete Quellen und Literatur

Gerd Radde: *Zur Geschichte der Fritz-Karsen-Schule. Die Britzer Einheitsschule in der Ära Fritz Hoffmanns.* Vortrag gehalten am 9. Februar 1988 in der Fritz-Karsen-Schule, Berlin-Britz. Berlin 1988 (hrsg. v. Verein der Freunde der Fritz-Karsen-Schule)

Mitteilungen von Elsbeth Hoffmann und Jutta Kunde geb. Hoffmann

Elly Janisch

geb.1899, das Sterbedatum ist nicht bekannt

Elly Janisch wurde am 16. Januar 1899 geboren, besuchte das Lehrerinnenseminar Berlin und wurde 1920 Lehrerin an der 32. weltlichen Schule in der Rütlistraße. Vermutlich 1923 wechselte sie im Zuge der Neuformierung der Rütli-Schule und ihrer dann existierenden drei Kollegien an die 31. Schule zu Rektor Wittbrodt, die ein ausgeprägteres politisches Profil als die von Rektor Jensen geführte 32. Schule hatte. Dort unterrichtete sie bis ins Jahr 1926. In diesem Jahr heiratete sie den früheren Volksschullehrer und kommunistischen Wirtschaftsminister der thüringischen Landesregierung von 1923 Albin Tenner.

Während ihrer gesamten Schularbeit war Janisch gewerkschaftlich und publizistisch außerordentlich aktiv. In den ersten Jahren der Weimarer Republik nahm sie hauptsächlich zu aktuellen schulpolitischen und pädagogischen Fragen Stellung, zur Prügelstrafe, zu alten und neuen (von ihr als nur wenig besser eingestuften) Lese- und Geschichtsbüchern, zu den Möglichkeiten und Grenzen der Elternbeiräte oder zum Beamtenrecht der Lehrerin und den besonderen Problemen der verheirateten Lehrerin.

1922 oder Anfang des Jahres 1923 trat sie der KPD bei und entwickelte ihren bisher eingenommenen nur-gewerkschaftlichen zu einem sozialistisch-kommunistischen Standpunkt weiter. Gleichzeitig öffnete sie sich auch für neue Themen und bezog dabei ihre Erfahrungen mit aufbegehrenden und politisch engagierten Rütlischülern aus der Arbeiterschicht unmittelbar mit ein. Ihre Hinwendung zu den Arbeitern verleitete sie nicht dazu, Probleme in der häuslichen Erziehung der Arbeiterkinder zu übersehen, ohne daß sie bereits die herausragende Bedeutung einer einheitlichen von Arbeitern geprägten Jugendorganisation erkannte.

Ebenso parteilich, aber doch differenziert berichtete sie auch über Probleme der neuen (Rütli-)Schule mit „veralteten" Elternerwartungen und den richtigen Umgang der Lehrer mit der Spontaneität und den „Bedürfnissen" der Kinder, eine in der damaligen Diskussion neue Kategorie.

Zur Lösung der Widersprüche zwischen Reformschule und proletarischem Elternhaus schlug sie eine Art Elternschule vor, in der über neue Lernprinzipien und Bewertungsmaßstäbe der Reformschulen sowie die notwendige Einschränkung des Leitsatzes „Wissen ist Macht" informiert werden sollte. Den spärlichen Berichten zufolge hat diese Elternschule in der Pionierphase der Lebensgemeinschaftsschule in der Rütlistraße (Ostern 1923 bis Winter 1924/25) tatsächlich auch in Ansätzen bestanden und mit zum Gelingen der neuen Schule beigetragen. Wichtige Instrumente waren große, klassenübergreifende Elternabende und eine Schulzeitung, die von Willi Schubring betreut und von der großen Mehrheit der Eltern abonniert wurde.

Im Sommer 1925 reiste Janisch mit einer Lehrerdelegation der „Internationale der Bildungsarbeiter" (IBA) in die Sowjetunion und

Elly Janisch (2. Reihe ganz links) mit einer Klasse im Wildenbruchpark, Ostern 1927 — *Privatbesitz V. Hoffmann*

gewann dort neue Eindrücke und Erkenntnisse über die „Erziehung des neuen Menschen". Nach Deutschland zurückgekehrt, warb sie unter Eltern, Kollegen und Schülern für das „Kulturneuland" Sowjetunion und die sozialistische Schule, zum Teil mit damals noch wenig bekannten Lichtbildern von sowjetischen Schulen und Pionierlagern, die ihr späterer Ehemann aufgenommen hatte.

Den Kampf um einzelne Reformen im bürgerlichen Schulwesen lehnte sie ab: „Mit Reformen innerhalb der bürgerlichen Gesellschaft wird nichts erreicht, sondern erst die proletarische Revolution wird die Grundlagen für die freie Schule und das befreite Kind schaffen."[1] In ihrem letzten schulpolitischen Aufsatz über die *Verbindung unserer Arbeit mit dem Lehrplan der Schule* (1927) entwickelte sie ein marxistisch orientiertes Programm, das sich gegen den bürgerlichen Lehrplan richtete.

Wenn bis dahin vor allem der reaktionäre Prügelpauker oder der monarchistisch-chauvinistische Lehrer das primäre Angriffsziel des Schulkampfes gewesen war, so lenkte Janischs Aufsatz den Blick auf die neue Entwicklungen in der Volksschule der Republik und hob die damit gewachsene politische Bedeutung der wissenschaftlichen Lehrplankritik hervor. Dabei kam es Janisch viel weniger darauf an, „nur persönliche, mehr oder weniger reaktionäre Einzelaussprüche des Lehrers zu sammeln, als den gesamten Stoff, den er bietet und behandelt, zu kontrollieren" und daran „seine arbeiterfeindlichen Tendenzen" aufzudecken.[2]

In den Schulkämpfen während der Weltwirtschaftskrise wurden an der Rütli-Schule vielmehr oft alte, überholte Schulkampfmethoden aus den ersten Nachkriegsjahren wiederbelebt. Die grundlegende und radikale

Kritik von Janisch am Schulsystem machten sich ihre kommunistisch gesinnten Kollegen nicht zu eigen.

In den letzten Jahren der Weimarer Republik lebte Elly Janisch mit Mann und Kind im Hause der kommunistischen Lehrerin Frida Winkelmann in Birkenwerder bei Berlin.

1934 emigrierte sie mit ihrem Sohn nach Holland, wohin ihr Mann bereits 1933 vor der Verfolgung durch die Nazis geflohen war.

Hier setzte sie ihre bereits in Deutschland begonnenen literarischen Arbeiten fort (z.B. Kinderbücher über die Zeit des Bauernkrieges), übersetzte 1937 die Rosa-Luxemburg-Biographie der niederländischen Schriftstellerin Henriette Roland-Holst ins Deutsche und wirkte zeitweise als Lehrerin, vermutlich auch unter Emigrantenkindern.

Nach der deutschen Besetzung mußte ihr Mann illegal leben und seine Fabrik für kosmetische Artikel aufgeben. Nach dem Kriege kehrte die Familie Tenner-Janisch nicht nach Deutschland zurück. Tenner starb 1967 hochbetagt in Amsterdam, Elly Janisch vermutlich einige Jahre später.

Volker Hoffmann

Werke und Aufsätze

Florian Geyer: Ein Ritter und Bauernführer. Bilder aus dem Deutschen Bauernkrieg 1525, Berlin 1924 (2. Aufl.) (= Bd. 4 der Proletarischen Jugendschriften im Neuen Deutschen Verlag, Berlin)

Der Freiheitskampf der Bayern. Zum 400 jährigen Gedächtnis des großen Bauernkrieges 1525-1925, Berlin 1925

„Das proletarische Kind als Klassenkämpfer" — *Sozialistischer Erzieher* 1923, Nr. 8, 58 ff.

„Gemeinschaftsschule und Lernprinzip" — *Sozialistischer Erzieher* 1923, Nr. 10, 72 ff.

„Auf dem toten Punkt der Elternbeiratsbewegung" — *Sozialistischer Erzieher* 1924, Nr. 1, 15 ff.

„Gemeinschaftsschul-Probleme" (Zu Fritz Karsens Buch „Die neuen Schulen in Deutschland") — *Sozialistischer Erzieher* 1924, Nr. 10, 20 ff.

„Kulturneuland in Sowjetrußland" — *Sozialistischer Erzieher* 1925, Nr. 11, 68 ff.

„Die Verbindung unserer Arbeit mit dem Lehrplan der Schule" — *Das proletarische Kind* 1927, Heft 8, 23 ff.

E. Tenner-Janisch: „Die Internationale der Bildungsarbeiter. Bericht über die internationale Tagung der IBA in Leipzig (1928)" — *Das proletarische Kind* 1928, Heft 5, 129 ff., auch — *Monumenta Paedagogica*, a.a.O., 222 ff.

Anmerkungen

[1] Bericht über die Pädagogische Tagung der IBA in Leipzig, 1928 — *Monumenta Paedagogica* Bd. 22, Berlin (Volk und Wissen) 1984, S. 223

[2] *Schulkampf. Dokumente und Analysen*, Bd. 1, hg. v. L. v. Werder / R. Wolff, Frankfurt 1970, S. 334 ff.

Adolf Jensen

1878-1965

Adolf Jensen kam aus Hamburg, dem Vorort der Schulreform, und gründete in Berlin-Neukölln eine in Pädagogenkreisen weltbekannte „Lebensgemeinschaftschule", die „Rütli-Schule" – Besuchsziel reisender Pädagogen aus aller Herren Länder: von Peru bis Tokio, von San Francisco bis Moskau.

Seine Lebensdaten bis zur Zeit in Neukölln: Geboren am 23. Januar 1878 in Landwehr bei Kiel als Sohn eines Pächters, der bis zum Gutsinspektor aufsteigt. Dort lernt er die krassen Unterschiede zwischen Herr und Knecht, arm und reich, gebildet und ungebildet kennen, steht fortan auf der Seite der Hilfsbedürftigen, wird auf die Oberrealschule nach Kiel (1887-94) geschickt und bereitet sich in Kiel in der Präparandenanstalt auf die Ausbildung zum Volksschullehrer vor (1894/95). Dann besucht er ein preußisches Lehrer-Seminar in Eckernförde-Borby (1896-99) und lernt dort erniedrigende Behandlung und „widerliche Wissenspaukerei" kennen. Anschließend unterrichtet er in Dorfschulen. 1902/03 ist er Lehrer an der Stadtschule zu Lauenburg a.d. Elbe. Er liebt die ihm anvertrauten Kinder, flüchtet aber aus Preußen in den weltoffenen Freistaat Hamburg, wo er von 1904 bis 1919 als Lehrer an Volksschulen wirkt und zum Reformer des Deutschunterrichts aufsteigt. Wilhelm Lamszus, der Autor der erschütternden Antikriegsschrift *Das Menschenschlachthaus* (1912), selbst Lehrer, berichtete über das ihm unvergeßliche Erlebnis einer Stunde in Jensens Klasse. Dreizehnjährige Schülerinnen lasen ihre Aufsätze vor, die nicht nach vorgegebenem Thema verfertigt waren, und in der *Neuen Hamburger Zeitung* schrieb ein bekannter bürgerliche Kulturkritiker:

„Ein Kind nach dem anderen trat vor und las seinen Aufsatz. Las? Nein, trug ihn vor, fast möchte man sagen: spielte ihn vor, denn diese Aufsätze waren nicht fürs Buch geschrieben, um dann abgelegt zu werden. Sie sind innerster Besitz der Kinder, fast jedes Wort gehört ihnen und wird von ihnen seinem vollen Wert nach empfunden. Die Lautnachahmungen, die gedruckt als Spielereien erscheinen mögen, sind notwendige Bestandteile. So ein kleines Ding trug ihre Fahrt auf der Achterbahn vor. Das Gesurr und Gepolter, die Angst – und Entzückensschreie, die kaltschnäuzig überlegene Tröstung – och du Teepott! – die quäkende Stimme des Ausrufers, alles kam mit einer Sicherheit heraus, die nur aus dem tiefsten Erleben stammen kann."

Die „Erlebnispädagogik" Jensens wirkte wie eine Sensation, verstehbar nur, wem bekannt ist, welche Tortur Aufsätze verursachten, welch verdorbenes Deutsch eingedrillt und gefordert wurde. Jensen verfaßte mit Wilhelm Lamszus zwei Bücher, die über den Deutschunterricht dieser Zeit vernichtende Urteile enthielten. Das erste erschien 1910: *Unser Schulaufsatz ein verkappter Schundliterat,* das zweite 1913: *Die Poesie in Not.* „Es ist Schundliteratur, die sich wie ein trüber Strom aus der zünftigen Aufsatzliteratur auf die Lehrer ergießt und jegliche Naivität im Keime erstickt." Diese Bloßstellung trug ihnen erbitterte

Feindschaften ein, aber Dichter und Schriftsteller bekannten sich zu Dutzenden zu Jensen und Lamszus. 1914 sollte ein drittes Buch herauskommen: „Was sagen Deutschlands Dichter und Schriftsteller zur bestehenden Schule und ihrer Behandlung der deutschen Dramen und der deutschen Gedichte?", aber der Krieg verhinderte es.

Kinder sollten schreiben wie Schriftsteller – ungekünstelt, frei, stark und treffend im Ausdruck. Jensen, der Volksschullehrer, wußte, daß Klarheit der Sprache und Freiheit des Denkens nicht zu trennen sind. Sein Unterrichtsstil ist anders als üblich. Im *Lexikon der Pädagogik*, 1952 in der Schweiz erschienen, wird dies treffend dargestellt: „Diese Art des Aufsatzunterrichts setzt eine Arbeitsgemeinschaft voraus, wo ein Schüler den andern anregt und serienweise neue Stoffe und Formen erobert werden. Die Aufgabe des Lehrers besteht darin, als ‚primus inter pares' unaufdringlich die Fäden in der Hand zu halten und die Entwicklung zu überwachen. Er spornt an mit Beispiel und Lektüre, erläutert hier und erklärt dort, weist neue Wege und erzieht zur Bewußtheit, Kraft und Zucht der Sprache".

Jensen verstand das Prinzip freier Gestaltung auf alle Unterrichtsfächer zu übertragen, und er unterrichtete nicht nur Kinder, sondern inspirierte ebenso junge Menschen aus den Gruppen des Hamburger „Arbeiterjugend-Bundes", in denen die Beschäftigung mit Dichtung und Literatur üblich war. Jensen wurde auch deren Mentor. Er war schon zwei Jahre nicht mehr in Hamburg, als dort eine „Jensenarbeitsgemeinschaft" junger Literaten und Dichter am 23. Oktober 1921 mit einem Vortragsprogramm und einer Ausstellung graphischer und kunstgewerblicher Arbeiten vor die Öffentlichkeit trat.

Die Schulreform bewegte sich ihm in Hamburg nicht stürmisch genug voran. Er ließ sich beurlauben, ging nach Düsseldorf und bot seit dem Herbst 1919 in der dortigen Volkshochschule Veranstaltungen an. 1920 wollte er sich erneut beurlauben lassen, doch die Hamburger Oberschulbehörde forderte ihn im November 1920 dazu auf, entweder zurückzukehren oder aus dem Hamburgischen Schuldienst auszuscheiden. Sie ließ ihn ziehen. Er „rettete" sich nach Berlin-Neukölln, und es begann dort ein neues Kapitel seines Lebens. Es macht ihn bekannt über den bisherigen Ruhm des „St. Georg, der den Drachen des deutschen Schulaufsatzes totschlug" hinaus.

Die Behauptung, Adolf Jensen sei 1920 nach Berlin gekommen, um Rektor zu werden ist falsch. Er wurde erst 1924 Rektor der 32. Neuköllner Volksschule, die mit zwei weiteren Volksschulen im großen Gebäude in der Rütlistraße untergebracht war. Zwischendurch unterrichtete er in Dahlem, im Berliner Südwesten. Bald verband man den Namen „Rütli-Schule" in der Öffentlichkeit nur noch mit seiner Person. Die jüngeren Lehrer waren begeistert: „Das Schulleben war verzaubert." 1923 wurde Jensens „Rütli-Schule" mit ministerieller Genehmigung „Versuchsschule". Sie konnte jetzt ihren Unterricht vom Lehrplan abweichend gestalten.

Jensen war auch ein begnadeter Musikpädagoge. Er schaffte es, die Kinder mit der Stimme „tanzen, klagen und jubilieren zu lassen", brachte sie dazu, „aus ihrem Innern" aufsteigende Melodien aufzuschreiben. Er dirigierte den großen „Hamburger Volkschor", und ein Ergebnis seines stetigen Musizierens war das 1927 erschienene Liederbuch *Der singende Tag*. „Lieder sind ein Stück gestaltetes Leben. Wenn du sie singst, so sollst du dieses Leben wiedererwecken."

Aus seiner Schule ging eine Volksmusikschule hervor – die fünfte der damals in Deutschland vorhandenen: Bremen, Hamburg, Magdeburg, Charlottenburg und Berlin-Neukölln. Der „Rütli-Singkreis" ehemali-

Adolf Jensen,
um 1955 —
Privatbesitz Orth

ger Schülerinnen und Schüler, von Fritz Hoffmann geleitet, wurde zur Kerngruppe der 1927 gegründeten „Städtischen Volks- und Jugendmusikschule Neukölln", aus der 1930 die „Volksmusikschule Berlin-Süd" hervorging, an der Paul Hindemith unterrichtete. In die Gründertafel der deutschen Volksmusikschulen ist also auch der Name Adolf Jensen einzutragen, denn seinem Können verdankt die Neuköllner Musikschule, die noch heute zu den größten Musikschulen Berlins gehört, ihre Entstehung.

Jensens pädagogische Zielsetzung stimmte nicht mit den Ansichten anderer in Berlin-Neukölln arbeitender Unterrichts- und Schulreformer überein. Es kam zu Spannungen. Seine Ausdrucks- und Erlebnispädagogik, die die Produktivität des Kindes „durch künstlerische Betätigung zu entfesseln" versuchte, schien nicht zu Kenntnissen zu führen, die für den Besuch höherer Schulen vorausgesetzt wurden. Die höheren Schulen sollten aber unbedingt in die Reform miteinbezogen werden. Auch deshalb: Sezession und Schulgründung mit anderer reformpädagogischer Zielsetzung. Aus Jensens Schule gingen zwei weitere Versuchsschulen hervor.

Im Jahr 1927 wurde die akademische Lehrerbildung für Volksschullehrer im Land Braunschweig eingeführt. Das kleine Braunschweig schritt „im Schulwesen rüstig voran". Der frühere Groß-Berliner Stadtschulrat und entschiedene Schulreformer Wilhelm Paulsen und Adolf Jensen wurden von der Technischen Hochschule Braunschweig, an der eine „Pädagogische Abteilung" entstand, 1929 als Professoren berufen. Jensen als a.o. Professor für Methodik und Didaktik (1.9.1929) – „unter dem Geheul" bürgerlicher Provinzblätter aller Schattierungen, die eine Universitätsausbildung für Volksschulehrer ablehnten. Jensen stand auch als Professor nicht „hinter dem Katheder". Die Schulstube war und blieb seine Werkstatt. Die Studenten standen an den Wänden der Klasse, während er Kinder unterrichtete und auf diese Weise Didaktik demonstrierte.

Im Land Braunschweig kam es bereits im September 1931 zur Bildung einer DNVP/NSDAP-Regierung. Adolf Jensen wurde am 25. April 1932 vom Volksbildungs- und Innenminister Klagges (NSDAP) in den „Ruhestand" versetzt. Hätte man ihn emeritiert, wäre er berechtigt gewesen, weiterhin zu unterrichten. Das aber wollte man verhindern. Der „Verband der deutschen Hochschulen" setzte sich für ihn ein, und die Braunschweigische Regierung mußte die Zwangspensionierung zurücknehmen: Jensen wurde emeritiert. Nach der Bildung der Reichsregierung Hitler-Hugenberg war dieser Sieg über eine DNVP/NSDAP-Landesregierung hinfällig: Der Reichsstatthalter in Braunschweig und Anhalt entfernte 1933 Jensen von der Hochschule. Klagges, nun Ministerpräsident, strich sein Ruhegehalt. Nach 34 Jahren unermüdlicher Arbeit im Schuldienst war Jensen nun völlig mittellos. Er wurde mit Arbeitsverbot belegt. Zwei hochgestellte Persönlichkeiten erreichten für ihn ein „Gnadengeld". 1942 schickte man ihn als Lehrgangsleiter für „Soldatenwerken" nach Holland, wo er in die Fänge der Gestapo geriet, die ihm die Exekution androhte. Er konnte entkommen und verbarg sich bis Kriegsende in einem Ort in Ostfriesland, in Haxtum.

1945 war er 67 Jahre alt. Im Januar 1946 bat ihn das Braunschweigische Ministerium für Volksbildung, erneut einen Lehrstuhl für Methodik und Didaktik zu übernehmen, nun an der Braunschweiger Pädagogischen Hochschule. Er lehnte ab, weil er bereits eine Umschulungsstätte für Kriegsversehrte leitete, unterbreitete dem Ministerium aber einen Vorschlag. Man möge einen Lehrstuhl „für die Zukunft" einrichten mit dem Lehrgebiet: „Pädagogik der antimilitaristischen, antikapitalistischen, bürgerlichen Schule": „Verbinden Sie mit dieser Aufgabe eine große unabhängige Versuchsschule, à la Rütlistraße oder Bürgerstraße, dann geben Sie [Wilhelm] Lamszus die Organisierung und Durchführung dieses Planes." Die Welt würde, versichert er, aufhorchen, und Braunschweig erlebe einen Gästestrom aus aller Welt, wie ihn „die Rütlischule damals erlebte".

1947 zog er als Abgeordneter für die SPD in den Niedersächsischen Landtag und in den Kreistag ein. 1948 gründete er eine private Schule für „schulgeschädigte" Kinder, den „Auricher Schulkreis". 1956 wurde er Mitglied des Rates der Stadt Aurich. Er versuchte, von Firmen Geld für ein Internat für versprengte Berliner Kinder nach Art der Schweizer Schuldörfer zu erhalten und verschickte einen Aufruf: *Auf dem Wege zum neuen Menschen*. Er schlägt die Gründung einer pädagogischen Zeitschrift vor und einer „Pädagogischen Buchgemeinschaft" auf genossenschaftlicher Grundlage. Er will eine „Lebens-Gemeinschaftsschule" einrichten, die ein Beispiel geben soll, wie man einer „wahrhaft demokratischen Erziehung" näherkommt.

Im Januar 1959 äußerte er in der Auricher Ratsversammlung, der Volksschule müsse der

Charakter einer Schule für Kinder armer Leute durch Zusammenlegung von Volks- und Mittelschulen genommen werden. Er antwortet auf Widerspruch: „Ob Sie in der Mittelschule und im Gymnasium leicht auch ärmere Schichten nachweisen können, ist ganz belanglos. Die Volksschule aber ist die Schule derer, die sich keine zehnjährige Schulzeit leisten können; die Kinder der Volksschule sind darum die unglaublich Vernachlässigten, weil sie so früh zu einem Beruf greifen müssen. Darum ist die Volksschule ein altmodischer Rest aus der Entwicklung des 19. Jahrhunderts."

Sein Ideal blieb bis ins hohe Alter eine von allen politischen und anderen Einflüssen freie pädagogische Wissenschaft. Zornig seine Reaktionen, als er erkennen mußte, daß die Lehrerschaft auch nach dem Zweiten Weltkrieg sich in gegenseitig befehdende Gruppen organisierte und daß die „schulrätlichen Inquisitionen", die „menschenunwürdigen Revisionen und Inspektionen durch die Schulbonzen" wiederkehrten, das „ganze Gerümpel" der Rechen- und Lesebücher, der Diktathefte, der Gedichtskanons und anderes. Er glaubt, die Pädagogik sei zu Höchstem berufen: „Wir haben nämlich seit etwa 300 Jahren eine Geniekette von großen deutschen Geistern von Luther oder Ratke, Comenius, Kant, Pestalozzi, Goethe, Herbart, Hegel usw., und ich versuche nur zu retten, was diese alle schon viel besser gesagt haben als ich, aber das Ungeheuerliche ist doch das, was die Ministerialbürokratie des 19. und 20. Jahrhunderts aus dieser Kette deutscher Geister zurechtgemacht und den Schulmeistern zum Nachplappern vorgekaut hat."

Er starb am 6. Februar 1965 in Aurich. Es war ihm zuwider, Erinnerungen niederzuschreiben, was lebhaft zu bedauern ist, denn nun droht das Bild eines der bedeutendsten Pädagogen des 20. Jahrhunderts bereits zu verblassen.

Werner Korthaase

Verwendete Quellen und Literatur

Zeugnisse, Schreiben von Behörden, der Technischen Hochschule Braunschweig, des Ministeriums für Volksbildung Braunschweig und andere Dokumente aus dem Nachlaß von Adolf Jensen.

H. Wollgast: *Das Elend unserer Jugendliteratur* (Hamburg 1896), 7. Aufl., Worms 1950.

Dritter Abend der Jensenarbeitsgemeinschaft, Hamburg 1921

Freiheit (Berlin), 25. Dez. 1921

F. Karsen (Hrsg.): *Die neuen Schulen in Deutschland*, Langensalza 1924

Schulreform (Wien), 8. Jg., 1929, 687

Volksfreund (Hannover), 26. Okt. und 11. November 1932

Der Volkslehrer, 14. Jg., 13. November 1932

A. Jensen: *Auf dem Wege zum neuen Menschen*, Aurich o.J. (1947)

R. Barthel (Hrsg.): *Drei Jahre Volksmusikschule* [Berlin-Neukölln], Berlin 1949

J. Schult: *Die Hamburger Arbeiterbewegung als Kulturfaktor*, Hamburg 1954

Ostfriesisches Schulblatt, 74. Jg., Nr. 4, Juli 1953; 79. Jg., Nr. 1, Jan. 1958

H. Sieker (Hrsg.): *Adolf Jensen. Ein Leben für die Erneuerung der Schule*, Hamburg 1958

V. Hoffmann (Hrsg.): *Unsere Rütlischule. Ein Streifzug durch die Geschichte einer Reformschule*, Berlin 1989

N. Ebert: *Zur Entwicklung der Volksschule in Berlin in den Jahren 1920-1933*, Diss. paed., Berlin 1990

Mitteilungen von Hedwig Orth

Fritz Lange

1898-1981

Fritz Lange ist der einzige Volksschullehrer und Schulpolitiker aus Neukölln, der nach dem Kriege in die Funktion eines Ministers aufgestiegen ist – er wurde Volksbildungsminister der DDR – und der an Neuköllner Erfahrungen aus den 20er Jahren anzuknüpfen versuchte.

Lange wurde am 23. November 1898 in Neukölln geboren und besuchte nach der Volksschule das Lehrerseminar in Neuruppin. Während des Krieges, in den er als sogenannter Einjähriger 1917 einrückte, kam er in Berührung mit revolutionär gesinnten Soldaten an der Ostfront und entwickelte Sympathien für den Sozialismus. Er schloß sich 1919 der USPD an.

Ende 1919 trat er an der 31. Volksschule in der Rütlistraße in den Schuldienst ein und erlebte hier noch weitgehend die kaiserliche Volksschule alten Stils. Ende 1920 ging er mit der USPD-Linken zur KPD und bildete mit einigen anderen sozialistischen Lehrern an der 32. Schule, in die er inzwischen hinübergewechselt war, eine starke freigewerkschaftliche und sozialistische Fraktion, zu der Käthe Agerth, Elly Janisch, Bernhard Baartz u.a. zählten. Er nahm in zahlreichen Artikeln wie im *Sozialistischen Erzieher*, im *Jungen Genossen* und im *Proletarischen Kind* zu wichtigen schulpolitischen und pädagogischen Fragen Stellung, so zum Beispiel zur Prügelstrafe in den Schulen, zur Junglehrerfrage, zur politischen Orientierung der neu eingerichteten weltlichen Schulen, auch zum Aufbau und zur politischen Arbeit der kommunistischen Kinderorganisation. Außerdem publizierte er einen *Kinderkalender für Arbeiterkinder*, den er auch selbst illustrierte. Mit der Schrift *Spartakus, der Befreier der Sklaven* (1924) wurde von ihm die Reihe „Proletarische Jugendschriften" eröffnet, die kommunistisch eingestellten Lehrern erstmalig literarisch-geschichtliches Unterrichtsmaterial in die Hand gab, mit dem sie für die Verbreitung ihrer Weltanschauung unter Schulkindern sorgen konnten.

Fritz Lange war nach seinem Ausscheiden aus dem Schuldienst auch in der Zentrale der Kommunistischen Kindergruppen tätig, die er im Juli 1922 in Suhl mitbegründet hat. Im Februar 1923 trat er als einer der Hauptorganisatoren der „Reichsschulkampfwoche" hervor, die sich gegen die nach wie vor in vielen Schulen praktizierte Prügelstrafe, nationalistische Verhetzung und die Verelendung der Arbeiterkinder richtete und die Schüler zu aktiver Gegenwehr ermutigen sollte.

Im Herbst 1923 reiste Lange als erster Lehrer Neuköllns auf Einladung des Volksbildungskommissariats der Ukraine in die Sowjetunion. Dort lernte er Schulen, Kinderheime und vor allem die sowjetische Pionierorganisation kennen. Seine Erfahrungen stellte er in der Reichsleitung der deutschen Pioniere zur Diskussion. Sie trugen wesentlich dazu bei, die Pionierorganisation, die den Namen „Jungspartakusbund" (JSB) erhielt, auf das sowjetische Vorbild zu verpflichten. Anders als Kurt Löwenstein, der eine sozialistische Erziehung der Kinder in der Schule der bürgerlichen Republik für realisierbar hielt, war Lange der Meinung, daß diese nur außerhalb der Schule, gegen den kapitalistischen Staat, die Schule und ihre Lehrer, in enger Verbindung mit dem Kampf der Erwachsenen zu erreichen sei. Darum wurde die „Schulzelle", analog zur Betriebszelle der KPD, die Grundeinheit des JSB.

1924 wurde Lange unter Anwendung der sogenannten Personal-Abbau-Verordnung, vermutlich aber auch aus politischen Gründen von Bezirksstadtrat Dr. Kurt Löwenstein aus dem Neuköllner Schuldienst entlassen. Ein Jahr später zog Lange für die KPD in die Berliner Stadtverordnetenversammlung ein und machte sich dort als vielseitiger, rhetorisch geschickter Redner einen Namen. Er deckte insbesondere skandalöse Prügelpraktiken in Berliner Schulen auf und wandte sich scharf gegen die Schulpolitik der Sozialdemokraten, bezeichnete sie als „Schulschacher mit der übelsten Schulreaktion", mit dem „Klerikalismus", während gleichzeitig die „weltlichen Schulen" hochgehalten würden. Er warf der SPD vor, sie würde im Berliner Stadtparlament „scheinheilige" Anträge zur Abschaffung der Prügelstrafe einbringen, während die SPD-Fraktion im Preußischen Landtag solche Anträge ablehne, nur weil sie von der KPD-Fraktion gestellt worden seien.

Langes politische Kritik trug unverkennbar sektiererische Züge, eine Widerspiegelung der KPD-Politik der späten 20er und frühen 30er Jahre. So nahm er beispielsweise den Besuch des preußischen Kultusministers vom Januar 1928 zum Anlaß, um Oberstudiendirektor Fritz Karsen Karrierismus vorzuwerfen.

Nach der nationalsozialistischen Machtübernahme wurde Lange für mehrere Monate in „Schutzhaft" genommen und war nach seiner Freilassung dann jahrelang als Bauarbeiter und Verkäufer in der Tabakwarenhandlung seiner Frau in Berlin-Kladow tätig. 1942 wurde er wegen illegaler Arbeit in der Jacob/ Bästlein-Gruppe erneut verhaftet und verurteilt. Er saß bis Kriegsende im Zuchthaus Brandenburg ein. Seine von der Gestapo beabsichtigte Hinrichtung wurde in letzter Minute durch die Rote Armee verhindert.

Nach dem Kriege war Lange kurzfristig in Berlin-Neukölln und Berlin-Spandau als „Aktivist der ersten Stunde" tätig, dann wurde er

Fritz Lange, 1958 —
Deutsche Lehrerzeitung Nr. 9 (1958)

Oberbürgermeister von Brandenburg, bis er 1948 zum Vorsitzenden der Zentralen Kommission für Staatliche Kontrolle und ein Jahr später zum Volkskammer-Abgeordneten gewählt wurde.

Obgleich Lange primär mit wirtschaftlichen und politischen Fragen beschäftigt war, trat er immer wieder mit schulpolitischen und pädagogischen Stellungnahmen an die Öffentlichkeit. So wendete er sich 1947 gegen die Meinung, daß die „Reaktion von unten komme" und gegen das Monopol der „alleinseligmachenden Fachleute". Er wollte eine Demokratisierung der Schulverwaltung und eine aktive Mitwirkung der Eltern. „Wenn in einer Schule reaktionäre Tendenzen bemerkbar werden und sich bis zu Exzessen steigern ..., dann ist das nicht nur eine Angelegenheit der vorgesetzten Dienstbehörde, die durch behördliche Maßnahmen der dafür eingesetzten Fachleute bereinigt werden kann, dann ist das Sache der gesamten demokratischen Öffentlichkeit und mit einem Bericht an die Regierung noch längst nicht abgetan."

Die Entwicklung der DDR lief spätestens seit dem Frühjahr 1953 dieser Erkenntnis zuwider und eine wirkliche „Massen-Kontrolle" von unten ließ sich nicht praktizieren. Als Lange 1954 Volksbildungsminister der DDR wurde, waren auch im Schulwesen diese Voraussetzungen nicht mehr gegeben.

Während seiner Zeit als Minister setzte er sich dafür ein, daß mit der Verurteilung aufrechter Reformpädagogen der 20er Jahre Schluß gemacht werde, die seit einigen Jahren von der DDR-Führung verordnet worden war, ebenso wie die „didaktisch-methodischen Bestrebungen der pädagogischen Reformzeit" verunglimpft wurden. Sie müßten auf eine mögliche Verwendung in der DDR-Schule überprüft werden. Herausragende Reformpädagogen wie Adolf Jensen, sein Mentor in der Junglehrerzeit, an der 32. Volksschule in Berlin-Neukölln, der Hamburger Reformer Wilhelm Lamszus und „viele andere, die uns auch heute noch manches zu sagen haben", seien zu würdigen „in ihrem Mut und ihrer Verbundenheit mit dem Volk". Gegen die Vorherrschaft der sowjetischen Pädagogik und ihrer Kritik an der Reformpädagogik konnten sich solche Appelle jedoch nicht durchsetzen.

Fritz Lange wurde 1958 „scharf kritisiert" und wegen seiner Sympathien für „bürgerliche Ideen" vom Amt des Volksbildungsministers entfernt.

Volker Hoffmann

Aufsätze

„Demokratisierung oder Bürokratisierung der Schulverwaltung" — *die neue schule* 2. Jg., 1947, Nr. 18

„Der Bürokratismus kann und muß überwunden werden" — Die Verbesserung der Arbeit des Staatsapparates im ersten Jahr des Fünfjahresplans, Konferenz von Staatsfunktionären am 24. und 25. 2. 1951 in Forst Zinna, Deutsche Verwaltungsakademie „Walter Ulbricht", Forst Zinna 1951

„Aufgaben und Probleme der deutschen Pädagogik" — *V. Pädagogischer Kongreß*, Bulletin Nr. 2, Leipzig 1956

Verwendete Quellen und Literatur

P. Laaß: „Schulkampf und die Gefahren der Schulreformen" (1923) — *Schulkampf. Dokumente und Analysen*, hrsg. v. L. v. Werder / R. Wolff, Frankfurt 1970, S. 278ff (Dort auch weitere Artikel von Fritz Lange)

F. Albrecht: „Fritz Lange – Dokumente zum Kampf und zum pädagogischen Wirken eines kommunistischen Lehrers in den
Jahren der Weimarer Republik." — *Jahrbuch für Erziehungs- und Schulgeschichte der APW* 25 / 1985

Stenografischer Bericht der Berliner Stadtverordentenversammlung vom 5. 9. 1929, S. 736f.

SBZ von A bis Z., hrsg. v. Bundesministerium für gesamtdeutsche Fragen, Bonn 1962 (7. Aufl.), S. 250

Bruno Lindtner

1901-1987

Bruno Lindtner, Lehrer an der Neuköllner Rütli-Schule von 1925 bis 1936, prägte den Stil der genannten Schule. Darüber hinaus bemühte er sich wie kaum ein anderer linker Lehrer der Rütli-Schule um die Einbeziehung der Arbeitereltern in das Schulleben während der schwierigen Krisenjahren der Republik.

Lindtner wurde 1901 als Sohn eines Postbeamten geboren und streng religiös erzogen, besuchte zunächst die Präparandenanstalt in Weissensee und von 1918 bis 1921 das Lehrerseminar in Cottbus. Unter dem Eindruck der Novemberrevolution wandte sich Lindtner von der Kirche ab, schloß sich der Wandervogelbewegung an, knüpfte Kontakte zur USPD und ihrer Jugendorganiation, der Sozialistischen Proletarierjugend (SPJ). Nach dem Zusammenschluß von KPD und USPD-Mehrheit im Herbst 1920 trat er in den kommunistischen Jugendverband ein.

Nach dem Lehrerexamen hörte er Vorlesungen an der Berliner Universität und bildete sich weiter. 1925 trat er auf Vermittlung von Professor Rupp, der in Verbindung mit den Berliner und Hamburger Reformschulen stand, in das Kollegium der 32. Schule ein. Er übernahm den Physikunterricht in mehreren Klassen der Oberstufe. Unter seiner Leitung wurde der Physikunterricht mit tatkräftiger Unterstützung vieler Eltern zu einem modernen Fachunterricht ausgebaut, wie es ihn bis dahin an Neuköllner Volksschulen noch nicht gegeben hatte. Es kam sogar zur Einrichtung von Fachräumen mit Laborplätzen. Damit setzte Lindtner auch ein gewisses Gegengewicht gegen den musisch-literarischen Schwerpunkt der von Adolf Jensen geleiteten 32. Schule.

Lindtner trat aber auch dadurch hervor, daß er Ideen und Traditionen der Wandervogelbewegung pflegte, Schulwanderungen anregte, Schulausflüge mit den Eltern und längere Klassenreisen unternahm, stets den direkten Kontakt mit den Eltern seiner Schüler suchte und einige von ihnen in seinen Unterricht und in die Reisen mit einbezog. Wegen der für Reformschulen damals seltenen Verbindung von naturwissenschaftlich-technischem und musisch-kulturellem Bereich, z.B. Geigespielen, erreichte er nach kürzester Zeit einer beachtliche Popularität unter Eltern und Schülern.

Bruno Lindtner versuchte der widersprüchlichen Haltung der Arbeitereltern zur Reformschule entgegenzuwirken. Er war, als sich die wirtschaftliche Krise auch auf die Schule und die Schüler auswirkte, darum bemüht, die „Entwicklung des Selbstbewußtseins des proletarischen Kindes", so der Titel eines von ihm gehaltenen Vortrages, zu ergründen und zu fördern.

1928 trat Lindtner der SPD bei, schloß sich aber bald darauf, auf Anregung eines Vaters seiner Schule, den „Roten Kämpfern" an, einer verdeckt in der SPD und der KPD arbeitenden Gruppierung junger „intellektualistisch angehauchter Arbeiter", die nach neuen Wegen suchten, die Spaltung der Arbeiterschaft und ihrer Parteien zu überwinden. Anders als die SPD und ihre Führung

Bruno Lindtner, 1954 —
Privatbesitz V. Hoffmann

bereiteten sich die „Roten Kämpfer" schon im Laufe des Jahres 1932 auf die Illegalität vor, weil sie den Sieg des Nationalsozialismus für unvermeidlich hielten.

Lindtner blieb nach der nationalsozialistischen Machtübernahme eines der aktivsten Mitglieder der Gruppe in Neukölln und Kreuzberg und zeichnete sich durch außerordentlichen Mut aus, z.B. bei konspirativen Fahrradfahrten durch Deutschland. 1934 wurde er Mitglied der Berliner Leitung der „Roten Kämpfer", die nach ihrem damals üblichen Organisationsschema zugleich auch die Reichsleitung bildete und von Karl Schröder und Alexander Schwab geführt wurde.

1933 wurde er kurzfristig an die 27. Volksschule am Mariendorfer Weg strafversetzt und der neuformierten 31. christlichen Knabenschule als Fachlehrer zugewiesen. Die Radwanderungen mit der jeweiligen Abschlußklasse, eine Tradition aus der Reformphase der Rütli-Schule, setzte Lindtner unter großem persönlichen Einsatz bis 1936 fort.

Im Sommer des Jahres 1936 zog sich Lindtner von den „Roten Kämpfern" wegen Differenzen über den richtigen Weg aus der illegalen Arbeit zurück und suchte nach neuen konspirativen Bindungen. Doch er wurde vorher Opfer einer Verhaftungswelle unter den „Roten Kämpfern", die im Ruhrgebiet ihren Ausgang nahm.

Er wurde am 26. November 1936 von der Gestapo verhaftet und ein Jahr später vom 2. Senat des Volksgerichtshofes wegen der Vorbereitung von Hochverrat zu sieben Jahren Zuchthaus verurteilt.

Lindtner kam vor Ablauf seiner Strafzeit in eines der Strafbataillone und wurde bei der Partisanenbekämpfung in Griechenland eingesetzt. Es gelang ihm im Sommer 1944, zu den bulgarischen Truppen überzutreten. Er fand Anschluß an eine kleine Gruppe von Kommunisten, ehemalige Mitglieder seines Strafbataillons, die ihn im Herbst 1944 in die KPD aufnahmen.

Lindtner wurde nach Ende des Krieges in ein großes Gefangenenlager bei Marjopol am Asowschen Meer verlegt, wo er nach kurzer Zeit Lehrer an der „Antifa-Schule" wurde und zum stellvertretenden Leiter der Schule aufstieg. 1948 kehrte er in die SBZ zurück. Er wurde Leiter der SED-Parteischule in Berlin-Grünau und seit 1950 / 51 war er Leiter einer Grundschule sowie Bezirksschulinspektor beim Magistrat. 1959 übernahm er die Leitung der Volkshochschule in Berlin-Köpenick.

Wenige Jahre [Monate] vor seinem Tode am 12. Januar 1987 trat Bruno Lindtner während der Jubiläumsfeier an der Rütli-Oberschule in Neukölln mit dem Kollegium in Kontakt und trug zusammen mit seiner Frau, die auch Lehrerin an der Rütli-Schule gewesen war, zur Aufklärung der Schulgeschichte bei.

Volker Hoffmann

Verwendete Quellen und Literatur

Interview des Verfassers mit Bruno Lindtner am 14. 2. 1985

V. Hoffmann: *Die Rütlischule – Zwischen Schulreform und Schulkampf (1908-1950 / 51)*. Ms., Berlin 1991, S. 334 ff. — Heimatmuseum Neukölln

Erwin Marquardt

1890-1951

Kein anderer der vielen am Neuköllner Reformschulen-Komplex des Dr. Fritz Karsen tätigen Pädagogen war bereits seit mehr als einem Jahrzehnt und so eng mit der sozialdemokratischen Bewegung verbunden wie der am 15. Januar 1890 in Reutlingen geborene Erwin Marquardt, der bereits als Student im Jahr 1912 Mitglied der SPD wurde und niemand stieg in einer Bildungsverwaltung so hoch wie er: Marquardt besetzte am 26. Juni 1945 das Amt des Ersten Stellvertretenden Präsidenten der „Deutschen Zentralverwaltung für Volksbildung" der Sowjetischen Besatzungszone.

Sein ursprünglicher Berufswunsch war Hochschulprofessor. Sein Vater war Kaufmann, sein Bruder, Julius Marquardt wurde Direktor der I.G. Farben in Rio de Janeiro. Er studierte in Jena, München, Tübingen, Giessen und Göttingen Geschichte und Philosophie (1908 bis 1913/14), unternahm Reisen nach England, Frankreich, Holland, Belgien, Italien, Dänemark, Schweden und in die Schweiz. Er sprach zwölf Fremdsprachen. Schon als Student betätigte er sich als Arbeiterbildner. Von 1909 bis 1911 war er Vorsitzender und Leiter der „Akademischen Arbeiter-Unterrichtskurse" in Tübingen und Göttingen. In Göttingen wurde er Vorsitzender des sozialdemokratischen Arbeiter-Bildungsausschusses, und bis zum August 1914 betätigte er sich als Lokalredakteur der in Hannover erscheinenden SPD-Zeitung *Volkswille*. Nach 1919 war er „ununterbrochen Funktionär" in der sozialdemokratischen Bildungsbewegung und der der Freien Gewerkschaften, auch Mitarbeiter der *Sozialistischen Monatshefte* und des *Vorwärts* sowie der *Arbeit*, der wissenschaftlichen Zeitschrift der Freien Gewerkschaften.

Das Lehrerexamen legte er erst im April 1919 ab. Der Studienassessor folgte 1920 Fritz Karsen an die preußische Hauptkadettenanstalt Lichterfelde, die in eine der Republik verpflichtete Staatliche Bildungsanstalt mit Alumnat umgestaltet werden sollte, nicht als Lehrender, sondern als „Alumnatsinspektor" (1920/1921). Ab April 1922 war er dann Studienrat an Karsens Neuköllner „Kaiser-Friedrich-Realgymnasium". Er nahm kräftig Anteil an der Umwandlung dieser zunächst konservativen städtischen Anstalt. Der Schulleiter setzte ihn in den „Aufbauklassen" ein und in den „Arbeiter-Abiturienten-Kursen". Daneben betätigte sich Erwin Marquardt als Lehrgangsleiter in der Berliner „Arbeiter-Bildungsschule" der SPD. Er gehörte zu den profiliertesten Arbeiterbildnern der Weimarer Republik.

1928 verließ er Berlin mit einem besonderen Auftrag. Man übertrug ihm die Leitung der von der preußischen Regierung nachdrücklich geförderten Heimvolkshochschule neuen Typs in Harrisleefeld in der Nähe Flensburgs, die Arbeiter und Angestellte auf kommunale und staatliche Verwaltungsaufgaben vorbereiten sollte, weil – wie Marquardt schrieb – die Arbeiterschaft „im Sinne der Reichsverfassung positive Aufgaben in Gesetzgebung, Staats- und Selbstverwaltung, in der Wirtschaft und in der Rechtsanwendung zu erfüllen" hatte. Das Ziel sollte durch „positiv wissenschaftliche Einführung in die Technik der Gesetzgebung und Verwaltung, in die Beachtung der sozialökonomischen Zusammenhänge, in die Praxis des sozialen Rechts und in die internationalen Verträge" erreicht werden. Eine Zeitschrift teilte mit, Marquardt habe die Aufgabe, „die in Neukölln erfolgreich und vorbildlich ausgebildete Methode des arbeitsunterrichtlichen Verfahrens" auf die neue Volkshochschule zu übertragen, die als so wichtig angesehen wurde, daß sie Reichskanzler Hermann Müller am 29. September 1928 mit einer Rede eröffnete.

Marquardts Prestige als Bildungsorganisator war nun bereits so groß, daß ihm die Führung des „Allgemeinen Deutschen Gewerkschaftsbundes" (ADGB) 1929 die Übernahme der Leitung ihrer neuerrichteten Gewerkschaftsschule in Bernau anbot. Ihm bot aber auch der Magistrat von Groß-Berlin die Position des Geschäftsführenden Direktors der „Volkshochschule Groß-Berlin" an. Er reorganisierte die Volkshochschule, versehen mit der Amtsbezeichnung „Obermagistratsrat". Die Zahl der Hörer stieg von 3 000 auf 18 000. Er organisierte in Berlin den freiwilligen Zusammenschluß der Freien Volksbildungsvereine zu einer Arbeitsgemeinschaft. Mit diesen Aktivitäten schied Erwin Marquardt nur scheinbar aus der Schulreform aus, denn er versuchte, deren Prinzipien in die freie Volksbildungsarbeit einzuführen, nämlich einen „positiven und organischen Aufbau auf dem öffentlichen Schulwesen" zu erreichen.

1933 wird er aus der Volkshochschule entfernt. 1944 entläßt ihn auch das Bezirksamt von Berlin-Reinickendorf aus einer untergeordneten Stelle.

1945 erfolgte die Einsetzung in das Amt des Ersten Stellvertretenden Präsidenten der „Deutschen Zentralverwaltung für Volksbildung" der SBZ. Ein demokratisch-sozialistischer Neuanfang schien möglich. In seinem Kommentar *Das Gesetz über die demokratische Schulreform* (Berlin 1946) verwies er auf das seit „zwei Generationen von der deutschen Öffentlichkeit und besonders von der Lehrerschaft erörterte Schulprogramm". Er erinnerte an die unter dem Schutz „demokratisch gerichteter Kommunalverwaltungen" unter-

Erwin Marquardt, 1945 — *Bundesarchiv Potsdam*

nommenen Reformbemühungen früherer Zeit. Daran schloß sich die Versicherung an, daß die demokratische Schule die Jugend zu „selbständig denkenden und verantwortungsbewußt handelnden Menschen" erziehen werde im Geiste „wahrer Humanität", daß sie jedem Kind und Jugendlichen „ohne Unterschied des Besitzes, des Glaubens oder seiner Abstammung" die „seinen Neigungen und Fähigkeiten entsprechende vollwertige Ausbildung" geben werde. Sie werde auch in ihrem verwaltungsmäßigen Aufbau so eingefügt in den sich gestaltenden „demokratischen Selbstverwaltungorganismus", daß sich die Mitarbeit der Eltern und der Schüler an jeder Schule auswirken könne. All das wurde wenig später ins Gegenteil verkehrt, bis hin zu Benachteiligungen von Schülerinnen und Schülern wegen ihrer Zugehörigkeit zu anderen als Arbeiter- oder Bauernfamilien.

Marquardt begründete mit Prof. Dr. Heinrich Deiters und Prof. Dr. Wilhelm Heise die *Pädagogische Bibliothek* des „Volk und Wissen Verlages". Aber es wurden ihm in der Zentralverwaltung keine Gestaltungsmöglichkeiten eingeräumt. Die SED-Führung verfolgte konsequent ihren Weg totaler Unterstellung des Volksbildungswesens unter Parteiziele. Marquardt wurde am 11. November 1949 die Stelle eines stellvertretenden Direktors des „Deutschen Pädagogischen Zentralinstituts" angewiesen, die dann mit Regierungsbeschluß am 10. Januar 1950 gestrichen wurde. Die Humboldt-Universität erhielt die Anweisung, „Herrn Marquardt ab 1.6.1950 bis auf Widerruf als wissenschaftlichen Mitarbeiter" zu beschäftigen: Herr Marquardt untersteht dem Minister unmittelbar. „Die Dienstzeitregelung und Betrauung mit besonderen wissenschaftlichen Aufgaben erfolgen durch den Minister persönlich." Dann erniedrigt man ihn zum „Leiter des vorbereitenden Ausschusses der Zentralen Pädagogischen Bibliothek" (1950). Mit Schreiben vom 12. Oktober 1951 wird ihm mitgeteilt, daß der Ministerrat der DDR auf Antrag des „Förderungsausschusses für die deutsche Intelligenz" beschlossen habe, ihm eine Pension zu bewilligen. Wenige Tage später, am 28. November 1951, stirbt Erich Marquardt. Reformpädagogen und Arbeiterbildner wie er wurden im „ersten Arbeiter- und Bauernstaat" nicht benötigt.

Werner Korthaase

Werke

Geschichte des Sozialismus vom Altertum bis zur Neuzeit, Berlin 1922

Zur Frage der Demokratisierung der Schule, Berlin 1946

Das Gesetz über die demokratische Schulreform, Berlin 1946

Verwendete Quellen und Literatur

Personalblatt A für Höhere Lehranstalten für die männliche Jugend: Ernst Erwin Marquardt (1922) — PZ Berlin

Personalfragebogen vom 20.9.1945 der „Zentralverwaltung für die Volksbildung innerhalb der sowjetischen Besatzungszone Deutschlands"; „Lebenslauf" (Anhang zum Personalfragebogen) — Bundesarchiv Berlin

Akte R-2, 1351-1352 — Bundesarchiv Potsdam

Arbeiter-Bildung, 3.Jg., Nr. 2, Februar 1928

Volkszeitung Flensburg, 29.9.1928

Das Abendgymnasium, Berlin, 4.Jg., H. 4, Dez. 1932, 121-129

Volkshochschule Harrisleefeld. Bericht über den ersten und zweiten Lehrgang, o.O., 1929

D. Urbach: *Die Volkshochschule Groß-Berlin 1920 bis 1933*, Stuttgart 1971

Mitteilungen von Charlotte Doering

Jens Peter Nydahl

1883-1967

Nydahl wurde am 27. Januar 1883 in Kraulund bei Tingleff, Kreis Tondern im damaligen Nordschleswig geboren. Der Sohn des Kätners Nydahl in Kraulund besuchte wie seine elf Geschwister bis zu seinem 16. Lebensjahr die Dorfschule des Heimatortes. Seine Eltern gaben ihn mit dem zehnten Lebensjahr zu einem Bauern nach Eggebrecht. Der Bauer förderte den aufgeweckten Jungen und brachte ihn nach dem Schulbesuch mit Einverständnis der Eltern auf die Präparandenanstalt in Apenrade.

Dem Aufenthalt in der Präparandenanstalt schloß sich der Besuch des Lehrerseminars in Tondern an. Nydahl entwickelte dort eine starke Aufgeschlossenheit für pädagogische Fragen. Die Abgangsprüfung bestand er in Tondern im Februar 1904 und erhielt anschließend die erste Anstellung in Hojrup an der Königsaugrenze. Später nahm er eine Lehrerstelle in Altona an, wo sich ihm die Möglichkeit bot, sich der Mittelschullehrer- und Rektorprüfung zu unterziehen. Beide Prüfungen legte er in Schleswig, erstere am 4. September 1908, letztere am 8. Juni 1911, ab. Im Jahre 1909 heiratete er und lebte mit seiner Frau die ersten Jahre in Altona.

Seine berufliche Arbeitsfreude erschöpfte sich damit nicht. Um sich auf Seminar- und Schulaufsichtsdienst vorzubereiten, besuchte er die Akademie in der Provinz Posen. Die Abschlußprüfung am Wissenschaftlichen Kursus in Posen fand am 18. September 1912 statt. Doch auch das reichte ihm anscheinend nicht aus, denn er wurde als Schüler an die Berger Oberrealschule in Posen durch Verfügung des Königlichen Provinzial-Schul-Kollegiums (PSK) in Posen (27. November 1912) überwiesen. Am 14. März 1913 konnte ihm von der Königlichen Prüfungskommission das Zeugnis der Reife als Extraneer zuerkannt werden. Am 1. April 1913 berief ihn der Magistrat als ordentlicher Lehrer an die städtische Mittelschule Neukölln. Somit war er nahe an den bevölkerungspolitischen Schmelztiegel Berlin herangekommen. Am Ersten Weltkrieg war er dann von 1914 bis 1918 ununterbrochen beteiligt.

Aus dem Kriege zurückgekehrt, gründete Nydahl mit Wille im Dezember 1918 zusammen die „Vereinigung sozialistischer Lehrer" in Neukölln. Im März 1919 dehnte sich diese Neuköllner Gruppe gleichgesinnter Lehrer auf Berlin aus und nannte sich im Vorgriff nun „Vereinigung sozialistischer Lehrer und Lehrerinnen Groß-Berlin." Noch im gleichen Frühjahr wurde Nydahl Rektor der evangelischen Volksschulen in Neukölln (6. Mai 1919). Von diesem Amt wurde er am 31. August 1919 entbunden, weil er das Amt eines Stadtschulinspektors und Kreisschulrates antrat. Er war, rechnet man die Zeit vor und nach dem Ersten Weltkrieg zusammen, als Lehrer in Neukölln rund zwei Jahre tätig.

Am 1. Oktober 1921 wurde er in das Amt des Magistrats-Oberschulrates in Berlin und Dezernenten für das Gemeinde- und Mittelschulwesen in Berlin berufen. Fünf Jahre später (1926) wählte ihn der Magistrat zum Stadtschulrat in Berlin, nachdem der Hamburger

Wilhelm Paulsen aufgegeben hatte. In diesen zwölf bzw. sieben Jahren vollbrachte Nydahl seine eigentliche Berliner Lebensleistung. In seiner Tätigkeit als Stadtschulrat verstand er es, die ihm sicherlich parteimäßig nahestehenden Berufsfreunde in seine Arbeit einzubinden. Darüber hinaus gelang es ihm, alle reformwilligen Kräfte in der Berliner Lehrerschaft zur gemeinsamen Arbeit heranzuziehen, was bei der damaligen politischen Zerklüftung sicher nicht immer leicht war. Erstaunlich, daß der willensstarke, aber nicht weniger der ruhigen und sachlichen Auseinandersetzung zuneigende Charakter Nydahls in der Regel den notwendigen Ausgleich fand. Mit seiner Hilfe gelang es, die vornehmlich von Hermann Rebhuhn geplante Diesterweg-Hochschule als gemeinsame Einrichtung der Stadtverwaltung und des Berliner Lehrervereins zu der Fortbildungsinstitution der Berliner Lehrerschaft zu entwickeln. Zusammen mit dem Schulrat Arno Fuchs schuf er das für viele Jahrzehnte als vorbildlich geltende Sonderschulwesen. Auf den Ausbau des noch unfertigen Berufs- und Fachschulwesens, verbunden mit der Ausbildung geeigneter Lehrer, verwandte er besondere Anstrengungen.

Weiterhin förderte Nydahl den Gedanken des Lesens von Ganzschriften (er und andere gaben die Reihe „Wandern und Wundern" heraus), regte kostenfreie Theateraufführungen in Schulen an und löste so in vielen Elternhäusern ein gewisses Kulturinteresse aus.

Die Kriegsfolgen verschärften die verzweifelte Lage der jungen Lehrer. Nydahl versuchte, durch das Senken der Klassenfrequenz und die Verringerung der Pflichtstundenzahl verstärkt Lehrer einzustellen, um damit der Lehrerarbeitslosigkeit Herr zu werden. Durch sein bestimmendes Wesen und sein außergewöhnliches Verwaltungsgeschick vermochte er es, die Bezirksschuldeputation, den Bezirks-Schulausschuß für das höhere Schulwesen ebenso wie die Organisationen

Jens Peter Nydahl, um 1926 — *Privatbesitz Macke*

der Lehrerschaft und die Lehrerkammer für seine Vorhaben zu begeistern und zur Mitarbeit am gemeinsamen Aufbau des Berliner Schulwesens zu gewinnen. Als Ausdruck dieser Bereitschaft können wir die Mitarbeit vieler Schulleute an dem von Nydahl herausgegebenen Werk *Das Berliner Schulwesen* ansehen. Hier wird in Form breiter Ausführungen und genauerer Aufstellung Rechenschaft über die Vielfalt in der Einheit abgelegt. Nutzen zogen Berliner Lehrer auch aus den von Nydahl angeregten Studienfahrten an Orte, die reformpädagogischen Bestrebungen fördernd gegenüberstanden, wie Wien, Stuttgart, Bremen und Hamburg. Konnten die teilnehmenden Lehrer daraus doch Anregungen über Einheitsschulbestrebungen mitbringen und Vergleiche ziehen.

Das jähe Ende kam mit dem Frühjahr 1933. Nydahl übte das Amt des Stadtschulrates bis zum 14. März 1933 aus. An diesem Tag wurde er vom Oberbürgermeister Dr. Heinrich Sahm wegen seiner Mitgliedschaft in der

SPD beurlaubt. Nydahl bezog nur noch 40% seiner ursprünglichen Bezüge und mußte sich und seine Familie mühsam mit Tätigkeiten im Weinhandel und als Werber für Zeitungsinserate durchbringen.

Nach Kriegsende setzte die sowjetische Besatzungsmacht ihn 1945 auf den Stuhl des Bürgermeisters in Tempelhof. Warum die sowjetischen Erziehungsoffiziere ihn nicht — wie sie es sonst bei Personen, die ein Amt vor 1933 inne hatten und von den Nazis verjagt worden waren — wieder in das Amt des Stadtschulrates einsetzten, ist nicht bekannt. Es läßt sich aber erahnen, welche Bedeutung sie dem Amt des Berliner Stadtschulrates beimaßen und demzufolge dieses Amt keinem Sozialdemokraten überlassen wollten. Der Versuch, Nydahl zu einem Eintritt in die SED zu überreden, scheiterte. Nydahl, der schon in den zwanziger Jahren seiner Tocher von einem möglichen Eintritt in die KPD strikt abriet, war für einen Einritt in die SED nicht zu gewinnen. Vielleicht war es dieser dezidierte Standpunkt oder die Kriegsgefangenschaft seines Sohnes in der Sowjetunion, die die SMAD abhielt, ihm seinen alten Posten wiederzugeben. Nach den Wahlen 1946 wurde er im Amt des Bezirksbürgermeisters von Tempelhof bestätigt. Im Oktober des Jahres 1947 erreichte ihn ein Ruf der Landesregierung von Schleswig-Holstein nach Kiel in das Amt eines Landesdirektors (Staatssekretär). Eine der vordringlichen Aufgaben war es, das Schulwesen und die Lehrerbildung in Schleswig-Holstein neu zu ordnen. Er holte Erkundigungen in allen einschlägig damit beschäftigten Verwaltungen der Zonen Deutschlands und bei ihm bekannten Reformern ein. Unter anderem auch bei Wilhelm Blume, dem Mitbegründer der Schulfarm der Insel Scharfenberg und damaligen Leiter der Pädagogischen Hochschule von Groß-Berlin, einer Anstalt, die für alle Schulstufen und -arten in Berlin alle Lehrer, ohne Ausnahme, ausbilden sollte. Am 1. November 1948 wurde er als dem Ministerpräsidenten unmittelbar unterstellter Landesbeauftragter für den Landesteil Schleswig eingesetzt.

Jens Peter Nydahl starb am 19. März 1967 in Kiel.

Michael-Sören Schuppan

Verwendete Quellen und Literatur

Nachlaß Jens Peter Nydahl; Ordner: Ämter, Zeugnisse, Entschädigung — in Privatbesitz

„Was fordert die Arbeiterschaft vom kommenden Oberstadtschulrat?" — *Rote Fahne* Nr. 229 vom 26. 10. 1926

8-Uhr-Abendblatt. Nr. 253 vom 29. 10. 1926

Das Berliner Schulwesen, hrsg. v. Jens Nydahl, Berlin 1928

F. Buchholz: „Jens Nydahl - Erinnern, Dank und Gruß" — *Berliner Lehrerzeitung* 12 (1958), Nr. 2, 38 ff.

50 Jahre Berliner Lehrerverein 1880-1930, hrsg. v. Vorstand des Berliner Lehrervereins, Berlin 1930

Die neuzeitliche deutsche Volksschule, hrsg. v. Kongreßleitung, Berlin 1928

Pädagogen in Berlin, hrsg. v. B. Schmoldt. Hohengehren 1991

Gertrud Rosenow

1889-1976

Gertrud Rosenow wurde am 28. Dezember 1889 in Niederlandin, Kreis Angermünde geboren. Über ihre Kindheit und Jugend ist nur wenig bekannt. Sie wuchs gemeinsam mit den Geschwistern Ella, die ein Jahr älter war als sie, und Karl, dem vier Jahre älteren Bruder, auf. Ihr Vater war Lehrer in Niederlandin. Dort besuchte sie zunächst die einklassige Dorfschule, später legte sie das Abitur ab, studierte und promovierte.

Danach arbeitete sie als Deutschlehrerin an verschiedenen Volks- und Mittelschulen in Berlin, die sie anderen Schultypen vorzog. Sie begründet diese bewußte Auswahl mit den größeren pädagogischen Aufgaben dieser Schulformen, die meist von Arbeiterkindern besucht würden.

Von 1915 bis 1930 war Gertrud Rosenow Lehrerin an der II. Mädchen-Mittelschule in Neukölln. Sie hatte zweimal die amtierende Schulleitung inne und wurde schließlich im Februar 1925 als Rektorin bestätigt. Dort unterrichtete sie vor allem Deutsch, aber auch Englisch und Geschichte. Während ihrer Amtszeit als Rektorin blieb sie immer auch noch Klassenlehrerin.

An der Schule herrschte ein reges Leben. Die Schülerinnen traten häufig mit Theateraufführungen, gymnastischen Übungen, Konzerten und Ausstellungen an die Öffentlichkeit. Es gab viele Arbeitsgemeinschaften an der Schule, jedes Jahr fanden Klassenfahrten statt, vor allem in das Berliner Landschulheim in Zossen. Dort sollten die Klassen der II. Mädchen-Mittelschule Erholung und Lernen miteinander verbinden. Die Schule besaß seit 1925 eine Schülerbücherei, seit 1926 wurden die Mädchen regelmäßig von einer Schulärztin untersucht, sportliche Aktivitäten wie Schwimmwettkämpfe und Sportfeste gehörten zum Schulalltag.

Ausländische Lehrer hospitierten an der Schule, und Lehrer der II. Mädchen-Mittelschule unternahmen Studienreisen ins Ausland, unter anderem nach Frankreich, England und Italien. Gertrud Rosenow selbst war 1927 für vier Wochen in Finnland.

Gertrud Rosenow war eine äußerst engagierte Lehrerin. Sie war Mitglied im „Bund Entschiedener Schulreformer" und interessierte sich sehr für die Entwicklung der ihr anvertrauten Mädchen. Dieser Sachverhalt wird durch ein pädagogisches Tagebuch dokumentiert, in das sie Beobachtungen über jedes Kind eintrug. Außerdem befragte sie die Eltern nach der Entwicklung ihres Kindes und nach Besonderheiten im kindlichen Lebenslauf.

Offenbar konnte sie Schüler und Eltern für neue Ideen begeistern: Aus einem zeitgenössischen Zeitungsausschnitt geht hervor, daß sie während eines Elternabends „die Vorteile und Segnungen des Jugendwanderns in so glühenden Farben zu schildern (wußte), daß wohl Groß und Klein dafür begeistert wurde, wie der am Schlusse der Ausführungen gezollte reichliche Beifall erkennen ließ." Aus Gertrud Rosenows Eintragungen in die von ihr verfaßte Schulchronik ist auch etwas über politische und pädagogische Gegensätze zwi-

Gertrud Rosenow, 1927 —
Privatbesitz Laub

schen der Elternschaft und dem experimentierfreudigen, pädagogischen Neuerungen gegenüber aufgeschlossenen Lehrerkollegium zu erfahren. So wandte sich der Elternbeirat gegen eine neu eingerichtete Leihstelle für Klassenlesebücher, aus der später die Schulbücherei wurde, gegen eine geplante „Gesellschaft der Freunde der II. Mädchen-Mittelschule" und gegen andere angeblich unkirchliche und kommunistische Neuerungen. Gertrud Rosenow, die als zu reformerisch angegriffen wurde, setzte sich aber letztendlich mit ihren Ansichten durch und verwies auf die Eltern, die sich um eine aktive Mitarbeit an den schulischen Belangen bemühten.

Wie viele ihrer Kollegiumsmitglieder arbeitete sie in Lehrbuch-Kommissionen mit. Sie selbst leitete eine Fremdsprachenkommission und eine Arbeitsgruppe über psychologische Bearbeitungsbögen. Die Erfahrungen dieser Arbeitsgruppe wurden bei den Prüfungen der Grundschülerinnen zur Aufnahme in die sechste Klasse angewandt.

Unter der Schulleitung von Gertrud Rosenow wurden besonders die künstlerischen und technischen Fächer gefördert. Im April 1927 veranstaltete die Schule eine erste Werkausstellung mit Handarbeiten, Zeichnungen und Arbeiten aus dem Werkunterricht.

Am 5. Juni 1930 verließ Gertrud Rosenow nach fünfzehn Jahren die II. Mädchen-Mittelschule, um als erste Frau in Sachsen / Anhalt das Amt einer Schulrätin zu bekleiden.

Über die Lebensumstände der Jahre zwischen 1930 bis 1945 ist wenig bekannt. Man weiß, daß sie 1933 der SPD beitrat. Im Jahre 1933 erhielt sie von den Nationalsozialisten Berufsverbot. Ihr Lesebuch *Die deutsche Erde* wurde eingestampft.

Nach dem Krieg beteiligte sich Gertrud Rosenow mit großem Engagement beim Aufbau der neuen Schule in der damaligen Sowjetischen Besatzungszone und später in der DDR. Sie war kurze Zeit Dozentin für Deutsch im Berliner Neulehrerkurs in der Gleimstraße und war dann in der Deutschen Verwaltung für Volksbildung, dem Vorläufer des späteren Ministeriums für Volksbildung der DDR, mitverantwortlich für die Ausbildung der Neulehrer. Die Schriftenreihe *Lehren und Lernen. Methodische Schriften für lernende Lehrer* wurde von ihr angeregt und herausgegeben. Diese Schriftenreihe erschien von 1946 bis 1950 in 39 Heften zu 10 Sachgebieten bzw. Unterrichtsfächern und war speziell für Neulehrer bestimmt.

Seit der Gründung der Pädagogischen Fakultät der Humboldt-Universität zu Berlin gehörte Gertrud Rosenow zum Lehrkörper und setzte sich insbesondere für die Belange der Lehrerbildung ein.

1948 wurde sie zum Professor für Methodik des Deutschunterrichts an der Pädagogischen Fakultät der Humboldt-Universität berufen. 1950 übernahm sie dort das Amt der Direktorin des Instituts für Unterrichtsmethodik.

Maßgeblich beteiligte sie sich an der Ausarbeitung der ersten Lehrpläne für Literatur. 1949 erschien die von ihr ausgewählte und zusammengestellte Gedichtsammlung *Das Tor*. Gertrud Rosenow bemühte sich um die Entwicklung der Kinder- und Jugendliteratur und war bis in die sechziger Jahre hinein ständiges Mitglied der Jury bei Preisausschreiben zur Kinder- und Jugendliteratur.

Unter ihrer Leitung entstand in den fünfziger Jahren an der Humboldt-Universität ein *Handbuch der Methodik des Deutschunterrichts*. 1957 wurde Gertrud Rosenow emeritiert. Sie starb am 10. November 1976 in Berlin.

Ursula Basikow

Werke

G. Rosenow: *Die Ausbildung des Lehrers*. Berlin, 1946

Verwendete Quellen und Literatur

Notizen aus dem pädagogischen Tagebuch Gertrud Rosenows — Archiv der Bibliothek für Bildungsgeschichtliche Forschung. Deutsches Institut für Internationale Pädagogische Forschung. Nachlaß Rosenow. Sign. 0.4.08, Nr. 5, o. S.

Schulchronik der II. Mädchen-Mittelschule — Archiv der Bibliothek für Bildungsgeschichtliche Forschung. Deutsches Institut für Internationale Pädagogische Forschung. Nachlaß Rosenow. Sign. 0.4.08., Nr. 1, o. S.

G. Rosenow „Lernen und Lehren". Berlin, 1947 — Archiv der Bibliothek für Bildungsgeschichtliche Forschung, Bestand „Arbeitskreis Berliner Schulgeschichte", Sign. 0.3.1., Mappe 21, o. S.

Wegbereiter der neuen Schule. Hrsg. v. G. Hohendorf, H. König und E. Neumann. Berlin 1989

Marion Ruperti, verh. Löffler

geb. 1904, lebt heute in Berlin

Eher zufällig kam Marion Ruperti 1930 als Referendarin an eine der bekanntesten Reformschulen der Weimarer Republik: Die Karl-Marx-Schule in Neukölln. Die Neuköllner Oberschulrätin Hildegard Wegscheider hatte der jungen Frau, die sich bis dahin noch nicht mit Reformpädagogik beschäftigt hatte, die Schule empfohlen.

Seit 1925 studierte Marion Ruperti in Berlin, um ihr Lehrerstudium zu beenden. Daß sie Lehrerin werden wollte, hatte für sie schon sehr früh festgestanden. Als Tochter aus gutbürgerlichem Haus – sie stammt aus einer wohlhabenden Hamburger Kaufmannsfamilie – konnte sie sich diesen Wunsch problemlos erfüllen. Sie studierte Deutsch, Geschichte und als Nebenfächer Kunstgeschichte und Englisch. Auch ihre sieben jüngeren Geschwister, fünf Mädchen und drei Jungen, erhielten Berufsausbildungen. Die Brüder wurden der Tradition gemäß Kaufleute, die Schwestern Ärztinnen bzw. Sekretärin.

An ihre erste Begegnung mit Fritz Karsen, dem Leiter der Karl-Marx-Schule, erinnert sie sich heute noch sehr gut: „Ach, Sie haben Englisch? Es ist gerade bei uns eine Englischlehrerin weggegangen, und ich bring' Sie mal gleich in die Klasse!" So lernte sie ihre erste Klasse kennen: Eine Untersekunda der Aufbauschule. Zuerst war alles noch recht neu für sie, hatte es doch während des Studiums keinerlei Bezüge zur Schulpraxis gegeben. Wider Erwarten klappte der Sprung ins kalte Wasser ganz gut: Die Schüler und Schülerinnen waren an selbständiges Arbeiten gewöhnt

Marion Ruperti, verh. Löffler, um 1930 – *Privatbesitz Ruperti*

und halfen ihr über Unsicherheiten hinweg.

Probleme hatte sie im Deutsch- und Geschichtsunterricht, den sie außerdem „voll verantwortlich" unterrichten mußte. In manchen Fächern habe es an der Schule Lehrermangel gegeben, weil manche Lehrer sich nicht in die Schule einlebten. Ungeübt in der Arbeit mit Quellen, ausgerüstet mit einer insgesamt „oberflächlichen Geschichtsausbildung", fühlte sie sich als Referendarin überfordert mit drei Fächern und dem Amt als Klassenlehrerin.

Trotz aller Probleme, die sie als Berufsanfängerin hatte, war sie von ihrer Tätigkeit begeistert: „Ich habe mich voll eingesetzt, weil ich diese Pädagogik großartig fand und wirklich, wir waren ja dabei, neue Menschen zu erziehen." Mit ihren Klassen unternahm sie die für die Karl-Marx-Schule typischen Studienfahrten, die sie auch heute noch „unübertroffen" findet. In diese Zeit falle, so erzählt sie, ihre Politisierung. Vorher sei sie zwar sozial engagiert gewesen – sie hatte in Berlin in einem Obdachlosenheim gearbeitet. Politisch hatte sie sich jedoch nicht gebunden. Die heftigen Auseinandersetzungen und Kämpfe zwischen den SPD- und KPD-Anhängern an der Karl-Marx-Schule hatten sie eher abgeschreckt.

1933 mußte Marion Ruperti wie die meisten anderen Lehrer und Lehrerinnen die Karl-Marx-Schule verlassen. Da sie keiner Partei angehört hatte, konnte sie auch während der nationalsozialistischen Herrschaft weiterhin als Lehrerin tätig sein – allerdings unter schlechten Bedingungen. Sie wurde als Vertretungslehrerin an verschiedenen Berliner Schulen eingesetzt.

In der Waldschule in Charlottenburg lernte sie 1936 ihren späteren Mann, Hans Löffler, kennen. Über ihn bekam sie Kontakt zur Widerstandsgruppe um den Lehrerkollegen Kurt Steffelbauer, der vor allem Lehrer und Schüler um sich gesammelt hatte. 1941 wurde die Gruppe um Steffelbauer verhaftet, darunter auch Hans Löffler. Erst kurz vorher, 1940, hatte Marion Ruperti ihren langjährigen Lebensgefährten, der ein entschiedener Gegner der Ehe gewesen war, davon überzeugt, sie zu heiraten. Sie befürchtete eine eventuelle Verhaftung und war der Überzeugung, daß sie ihm dann nur als Ehefrau würde helfen können. Obwohl Hans Löffler im Prozeß wegen „Mangels an Beweisen" freigesprochen worden war, sollte er in ein KZ eingeliefert werden. Als sie das gehört habe, so berichtet Frau Löffler, sei sie zur Gestapo gegangen und habe sich so lange geweigert, das Zimmer des verantwortlichen Beamten zu verlassen, bis sie die Zusage erhielt, daß ihr Mann freigelassen werden würde. Ihr gemeinsamer Freund Kurt Steffelbauer war im gleichen Prozeß wegen „Hochverrats" schuldig gesprochen worden. Er wurde 1942 hingerichtet. Im gleichen Jahr bekam Marion Löffler ihren ersten Sohn, 1944 kam der zweite zur Welt.

Mit dem Ziel, „mit den Schülern zusammen eine neue Schule zu entwickeln, wo Menschen erzogen werden, die nie wieder einen Krieg und nie wieder KZs zulassen", engagierten sich Marion und Hans Löffler am Aufbau der neuen Schule nach Kriegsende. Er leitete Frühjahr 1946 einen Neulehrerkurs, wurde kurze Zeit später Dezernent für Lehrerbildung am Haupschulamt und in den 50er Jahren Professor an den Pädagogischen Hochschulen in Ost-Berlin und Halle. Sie arbeitete anfangs ebenfalls in einem Neulehrerkurs und wechselte dann 1947 zur Aufbauschule in Lichtenberg. Bewußt knüpfte sie an Unterrichtsmethoden und Erziehungsprinzipien der Karl-Marx-Schule an: Arbeit mit Quellen, Betonung der Konversation im Englischunterricht, Gruppenarbeit und Klassenfahrten. 1949 wurde sie dort Schulleiterin.

Nachdem die Aufbauschule 1952 aufgelöst worden war, ging Marion Löffler an die Franz-Mehring-Oberschule in Lichtenberg, ab 1959 bis zu ihrer Pensionierung arbeitete sie an der 29. Polytechnischen Oberschule in Karlshorst. Es sei typisch gewesen, daß ihr als Frau in beiden Schulen nur in Notfällen die Schulleitung übertragen worden wäre, erzählt sie, ansonsten mußte sie sich mit der Position der Stellvertreterin begnügen.

Anders als viele Kollegen und Kolleginnen, die in den Westen abgewandert waren, hatten Marion und Hans Löffler sich ganz bewußt für ein Bleiben im Ostteil der Stadt entschieden. 1946 trat Marion Löffler in die SED ein. Obwohl ihr an der DDR vieles nicht gefallen habe, so sagt Frau Löffler heute, hat sie diesen Schritt nie bereut. „Der Westen war keine Alternative für mich."

Karen Hoffmann

Quelle

Interview mit Marion Löffler vom August 1992

Willi Schubring

1897-1958

Willi Schubrings gutbürgerliches Elternhaus stand in einer Kleinstadt in der pommerschen Provinz. Eine beinahe lebenslange Heimat jedoch fand Willi Schubring in der KPD der damaligen Reichshauptstadt Berlin. Zwischen diesen beiden Polen bewegte sich sein Leben.

Als Willi Schubring am 26. September 1897 in Gramenz (Kr. Neustettin) zur Welt kam, hatte es sein Vater als Schlachtermeister und Viehhändler schon zu einem gewissen Wohlstand gebracht. Im väterlichen Betrieb mit seinen zwanzig Angestellten die Rolle des (Junior-)Chefs zu spielen, kam für den Sohn wohl nie in Frage. Schon siebzehnjährig begann er eine Ausbildung zum Lehrer, die er wegen der Einberufung zum Militär 1916 jedoch unterbrechen mußte. Die Materialschlachten an der Somme und der Aisne-Champagne, eine schwere Verwundung und schließlich der Einfluß eines für die Sozialdemokratie agitierenden Feldwebels beeinflußten seine bis dahin unpolitisch-konservative Einstellung nachhaltig.

Politisch geprägt wurde er jedoch vor allem durch seine Jahre in Neukölln. 1918 schloß er sich der Junglehrerbewegung an, kam in deren Führung in Neukölln und wurde Mitglied der SPD. Im Frühjahr 1920 konnte er seine durch den Krieg unterbrochene Ausbildung in den „Staatlichen Sonderlehrgängen für Kriegsseminaristen" in Berlin mit der ersten Lehrerprüfung abschließen. Sein Zeugnis trägt unter anderem die Unterschrift von Max Kreuziger, den Schubring 1944 im KZ Sachsenhausen vor dem Freitod bewahren sollte. Seit Herbst 1920 bis Ostern 1927 unterrichtete er an der 31. Gemeindeschule unter dem Schulleiter Wilhelm Wittbrodt.

Bekannter ist diese Lehranstalt unter dem Namen „Rütli-Schule" geworden. Das Kollegium dieser Reformschule war stark mit Kommunisten besetzt. Dieses Umfeld formte Schubrings politische Haltung. Schon 1920 war er von der SPD zur USPD übergetreten, in deren Neuköllner Leitung er Kultur- und Schulfragen bearbeitete. 1923 wechselte er zur KPD und arbeitete als kleiner Funktionär in der Straßenzelle und der Kulturbewegung. Als Mitglied einer deutschen Lehrerdelegation hatte er ein Jahr zuvor an einer Reise in die Sowjetunion teilgenommen und dort auch Lenin persönlich kennengelernt.

In den folgenden Jahren war er im Berliner Vorstand der Freien Lehrergewerkschaft und vor allem im Freidenkerverband tätig. Er wurde 1927 zum Vorsitzenden des Verbandes proletarischer Freidenker in Berlin gewählt und ein Jahr später Organisationsleiter des Reichsverbandes. Der Freidenkerverband delegierte ihn 1929 zum Internationalen Freidenkerkongreß nach Moskau.

Seine Kandidaturen zu den Reichstagswahlen 1928 und 1930 waren erfolglos, von 1929 bis 1933 war er jedoch Stadtverordneter in Berlin. Die politischen Mandate wurden ihm beruflich zum Verhängnis. Ein „förmliches Dienststrafverfahren" wurde eröffnet, und 1930 wurde er vom Amt suspendiert. In der Begründung hieß es: „Schubring ist hinreichend verdächtig, seine Amtspflichten da-

Willi Schubring, 1945 —
Privatbesitz Goll

durch verletzt zu haben, daß er der Kommunistischen Partei, welche den gewaltsamen Umsturz der bestehenden Staatsordnung bezweckt, angehört und für diese Partei tätig ist." Auf der Grundlage des „Gesetzes zur Wiederherstellung des Berufsbeamtentums" entließen ihn die Nationalsozialisten 1933 endgültig aus dem Schuldienst.

Nach der Machtübernahme der Nationalsozialisten im Januar 1933 war Schubring als aktiver Kommunist sehr gefährdet. Unmittelbar nach dem Reichstagsbrand vom 28. Februar 1933 verhafteten ihn die Nationalsozialisten und sperrten ihn zunächst in das Polizeipräsidium Alexanderplatz und später in das Moabiter Zellengefängnis Lehrter Straße.

Im Polizeipräsidium war er gemeinsam mit den Schriftstellern Ludwig Renn und Egon Erwin Kisch wie auch mit Ernst Thälmann und Heinz Neumann inhaftiert. Nach seiner Entlassung im Mai 1933 blieb er zwei Jahre arbeitslos und fand erst 1935 eine Anstellung als Werbeleiter bei der Deutschen Buchgemeinschaft. Bis 1934 war er in einer illegalen Parteigruppe am Prenzlauer Berg aktiv. Ab dem Jahr 1937 arbeitete er in Kreuzberg an seinem Arbeitsplatz in einer antifaschistischen Gruppe, der sozialdemokratische und parteilose Arbeiter und Angestellte angehörten.

Nach dem Attentat auf Hitler am 20. Juli 1944 wurde er wiederum verhaftet und diesmal in das KZ Sachsenhausen eingeliefert, wo er bis September inhaftiert war. Tagsüber hatte er in den Deutschen Ausrüstungswerken zu arbeiten, nachts teilte er sich mit 500 anderen Gefangenen eine Baracke.

Schon unmittelbar nach der militärischen Kapitulation Berlins am 2. Mai 1945 war Willi Schubring die treibende Kraft beim Aufbau der Tempelhofer Parteiorganisation der noch illegalen KPD. Die sowjetische Militärkommandantur beauftragte ihn Anfang Mai, die Tempelhofer Kommunalverwaltung neu einzurichten.

Es gelang Schubring, den ehemaligen Berliner Stadtschulrat und Reformpädagogen Jens Nydahl für das Amt des Bürgermeisters zu gewinnen. Er selbst übernahm das Amt des stellvertretenden Bürgermeisters und des Bezirksrats für Personal und Verwaltung. Die ersten Kommunalwahlen nach dem Krieg am 20. Oktober 1946 brachten jedoch für die SED, in die er im Januar 1946 eingetreten war, in Tempelhof eine Niederlage. Eines der drei ihr noch zustehenden Mandate im Bezirksparlament hatte bis 1948 Schubring inne.

In den Nachkriegsjahren bestimmte eine große Skepsis gegenüber dem real existierenden Sozialismus seine politische Haltung: Politisch fähige Köpfe der deutschen Arbeiterbewegung waren vor 1945 ermordet worden. Er hatte erleben müssen, daß Freunde in Stalins und Hitlers Lagern umkamen. Und schließlich lehnte er, sich auf die Reformpädagogik der zwanziger Jahre berufend, die bruchlose Orientierung des DDR-Schulsystems am sowjetischen Vorbild ab, was jedoch nichts an seiner grundlegenden Ablehnung des kapitalistischen Wirtschafts- und Gesellschaftssystems änderte.

Christoph Hamann

Quelle

Der Artikel beruht auf Angaben von Frau Goll, der Witwe Willi Schubrings.

Karl Albert Sturm

1892-1968

Karl Sturm wurde am 28. Juli 1892 in Swinemünde als Sohn des Kaufmanns und dänischen Vizekonsuls Karl Sturm und dessen Ehefrau Marie geboren. Er war der mittlere von drei Söhnen.

Seit 1898 besuchte er das Realgymnasium in Swinemünde, wo er 1910 die Reifeprüfung ablegte. Danach studierte er Germanistik, Geschichte und Englisch an den Universitäten Freiburg, München, Berlin und Greifswald. Am Ersten Weltkrieg nahm er als Kriegsfreiwilliger teil und diente seit 1915 als Leutnant der Reserve mit Einsätzen in Belgien, Frankreich, Rußland und Italien. 1919 legte er sein Staatsexamen an der Universität Greifswald ab und bestand im November 1919 die zweite Lehrerprüfung bevor er dann 1920 in Greifswald promovierte.

Nach Beendigung seines Studiums war Sturm als Referendar zunächst kurz hintereinander am Gymnasium in Dramburg/Pommern, in Kolberg/Pommern, an der staatlichen Bildungsanstalt in Berlin-Lichterfelde und am Gymnasium Landsberg an der Warthe tätig.

Schon während seines Studiums setzte sich Karl Sturm dafür ein, daß Arbeiter und Angestellte akademische Unterrichtskurse besuchen konnten. Er gehörte dem Vorstand des Vereins für akademische Arbeiterunterrichtskurse in Greifswald an. Er war der Überzeugung, daß der Klassenhaß in der Gesellschaft durch soziale Arbeit ausgeglichen werden müsse. Deshalb trat er für ein gegenseitiges Kennen- und Verstehenlernen von Arbeitern und Studenten ein und betrachtete die akademischen Arbeiterunterrichtskurse als ein Werk sozialer Studentenarbeit.

Anfang des Jahres 1921 wurde Karl Sturm Studienrat am Cäcilien-Lyzeum in Lichtenberg, bevor er dann an die Schule Fritz Karsens wechselte. Karl Sturm war stellvertretender Leiter der Karl-Marx-Schule, also die rechte Hand Karsens. Er lenkte diesen großen Schulkomplex und betreute zahlreiche ausländische Delegationen, die nach Berlin kamen, um sich das weit über die Grenzen Deutschlands hinaus bekannte Schulexperiment anzusehen.

Das besondere Interesse Karl Sturms galt den Arbeiter-Abiturienten-Kursen, in denen er seiner bereits im Studium gezeigten Neigung, Bildung an Arbeiter zu vermitteln, nachgehen konnte. Er unterrichtete in diesen Kursen Geschichte und entwarf Studien- und Arbeitspläne, die auf sozialistischem Gedankengut gründeten. Außerdem leitete er Seminare für Studienreferendare.

Sturm genoß unter den Schülern, Referendaren und Lehrern großes Ansehen. Sein menschliches Verständnis und sein politisches Engagement führten dazu, daß sich die Schüler und Kursteilnehmer mit ihren politischen und persönlichen Problemen gerne an ihn wandten. Er kannte die Schüler und wußte, in welchen sozialen Verhältnissen sie lebten. Sturm wird als starke Persönlichkeit, als bedachter und ruhiger Mensch geschildert.

Er war seit 1920 Mitglied in der SPD. In der Partei übte er als Referent, als Betreuer

Karl Sturm, o.J. —
Bibliothek für Bildungsgeschichtliche Forschung

der Arbeiterjugend und in der Lehrerorganisation verschiedene Funktionen aus. Diese Tatsache und seine Tätigkeit an der Karl-Marx-Schule führten auf der Grundlage des nationalsozialistischen „Gesetzes zur Wiederherstellung des Berufsbeamtentums" im April 1933 zu seiner Absetzung als stellvertretender Leiter der Karl-Marx-Schule. Er wurde in das Amt eines Studienrates zurückversetzt.

Seit 1934 war er Lehrer am Goethe-Oberlyzeum in Berlin-Schmargendorf, bevor er dann an die Oberschule für Jungen in Zossen ging. 1937 heiratete er.

Zu seiner Einstellung während des Dritten Reiches bescheinigte sich Karl Sturm in einem Personalfragebogen aus dem Jahre 1948 selbst, daß er in der Zeit von 1933 bis 1945 nicht an illegaler Arbeit gegen die Nazis beteiligt war. In einer Begründung für den Vorschlag, ihn 1954 mit dem Titel „Verdienter Lehrer des Volkes" auszuzeichnen, hieß es jedoch, „daß er von 1933 bis 1945 engste Verbindung mit den fortschrittlichen Kräften der ehemaligen Karl-Marx-Schule hatte und eindeutig in den Reihen der Gegner der Hitlerismus gestanden habe".

Sturm war unmittelbar nach dem Ende des Zweiten Weltkrieges zunächst als Volksbildungsdezernent im Kreis Niederbarnim, später als Lehrer und dann in verschiedenen Funktionen beim Wiederaufbau der Schule und in der Lehrerausbildung tätig. Seit August 1945 war er Leiter der Hildegard-Wegscheider-Schule für Mädchen in Berlin-Grunewald.

Am 1. Juni 1946 wurde Karl Sturm Mitglied der SED. Er begrüßte die Vereinigung von SPD und KPD zur SED. An den heftigen Auseinandersetzungen über diese Frage in Versammlungen der Karl-Marx-Schule zwischen Lehrern, die beiden Parteien angehörten, beteiligte er sich jedoch nicht.

Sowohl während seiner Mitgliedschaft in der SPD als auch als Mitglied der SED stand für ihn die Vermittlung von Geschichte im Vordergrund. So war er seit 1947 Dozent an der Volkshochschule Prenzlauer Berg und hielt dort Vorträge.

Sein starkes wissenschaftliches Interesse am Fach Geschichte äußerte sich auch an seinen Publikationen, vor allem in der Zeitschrift *Geschichte in der Schule*. Außerdem beteiligte er sich seit 1945 an der Entwicklung von Lehrplänen für den Geschichtsunterricht und arbeitete im Verlag Volk und Wissen an der Gestaltung des Geschichtslehrbuches für die Oberstufe und als Gutachter historischer Kinderliteratur mit. Für die Ausbildung der Neulehrer erarbeitete er im Auftrage des Deutschen Pädagogischen Zentralinstituts (DPZI) auch Lehrbriefe für das Fernstudium.

Seit 1946 war er in der Schulverwaltung tätig. Zunächst als Leiter der Abteilung für höhere Schulen im Hauptschulamt Berlin. Danach, seit dem 1. Februar 1947 war er Hauptschulrat im Bezirk Prenzlauer Berg. Zum 1. Januar 1949 wurde er stellvertretender Direktor und Professor für Geschichte an der Pädagogischen Hochschule Groß-Berlin. Nur drei Monate später war er Direktor der Hochschule.

1950 mußte Karl Sturm die Leitung und sein Lehramt wegen einer schweren Erkrankung aufgeben. Im September 1951 wurde ihm zwar noch einmal die Leitung der Hochschule übertragen. Nach einem Schlaganfall mußte er ein Jahr später aber endgültig aus seinem Amt ausscheiden. Nach langer Krankheit starb Sturm 1968. Er ist auf dem Friedhof in Berlin-Buchholz bestattet.

Ursula Basikow

Verwendete Quellen und Literatur

Gespräch der Verfasserin am 29.8.1991 mit Frau Marion Löffler

Materialien des Arbeitskreises „Berliner Schulgeschichte" — Archiv der ehemaligen Akademie der Pädagogischen Wissenschaften der DDR. APWA 0.3.1., Mappen 34 und 53

M. Torhorst: „Einige ergänzende Bemerkungen zu dem Buch: Gerd Radde: Fritz Karsen. Ein Berliner Schulreformer der Weimarer Zeit. Berlin 1973." — *Jahrbuch für Erziehungs- und Schulgeschichte* 20 (1980), Berlin, S. 159-167

Marie Torhorst

1888-1989

Bekannt wurde Marie Torhorst als „erster weiblicher Minister"[1] in der thüringischen Landesregierung, wo sie von 1947 bis 1950 das Ministerium für Volksbildung leitete.

Ihr Lebenslauf erscheint in den offiziellen Darstellungen der DDR glatt und ohne Brüche. So wird Marie Torhorst beispielsweise in einer Rede anläßlich der Verleihung des Karl-Marx-Ordens als „Mitglied der Partei seit 1928"[2] bezeichnet, tatsächlich ist sie aber in diesem Jahr in die SPD eingetreten. Erst nach dem Krieg, im Jahre 1945, wurde sie KPD-Mitglied.

Ihr bürgerliches, christliches Elternhaus wurde zwar als störend empfunden, aber doch integriert in einen geradlinigen Weg zum Kommunismus. So hieß es in der *Deutschen Lehrerzeitung* aus dem Jahr 1984: „Wie eng gesellschaftliche Entwicklung und Bildung miteinander verbunden sind, war ihr, der gebürtigen Pfarrerstochter, bereits in ihrer Jugend bewußt geworden. Erlebnisse im Ersten Weltkrieg, die Beschäftigung mit der Großen Sozialistischen Oktoberrevolution sowie das Studium von Schriften Lenins, ließen die promovierte Pädagogin zur Weltanschauung der Arbeiterklasse finden..."[3]

Persönliche Züge bleiben selbst in ihrer 1986 erschienenen Autobiographie *Marie Torhorst, Pfarrerstochter, Pädagogin, Kommunistin* spärlich. Eine Ausnahme bilden die enge Beziehung zu ihrer älteren Schwester Adelheid und die bewußte Entscheidung der Schwestern Torhorst für ein Leben ohne Ehemänner.

Geboren wurde Marie Torhorst am 28. Dezember 1888 in dem kleinen Dorf Ledde im Kreis Tecklenburg (Westfalen). Der Vater war Pfarrer. Der Mutter, die selber gerne Ärztin geworden wäre und die über größere Geldmittel aus einer Erbschaft verfügte, ist es zu verdanken, daß bis auf die älteste Tochter die fünf anderen Kinder – also auch die beiden Töchter Marie und Adelheid – eine gute Schulausbildung und sogar ein Studium finanziert bekamen.

Nach der Dorfschule in Ledde und dem Internat „Stift Keppel" besuchte Marie Torhorst schließlich von 1909 bis 1913 – die Familie war nach dem Tod des Vaters nach Bonn gezogen – die dortigen, gerade neu eingerichteten „Realgymnasialen und gymnasialen Kurse für Mädchen". Die Studienfächer, die sie ab 1914 an den Universitäten Bonn und Göttingen belegte, waren damals für eine Frau ungewöhnlich: Mathematik, Physik und Geographie. Auch ihre vier Jahre ältere Schwester Adelheid studierte Mathematik und Physik. Beide Schwestern promovierten zu einem mathematischen Thema, wobei Marie Torhorst ihre Prüfung 1918 mit cum laude abschloß.

In die Zeit des Studiums fiel auch die erste politische Betätigung, motiviert durch die Gegnerschaft zum Krieg und einen schon im Elternhaus angelegten „sozialen und humanistischen Sinn". Marie Torhorst schloß sich 1917 einer Gruppe religiöser Sozialisten an. Die Hinwendung zum Sozialismus ein paar Jahre später erklärt sie in ihrer Autobiographie mit dem Einfluß ihrer Schwester, die schon 1917 in die USPD eingetreten war. Zum anderen sei sie durch „das Studium der Leninschen Schrift ‚Staat und Revolution'" geprägt worden.

Nach dem bestandenen Staatsexamen 1919 und der Absolvierung der praktischen Prüfung für das Lehramt an höheren Schulen arbeitete Marie Torhorst 1920 und 1921 als Aushilfslehrerin für Mathematik an zwei katholischen Mädchenschulen. In den Jahren 1922/23 absolvierte sie in Köln ein Aufbaustudium in Handelswissenschaften und erwarb das Handelslehrerdiplom. Als Frau mit einer „sozialistischen Weltanschauung" hatte sie Probleme, eine feste Stelle zu finden. Sie erhoffte sich von dem Zusatzstudium eine Verbesserung ihrer Arbeitsmöglichkeiten, da sie mit dem Diplom auch an Berufsschulen unterrichten konnte. Und tatsächlich wurde ihr 1923 die Leitung der „Höheren und Einfachen Handelsschule" des Bremer Frauen-, Erwerbs- und Ausbildungsvereins übertragen.

Auf Empfehlung ihrer Schwester hin, die in der weltlichen Schulbewegung aktiv war, bewarb sie sich 1929 als Studienrätin für Mathematik und Naturwissenschaften an der von Fritz Karsen geleiteten Karl-Marx-Schule in Berlin-Neukölln. Sie wurde Klassenlehrerin einer Untertertia in der Aufbauschule, die sie durchgehend bis 1931/32 unterrichtete. In den Arbeiter-Abiturienten-Kursen wurde sie von Karsen auf ihren Wunsch hin als Geographie- und Geschichtslehrerin eingesetzt.

Was die Beurteilung des von Karsen geschaffenen Schulkomplexes „Karl-Marx-Schule" angeht, so schwankte Marie Torhorst zwischen Bewunderung und Ablehnung. Einerseits zeigte sie sich beeindruckt von dem, was die Schule an neuen Möglichkeiten bot: Bildung für Arbeiter, neue Unterrichtsformen, Erziehung zur Selbständigkeit. Andererseits hatte sie persönlich Schwierigkeiten, in ihrem Unterricht die reformerischen Ideen praktisch umzusetzen. „Da ich mit der in der Karl-Marx-Schule eingeführten ‚Projektmethode' in meinen Unterrichtsfächern Mathematik und Naturwissenschaften nicht zurecht kam – ein systematischer Aufbau des Stoffplans und eine systematische Aneignung von

Marie Torhorst, 1947 — *Bibliothek für Bildungsgeschichtliche Forschung*

Kenntnissen seitens der Schüler war nicht durchzusetzen – versuchte ich mit allen Mitteln, für mich einen längeren Studienaufenthalt in der Sowjetunion zu ermöglichen."[4] Bei diesem Besuch erhoffte sie sich wahrscheinlich eine Bestätigung ihrer Kritik an der Unterrichtspraxis der Reformpädagogik, denn in der Sowjetunion waren ein paar Monate vor ihrem Besuch dort die Reformversuche vom Zentralkomitee der KPdSU endgültig gestoppt worden.[5] Anläßlich dieser Fahrt kam es zwischen Karsen und Marie Torhorst zum

Konflikt. Ihrer Meinung nach zögerte Karsen ihre Beurlaubung mutwillig heraus, da seine politische Grundhaltung „antikommunistisch" war und er ihrer Meinung nach die Entwicklung des sowjetischen Schulwesens ablehnte.

Während ihrer Zeit in Neukölln engagierte sich Marie Torhorst bei den dortigen Jungsozialisten unter Leitung von Hellmut Bock. Außerdem gründete sie zusammen mit Robert Alt, später einer der wichtigen pädagogischen Wissenschaftler der DDR, im Jahre 1929 die Neuköllner Ortsgruppe der Allgemeinen Freien Lehrergewerkschaft Deutschlands. Auch außerhalb der Schule hatte sie Kontakt zu Schülern der Karl-Marx-Schule, zum Teil hielten diese Verbindungen über Jahre. Insgesamt muß sie sich in dieser Zeit sehr wohlgefühlt haben, denn in einen Brief an Karl-Heinz Günther, dem Herausgeber ihrer Autobiographie, bezeichnet sie diesen Lebensabschnitt als die „glücklichste Zeit"[6] ihres Lebens.

1933 wurde den Reformansätzen an den Schulen ein Ende gemacht: Viele Lehrer, darunter auch Marie Torhorst, wurden von den Nazis entlassen. Im Gegensatz zu ihrer Schwester Adelheid, die als aktives Mitglied der KPD auf der Fahndungsliste der Nazis stand und emigrieren mußte, blieb Marie Torhorst in Deutschland. Sie schlug sich mit diversen Hilfsarbeiten durch. Zusammen mit ehemaligen Schülern und Schülerinnen der Karl-Marx-Schule, Jungsozialisten und Angehörigen der „Sozialistischen Arbeiter Jugend" (SAJ) gab sie eine illegale Zeitung heraus und organisierte politische Zirkel. Außerdem schmuggelte sie Berichte für die KPD ins Ausland.

Als sie einen jüdischen Kommunisten, einen ehemaligen Schüler der Karl-Marx-Schule, bei sich versteckte, wurde sie denunziert und zwei Monate in einem Strafarbeitslager inhaftiert.

Nach Kriegsende arbeitete sie im Auftrag der Sowjetischen Militär-Administration als Leiterin der Abteilung Lehrerbildung beim Hauptschulamt Berlin. Sie wählte die Kandidaten für die zehn Berliner Neulehrer-Kurse aus und unterrichtete sie. Nachdem sie in die KPD eingetreten war, nahm sie als Delegierte am „Vereinigungsparteitag" der SPD und KPD teil, wurde Mitglied des Volksrats und im Jahre 1947 schließlich, wie schon erwähnt, Volksbildungsministerin in Thüringen. Warum sie im November 1950 wieder aus dem Amt ausschied, ist unklar. Sie selbst gibt als Grund ganz allgemein eine „Regierungsumbildung" nach den Wahlen an.[7]

In verschiedenen Funktionen war sie weiter im Bildungsbereich tätig: Von Juli 1952 bis zum Dezember 1957 leitete sie im Ministerium für Volksbildung die Abteilung für internationale Beziehungen. Danach arbeitete sie vom Januar 1958 bis zum Dezember 1964 in der Abteilung Auslandspädagogik am Deutschen Pädagogischen Zentralinstitut (der späteren Akademie der Pädagogischen Wissenschaften der DDR). 1958, schon 70jährig, wurde sie in die neugegründete Schulkommission beim Politbüro der SED, die das Ziel hatte, eine sozialistische Umgestaltung des Schulwesens voranzutreiben, berufen.

Bis ins hohe Alter hinein blieb sie äußerst rege. Als 91jährige schrieb sie ihre Autobiographie, tippte zahlreiche Briefe an Freunde in aller Welt selber und setzte sich mit aktuellen politischen Ereignissen auseinander. So schrieb sie 1986 in einem Brief an eine Freundin, daß sie vom Auftreten des Genossen Gorbatschow auf dem XI. Parteitag „fasziniert" gewesen sei.[8]

Die letzten Jahre ihres Lebens verbrachte sie in einem speziell für Parteiveteranen eingerichteten Seniorenheim. Am 7. Mai 1989 starb Marie Torhorst im Alter von 101 Jahren.

Ursula Basikow / Karen Hoffmann

Werke und Aufsätze

Pfarrerstochter, Pädagogin, Kommunistin. Aus dem Leben der Schwestern Adelheid und Marie Torhorst, hrsg. v. K.-H. Günther, Berlin 1986

„Unvergeßliche Erlebnisse. Studienaufenthalt in der Sowjetunion (1932). Begnungen und Freundschaften mit sowjetischen Menschen" — *Im Zeichen des roten Sterns. Erinnerungen an die Traditionen der deutsch-sowjetischen Freundschaft*, Berlin 1974, S. 221-238

„Im Kampf um die Demokratisierung der Schule" — *Wir sind die Kraft*, Berlin 1959, S. 167-214

„Aus der Geschichte der Frauenbewegung – Zum 50. Internationalen Frauentag" — *Geschichtsunterricht und Staatsbürgerkunde*, 1960, Heft 3

„Wege zur Hochschulreife in beiden deutschen Staaten" — *Panorama DDR-Auslandspressedienst*, Februar / März 1965

„Zur Liquidierung reformerischer Tendenzen in der Sowjetpädagogik in den 30er Jahren und zur Auseinandersetzung mit deutscher Reformpädagogik in den Jahren 1945 bis 1956. Persönliche Erinnerungen und Analysen" — *Jahrbuch für Erziehungs- und Schulgeschichte*, 17 (1967), Berlin, S. 164-180 (davon S. 166-169 über ihre Tätigkeit an der Karl-Marx-Schule in Neukölln)

„Einige ergänzende Bemerkungen zu dem Buch: Gerd Radde, Fritz Karsen. Ein Berliner Schulreformer der Weimarer Zeit, Berlin 1973" — *Jahrbuch für Erziehungs- und Schulgeschichte*, 20 (1980), Berlin, S. 159-167

Anmerkungen

1 Titelgeschichte der Frauenzeitung *Für Dich* vom 15. 6. 1947 — Archiv Heimatmuseum Neukölln

2 Redemanuskript von Richard Heinrich vom 28. 2. 1978 — Archiv der Akademie der Pädagogischen Wissenschaften der DDR (APW), 0.4.13.2, Mappe 2

3 „Ein Leben für die sozialistische Schule. Zum 95. Geburtstag von Prof. Dr. Marie Torhorst" — *Deutsche Lehrerzeitung* 1984, Nr.1, Archiv der APW, 0.4.13.2., Mappe 29

4 M. Torhorst: Meine Erinnerungen an Robert Alt — *Jahrbuch für Erziehung und Schulgeschichte*, 2 (1980), Berlin, S. 189

5 Vgl. „Aus dem Beschluß des Zentralkomitees der KPdSU (B) vom 5. September 1931 über die Elementar- und Mittelschule" — *Quellen zur Geschichte der Erziehung*, Berlin 1968, S. 387-391

6 Brief von Marie Torhorst an Karl-Heinz Günther vom 1. 10. 1985 — Archiv der APW, 0.4.13.2., Mappe 58

7 Von Marie Torhorst zusammengestellter tabellarischer Lebenslauf — Archiv der APW, 0.4.13.2., Mappe 32

8 Brief Marie Torhorsts an Klara Schabrod vom 4. 5. 1986 — Archiv der APW, 0.4.13.2., Mappe 58

Mathilde Vaerting

1884-1977

Der sozialdemokratische thüringische Volksbildungsminister Max Greil, der 1922 als einziger das Schulwesen eines deutschen Landes im Sinne der „Einheitsschule" umformte und als erster die Ausbildung der Volksschullehrer an die Universität verlegte, berief die am Neuköllner Oberlyzeum Mathematik und Naturwissenschaften lehrende Studienrätin Dr. Mathilde Vaerting zum 1. Oktober 1923 als Professorin für Erziehungswissenschaft nach Jena an die Thüringische Landesuniversität – unter heftigstem Protest der Universität. Er berief auch den Rektor der Hamburger „Lichtwarkschule", Dr. Peter Petersen, zum Professor für Erziehungswissenschaft. Gegen ihn wurde ebenfalls protestiert.

Mathilde Vaerting kennen nur einige wenige. In jüngster Zeit interessierten sich für sie vor allem Feministinnen. Doch ihre in damaliger Zeit Aufsehen erregende berufliche Karriere – sie erhielt als erste Frau in Deutschland einen Lehrstuhl – begann mit Kampfschriften gegen die Lernpädagogik. Sie gehörte 1912 zu den radikalsten Kritikern des deutschen Schulwesens und argumentierte nicht mit wohlbedachten Worten, sondern spitzte zu, formulierte in unerhörter Weise Anschuldigungen und Verurteilungen. Es war die erste von der „terra incognita" Neukölln aus in die deutsche Schulwelt hineingetragene reformpädagogische Kritik.

Mathilde Vaerting wurde am 10. Januar 1884 in Messingen in der Nähe der niederländischen Grenze als Tochter eines wohlhabenden Landwirts geboren. Er war so begütert, daß er seine Kinder von Privatlehrern erziehen lassen konnte. Auch Marie und Theodora Vaerting, ihre Schwestern, studierten und erwarben Doktortitel. Mathilde bestand 1903 in Münster das Lehrerinnenexamen, noch im selben Jahr wurde sie in Düsseldorf Volksschullehrerin. Dann bereitete sie sich auf die Abiturprüfung vor (für den Besuch des Volksschullehrer-Seminars war das Abitur nicht erforderlich). Sie studierte nun in Bonn, München, Marburg und Gießen Mathematik, Physik, Chemie und Philosophie und promovierte 1911 in Bonn zum Dr. phil.

Von 1912 bis zu ihrer Berufung nach Jena im Jahr 1923 unterrichtete sie als Oberlehrerin am Neuköllner Lyzeum und Oberlyzeum.

Ihre publizistische Arbeit begann mit Schriften gegen den Unterricht in seiner bisherigen Gestalt. Intelligenzförderung und Begabtenauswahl, Förderung des Kulturfortschritts durch Elitebildung – das interessierte sie. Sie verwarf die jahrtausendelang geübte Praxis der „Gedächtnisarbeit", das Auswendiglernen – „uralt wie das Menschengeschlecht selber" – rigoros, ohne Einschränkungen. Den Gedächtnisdrill nannte sie „Erbteil tierischer Intelligenz" und „psychisches Überbleibsel von einer primitiven Stufe menschlicher Geistesentwicklung". Jede Gedächtnisarbeit führe zu „schweren Schädigungen des Denkens". Der „Intelligenzmord", der „vandalische Schulfrevel" des Auswendiglernens, müsse beendet werden. „Vervollkommnung des menschlichen Geistes", Förderung scharfsinnigen Denkens und Beobachtens sowie

Mathilde Vaerting, 1950 — *Bildarchiv Preußischer Kulturbesitz*

lebhafter Phantasietätigkeit, „produktive Phantasie" – das wollte sie an die Stelle der Gedächtnisarbeit setzen. Ihre Schrift erschien unter dem Titel *Die Vernichtung der Intelligenz durch Gedächtnisarbeit* (1913).

Mit ihrer nächsten (*Die fremden Sprachen in der neuen deutschen Schule*, 1920) attackierte sie die „ungeheuerliche Vorherrschaft" der Fremdsprachen in den höheren Schulen. Erstmals klang ein sozialer Gedanke an. Aber ihr Zorn richtete sich wieder gegen den intelligenzvernichtenden Gedächtnisdrill. Der Fremdsprachenunterricht sei deshalb abzuschaffen.

Nicht Intellektuelle, sondern „Reproduktionsmaschinen" produziere er. Das Produkt der „Züchtung" durch Philologen sei der „vollkommenste Bürokrat". Der fremdsprachliche Unterricht zerstöre die organische Entwicklung des kindlichen Geistes. „Geben wir endlich in unseren Schulen den angeborenen Führergaben Raum zu freier Entfaltung, indem wir vor allem die Tyrannei der Fremdsprachen stürzen!"

Ob die dergestalt kritisierende Studienrätin ihren Unterricht revolutionierte, wird man bezweifeln müssen, denn das war vor

1919 unmöglich. Auch im Neuköllner Lyzeum war die Lernpädagogik, wie überall in öffentlichen Schulen, Gesetz. Erst für die Zeit nach 1918 gibt es eine Zeitzeugin für ihre Lehrmethode: „Sie machte den Unterricht derart interessant, daß wir alle bei Fragen die Arme in die Höhe schossen, um antworten zu dürfen, und daß wir vor Aufregung nicht sitzen bleiben konnten, sondern aufsprangen und nach vorn liefen".

Sie hielt sich fern von Parteien. Darum findet man sie nicht im sozialistisch gefärbten „Versuchsfeld Neukölln". Sie publizierte auf eigene Rechnung, war nur Mitglied im „Bund entschiedener Schulreformer" des Paul Oestreich, mit dem die Neuköllner Schulreformer wegen der praxisfernen Proklamationen nichts zu tun haben wollten. Aber sie verbrachte die längste Zeit ihres beruflichen Lebens in Neukölln, und selbst ihre Bücher zur „Neubegründung der Psychologie von Mann und Weib", mit denen sie für Aufregung sorgte, entstanden während ihrer Neuköllner Zeit: *Die weibliche Eigenart im Männerstaat und die männliche Eigenart im Frauenstaat* (1921); *Wahrheit und Irrtum in der Geschlechterpsychologie* (1923). 1921 erschien ferner in der Schriftenreihe des „Bundes entschiedener Schulreformer" ihre Anleitung zur Förderung und Auslese mathematischer und technischer Begabungen unter dem Titel: *Neue Wege im mathematischen Unterricht*, von der 1925 in Berlin eine russische Übersetzung gedruckt wird.

Auch mit dieser Schrift griff sie die Lernschule an: „Wenn wir es vermöchten, bei jedem Kinde die Anlagen und Fähigkeiten festzustellen, die von Natur aus seine stärksten sind, so wären wir einen Riesenschritt weiter auf dem Wege zu Glück und Aufstieg der Menschheit. Denn dann würden wir in der Lage sein, jedem Kinde die Ausbildung zu gewähren, die ihm sowohl am meisten Freude macht als auch seine Kräfte zur höchsten Leistungsfähigkeit entwickelt." Wo es auf Selbständigkeit und Führertum ankomme, müsse der fleißige Durchschnitt versagen. Stellungen, die selbständiges Denken erfordern, könnten nur Begabte ausfüllen.

Als Jenaer Universitätsprofessorin wurde sie nicht nur von selbstbewußten Frauen bewundert ob ihrer Thesen und Beweisführungen zugunsten der Gleichberechtigung der Geschlechter. Selbst von sozialistischer Seite kam Lob: Es sei nicht nötig, Vaertings Bücher zu empfehlen. Wer sie nicht kenne, könne „nicht mitarbeiten an dem Befreiungswerk zur Erlösung des Weibes aus männerstaatlicher Fron und Sklaverei". Die durch Vaertings Systematisierungsarbeit erschlossenen Ergebnisse seien „revolutionierend nicht nur im Gebiet der theoretischen Sozialwissenschaften und der Geschichte, sondern namentlich auf allen Feldern der zwischenmenschlichen Praxis, in erster Linie der Pädagogik". Bewunderung erregte sie auch in nationalen und konservativen Frauenzirkeln.

Aber die Jenaer Universität versuchte die aufgezwungene „Zwangsprofessorin" zu diskreditieren. Ihr Professor Petersen hielt sich aus dem Streit heraus, aber ihr Professor L. Plate erklärte Vaertings Ansichten für „vollkommen haltlos". Ihre These „Wer zum Autoritätsglauben erziehe, der arbeite gegen den Kulturfortschritt, wer ihn hingegen bekämpfe, der diene ihm", sei unwissenschaftlich. Die Universität meinte, das Geheimnis wirklicher Pädagogik zu kennen: „Schüler sind so zu erziehen, daß sie die Autorität der Eltern, des Lehrers, des Staates und der Kirche als das Natürliche empfinden und freiwillig anerkennen. Ohne Unterordnung, Gehorsam und Disziplin gibt es keine Erziehung." 1933 konnte man sich endlich von der aufgezwungenen Professorin trennen, die über sexuelle Tabuthemen schrieb und „konsequente Koedukation" forderte, auch um in der Erziehung „sexuelle Sonderbeziehungen" zu verhindern.

Ein Musterbeispiel professoraler Pflichterfüllung war sie nicht, und ihre Berufung zur Professorin für die Ausbildung von Lehrern war ein Fehlgriff, weil sie das Repetieren von Standardwissen verachtete. Sie trat lieber mit aufsehenerregenden Veröffentlichungen hervor. Sie biederte sich 1933 sogar bei den Nationalsozialisten an, um ihr Amt zurückzugewinnen und scheute selbst vor Denunziationen nicht zurück.

Nach 1945 gelang es ihr nicht, im akademischen Bereich Fuß zu fassen. Sie wandte sich staatssoziologischen Studien zu (*Europa und Amerika* (1951); *Machtzuwachs des Staates. Untergang des Menschen* (1952)) und begründete noch im Alter von 70 Jahren die *Zeitschrift für Staatssoziologie* (1953-1971).

Mathilde Vaerting starb 93jährig, am 6. Mai 1977, unbeachtet in einem Ort im Schwarzwald. Ihre Schriften zu pädagogischen, psychologischen und soziologischen Themen sind lesenswert wie zu der Zeit, da sie geschrieben wurden, bemerkswert vor allem: *Die Macht der Massen in der Erziehung* (1929) und *Lehrer und Schüler. Ihr gegenseitiges Verhalten als Grundlage der Charaktererziehung* (1931). Der Ertrag ihrer schriftstellerischen Arbeit ist bedeutender, als kritische Zeitgenossen annahmen.

Werner Korthaase

Verwendete Quellen und Literatur

Karteikarte Nr. C 981: Vaerting, Mathilde — PZ Berlin

Akten des Thüringischen Ministeriums für Volksbildung: Personalakten über den o. Professor der Erziehungswissenschaft Dr. phil. Mathilde Vaerting aus Messingen; Universitätsarchiv Jena, Bestand M, Nr. 681, Akte 630; Akte betr. das Dienststrafverfahren gegen Frau Professor Dr. Vaerting, 1930, Bestand B.A., Nr. 957; 5. Dekanatsbuch, Abt. I, Dozenten-Verzeichnis 1847-1926, Best. M., Nr. 707 — Universitätsarchiv Jena

Sozialistischer Erzieher, 6. Jg., Nr. 7 / 8, 1925; Nr. 9., 1925

H. Meuter: *Das Erziehungswerk Mathilde Vaertings*, Berlin 1932

L. Kühn: „Klare Sicht!" — *Frau und Nation*, H. 4 / 5, 1924, 100-109

L. Plate: „Feminismus unter dem Deckmantel der Wissenschaft" — E. F. W. Eberhard: *Geschlechtscharakter und Volkskraft*, Darmstadt / Leipzig 1931, S. 196-215

M. Kraul: „Geschlechtscharakter und Pädagogik: Mathilde Vaerting (1884-1977)" — *Zeitschrift für Pädagogik*, 33. Jg., 1987, 475-489.

T. Wobbe: „Mathilde Vaerting (1884-1977). Eine Intellektuelle im Koordinatensystem dieses Jahrhunderts" — *Jahrbuch für Soziologiegeschichte* 1991, Opladen 1992, S. 27-67. Dort ein Verzeichnis der Veröffentlichungen M. Vaertings.

Friedrich Weigelt

1899-1986

Friedrich Weigelt wurde 1899 in Zduny / Posen geboren. In den Jahren 1913 bis 1917 besuchte er die Präparandenanstalt im niederschlesischen Lissa und das Lehrerseminar in Posen, bevor er 1917 als Kriegsfreiwilliger am Ersten Weltkrieg teilnahm.

Nach dem Krieg zog er 1919 nach Berlin und trat dort 1920 in die SPD ein. Weigelt war nach dem Kriege führend in der Berliner Kriegsseminaristen- und Junglehrerbewegung aktiv und entwickelte dort weitreichende Vorstellungen von einer Lehrergewerkschaft als Kampforganisation, mit denen er zur ständischen Interessenvertretung der etablierten Lehrerverbände in Opposition trat. Später rückte er zum Hauptverantwortlichen für Junglehrerfragen in der FLGD (Freie Lehrergewerkschaft Deutschlands) und ihrer Nachfolgeorganisation GDV (Gewerkschaft Deutscher Volkslehrer) auf. Seit 1932 war Weigelt Mitglied des Hauptvorstandes der Arbeitsgemeinschaft sozialdemokratischer Lehrer.

In vielen engagiert geschriebenen Aufsätzen in gewerkschaftlichen und sozialdemokratischen Lehrerzeitungen griff er die Vereinsfürsten des Berliner Lehrervereins wegen ihres „Verrats" an den Interessen der Junglehrer an, wobei er sich oft den Zorn einzelner namentlich genannter Altlehrer in den höheren Rängen der Berliner Schulbürokratie zuzog. In einzelnen Artikeln hob Weigelt hervor, daß durch die Nichteinstellung der arbeitslosen Lehrer auch die Interessen der Arbeiterkinder verletzt wurden und daß Lehrer und Arbeiter eine „Kampffront" bilden müßten, wie sie im Winter 1922 / 23 gegen die angedrohten Entlassungen von Hunderten von Berliner Junglehrern leider nur einmal zustandegekommen ist. 1925 zog Weigelt in seinem Roman *Fritz Wilde der Junglehrer* Bilanz dieser Zeit. Er beschreibt die große Lehrerarbeitslosigkeit nach dem Ersten Weltkrieg und die heftigen schulpolitischen Kämpfe in Berlin, an denen er selbst führend beteiligt war.

Weigelt war wie viele seiner Generation von der Jugendbewegung mitgerissen und besonders um eine enge Verbindung der Schule mit der Jugendbewegung bemüht, wovon er sich neue Impulse für die Schulreform – stärkere Einbeziehung des Wanderns, Schulspiels oder Tanzens in die Schulen – versprach. In seinem Unterricht an der 1. weltlichen Schule Berlins in Adlershof (seit 1920) und an der 31. Rütli-Schule (seit 1922 / 23) konnte er zwar einige seiner Forderungen zusammen mit aufgeschlossenen Kollegen verwirklichen. Er unterlag dabei aber dem Irrtum, die Anfang der 20er Jahre in sich schon völlig zerrissene und kraftlos gewordene Junglehrerbewegung als „Jugendbewegung der Schule" hochzustilisieren und als pädagogische Bewegung neu beleben zu können. In dieser Absicht trug Weigelt einige Elemente der bürgerlichen Jugendbewegung in die proletarische Schuljugend hinein – so den Genie- und Führerkult. Er war unter den Lehrern der Rütli-Schule einer der stärksten Verfechter der Nacktkörperkultur in der Volksschule, was auch in der

Friedrich Weigelt, o.J. — *Privatbesitz V. Hoffmann*

engagierten Unterstützung seines früheren Seminarfreundes Adolf Koch, dem Berliner Pionier der heftig angegriffenen Nacktkörperkultur in der Schule, zum Ausdruck kam. Hier bewies er wie bei anderen Gelegenheiten auch großen persönlichen Mut, der von den Arbeitereltern seiner Schule trotz mancher Widersprüche in der Sache immer anerkannt wurde.

In seiner pädagogischen Praxis an der Rütli-Schule entwickelte Weigelt einen sachlichen, der Psychologie des Arbeiterkindes angemessenen Stil, der ihn zeitweise in heftigen Widerspruch zur eher gefühlsbetonten Pädagogik Adolf Jensens von der 32. Schule geraten ließ. Mit umfangreichen Hausarbeiten zu selbstgewählten Themen oder länger angelegten Recherchen im sozialen Umfeld der Schule förderte er die Selbständigkeit des Denkens und Arbeitens der älteren Volksschüler über das bis dahin an den weltlichen Schulen erreichte Niveau hinaus. Er überschätzte dabei allerdings den von der Rütli-Schule bzw. ihren linken Lehrern ausgeübten politischen Einfluß, wenn er von der 31. Schule sagte, „daß sie mit vollem Bewußtsein den Kindern die Stütze einer klaren, eindeutigen proletarischen Weltanschauung mit auf den Weg gäbe." Was sie ihnen mit auf den Weg gab, war allenfalls eine sozialdemokratische Weltanschauung mit kritischem Blick für die Unzulänglichkeiten des Parlamentarismus der Weimarer Republik.

Wie kein anderer Lehrer der Rütli-Schule hat Weigelt in vielen Aufsätzen in Fach- und Verbandszeitschriften zur öffentlichen Darstellung und Diskussion der reformierten Unterrichtspraxis der Rütli-Schule beigetragen. So nahm er zur Koedukation, zur Bildung von Arbeits- und Lebensgemeinschaften und zu den Gefahren der Umschulung aus den christlichen in weltliche Schulen Stellung und lieferte dabei auch wichtige Beiträge zur empirischen Erforschung der Rütli-Schule und ihrer Stellung im Kontext des Berliner Schulwesens. Dank Weigelts Aufsätzen konnte das Fehlen einer versuchsbegleitenden Schulforschung in Ansätzen kompensiert werden. Seine Bemühungen um eine verbesserte Pädagogik dokumentiert auch eine Reise in die USA im Jahre 1930, wo er das amerikanische Schulwesen studieren wollte.

Besondere Verdienste erwarb sich Weigelt bei der Förderung des literarischen Unterrichts in der Volksschule. So ermutigte er seine Schüler nicht nur zu freien Aufsätzen, wie sie von vielen Lehrern gefördert wurden, sondern publizierte die besten von ihnen verschiedentlich auch in Fachzeitschriften, wobei er ausdrücklich auch sogenannte „kommunistische Bekenntnisse", d.h. Aufsätze von Schülern aus kommunistischem Elternhause, in seine Auswahl aufnahm und die besondere Qualität solcher frühen politischen Selbstzeugnisse selbstbewußter kommunistischer

Volksschüler hervorhob. Er selbst schrieb kleinere Beiträge in Anthologien deutscher Junglehrer-Dichter und Lyrik-Sammelbänden.

Angeregt durch persönliche Kontakte zu Berliner Literaten und Schauspielern erweiterte Weigelt die in der Schule gelesene Lektüre um moderne, sozialkritische Texte zeitgenössischer Autoren, so z.B. um die *Maschinenstürmer* von Ernst Toller, mit dem er eine Schulausgabe vereinbarte. Dies trug ihm 1933 den Vorwurf der „Konspiration mit einem Vaterlandsverräter" ein und führte mit zu seinem Berufsverbot.

1933 wurde er zunächst an die 2. Volksschule in der Boddinstraße strafversetzt, dann beurlaubt und am 1. Februar 1934 nach §4 des „Gesetzes zur Wiederherstellung des Berufsbeamtentums" trotz erfüllter 16 Dienstjahre ohne Pensions- und Erwerbslosengeldansprüche entlassen. Danach half er im Fotoatelier seiner Frau aus. Außerdem übernahm er kleinere Rollen als Bühnen- und Filmschauspieler, u.a. als Double von Harry Piel. In den Jahren von 1941 bis 1945 wurde er als Redakteur beim Berliner Rundfunk dienstverpflichtet.

Nach dem Krieg schrieb Friedrich Weigelt für sozialdemokratische Zeitungen in Berlin (u.a. *Telegraf, Der Sozialdemokrat*). Ab 1949 war er in der Schulverwaltung in Berlin als Oberschulrat im Hauptschulamt tätig. Zeitweise war er auch schulpolitischer Sprecher der SPD im Berliner Abgeordnetenhaus, in dem er von 1951 bis 1955 saß.

Einige Erfahrungen aus der Rütli-Schule konnte Weigelt in den vom CDU-geführten Schulsenat organisierten Aufbau der Schultheater und in die ersten Richtlinien für die Schüler-Mitverwaltung an Volksschulen einbringen. Zu einer weitergehenden Wiederbelebung alter reformpädagogischer Ansätze und in der Rütli-Schule erprobter Konzepte kam es allerdings nicht. Die Zeit war über die Reformpädagogik hinweggegangen.

1962 wurde Friedrich Weigelt pensioniert. Er zog nach München um und übte verschiedene ehrenamtliche Tätigkeiten, u.a. bei der Freiwilligen Selbstkontrolle der Filmwirtschaft (FSK) und im Kuratorium Unteilbares Deutschland, aus. 1986 starb er nach langer Krankheit in München.

Volker Hoffmann

Werke und Aufsätze

Friedrich Wilhelm (Weigelt, Fritz): *Fritz Wilde der Junglehrer*, Hrsg. und mit einem Nachwort versehen von Volker Hoffmann, Bensheim 1980

„Drei Lehrergewerkschaften?" — *Der freie Lehrer* 1921, Nr. 26, 12 ff.

„Junglehrernot und Rettung" — *Der freie Lehrer* 1922, Nr. 9, 17 ff.

„Schule und Jugendbewegung" — *Die neue Erziehung*, Nr. 8, 247 ff.

„Arbeits- und Lebensgemeinschaften im Rahmen der Gemeinschaftsschule" — *Sozialistischer Erzieher* 1924, Nr. 2 / 3, 9 ff.

„Von der weltlichen zur Gemeinschaftsschule" — *Neue Erziehung* 1924, Nr. 7, 343 ff.

„Aus der Geschichte und vom Wesen der Gemeinschaftsschule" — *Junge Menschen* 1925, H. 7, 160 ff.

„Gemeinsame Erziehung von Knaben und Mädchen. Aus den Erfahrungen einer Gemeinschaftsschule" — *Lebensgemeinschaftsschule* 1925, Nr. 11, 161 ff.

„Die Religion der Religionslosen" — *Lebensgemeinschaftsschule* 1926, Nr. 4 / 5, 44 ff. und 70 ff; Nr. 6, 81 ff.

„Gefahren der Umschulung aus christlichen in weltliche Schulen" — *Aufbau* 1929, Nr. 4, 118 ff.

Wilhelm Wittbrodt

1878-1961

Wilhelm Wittbrodt wurde am 18. November 1878 in Arendsee im Kreis Prenzlau als zweites Kind eines Tischlers und Maschinisten auf einem der Güter des Grafen von Schlippenbach geboren.

Nach der Schule besuchte er die Präparandenanstalt und das Lehrerseminar in Prenzlau. Der Aufenthalt, der bis ins Jahr 1900 dauerte, wurde von ihm als Gefängnisleben bezeichnet. Nach dieser harten Ausbildung unterrichtete er zunächst aushilfsweise in Trebbin und trat dann seine erste Stelle in Friedersdorf im Kreis Beeskow an. 1903 wurde er wegen eines Disziplinarfalls nach Krausnick im Unterspreewald versetzt. Dort lernte er eine Tochter des Försters Dorn kennen und heiratete sie. Aus der Ehe gingen zwei Söhne hervor, von denen der erste aber bereits 1910 starb. Durch Vermittlung des Schwiegervaters gingen Frieda und Wilhelm Wittbrodt 1906 nach Vierraden in der Uckermark. Wilhelm Wittbrodts Ziel blieb die Großstadt, und da sich auf seine Bewerbungen Rixdorf (seit 1912 Neukölln) zuerst meldete, hielt er dort in der Grundschule am Hermannplatz seine Probestunden und wurde im Herbst 1907 angestellt. Er erhielt damals 562,50 Mark im Vierteljahr und unterrichtete 32 Stunden in der Woche. Seine Probestunden in dieser Jungenschule hatten noch zeittypische Themen wie „Dein Reich komme" oder „Die Schlacht im Teutoburger Wald".

Der Erste Weltkrieg, an dem er als Soldat teilnahm, prägte ihn stark. Er trat noch 1918 in die SPD ein, wurde Bezirksverordneter (1918 bis 1928) und Mitglied des Verbandes sozialistischer Lehrer. 1927 und 1928 war er Stadtverordneter. 1929 verließ er die Partei wegen des Baus neuer Panzerkreuzer und des Konkordats des Vatikans mit dem von Sozialdemokraten regierten Land Preußen.

Seit 1920 unterrichtete Wittbrodt an der 31. weltlichen Schule in der Rütlistraße. Er galt unter den jüngeren reformfreudigen Kollegen als erfahrene Vertrauensperson und übernahm nach dem Abgang des alten Rektors zunächst kommissarisch, später offiziell die Schulleitung. Von Anfang an förderte er die naturwissenschaftlich-technische Ausrichtung seiner Schule, und er war bemüht, die moderne Technik in den Unterricht einzubeziehen. Er selbst bot 1924 einen Kurs mit dem Titel „Wie bastle ich mir einen Radioapparat" an. Ebenso stark betonte er das soziale Lernen und bemühte sich erfolgreich um die Einbeziehung der Eltern in Schulleben und Unterricht. Sein besonderes Engagement galt der Weltsprache Esperanto, zu deren Verbreitung er seit dem Sommer 1921 Arbeitsgemeinschaften und Kurse, zum Teil auch für die Eltern seiner Schüler, anbot. Auf Kongressen, Tagungen und Reisen knüpfte er Kontakte zu Lehrern und Schulen im Ausland, was die internationale Verständigung förderte und zugleich das Beispiel der Rütli-Schule im Ausland bekannt machte.

Wie in anderen Feldern auch, gab es bei den Esperantisten eine Spaltung in eine sozialdemokratische und eine kommunistische Richtung. Die Gruppe der internationalen

Esperantolehrer, der Wittbrodt angehörte, konnte sich 1924 nicht zum Anschluß an die radikaler gesinnte Pariser Lehrerinternationale entschließen, die in ihrer Satzung das Bekenntnis zum Klassenkampf und zur proletarischen Schulpolitik verlangte. Das verschlechterte aber nicht das Verhältnis zu den kommunistischen Esperantisten in seinem Kollegium wie Elly Janisch, Hans Feuer und Käthe Agerth. Ende der 20er Jahre wurde Wittbrodt stellvertretender Vorsitzender des provisorischen Büros der sozialdemokratisch orientierten Pädagogischen Internationale und organisierte in dieser Funktion den vorläufig letzten Esperanto-Kongreß 1932 in Berlin, an dem auch Schülerinnen und Schüler der Rütli-Schule teilnahmen.

Die Schulstreiks während der Weltwirtschaftskrise (im April 1930 und im Oktober 1931), die in der Rütli-Schule ein Zentrum hatten, brachten Wittbrodt in Loyalitätskonflikte. Da war auf der einen Seite die Schulverwaltung unter dem Sozialdemokraten Kurt Löwenstein, der den Streik ablehnte, und auf der anderen Seite das Verlangen nach Solidarität durch die Eltern und den Elternbeirat, der seit 1930 eine kommunistische Mehrheit besaß. Letztlich ergriff Wittbrodt Partei für die Eltern und die Kinder seiner Schule.

Im April 1933 wurde er als Rektor beurlaubt und zum Lehrer zurückgestuft. Wittbrodt wurde im Januar 1934 nach §4 des nationalsozialistischen „Gesetzes zur Wiederherstellung des Berufsbeamtentums" aus dem Schuldienst entlassen. Danach schlug er sich mit 200 Mark im Monat und verschiedenen Nebentätigkeiten, als Versicherungsagent und mit Privatstunden durchs Leben. Mit dem knapp bemessenen Geld unterstützte er seine Mutter und versuchte, das Physik-Studium seines Sohnes an der Technischen Universität zu fördern.

Im Frühsommer 1945 wurde Wilhelm Wittbrodt, der wieder in die SPD eingetreten war, von den sowjetischen Behörden als Hauptschulrat in Neukölln eingesetzt. Diese Funktion, die die Ausbildung von Hilfslehrern einschloß, behielt er auch nach der Übernahme des Sektors durch die Amerikaner. Im Zuge des sich verschärfenden Kalten Krieges wurde er aber 1948, inzwischen 70 Jahre alt, auf Weisung der Amerikaner erneut amtsenthoben und gegen seinen Willen in den Ruhestand versetzt. Trotz seiner mehrjährigen Tätigkeit als Hauptschulrat erhielt er auch nach jahrelangen Prozessen nicht das ihm nach deutschem Recht zustehende Ruhegehalt, weil nach Auffassung des Bundesverwaltungsgerichts die Beendigung seines Dienstverhältnisses durch die Besatzungsmacht angeordnet worden war.

1949 erhielt er auf dem 4. Pädagogischen Kongreß als einer der ersten der im Westteil der Stadt wohnenden Pädagogen von der SBZ / DDR auf Vorschlag des Stadtschulrats Wildangel die neue Auszeichnung „Verdienter Lehrer des Volkes", womit sein Engagement für das Berliner Einheitsschulgesetz gewürdigt werden sollte. Das führte zu seinem Ausschluß aus der SPD im selben Jahr.

Wilhelm Wittbrodt starb am 12. Mai 1961 und wurde auf dem St. Jacobi-Friedhof in Neukölln am Hermannplatz beigesetzt. Seine Grabstelle, deren Stein die Inschrift „Grenzstein des Lebens, aber nicht der Liebe" trug, wurde Ende der 80er Jahre entfernt.

Volker Hoffmann / Rudolf Rogler

Verwendete Quellen

Grundlage dieses Lebensbildes von Wilhelm Wittbrodt waren Erinnerungen seiner Schüler, amtliche Handbücher, Lehrerverzeichnisse, zeitgenössische Zeitschriftenartikel, sein für seine Enkelin geschriebenes Tagebuch, Prozeßakten und ein Interview mit dem inzwischen verstorbenen Sohn Hans Wittbrodt, das Nele Ebert am 30. 5. 1986 geführt hatte.

Rudolf Zwetz

1891-1974

Rudolf Zwetz wurde am 12. Oktober 1891 in Jena geboren. Sein Vater, Richard Zwetz, war als Bürgerschullehrer in Jena tätig. Rudolf Zwetz besuchte das humanistische Gymnasium in Jena, wo er 1910 das Abitur ablegte. 1910 bis 1914 studierte er an den Universitäten Jena, Freiburg und Berlin Deutsche Sprache und Literatur. Er besuchte aber nicht nur Vorlesungen und Seminare der Germanisten, sondern auch bei den Historikern, wo er Friedrich Meinecke und Dietrich Schäfer hörte. Nach Ausbruch des Krieges im August 1914 war er noch immatrikulierter Student in Berlin. In Jena legte er dann eine Notprüfung auf Grund der vorgelegten Dissertation (*Die dichterische Persönlichkeit Gerhard Tersteegens*) ab. Danach wurde er zur Armee eingezogen und kam an die Westfront. Einer Kriegsverletzung

Else und Rudolf Zwetz, um 1924 — *Privatbesitz Zwetz*

wegen mußte er ins Lazarett. Von dort aus wurde er 1915 nach Jena zu seinen Eltern entlassen.

Von 1915 bis 1917 war Zwetz als Mitarbeiter im Jenaischen Kriegsarchiv tätig, arbeitete an einer Gegenwartsgeschichte in 100 000 Zeitungsausschnitten der ersten Kriegsjahre, die von 400 freiwilligen Helfern gesammelt wurden. 1916 erschien in Leipzig sein Buch mit dem Fastnachtspiel *Der Traum vom Himmelreich* und *Drei Unmöglichkeiten*. Weitere Erzählungen und Jugendschriften folgten.

Nach der Novemberrevolution ging Zwetz als Lehrer nach Berlin-Schöneberg. In Berlin lernte er Fritz Karsen kennen und ging mit ihm als Lehrer an die ehemalige Kadettenanstalt Berlin-Lichterfelde. Als Karsen dort abgelöst wurde, unterrichtete Zwetz in Pommern, kehrte aber bald wieder nach Berlin zurück und wirkte als Lehrer in Berlin-Spandau. Von dort holte ihn Karsen an das Kaiser-Friedrich-Realgymnasium Neukölln, wo er als Klassenleiter in der Aufbauschule die U III / 2 übernahm, während Dr. Karl Sturm die U III / 1 des nunmehr zweiten Jahrgangs der Aufbauschule leitete. Es war eine schwierige Aufgabe, diese Schüler nach Abschluß des siebten Schuljahrs (damals 1. Klasse) aus verschiedenen Gemeindeschulen Neuköllns zu einer Gemeinschaft zusammenzuführen und an ernsthafte Lernarbeit zu gewöhnen. Rudolf Zwetz verstand es ausgezeichnet, einen guten Kontakt zu seinen Schülern herzustellen, sie zu einer echten Klassengemeinschaft zu vereinen und sie für das Lernen zu motivieren, um recht bald den Nachholbedarf ausgleichen zu können. Auf Wanderungen und bei abendlichen Lagerfeuern erzählte er interessante Geschichten und begeisterte seine Klasse durch ein fröhliches Jugendleben.

Im Unterricht gewöhnte Dr. Zwetz die Schüler an selbständiges Lesen literarischer Werke. In freier Rede mußten sie über den Inhalt der Bücher berichten und ihre Meinung dazu kundtun. Aufgrund unterschiedlicher Standpunkte kam es zu einem freien Meinungsaustausch, der nach anfänglicher Streitbarkeit bald sachlich und diszipliniert verlief. Unter der pädagogisch geschickten Führung des Lehrers lernten die Schüler recht schnell, ihren eigenen Gedanken mit Worten klaren Ausdruck zu verleihen.

Er übersiedelte 1930 nach Kassel, wo er zunächst auch als Lehrer tätig war. 1931 wurde er als Schultechnischer Mitarbeiter in das Provinzialschulkollegium Kassel versetzt.

Nach der Machtübernahme durch die Nationalsozialisten wurde Rudolf Zwetz, der nicht Mitglied der NSDAP werden wollte und noch in der Weimarer Republik als Wahlredner für die SPD agiert hatte, an die Ulrich von Hutten-Schule nach Schlüchtern versetzt. Fünf Jahre später unterrichtete er in Biedenkopf an der Lahn, bevor er im Januar 1939 wieder nach Schlüchtern gehen mußte. Er hätte Marburg vorgezogen. Erst im Jahre 1940 gelang es Zwetz, die für seine Frau und seine vier Kinder unbefriedigende Situation zu beenden: Rudolf Zwetz zog mit seiner Familie nach Graz, in die Heimatstadt seiner Frau, wo er bis 1945 an einer Oberschule unterrichtete, im letzten Kriegsjahr die Flakhelfer-Gruppen einer vor Graz stationierten Flak-Abteilung.

Während des Krieges trat Zwetz noch in die NSDAP ein. Trotz dieser Tatsache wurde er bereits vor seiner Entnazifizierung 1945 / 46 wieder als Lehrer in Kassel eingestellt. Er wurde zum Oberstudienrat befördert und im Jahre 1956 pensioniert. Danach war er noch zehn Jahre lang mit verringerter Stundenzahl an einer Privatschule tätig.

Von 1966 bis zu seinem Tod am 4. April 1974 wohnte Rudolf Zwetz mit seiner Frau in Regensburg.

Felix Krolikowski

Quellen

Die Biographie beruht auf Angaben von Frau Else Zwetz sowie der Tochter Helga Zwetz, ergänzt durch Gerd Radde

Werke und Aufsätze

Deutsch in Sexta, Langensalza 1924

„Vom Theaterspiel der Zehnjährigen. Die Spandauer Jugendbühne" — *Lebensgemeinschafts-Schule*, Sept. 1924

„Berliner Schulbesuch in Bremen" — *Lebensgemeinschafts-Schule* 3 (1925)

Die Jungen von 1848, Berlin 1926

„Unser Weg zur Einheitsschule" — *Pädagogische Warte* 6 (1926)

„Zusammenarbeit mit einer Volksschule" — *Pädagogische Beilage der Leipziger Lehrerzeitung*, Nr. 35 / 1928

„Studienfahrt ins Grenzland" — *Pädagogische Warte* 25 (1929)

„Gefahr für den Schulaufbau" — *Aufbau* 3 (1929)

Personen- und Sachregister für Band 1 und Band 2

Personenregister

Die Seitenzahlen für Band 1 sind kursiv, die für Band 2 normal gesetzt.

Abbe, Ernst
48

Abel; Studienrat
389, 394

Abraham, Jacob
59

Adenauer, Konrad
99

Adler, Max
141

Adler; Schüler
87

Adorno, Theodor W.
12

Agahd, Konrad
54f.;
169, 172-174

Agahd, Martha s. Kettner

Agerth, Käthe
216, 252

Albrecht; Schulleiter
67

Alfken, Hans
137, 179, 183, 233;
169, 175-178

Alfken, Lotte
176

Alt, Robert
136;
56, 60, 170, 179-182, 242

Anders; Schulrat
57, 59

Apel, Hans
101

Arndt, Ernst
85, 109, 331, 401f.;
171

Avenarius, Ferdinand
37, 58

Baartz, Bernhard
171, 216

Bahr; Studienrat
179

Barth, G.
381

Basler, Karl
21f., 26

Bäumer, Gertrud
130, 164f.

Becherer; Polizeipräsident
57

Becker, Carl Heinrich
41, 44f., 112, 141f., 202, 216, 342, 360f.

Becker, Hellmut
12

Becker, Walter
192f.

Becker; Studienrat
179

Behncke; Rektorin
313

Behrend, Felix
41, 43-45, 76, 113-115, 137, 200, 327-329, 358-366, 382, 391, 395;
170, 187f.

Bergmann, Alfred
224

Berndt; Schulleiter
42

Bernfeld, Siegfried
204, 228-231

Bertram; Studienrat
179

Beschnidt; Professor
179

Bethge, Ernst Heinrich
170, 183-185

Beyer; Oberschulrat
344

Bickhardt; Buchhändler
57

Bierbach; Oberlehrer
103f.

Billerbeck; Hausmeister
179

Bloch, Werner
136, 176, 344f., 356;
75, 171

Blödorn, Frank
95, 104f.

Blume, Wilhelm
312;
72, 75, 82, 171, 203f., 227

Blümel, Fritz
77, 80, 82f., 204

Boccaccio, Giovanni
66
Bock, Helmut
242
Boddin, Hermann
19, 39
Boelitz, Otto
113, 134
Boettcher, Hans
157f.
Bogumil, Gottlieb
59f.
Bohlen, Adolf
114, 358f., 362, 364, 390f., 395;
170
Bohlen, Tilly (geb. Elshorst)
187
Bohm, Gerhard
336
Böhm, Gerhard
150
Bommer, Charlotte
105f.
Bornemann, Horst
395
Böß, Gustav
202, 216
Brandt, Helmut
392
Brinkmann, Otto
87
Brombach, Ernst
382, 388

Brunner, Karl
65
Buchenau, Artur
10, 68-81, 131, 276;
72, 171
Budich, Georg
62
Bülow, Bernhard Fürst von
57
Büngel, Werner
136;
190-192
Burckhardt; Oberstudienrat
114;
390
Busse, Artur
47, 272, 276, 280, 288f., 292
Busse, Herbert
95;
193f.
Buttkau, Wolfram
159

Camerarius; Schulrektor
51
Campe, Johann Heinrich
53
Cäsar, Friedrich
351
Casparius, Günther
11, 93, 96f., 137;
170f., 195f., 201f.
Cassirer, Ernst
69

Claus; Studienrat
109
Clay, Lucius D.
177;
57
Clemens; Lehrer
37
Colell, Jürgen
82f.
Comenius, Johann Amos
180f., 215
Conrad, Schüler
86
Corinth, Lovis
367
Crohn; Oberschulrat
45
Crüger, Herbert
11, 83

d'Arguto, Rosebery (Ps)
s. Rosenberg, Moschek
Dabel; HJ-Führer
373
Daebel, Walter
377f., 381
Dahn, Felix
57
Danicke, Bruno
102-104
Debbert, Horst
395
Deiters, Heinrich
75;
56, 59f., 224

Dennert, Kurt
204
Descartes, René
69
Dewey, John
131
Diepgen, Eberhard
150
Diesterweg, Adolph
181
Dirker, Heinrich
196
Dittwald, Arno
374
Donat; Studienrat
375
Dornfeldt, Walter
80-82
Dorow, Kurt
192
Dovifat, Emil
66
Drewitz, Gerd
104, 106
Droescher, Lili
81
Duncker, Wolfgang
224
Dürer, Albrecht
36f., 48, 50f.
Dutschke, Rudi
121

Dutz, Waldemar
206-213, 273f., 277-279, 282, 285;
171

Ebert, Friedrich
41
Egk, N. (Filmemacher)
228
Ehrentreich, Alfred
179, 197, 233, 237-239;
169, 171, 197-200
Eilemann, Johannes
351, 385f., 397
Einstein, Albert
44
Elshorst, Tilly s. Bohlen
Elsner, Wilhelm
412
Engels, Friedrich
116
Evers, Carl-Heinz
9, 68, 83, 93, 96, 132f., 138, 143, 161
Exner, Kurt
74, 79, 89

Falkenberg; Oberlehrer
85, 88, 109
Feistmann, Eugen
204
Feuer, Johannes
95, 194;
171, 181, 252

Feuerstack, Käthe
136
Feyer, Otto
281
Fichte, Johann Gottlieb
36, 39, 50, 80;
72
Fischer, Emil
10;
171
Flach, Fritz
170
Flößner, Wolfram
149, 159
Flöte (Oberlehrer)
85
Foertsch, Karl
141, 250
Förster; Schüler
204
Frank, Karl
75f., 82
Frank, Lobo (Ps) s. Bethge
Freder, Ernst-Günther
159
Freese, Hans
137
Freisler, Roland
91
Freitag; Rektor
104
Freud, Sigmund
229
Friedag(?); Studienrat
179

Friedländer; Bezirks-
verordneter
39
Frister, Erich
9, 99, 115, 132, 143, 162
Fröbel, Friedrich
146
Frühbrodt, Gerhardt
83, 204
Fuchs, Arno
226

Gagern, Karl-Heinz
388f., *395*
Ganghofer, Ludwig
58
Gärtner, Paul
315f.;
54
Gaude, Peter
131, 145
Gaudig, Hugo
146
Gehrig; Studienrat
179
Gennrich; Lehrer
48
Genzmer, Harald
158
Geßner (Oberlehrer)
85
Giehse; Schüler
86
Gleitze, Bruno
162f.

Goebbels, Joseph
48, *378*, *385*
Goethe, Johann Wolfgang v.
36, *51*, *55*;
22, 215
Gogh, Vincent van
367
Göring, Hermann
367, *385*
Gorki, Maxim
125
Graf, Georg Engelbert
74
Grashoff, Eberhard
28
Grau, Kurt Joachim
171
Grau; Studienrat
179, *182*
Greil, Max
161, *170*;
244
Grelling; Studienrat
110-112, *115*
Grimme, Adolf
41, *44f.*, *137*, *142*, *186*,
364;
177, 188
Gropius, Walter
8, 93, 110, 132f.
Groth, Georg
98f.

Grothe, Helmut
86
Grünberg; Schüler
110, *113*
Grundmann, Otto
266f.
Guevara, Che
119, 121
Günther, Hanno
99f.
Günther, Karl-Heinz
242

Haas; Schüler
204
Haas; Stadtkämmerer
58
Haefke, Fritz
56
Haenisch, Konrad
75, *141*, *256f.*, *262*
Häfner, Martha
198
Hagedorn, Irmgard
171
Haintz (Oberlehrer)
85
Halm, August
198
Hamel, Heinrich
274
Hamsun, Knut
125
Harich, Wolfgang
56

Haschke, Ingrid
  104-106
Hasper; Professor
  109
Hauffe, Maximilian
  393f.
Havemann, Robert
  56
Havenstein, Horst
  65
Havenstein, Werner
  67
Hecker, Johann J.
  43f.
Heege, Fritz
  194
Hegel, Georg Wilhelm Friedrich
  116, 215
Hegemann, Werner
  24
Heimann, Brunhilde (geb. Kleineidam)
  43, 201
Heimann, Paul
  96f.;
  43f., 86-88, 170f., 201-203
Heine (Oberlehrer)
  85
Heinsch, Fritz
  367, 377
Heise, Wilhelm
  224
Held, Albert
  83

Hell, Otto
  388f., 393, 395
Henczynski, Richard
  33f., 273f.
Hennigs (Oberlehrer)
  85
Herbart, Johann Friedrich
  215
Herder, Johann Gottfried
  36
Hering, Ernst
  136f.;
  201
Hermann; Rektor
  59f.
Hermann; Schulrat
  60
Herms, Ludwig
  236
Herrmann; Schulrat
  319, 322;
  42
Herz, Hans-Peter
  376, 388
Herz, Peter
  66
Herzberg, W.
  198
Heudtlaß; Lehrer
  19
Heuß, Theodor
  137
Heym, Stefan
  346

Heyn, August
  70f., 76, 146-148, 152;
  153, 157f., 171
Hielscher, Herta
  76
Hilker, Franz
  175
Hindemith, Paul
  158f.;
  213
Hindenburg, Paul von
  90, 367
Hinkel, Werner
  82f.
Hintz, Katharina
  171
Hintze, Willi
  198
Hirschfeld, E.
  98
Hirschfeld, Magnus
  231
Hitler, Adolf
  177, 321, 327f., 367, 371, 378f., 385f.;
  13, 27f.
Hodann, Max
  226
Hoernle, Edwin
  228f., 244
Hoffmann, Adolf
  256f.
Hoffmann, Elsbeth
  83

Hoffmann, Fritz
9, 11, 60, 93, 95f., 100, 125f., 155-158, 312;
9f., 11-20, 34, 49, 69, 73-76, 78-80, 82, 160, 169f., 201, 204-207, 213
Hoffmann, Ludwig
26, 28, 30
Hoffmann; Schüler
110-113
Hoffmann; Studienrat
171
Honecker, Margot
54
Hooge, Alfred
225, 231
Hübner, Walter
165
Hülsenbeck; Schüler
86
Humboldt, Wilhelm von
72
Huth; Studienrat
313

Issberner; Lehrer
401

Jadamowitz, Hilde
100
Jagenow; Student
58
Janisch, Elly
243;
170, 208-210, 216, 252

Jensen, Adolf
11, 54, 60, 76, 93, 95f., 119, 123-25, 129, 135, 157, 179, 300, 303, 311f., 361;
9, 76, 82, 169, 193-195, 201, 204-206, 208, 211-215, 218f., 249
Jöde, Fritz
156f.
Johnson, Lyndon B.
121
Jung, Alfred
82
Jung, Helene
52
Jünger, Ernst
91

Kahane, Max
204, 223
Kaie; Schulrat
398
Kamratowski, Joachim
139
Kant, Immanuel
36, 39, 80;
215
Kaplan, Herbert
14

Karsen, Fritz
10f., 38-40, 44, 75f., 95, 97, 100, 109, 113, 122, 128, 136-138, 141-143, 163-165, 168f., 172-191, 193f., 196-199, 202, 204f., 217, 226f., 231-233, 270f., 277f., 280, 299, 301f., 305, 312f., 333, 335f., 342, 346f., 350, 362, 364, 398f.;
56, 71, 82, 89, 106, 109, 119, 169, 176, 180, 192, 198, 204, 217, 222, 231, 237, 241f., 254
Karsen, Sonja
177
Kartzke (Oberlehrer)
85
Kästner, Erich
226
Kath, Brigitte
148f., 151
Kauter, Edmund
125
Kawerau, Siegfried
75, 175, 204
Keller, Ludwig
130f.
Kennedy, John F.
121
Kepler, Johannes
48
Kerns, Arthur
202

Kerschensteiner, Georg
69, 130, 146, 284;
96

Kestenberg, Leo
156f.

Ketelhut, Otto
82

Kettner, Martha
(geb. Agahd)
174

Kiehl, Reinhold
24-31, 35, 273

Kiepert, (Franz)
85, 88, 109f.

Kiepura, Jan
401

Kießlich (Studienrat)
109

Kirchner, Felix
9, 41-44

Kisch, Egon Erwin
236

Klafki, Wolfgang
161

Klamet, Manfred
82f.

Klawonn; Schüler
350

Kledzik, Ulrich-J.
99

Klein (Studienrat)
109

Klein, Eberhard
99, 104

Klein; Lehrer
400

Kleineidam, Brunhilde
s. Heimann

Kleist, Heinrich von
125, 369

Klemme; Studienrat
267

Klose (Oberlehrer)
109

Kloth; Stadtverordneter
35

Knorr, Ernst Lothar von
157-159

Koch, Adolf
249

Koch, Otto
175

Koch, Ulrich
144

Koch, Walter
400-403, 407, 409f., 412f.

Koch; Oberlehrer
109

König, Christoph
141

Koppelmann, Otto
14, 137, 179, 201f., 215

Korsch, Hedda
137;
171, 176

Korsch, Karl
176

Krammerer; Zeichenlehrer
292, 297f.

Krankemann;
Oberstudienrat
85, 113

Krause, Emil
161

Kreuziger, Max
95;
234

Kriele, Heinrich
257, 260, 265f.

Krolikowski, Felix
11, 185, 198, 200, 204

Krömke, Bruno
190, 194, 198f., 225

Krüger; Direktor
107f., 113

Krüger; Studienrat
179, 204

Kubicki, Stanislaw
390

Kühn, Gerhard
391f., 395

Kühne (Oberlehrer)
85, 109, 111f.

Kummerow, E.
169

Kunzelmann, Rainer
122

Lambrecht, Heinz
374

Lampe; Werklehrer
104

Lamszus, Wilhelm
95;
211f., 214, 218
Landé; Ministerialrat
44
Landsberg, Theo
377
Landsberg; Hausmeister
390
Lange, Fritz
138, 243;
170, 193, 216-218
Lange, Jürgen
105
Lange, Max Gustav
127;
171
Le Jeune-Jung; Studienrat
179
Ledig, Hans-Manfred
86
Lehmann; Lehrer
41
Leibniz, Gottfried Wilhelm
69
Lembke, Joachim
366
Lenin, Vladimir I.
121, 240
Leonhard, Wolfgang
44
Lessing, Gotthold Ephraim
36, 279
Lettow-Vorbeck, Paul von
45, 47

Lewinnek, Alfred
14, 191, 232-242, 304-306;
171
Lichtwark, Alfred
130, 226
Liesegang, Erna s. Nelki
Lindtner, Bruno
125;
219-221
Lindtner; Lehrerin
221
Linke, Karl
143, 179, 181, 312, 347;
171, 179
Lipschitz, Joachim
66;
46, 79
Lobo, Frank (Ps) s. Bethge
Loebner, Dora
67
Löffler, Gerd
166
Löffler, Hans
183;
232f.
Löffler, Marion s. Ruperti
Lohr, Uschi
67
Löns, Hermann
369
Löpelmann;
Ministerialdirigent
339-341

Lorenz; Rektor
119f.
Lötzbeyer, Heinz-Peter
272
Lötzbeyer, Philipp
233, 272, 276-279, 281, 283-287, 312
Löwenstein, Kurt
10, 38, 40f., 44, 75, 78, 95, 104f., 109, 111, 113, 125, 128, 130-145, 153-166, 169-171, 175, 178, 190, 214, 217, 244f., 248, 252-255, 258-260, 263f., 268-270, 278, 280, 311f., 330, 335, 342f., 346, 362, 364, 398;
70, 109, 171, 190, 201, 216f., 252
Luckow, Max
136;
171
Lüder, Friedrich
196-198
Luserke, Martin
176
Luther, Martin
39, 52;
215

Maaß; Professor
179
Mahlke, Franz
313f.

Mahlke; Hausmeister
  105
Mann, Friedrich
  76
Mann, Thomas
  278
Mao Tse-tung
  120, 145
Marggraf; Lehrerin
  251
Marquardt, Erwin
  137, 142, 179, 190;
  222-224
Marschall, Oscar
  *36, 52-54, 59, 85, 91,
  102-106, 108f., 113f.,
  331*
Marx, Karl
  34;
  116, 119f., 124, 145
Mastmann, Horst
  93, 95, 132, 134, 137f.,
  143, 145, 162
Matz; Turnlehrer
  276
May, Walter
  72
Mehlan, Otto
  398f.
Meinecke, Friedrich
  253
Meinshausen, Hans
  341, 348, 399;
  202

Mendel-Oberüber, Else
  91
Messel, Alfred
  93
Metzner; Ministerialrat
  180
Michael, Ingeborg
  s. Szczygiel
Miegel, Agnes
  48
Miethke, Ilse
  236
Milbrath; Rektor
  93
Mitzka, Herbert
  82
Mosch, Erich
  347
Müller (Studienrat)
  109
Müller, Frieda
  194
Müller, Hermann
  223
Mumm;
  Reichstagsabgeordneter
  255
Muskowitz (Studienrat)
  109

Nagel, Otto
  185
Nathan, Helene
  66, 155

Natorp, Paul
  69f., 81, 131, 146
Naumann, Friedrich
  44
Nedoma; Schüler
  272
Nelki, Erna (geb. Liesegang)
  237, 240, 349
Nelki, Wolf
  225
Neumann, Heinz
  236
Neumann, Willi
  21f.
Niekisch, Ernst
  56
Niemöller, Martin
  285
Noth; Rektor
  48
Nydahl, Jens Peter
  *76f., 142, 165, 175, 200,
  214, 302*;
  169, 202, 225-227, 236

Oberüber, Gustav F.W.
  85-87, 91f., 274
Oestreich, Paul
  75f., 146, 175, 177f., 204;
  58, 70, 72, 198, 246
Oldendorf; Professor
  179
Otto, Berthold
  181, 211;
  197

Otto, Gerd
76f.

Paczkowski, Bruno
392f., 396
Panzer, Gertrud
171
Passow; Studienrat
179
Paulsen, Wilhelm
93, 118, 122, 142f., 175, 178, 190, 197;
71, 214, 226
Pestalozza, August Graf von
32;
171
Pestalozzi, Johann Heinrich
10, 74, 78, 80, 146, 153;
16, 18, 20, 181, 215
Peterknecht, Georg
196
Petermann (Oberlehrer)
109
Petersen, Peter
244, 246
Pewesin, Ruth
194
Piel, Harry
250
Plantikow, Franz
376-378, 395
Plate, L.
246
Plato
80

Pluschke, Heinz
101
Pook, Horst
403, 410
Preuß, Hugo
44
Prinz, Hans
201
Proudhon, Pierre-Joseph
122

Quadt, Max
312

Radbruch, Gustav
141
Radde, Gerd
233;
81
Radecke, Käthe
234f.
Rasch, Walter
163
Rathenau, Walther
34, 38-40, 162, 278f.
Ratke, Wolfgang
215
Rebhuhn, Hermann
226
Reeg, Willi (Ps) s. Bethge
Rehse; Kammergerichtsrat
91
Reich, Wilhelm
119

Reincke, Wilhelm
115, 389
Reinhard;
44
Reinhardt, Max
154
Reischock, Wolfgang
232;
54-60
Reisin, Ilan
10, 123-126
Renn, Ludwig
236
Reuel, Günter
95
Reupsch (Oberlehrer)
85, 109
Reuter, Ernst
58
Richert, Hans
164
Richter, Ludwig
39
Riehl; Professor
359
Rilke, Rainer Maria
22
Ristock, Harry
150, 163
Rohde, Gisela
65
Rohr, Johannes
282, 287
Roschlau; Oberlehrer
88f., 109

265

Rosegger, Peter
58
Rosenbaum; Schüler
111
Rosenbaum; Studienrat
179
Rosenberg, (Alfons?)
234
Rosenberg, Moschek
104f.
Rosenow, Gertrud
136, 313;
56, 170, 228-230
Rosenthal, Friedrich
281
Rude, Adolf
192f., 205
Ruden, Johann Christoph
171
Ruge, Erwin
226, 231
Rühl, Heinz
201
Ruperti, Marion
(verh. Löffler)
183-185, 300f., 304f.;
169, 231-233
Rupp, Hans
219
Rust, Bernhard
175, 205, 319, 324, 339, 342, 349, 356, 363, 368f., 372, 387
Ruthe; Oberschulrat
397

Rüthe; Magistrats-
oberschulrat
398

Sachrow; Schuldirektor
400, 413
Sachs, Hans
36, 39
Sägebrecht, G.
67
Sahm, Heinrich
227
Salewski; Lehrer
280
Salzmann, Christian
Gotthilf
53
Samuel, Kurt
392
Samuleit, Paul
54, 60, 65
Säuberlich; Turnlehrer
108
Schäfer, Dietrich
253
Schaper, Emmerich
100
Schemm, Hans
143, 322, 338-341, 343, 398
Schikorr, Detlef
159
Schiller, Friedrich von
369, 379;
37, 120

Schilling; Professor
179
Schimmel, Gerhard
388
Schirach, Baldur von
371
Schlageter, Albert
105
Schlegel
39
Schleiermacher, Friedrich
39
Schmid; Professor
179
Schmidt, C.W.
280
Schmidt, Fritz
193
Schmidtbauer, Max
137
Schmoldt, Hans
395
Schmolke, Ernestine
76
Schneider, Benno
85, 90f., 109, 112f., 115, 286f., 312, 331
Schneider; Studienrat
402
Schneider; Jugendstadtrat
60f., 64f.
Schneider, Karl
389-391
Schöttler, Karl-Heinz
95, 102

Schöttler, Karl-Heinz
 95, 102
Schreiber, Adele
 75
Schröder, Karl
 41, 49, 70, 203, 220
Schröder, Luise
 58
Schröder; Pfarrer
 32
Schröter, Richard
 267;
 41f., 50
Schubart, Fritz
 272
Schubring, Willi
 170, 208, 234-236
Schuhe, Helga
 96
Schul-Schwieder
 (Studienrat)
 109
Schulten, Gustav
 184
Schultz, Ernst
 93
Schulz (Oberlehrer)
 85
Schulz, Bernhard
 137;
 171
Schulz, Heinrich
 75
Schunke, Werner
 281

Schürzke, Martin
 201
Schwab, Alexander
 220
Schwaner, Wilhelm
 197
Schwarzbeck; Studienrat
 379
Schwedtke, Kurt
 11, 113, 115, 176f., 188f.,
 205, 280, 330-348, 350f.,
 355;
 198
Schweitzer, Albert
 48
Seeberger, Hans-Jürgen
 377, 387, 390
Seesemann, Heinrich
 171
Seiring, Wilfried
 12;
 149
Severing, Carl
 142
Siebecke, (Hans)
 366
Siebold, Herbert
 159
Siemsen, Anna
 302
Siemsen, August
 170;
 171
Siemsen, Pieter
 234

Signac, Paul
 367
Sikorski, Bernhard
 100
Sinclair, Upton
 125
Spinoza, Benedictus de
 69
Spranger, Eduard
 78, 142
Staffelt, Ditmar
 10, 127-129
Stahnke; Zeichenlehrer
 179
Stawski, Willi
 196
Steffelbauer, Kurt
 232
Steinberger, Nathan
 11
Steinbrink, Werner
 355
Steinchen; Lehrer
 84
Stettbacher, Hans
 78
Strodt, Bernhard
 391
Stühm, Grete
 194, 198
Sturm, Karl
 137, 179f., 186, 190, 204f.,
 226f., 347;
 169, 171, 237-239, 254

Suhle; Professor
85, 89f.
Sukopp, Herbert
86
Süsterhenn; Professor
59
Süvern, Johann W.
72
Szczygiel, Ingeborg
(verh. Michael)
49, 51f.
Tacke, Otto
56
Taut, Bruno
14, 49, 179, 214, 216, 218-222, 362;
8, 54, 191
Tenner, Albin
208
Teschner, Johanna
42, 171
Tesmer, Karl
366
Tessenow, Heinrich
24, 30
Tews, Johannes
75;
72
Thälmann, Ernst
236
Thamm; Stadtturnwart
322
Thilo, Fritz
76f., 82

Thilo, Ilse
242, 299, 303, 306
Thomas, Stefan
170
Tiburtius, Joachim
344;
89f.
Toller, Ernst
250
Torhorst, Adelheid
240, 242
Torhorst, Marie
183;
51, 70, 170, 240-243
Trube, Hans-Joachim
368, 390

Vaerting, Mathilde
12, 116f.;
244-247
Vathke, Werner
11
Vierkandt, Alfred
179
Vogeler, Heinrich
175f.
Voß, Renée
(geb. Casparius)
196

Wä(h)lisch, Heinz
192, 204
Waetzold, Lucie
195

Wagner, Martin
191
Wagner, Richard
37
Wander, Karl F. W.
72
Wannig, Rudolf
387
Weber, Max
44
Wegener; Mathematiklehrer
355
Wegscheider, Hildegard
75, 141, 300;
231
Weigelt, Friedrich
64f., 100, 127, 197, 302f., 306f.;
89, 170f., 248-250
Weinreich; Bürgermeister
von Rixdorf
36, 53-57, 59-61
Werk, Norbert
377, 390
Werner, Herbert
10, 88f., 93, 104-106, 130, 134, 139f.
Werner, Max
179
Werner, Wolfgang
375, 381, 388
Wiechert, Ernst
379

Wildangel, Ernst
41, 44-46, 52, 70, 72, 75, 171, 252
Wilhelm, Kaiser
34
Wilker, Karl
197
Wille; Lehrer
225
Winkelmann, Frida
210
Winz (Oberlehrer)
85, 109
Wittbrodt, Frieda
251
Wittbrodt, Hans
285, 287
Wittbrodt, Wilhelm
11, 93, 97f., 119f., 123, 247, 250, 285, 287;
7, 9, 41, 43-45, 47, 52, 70, 170, 201, 208, 234, 251-252
Wittkopf, Horst
159
Witzell; Lehrerin
54
Wolgast, Heinrich
54, 130
Wollenzien (Studienrat)
109
Würtz, Hans
197f.
Wyneken, Gustav
229

Zenke, Rudi
192
Ziegler, Götz
192;
171
Ziegler, Theobald
68
Zille, Heinrich
183
Zitzler, Frau
106
Zweig, Arnold
226
Zwetz, Rudolf
190-192, 194;
253-255

Sachregister

Die Seitenzahlen für Band 1 sind kursiv, die für Band 2 normal gesetzt.

1. Gemeindeschule
60
1. weltliche Schule (Berlin-Adlershof)
170, 248
2. Gemeinde-, Volksschule
321;
250
2. Mädchen-Mittelschule
73, 136, 225, 236, 313;
170, 228, 230
3. Gemeinde-, Volksschule
19, 321f.
4. OPZ
89
5. Gemeindeschule
172
5. OPZ
101
5. weltliche Sammelschule
170, 183
6. Hauptschule
113, 115
11. Gemeindeschule
172
11. OPZ
86-93
16. Gemeinde-, Volksschule
246, 313

269

Sachregister

17. Gemeinde-, Volksschule
318, 323f.
18. Volksschule
31f., 35-39
19. Gemeinde-, Volksschule
59
20. Gemeinde-, Volksschule
322
25. Volksschule
48, 202
27. Volksschule
220
28. Volksschule
33
29. Polytechnische Oberschule (Karlshorst)
233
30. Gemeinde-, Volksschule
54, 60
31. christliche Knabenschule
220
31. Gemeinde-, Volksschule
93f., 98, 122, 125, 127, 304, 307;
170, 208, 212, 216, 234, 248f., 251
32. Gemeinde-, Volksschule
60, 93-95, 122, 125f., 128f., 271, 300, 304;
29-33, 36-39, 170, 193, 197, 208, 216, 219
35. Gemeinde-, Volksschule
317

37./38. Volksschule
49, 51, 73-76, 78f., 82, 160, 204
41./42. Gemeinde-, Volksschule
93, 122, 125
45./46. Gemeinde-, Volksschule
93;
179, 197
47./48. Gemeinde-, Volksschule
315, 321;
42-44, 54, 61
49./50. Volksschule
89
53./54. Gemeinde-, Volksschule
136, 142f., 347

Abbe-Schule
s. Ernst-Abbe-Schule
Abitur
132, 161-171, 231, 373, 377, 380;
10, 21, 68, 72, 98, 102, 106, 109f., 118, 127-129
ADO s. Albrecht-Dürer-Oberschule
Agnes-Miegel-Schule
45, 48, 313
Akademische Arbeiter-Unterrichtskurse
222

Albert-Schweitzer-Schule
12, 48, 196;
110
Albrecht-Dürer-Oberschule
11, 13, 32f., 35-37, 45, 48, 50, 82-92, 104f., 108-110, 113, 188, 280, 286, 311f., 330f., 400-402;
10, 23, 28
Allgemeiner Deutscher Gewerkschaftsbund (ADGB)
223
Allgemeiner Deutscher Neuphilologen-Verband (ADNV)
188f.
Alliierte
25, 28, 36-38, 44, 57, 68-70
Alte Landesschule (Korbach / Waldeck)
200
Anna-Siemsen-Oberschule
43, 54, 101
Antifa-Schule
221
Antifaschismus
27-29, 48
Antifaschistische Jugend Deutschlands
28
Antisemitismus
38-40, 104, 106, 110f., 113f., 224, 329, 335f., 344

Sachregister

APO (Außerparlamentarische Opposition)
10, 126
Arbeiter-Abiturienten
15, 141, 161, 188f., 245
Arbeiter-Abiturienten-Kurse
134, 138, 142, 158, 161-171, 178, 180, 186, 188, 204, 216, 347, 350;
169, 176, 179, 198, 222, 237, 241
Arbeiterbildungsschule
222
Arbeiterjugend-Bund
212
Arbeitsgemeinschaft sozialdemokratischer Lehrer
248
Arbeitsgemeinschaften
97f., 120, 122, 124-126, 233, 236, 380;
28, 202, 212, 228
Arbeitslehre
10, 95-108, 113, 152
Arbeitsschule
49, 68-71, 81, 94, 97, 122, 146f., 182, 185f., 227, 241, 361, 397;
36, 53, 76, 96, 170
Arbeitsunterricht
331, 333f., 354f., 361
Arrest
86f.

Asbest
166f.
Aufbauschulen
95, 126, 128, 133f., 172, 178, 180f., 186, 190-194, 196, 198-203, 205, 216, 225f., 303f., 308, 313;
72, 82, 179, 232
Auricher Schulkreis
214
Ausdruckspädagogik
94-96;
76, 85, 160, 206, 213
Außerunterrichtliche Aktivitäten (AUA)
134, 144

Barackenschule
30f., 74, 204, 206
Baruch-Auerbachsches Waisenhaus
241
Beethoven-Oberschule (Berlin-Lankwitz)
345
Bekennende Kirche
285, 391
Berliner Blockade
38, 57, 72
Berliner Lehrerverein
226, 248
Berliner Philologenverband
68, 360
Berliner Schule
72, 80, 86

Berufspraktikum
92
Berufsschule am Boddinplatz
32
Berufsschulen
20, 70, 133, 137, 214;
38, 168, 226
Betriebspraktikum
112
Bevölkerungswachstum
16-19, 23f., 30, 53, 56
Bezirksschuldeputation
374
Bildungszentren (BIZ)
102, 151f., 161, 166
Boddin-Grundschule s. Hermann-Boddin-Gundschule
Böhmisches Dorf
84, 297
Britz (Berlin-Neukölln)
20, 138f., 148, 151, 214f., 303f., 412
Bruno-Taut-Grundschule
153
Buber-Oberschule s. Martin-Buber-Oberschule
Bücherverbrennung
64f., 378
Bund der freien Schulgesellschaften
94, 143;
202

271

Bund entschiedener
    Schulreformer
    *69-71, 75f., 136, 175, 177,
    190, 209, 228, 302, 360*;
    56, 68, 72, 89, 197f., 228,
    246
Bund freier
    Schulgemeinden
    267
Bund für Erziehung und
    Unterricht
    69

Carl-Legien-Oberschule
    153
Carl-Zeiss-Oberschule
    (Berlin-Tempelhof)
    162
CDU
    86, 89f., 103
Christlich-unpolitische Liste
    *38f., 43f., 112f., 135f., 250,
    258-261, 263, 266f., 269*
Clay-Oberschule
    159, 165f.
Comenius-Gesellschaft
    69, 75

Dammwegschule
    138, 179-222, 362
DDP (Deutsche
    Demokratische Partei)
    39, 76, 137, 165, 263, 362

Demokratische
    Einheitsschule
    69
Demokratische
    Leistungsschule
    109-115
Deutsch-Französisches
    Jugendwerk
    178
Deutsche Christen
    104, 269, 391
Deutsche Landerziehungs-
    heimbewegung
    175f.
Deutsche Zentralverwaltung
    für Volksbildung
    56, 222f.
Deutscher Ausschuß
    für das Erziehungs-
    und Bildungswesen
    90, 97, 160
Deutscher Gruß
    (Hitlergruß)
    316f., 351, 390, 393f.;
    188
Deutscher Lehrerverein
    172, 174
Deutscher
    Philologenverband
    187f.
Deutsches Pädagogisches
    Zentralinstitut (DPZI)
    224, 239, 242
Didaktischer Leiter
    144, 146, 148f., 151

Diesterweg-Hochschule
    137, 153, 156f.;
    89, 201, 226
Differenzierte Mittelstufe
    160
DNVP (Deutschnationale
    Volkspartei)
    *39f., 115, 135f., 168, 171,
    334*;
    214
Dorotheenstädtisches
    Realgymnasium Berlin
    186
Dürer-Schule s.
    Albrecht-Dürer-Schule
Dürerbund
    36f., 53;
    173

Einheitsschule
    *34, 68f., 76-78, 93f., 100,
    122, 177-179, 214, 361*;
    7f., 10, 38f., 42, 49f.,
    69-73, 76, 78-83, 86, 89,
    97, 145, 159f., 169f., 198,
    203f., 206, 226, 244
Einheitsschulgesetz
    8, 39, 68, 80, 206
Elastische Mittelstufe
    73, 77, 81, 160
Eltern
    56, 93, 126;
    77-79, 89f., 92, 123, 151,
    184, 198, 208, 218f.,
    228f., 251

Elternarbeit
42, 73
Elternbeiräte
38-40, 44, 58, 74, 111f.,
119, 122, 126, 129f., 135,
244f., 250f., 258-271;
208, 229, 252
Elternbünde
43, 14, 135, 259-271
Entnazifizierung
45, 52, 55, 69, 254
Erlebnispädagogik
95f., 160;
76, 197, 206, 211, 213
Ernst-Abbe-Schule
32, 48;
82, 110
Erwachsenenbildung
178
Erziehungsbeirat
80
Esperanto
98, 120, 124;
47, 251f.
Evangelische Elternbünde
43, 14, 135, 259-271;
369
Evangelische Schule
Neukölln
159
Evangelische Volksschulen
225

Fachleistungsunterricht
164f.

FEGA-Modell
138, 165
Ferienspiele
73f.
Fernsehen
114
Film
60f., 70, 320, 369;
24, 43f., 120f., 202, 250
Förderunterricht
164
Franz-Mehring-Oberschule
(Lichtenberg)
232
Freidenkerverband
234
Freideutsche Jugend
175
Freie Deutsche Jugend
(FDJ)
28, 55
Freie Gewerkschaften
222
Freie Lehrergewerkschaft
234
Freie Lehrergewerkschaft
Deutschlands (FLGD)
242, 248
Freie Schulgemeinde
Wickersdorf
169, 175f., 197
Freie Universität Berlin
(FU)
136;
57f., 137

Freistudentenschaft
359
Friedrich-Ebert-Schule
(Luckenwalde)
201
Fritz-Karsen-Schule (Britz)
9, 100;
8-10, 50, 68f., 71, 73-83,
93, 109f., 114, 116-118,
122, 159-161, 204-206

Ganztagsschule
93, 97, 106, 110, 114, 130,
143f., 148, 152, 163
Gartenarbeitsschule
70f., 132, 146-152,
397-399;
9, 150f., 153-158
Gemeindeschulen
19f., 55f., 60, 70, 84, 137,
256, 266, 300
Gemeinschaftserziehung
74, 81, 97f., 118, 133, 140,
142, 146, 174, 181f., 193,
202, 206-214
Gerbermühlschule
(Frankfurt am Main)
183
Gesamtschule
136, 141f., 179, 214, 216;
7-9, 68, 83, 96f., 99, 102,
104, 106f., 110, 112, 114,
130-152, 159-168
Gesamtunterricht
91

273

Geschichtsunterricht
90, 281, 310, 317f., 322, 373f., 376f., 380;
36-38, 70, 239
Gesellschaft für Neuere Sprachen
197
Gesellschaft für soziale Reform
174
Gesetz für Schulreform s. Schulgesetz für Groß-Berlin
Gesetz zur Wiederherstellung des Berufsbeamtentums
11, 348;
198, 235, 238, 250, 252
Gewerkschaften
41, 150, 248
Goethe-Oberlyzeum (Berlin-Schmargendorf)
238
Gottwald-EOS s. Klement-Gottwald-EOS
Gropius-Schule s. Walter-Gropius-Schule
Groß-Berlin (Einheitsgemeinde)
16, 20, 23, 31, 50, 71, 130, 216f.
Großschulen
26, 30f., 217, 398

Grundschule am Hermannplatz
251
Grundschule am Sandsteinweg
113
Gunkel-Schule s. Martha-Gunkel-Schule
Gymnasiale Oberstufe
166f.
Gymnasium
32-49, 82f., 106, 333, 336;
90, 97, 110, 114, 118, 167

Handwerker-Lehrstätten (Britz)
96-100
Hauptschulamt
41, 44-46, 51f., 70, 89, 232, 239, 242, 250
Hauptschule s. Praktischer Zweig
Hecker-Realschule
190
Heimatmuseum Neukölln
14f., 232, 272
Heimvolkshochschule
142, 165f.;
222
Heinrich-Goebel-Schule
33
Heinrich-Heine-Realschule
39
Heinrich-Mann-Oberschule
159, 166

Heinrich-Zille-Schule
184
Helmholtz-Oberschule
159, 164
Hermann-Boddin-Grundschule
26f.
Hermann-Löns-Schule
45f.
Hildegard-Wegscheider-Schule (Berlin-Grunewald)
239
Hilfslehrer
34, 48-50, 75, 252
Hitlerjugend (HJ)
231, 327-329, 352, 363, 366-370, 372f., 388, 400f., 406f., 413
Hufeisensiedlung
214;
54f., 60
Humboldt-Universität
136;
10, 55f., 58, 179-181, 192, 224, 230

Industrieschulen
179, 181
Institut für Analytische Kinder- und Jugendpsychologie
178

Institut für Systematische
   Pädagogik und Geschichte
   der Pädagogik
   181
Integrierte Mittelstufe
   162, 164
Internationale der
   Bildungsarbeiter (IBA)
   208

Jugendbewegung
   224;
   169, 175f., 197, 199f., 248
Jugendhof Vlotho
   178
Jungjüdischer Wanderbund
   (JJWB)
   224
Junglehrer
   216, 234, 248
Jungspartakusbund (JSB)
   216
Jungvolk
   366-368

Kadettenanstalt Lichterfelde
   38, 177;
   56, 222, 254
Kaiser Wilhelms-Real-
   gymnasium (KWR)
   *11, 36f., 40-42, 44f., 106f.,
   114, 137, 200f., 358f.,
   361-363, 366-384,
   387-396*;
   170, 186-188

Kaiser Wilhelms-Schule
   373f., 381, 394
Kaiser-Friedrich-Real-
   gymnasium (KFR)
   *32, 36-38, 44-46, 71, 75,
   83, 90, 95, 122, 134, 136,
   142f., 163, 165f., 172, 178f.,
   181, 190, 194, 201, 205, 214,
   217, 279f., 300, 308, 335f.,
   346f., 351, 353-355, 402*;
   169, 190, 222, 254
Kalter Krieg
   7, 38f., 44, 47, 70, 160, 169
Karl-Marx-Schule
   *11, 14, 44-46, 126, 158, 170,
   175-177, 180, 183, 185,
   188f., 195, 205f., 214, 233,
   237, 270, 282, 299f.,
   303-306, 308, 311f.,
   334-336, 343f., 346-357,
   366*;
   23, 51, 54, 56, 93, 169f.,
   176, 178-180, 190, 198,
   231f., 237-239, 241f.
Karlsgarten-Grundschule
   104, 113
Karsen-Schule
   (Sonnenallee) s.
   Karl-Marx-Schule
Karsen-Schule s. Fritz-
   Karsen-Schule (Britz)
Käthe-Kollwitz-Schule
   195, 226;
   190f.

Kepler-Oberschule
   358
Kernunterricht
   122;
   39, 107, 109, 136, 144,
   164f.
KFR s. Kaiser-Friedrich-
   Realgymnasium
Kinderarbeit
   172-174
Kinderfreunde e.V.
   139f., 143f., 157, 244, 254
Kinderlandverschickung
   400-413;
   198f., 202f.
Kinderlesehalle
   54, 56, 58, 132
Kinderspeisung
   17
Kino s. Film
KJVD (Kommunistischer
   Jugendverband
   Deutschlands)
   203, 225, 227, 248f., 305
Klassenfahrten
   98, 239;
   151, 219, 228, 232
Klassenfrequenzen
   *21, 24, 70, 137, 245, 248,
   313*;
   34, 226
Klassenzeitung
   192, 198
Klement-Gottwald-EOS
   198

275

KLV s.
Kinderland-
verschickung
Koedukation
120f., 193, 299-309, 313;
23, 42, 73, 246, 249
Köllnisches Gymnasium
194, 225
Kollwitz-Schule s. Käthe-
Kollwitz-Schule
Kommune Barkenhoff
175
KOPEFRA
(Kommunistische
Pennäler Fraktion)
204, 224-226, 231
KPD
*40, 138f., 204, 227-229,
231, 243-245, 247, 250,
252-254, 334*;
24, 176f., 208, 216f., 219,
221, 227, 232, 234, 236,
240, 242
KPD/ML
121
Kriegsseminaristen
193, 201, 204, 234, 248
KSV (Kommunistischer
Studentenverband)
121
Kursunterricht
122;
39, 79, 92, 109, 136, 164,
202

Kurt-Löwenstein-Schule
10, 80, 86-90, 92f., 95,
101, 104f., 112
KWR s. Kaiser Wilhelms-
Realgymnasium

Landesinstitut für Neue
Sprachen (Münster)
188
Landschulheime
198, 228
Lebensgemeinschafts-
schulen
*11, 93-101, 118f., 122-124,
126, 128f., 135, 138, 143,
178, 243f., 247, 285, 299f.,
302f., 308, 311*;
169, 201f., 204, 208, 211
Legien-Oberschule
s. Carl-Legien-
Oberschule
Lehrbuch-Kommissionen
229
Lehrerausbildung
10, 42, 44, 48-53, 96,
98-101, 104, 180, 192,
198, 203, 214, 226f., 230,
239, 242, 252
Lehrergewerkschaft
202
Lehrermangel
10, 11, 45, 48, 52, 61, 173,
232
Lehrerverein s. Neuköllner
Lehrerverein

Lehrmittelfreiheit
39
Lehrpläne
279, 310;
100-103, 136, 139, 143,
209, 230, 239
Leistungsdifferenzierung
136, 139, 144, 164f.
Lettow-Vorbeck-Schule
45, 272, 286, 401
Lichterfelder Kadetten-
anstalt s. Kadettenanstalt
Lichterfelde
Lichtwarkschule (Hamburg)
244
Lindenhof
197
Liste Schulaufbau
135, 239, 244, 261, 269
Löns-Schule s.
Hermann-Löns-Schule
Löwenstein-Schule s.
Kurt-Löwenstein-Schule
Lyzeum (Berlin-Karlshorst)
198

Martha-Gunkel-Schule
18, 402, 404
Martin-Buber-Oberschule
(Berlin-Spandau)
162
Max-Pechstein-Oberschule
134

Max-Planck-Institut für
   Bildungsforschung
   137
Miegel-Schule s.
   Agnes-Miegel-Schule
Mittelstufenzentren
   166
Musikschule s. Städtische
   Volks- und Jugendmusik-
   schule Neukölln
Musterschulen
   45f., 257, 263, 318

Nacktkörperkultur
   248f.
Neuköllner Lehrerverein
   57, 263
Neulehrer
   18, 34, 38, 52, 203, 230,
   232, 239, 242
Niveauunterricht
   107, 136, 164f.
NSDAP
   90, 104, 138, 171, 270f.,
   313, 320, 334f., 338,
   342f., 367f., 387-389, 394,
   404, 407;
   34, 48, 192, 214, 254
NSLB (Nationalsoziali-
   stischer Lehrerbund)
   104, 115, 143, 177, 311f.,
   334f., 338f., 341-343,
   387-389, 394, 399

Oberlyzeum Neukölln
   244, 246
Oberrealschule Rixdorf
   186
Oberschule für Jungen
   (Zossen)
   238
Oberschule Praktischen
   Zweiges (OPZ)
   s. Praktischer Zweig
Oberschule Technischen
   Zweiges (OTZ)
   s. Technischer Zweig
Oberschule Wissenschaftli-
   chen Zweiges (OWZ)
   s. Wissenschaftlicher
   Zweig
Oberstufenzentren (OSZ)
   102, 162f., 167f.
Oskar-Helene-Heim
   197f.
Oskar-von-Miller-
   Oberschule
   257
Otto-Hahn-Oberschule
   159, 166

Pädagogische Hochschule
   (PH)
   137;
   51, 86, 96, 98, 100, 137,
   170f., 179, 203, 227, 239
Pädagogische Internationale
   252

Pädagogische Mitarbeiter
   (PM)
   10, 143f., 146-152
Pädagogisches Zentrum
   (PZ)
   114f., 137, 149
Pfadfinderbewegung
   187
Philologenverband
   68, 76, 108, 115, 137, 175,
   311, 334-341, 343, 358,
   360-365, 395;
   197
Polytechnische Erziehung
   59
Polytechnischer Unterricht
   102-104, 171, 198
Praktischer Zweig
   10, 42, 72, 81f., 86-93, 96,
   105, 112
Preußischer
   Philologenverband
   187f.
Private Gemeinschafts-
   schule Dahlem
   197
Privatschulen
   42, 45, 70
Programmierter Unterricht
   114f.
Projektmethode
   150, 183, 241
Projektunterricht
   90f., 107, 149-151

Provinzialschulkollegium (PSK)
40f., 43, 72, 102f., 105f., 112f., 131, 134f., 141f., 166, 331, 342, 347, 363;
225

Provinzialschulkollegium Kassel
254

Prügelstrafe
84, 86f., 122, 229, 259;
208, 216f.

Rassenkunde
315, 320f., 352, 376-380, 398f.

Rathenau-Schule s. Walther-Rathenau-Schule

Realgymnasium (Berlin-Oberschöneweide)
190

Realschule am Boddinplatz
28f., 34, 38, 276

Reeducation
26, 36, 38f.

Reformpädagogik
9-12, 54, 78, 94, 98, 100, 118, 131, 136, 146, 152, 178, 182, 184f., 227f., 259, 311, 313, 399f.;
7, 9, 36, 54, 71, 82, 86, 89, 104, 109, 159f., 169-171, 179, 181, 191, 197, 200f., 205, 207, 226, 236, 241

Reformschulen
14f., 125, 127, 129, 158, 178, 180, 226f., 243f., 246-248, 282, 299f., 304-306, 308f., 333f.

Reichsarbeitsdienst
372

Reichsprogromnacht
392

Reichsschulgesetz
257, 262f., 266f.

Reichsschulkampfwoche
216

Reichsschulkonferenz
75f., 360;
175f., 187

Religion
256f., 274;
47

Religionsunterricht
77f., 94, 118-120, 255, 262f.;
42, 47, 70, 202

Religiöse Sozialisten
260

Richard-Schule
48

Richard-Wagner-Schule
45, 272, 286, 312

Rixdorf
16f., 19, 21, 24, 26, 30-32, 36f., 53f., 56f., 59, 91, 105f., 118, 154, 273, 278;
172

Rixdorfer Grundschule
25

Rütli-Schulen
64, 93, 99, 118-129, 157, 244f., 247f., 250-253, 271, 285, 287, 300, 302-304, 306f., 311f.;
29, 47, 52, 56, 76, 82, 169, 204f., 208f., 211f., 214, 219, 221, 234, 248-252

Rütli-Singkreis
96, 135, 157;
206, 212

Sammelschulen
78, 94f., 119f., 252f.

Schlageter-Feier
105, 112, 317, 319, 324, 351, 356

Schulbau
14, 19f., 24-32, 34, 41, 137f., 214, 218, 273;
11, 30, 32, 48, 93, 139f., 166

Schülerausschuß
40, 193f., 196, 198-205, 210-212

Schülerbewegung
118f.

Schülerbüchereien
318, 378;
228

Schülermitverantwortung
128;
73, 118, 128f.

Schülermitverwaltung
250
Schülerrat
28
Schülerselbstverwaltung
*185, 190, 193f., 198f.,
201-203, 205f., 227, 361*;
42
Schülerzahlen
*18, 20, 26, 40, 137, 273f.,
349, 362, 372*;
93, 159, 165f.
Schulfarm Insel
Scharfenberg
91, 226;
75, 104, 204, 227
Schulgarten
150, 153, 155
Schulgeld
134f., 278, 351
Schulgeldfreiheit
42
Schulgemeinde
*151, 190f., 193f., 202,
209-212, 227, 229-230,
313, 368*
Schulgesetz für Berlin (1951)
72, 79, 111
Schulgesetz für Groß-Berlin
(1948)
38, 45, 70f., 160
Schulhelfer
34, 43, 48, 50-52, 61, 89,
203

Schulkampf
*95, 138, 228-230, 243-245,
248*
Schulkindergarten
163
Schullandheim
132, 185
Schulpsychologen
139, 144f., 150
Schulreform
*14, 34, 45, 71f., 78, 93, 95,
100, 131, 138, 140f., 143,
244, 258, 270, 279, 282,
336f., 360f.*
Schulspeisung
72, 229, 249, 278;
34f., 45
Schulstreiks
99, 138, 245-254;
252
Schulversuch
80, 89f., 92f., 115
Schulzeitung
124, 126, 198
Schwarzer Markt
13, 16, 23f., 35
Schweitzer-Schule s.
Albert-Schweitzer-Schule
SDS (Sozialistischer
Deutscher Studenten-
bund)
122

SED (Sozialistische
Einheitspartei
Deutschlands)
57, 59, 71, 181, 221, 224,
227, 233, 236, 239
Sekundarstufe I
97
SEW (Sozialistische
Einheitspartei
Westberlin)
120f.
Sexualität
106-108;
119, 124-126, 246
Sexuelle Aufklärung
135, 307;
35f., 173
Silberstein-Schule
50
Simultanschulen
68, 94, 257
Sonderschulen
9, 312;
226
Sonnen-Grundschule
50
Sophienlyzeum
190
Sozialistische Arbeiter-
jugend (SAJ)
203f.;
242
Sozialistische
Proletarierjugend (SPJ)
219

Sozialpädagogik
69f., 72, 75, 80, 146;
146, 149f.
SPD
*35, 38-40, 77, 93, 138,
140f., 168, 243f., 250-253,
257, 259, 262, 344, 351*;
24, 28, 41, 46, 86, 90,
95f., 176f., 183, 190, 198f.,
201f., 214, 217, 219, 222,
227, 230, 232, 237, 239f.,
248, 250-252, 254
Sprachlabor
113f.
SSB (Sozialistischer
  Schülerbund)
203f., 224-231
SSG (Sozialistische
  Schülergemeinschaft)
116, 118, 120, 122
Staatsjugendtag
368
Städtische Mittelschule
  Neukölln
225
Städtische Volks- und
  Jugendmusikschule Neu-
  kölln
96, 135, 153-158;
204, 213

Storm-Grundschule s.
  Theodor-Storm-
  Grundschule
Studentenbewegung
12;
103, 121, 126
Studienfahrten
183f., 201, 204, 305;
176, 198, 226, 229, 232

Taut-Grundschule s.
  Bruno-Taut-Grundschule
Team-Teaching
115
Technische Universität
  (TU)
137
Technischer Zweig
72, 86, 89, 92
Tempelhofer Feld
63-65, 85, 204
Theater
98, 202f., 320;
76f., 183, 198, 250
Theodor-Storm-
  Grundschule
39
Thomas-Mann-Oberschule
  (Reinickendorf)
162
Thomas-Morus-Schule
89

Ulrich von Hutten-Schule
  (Schlüchtern)
254
USPD
*60, 77, 130f., 161, 170,
257, 262-264*;
216, 219, 234

VDA (Verein für das
  Volkstum im Ausland)
*112, 114, 201, 317, 334,
351f., 369-371, 390f.*
Verband der Lehrer und
  Erzieher
41
Verband deutscher
  Mädchen
329
Verband sozialistischer
  Lehrer
251
Verdienter Lehrer des
  Volkes
46f., 199, 239, 252
Vereinigung sozialistischer
  Lehrer
225
Versuchsschulen
*122, 175, 178, 185, 194,
299*;
8, 10, 79f., 82, 161, 164,
169, 176, 202, 204f.,
212-214

Verwahrlosung
84;
12, 15, 24, 35, 51
Volksbildungsamt
154f.
Volkshochschulen
14, 68, 70, 72, 74f., 81, 126, 154, 161, 273, 284, 287;
38, 200, 212, 221, 223, 239
Volksmusikschulen
12f.
Volksschulen
18, 20f., 23, 40, 56, 68, 72, 76-78, 93, 118, 124, 127, 130, 140, 142f., 147, 156, 168, 190, 216, 229f., 243-246, 248, 256, 263, 303, 310-313
Volksschüler
24, 56, 71f., 120, 134, 137, 161, 164f., 178
von Miller-Oberschule s. Oskar-von-Miller-Oberschule
Vorklassen
163
Vorschulen
68f., 71-73, 83f.;
111, 139

Wagner-Schule s. Richard-Wagner-Schule
Wahlpflichtunterricht
102, 108, 136, 144, 152, 164f.
Wahlunterricht
136, 164f.
Waldschule (Berlin-Charlottenburg)
232
Walter-Gropius-Schule (WGS)
8, 10, 68, 95, 97, 102, 104, 107f., 113, 130-140, 143-152, 159, 162-164, 167
Walther-Rathenau-Schule
11, 40, 45, 85, 136, 272-296, 346
Wandervogel
17, 194, 198, 201, 219
Wegscheider-Schule s. Hildegard-Wegscheider-Schule
Wehrpflicht
372
Weltliche Schulen
77f., 93f., 99, 118f., 122, 127-129, 134-136, 138f., 143, 178, 243, 247, 251f., 255-271, 299, 308, 312-314

Werkunterricht
120, 132, 137, 241, 304;
64, 92, 96, 100, 104, 230
Westfälischer Philologenverein
187
Wissenschaftlicher Zweig
72, 81f., 86, 161

Zeiss-Oberschule s. Carl-Zeiss-Oberschule
Zille-Schule s. Heinrich-Zille-Schule
Zweiter Bildungsweg
163, 178;
100
Zwillinge-Schule
52

Verzeichnis der Autorinnen und Autoren aus Band 1 und 2

Ursula Bach, geb. 1955, Dipl.-Politologin; stadtteilhistorische Projektarbeit, Forschungen zur Geschichte Neuköllner Kirchengemeinden, Kirche und Arbeiterschaft

Ursula Basikow, geb. 1946, Dr. paed., Wissenschaftliche Mitarbeiterin; archivische Erschließung der Bestände im Archiv der Bibliothek für Bildungsgeschichtliche Forschung

Herbert Crüger, geb. 1911, Dr. phil., Wissenschaftlicher Mitarbeiter; Geschichtsphilosophie

Nele Ebert, geb. 1957, Dr. paed., Diplomlehrerin für Mathematik und Physik, Wissenschaftliche Mitarbeiterin im Schulmuseum Berlin; Berliner Schulgeschichte

Peter Gaude, geb. 1935, Dr. phil., Dipl.-Psychologe, Oberschulrat am Wissenschaftlichen Landesprüfungsamt Berlin, Leiter des Forschungsprojektes „Selbstbewertung und Beratung von Lehramtsstudenten und Lehrern" (SBL); Lehrerfort- und -weiterbildung

Udo Gößwald, geb. 1955, Dipl.-Politologe, Leiter des Neuköllner Heimatmuseums; Kultur- und Sozialgeschichte Berlins, Theorie und Praxis der Museumsarbeit, Mitglied der Berlin-Brandenburgischen Museumsexperten-Kommission

Christoph Hamann, geb. 1955, Lehrer; Pressegeschichte, Widerstand im Nationalsozialismus, Berliner Lokalgeschichte

Horst Havenstein, geb. 1925, Lehrer im Ruhestand; Bildnerisches Gestalten, Arbeitslehre

Dieter Henning, geb. 1932, Diplom-Gärtner, Grundschullehrer, seit 1985 Leiter der Gartenarbeitsschule Neukölln

Karen Hoffmann, geb. 1955, Politologin; Erwachsenenbildung, Frauenbewegung, Zweiter Bildungsweg, Ausstellungen

Volker Hoffmann, geb. 1943, Dr. phil., Dozent an der Hochschule der Künste; Jugendwiderstand gegen Faschismus und Krieg, Schulreform und Arbeiterbewegung, Kulturarbeit

Mathias Homann, geb. 1958, Gymnasiallehrer, zur Zeit Deutsche Schule in Porto (Portugal); Schulgeschichte der Weimarer Republik und NS-Zeit

Brigitte Jacob, geb. 1958, Dipl.-Ingenieurin; Architekturgeschichte im 19. und 20. Jahrhundert in Berlin, bauhistorische Gutachten, Wettbewerbsausschreibungen

Brigitte Kath, geb. 1945, Lehrerin; Arbeitslehre, Erziehungswissenschaft, Evangelische Religionslehre

Wolfgang Keim, geb. 1940, Dr. phil., Univ.-Professor für Erziehungswissenschaft an der Gesamthochschule Paderborn; Schulreform im 20. Jahrhundert, Gesamtschule, Pädagogik und deutscher Faschismus

Dorothea Kolland, geb. 1947, Dr. phil., Leiterin des Kunstamtes Neukölln; Musik- und Kulturgeschichte, Kulturpolitik

Werner Korthaase, geb. 1937, Dipl.-Politologe, Direktor der Otto-Suhr-Volkshochschule Berlin-Neukölln; Geschichte der Erwachsenenpädagogik, Emigrations- und Gewerkschaftsgeschichte, Beiträge zur Comenius-Forschung

Felix Alexander Krolikowski, geb. 1908, Lehrer im Ruhestand; Schulreform in der Weimarer Republik, Aufbauschulen, Schülerselbstverwaltung

Joachim Lehmann, geb. 1951, Wissenschaftlicher Mitarbeiter am Fachbereich Germanistik der Freien Universität Berlin; Deutsche Literatur und Philosophie des 18. Jahrhunderts, DDR-Forschung

Andreas Ludwig, geb. 1954, Historiker, Museumsleiter; Sozialgeschichte Berlins im Urbanisierungsprozeß, Forschungen zur Funktion historischer Museen

Ekkehard Meier, geb. 1944, Studienrat mit den Fächern Deutsch, Geschichte, Politische Weltkunde; Regional- und Alltagsgeschichte, Antisemitismus, Berliner Schulgeschichte, Rechtsextremismus nach 1945

Doris Mischon-Vosselmann, geb. 1949, Oberstudienrätin für Deutsch und Geschichte; Geschichte des 20. Jahrhunderts

Stefan Paul, geb. 1963, Historiker, zur Zeit Volontär am Heimatmuseum Berlin-Neukölln; Stadtgeschichte der Frühen Neuzeit, Kulturgeschehen in der SBZ

Robert Peiser, geb. 1949, Lehrer in Berlin-Neukölln; Sozialgeschichte des 20. Jahrhunderts

Gerd Radde, geb. 1924, Dr. phil., Oberschulrat im Ruhestand; Historische Pädagogik, insbesondere Reformpädagogik, Berliner Schulgeschichte

Bernd Reichard, geb. 1944, Studiendirektor für Deutsch, abgeordnet ins Referat Gesamtschulen bei der Senatsverwaltung für Schule, Berufsbildung und Sport

Wolfgang Reischock, geb. 1921, Dr. paed., emeritierter Hochschuldozent an der Humboldt-Universität, Journalist; Zeitgeschichte, Erziehungsprobleme

Günter Reuel, geb. 1933, Wissenschaftlicher Direktor am Pädagogischen Zentrum Berlin; Arbeitslehre

Rudolf Rogler, geb. 1946, Lehrer an einer Neuköllner Hauptschule und am Heimatmuseum Berlin-Neukölln; Berliner Schulgeschichte

Dietmar Schiller, geb. 1965, Dipl.-Politologe, Doktorand zum Thema „Politik und Herrschaftspräsentation im Fernsehen"

Angelika Schmidt, geb. 1947, Lehrerin; Sprachunterricht für Ausländer, Erwachsenenbildung, berufliche Fort- und Weiterbildung

Rudi Schulz, geb. 1937, Dr. paed., Leiter des Schulmuseums Berlin; Geschichte der Erziehung, vergleichende Untersuchungen zur Bildungsgeschichte in Entwicklungsländern, Fragen der UNESCO

Michael-Sören Schuppan, geb. 1943, Dr. phil., Akademischer Rat und Lektor an der Freien Universität Berlin; Lehrerbildung in Deutschland, Schulgeschichte in Berlin

Wilfried Seiring, geb. 1935, Leitender Oberschulrat, Abteilungsleiter für die mittlere Schulstufe (Schulaufsicht für Haupt-, Real- und Gesamtschulen)

Dodo Stanić, geb. 1950, Kunstpädagogin, Ausstellungsorganisatorin beim Kunstamt Neukölln

Nathan Steinberger, geb. 1910, Dr., emeritierter Professor; Geschichte der Sowjetunion und der Komintern

Werner Vathke, geb. 1930, Univ.-Professor an der Freien Universität Berlin, Didaktik der Geschichte

Gudrun Wedel, geb. 1949, Historikerin; Autobiographien von Frauen, Arbeit und Beruf, Bildungsgeschichte